四柱·作名·宮合·四星

기초부터 **임상**까지 **易**의 전반을 총 망라한

최초의 **易學 종합 입문서**

마스터 易

金勳權 著

장서원
도서출판

머리말

運은 움직이는 것이며, 運命은 움직이는 生命이다. 움직임에는 원인이 없을 수 없으며 이러한 움직임의 인자를 찾아 命에 대입하여 顯象化 시키는 것이 易이다.

易의 올바른 이해

「마스터 易」 책 이름을 이렇게 붙인 데는 다음과 같은 이유가 있다.

첫째, 지금까지 易學界는 易에 관하여 이론과 실습을 온전히 구비한 책이 없다는 점이다. 그러한 연유로 易에 관심을 가지고 학습해온 필자로서는 오랫동안 방황과 시행착오를 경험하지 않을 수 없었다.

'한 권의 책으로 易을 정복하자'

이것이 이 책을 집필한 충분조건이다. 推命學, 命理學, 子平書, 運命學 등 수많은 易書들이 나름대로의 至情 임을 자처하고 있었으나 그 어느 부류도 易을 알고자하는 사람들의 욕구를 충족시켜 주지는 못하였다. 이러한 점에 착안하여 명실공이 최초의「易의 종합 입문서」로서의 역할을 다하기 위하여,

1) 命造의 내용을 간결하면서도 명료하게 파악하여 身强, 身弱, 格, 用神을 분석하였으며
2) 合, 沖, 刑이 명조에 미치는 영향과 用神이나 行運에 어떻게 적용 되는가 등에 대한 명확한 정리를 하였으며
3) 作名編에서는 철저한 用神분석을 통하여 이 책을 숙지한 사람이면

누구나 쉽게 命造에 충실한 좋은 이름을 지을 수 있도록 하였으며

4) 方位, 擇日, 符籍, 四星 등의 작성방법은 물론

5) 唐四柱도 쉽고 간명하게 체계적으로 설명하는 등 易의 전반에 대하여 빠짐없이 기술하였다.

둘째, 현재의 易學界는 神殺 풀이를 위주로 하는 방법과 用神 분석으로 감정하는 방법으로 대별된다.

1) 神殺論은 암기 위주의 간명한 적용방법과 비과학적이라 하여 점술이나 미신과 같은 취급을 받아온 것이 사실이다. 그러나 현실감정에 있어서는 오히려 그 數적 우세함과 오랜 세월을 지내오면서 검증된 적중률 또한 무시할 수가 없음도 사실이다.

2) 用神論은 命造에 의해 주어진 고정된 개념인 命(四柱八字)이 한 사람의 일생동안 行運에 의해서 어떻게 작용, 변천되어 가는가를 고찰하는 이론으로 이는 단순한 미신이 아니라 합당한 이론적 근거와 실증된 경험을 바탕으로 하고 있다.

3) 가장 중요한 것은 物象論이다. 이는 새로운 것이 아니라 원래 易에 내재하는 일반화된 요소를 지금까지 易의 세계에 옳게 적용치 못하던 것을 재조명하여 易에 체계적으로 적용시킨 것으로 그 적중률이 가장 높다.

命이 태어나면서 부여받는 고유의 불변적인 정지된 개념이라면 運은 삶에 끊임없이 부딪히는 世波와 같으니 이를 합하여 運命이라 하고 그 顯象을 밝히는 것이 物象論이다.

甲은 숫자 1과 같은 단순한 개념이 아니다. 즉, 甲은 서열1, 봄, 나무, 仁 등 氣와 四象을 포함하고 있는 것이다. 運命은 四柱八字인 命에 의해 끌려가는 시간의 수레바퀴가 아니라 命이 運의 흐름에 따라 어떻게 無形의 기운으로 작용되며 이러한 기운을 어떻게 활용함이 합당한가를 예시

하고 있다. 이러한 과정을 인간사의 吉凶禍福에 적나라하게 적용시킨 것이 物象論이다.

따라서 命造를 보고 命을 알고 運의 흐름을 파악할 수 있음은 당연하고 運命論이 결정론과 결합하여 '四柱八字가 이러니 나는 아무리 하여도 안 돼' 하고 흔히 잘못되면 팔자소관이라 하나 이는 마치 겨울에 씨앗을 뿌리니 얼고 썩을 것은 당연하고 그 결실은 있을 수가 없으니 보람이 없다하여 봄이 와도 노력이 없음은 또한 가을에 수확이 없을 것이다.

이처럼 한번 어긋나면 인생사 역시 어긋남의 도미노 현상을 어찌 決定論的 運命이라고만할 것인가! 「易」은 단순한 미신이 아니라 천문학, 기상학, 수리학, 통계과학 등의 자연과학을 시간이라는 개념속에 思惟와 접목한 종합 顯象學이다. 凶한 運이 예견되면 미리 대비하여 피해를 최소화하거나 吉運으로 작용하도록 힘쓸 것이며, 吉한 運이 다가오면 준비와 최선을 다하여 그 효용을 극대화함이 옳을 것이니 이것이 易을 알고자 함의 알파요 오메가다.

마지막으로 이 책은 2004년에 초안이 완성되었으나 그 후 개인사정과 애스크퓨처닷컴의 李修 대표의 영향을 받아 많은 보완을 거쳐 이제금 나오게 되었다. 실로 그분의 해안에 감명 받았으며 감사드린다.

癸巳年 夷則

棄當 金勳權 識

일러두기

1. 이 책을 쓰면서 무엇보다 고려한 것은 적중률이었다. 아무리 좋은 이론도 실질적이지 못하면 공허한 메아리에 불과하기 때문이다.

따라서 가장 임상적, 실전적으로 기술하도록 노력하였다.

2. 제2편에서는 앞에서 배운 기초와 현상이론을 추가하여 임상에 적용할 수 있도록 실례를 들어 설명하였으며

3. 제3편 작명편에서는 이론적 토대와 이 책만으로도 충분히 작명할 수 있도록 획기적으로 대법원에서 인정하는 4,879자에 이르는 인명용 한자 전부를 五行순서별로 색인 사전을 만들어 수록하였다.

<제목차례>

제6장. 用神論

제7장. 神殺論

제8장. 唐 四柱

제2편. 應用과 臨床

제1장. 應用

제2장. 臨床

제3장. 疾病論

제4장. 方位論

제5장. 吉日 擇日

제6장. 기타 (宮合과 四星 등)

제3편. 作名論

제一편. 기초 입문

제1장. 陰陽 五行論

1. 서

陰陽五行의 성립에 관해서는 그 이론이 분분하나 우주의 생성과정에서의 분열법칙에 의한 체계화된 구성요소라고 볼 수 있다. 동양철학에서는 만물이 陰陽五行의 성질 내에 존재하는 내재적 한계를 가지고 있으므로 그 기원은 우주의 기원과 함께 한다. 그러므로 이러한 문제는 이것만으로도 그 끝이 없으며 여기서는 다만 太初에 有, 無를 막론하고 無에서 변화의 因子가 발생하여(有神論에서는 神의 意志) 無와 有로 분열하고 이것이 太極이니 이는 陰과 陽으로 분열하여 다시 四象으로 분열하고 四象은 五行으로 五行은 十干과 十二支로 분열하였으며 이것을 六十干支로 조합하였다.

오늘날 우리가 사용하는 六十干支는 기원전 16세기경부터 사용되어 왔으며 宋 代 이전 唐 代까지는 年柱(특히 年支 = 띠)를 중심으로(我) 命造가 해석되어 왔으며, 지금처럼 日干을 중심으로(我) 易의 체계를 세운 사람은 宋 나라 때 徐居易으로 스스로 字를 子平이라 칭한 徐子平(徐公昇) 号는 仕滌이라 하고 근대 命理學의 중흥의 祖라 불리며 금일 命理의 기본원리를 확립하였다. '子平'이라는 말이 의미하듯 그 속에는 陰陽五行을 활용하여 사람의 인생사에 과, 부족함이 없이 인간사의 평탄한 안녕을 바란다는 고귀한 뜻이 담겨져 있다.

2. 陰陽五行과 相生相剋論

(1) 陰陽五行

木·火·土·金·水는 五行이고 日은 陽, 月은 陰이다. 만물은 陰陽五行으로 구성되어 설명되고 이것이 인생사에 적용하면 철학이며 인체에는 (한)의학이고 자연에 적용하면 자연과학과 풍수지리가 되는 것이니 陰陽五行은 모든 학의 근본이다.

(2) 相生相剋論

陰과 陽은 서로가 剋이며 五行도 서로 生하는 五行과 剋하는 五行이 있다.

1) 相生

a) 木生火 : 나무는 자신을 태워 불을 지피니 木生火가 되고

b) 火生土 : 불은 모든 것을 태우고 나면 흙으로 돌아가 흙에 보탬이 되니 火生土가 되고

c) 土生金 : 흙은 그 자체 땅 속에서 金을 만들어 주니 土生金이 되고

d) 金生水 : 쇠는 그 자체가 차니 大氣를 냉각시켜 물방울을 생기게 하니 金生水이며

e) 水生木 : 물이 나무를 성장하게 하니 水生木이 된다.

2) 相剋관계

a) 木剋土 : 木은 흙의 진기를 빼앗으니 흙은 木을 싫어한다.

b) 火剋金 : 불은 쇠를 녹이니 金은 火를 싫어한다.

c) 土剋水 : 흙은 물의 흐름을 막으니 水는 土를 싫어한다.

d) 金剋木 : 쇠는 나무를 자르니 나무는 金을 싫어한다.

e) 水剋火 : 물은 불을 꺼버리니 火는 水를 싫어한다.

3) 制生·受生과 制剋·受剋論

a) 制生과 受生 : 五行이 相生관계에 있더라도 어느 五行이 生助를 받느냐 또는 生助 하느냐에 따라 그 효과가 달라진다. 전자는 受生이라 하고, 후자는 制生이라 한다.

예를 들어 水生木의 경우 水는 나무의 성장을 도우니 相生이며 木의 입장에서는 水가 자신을 生하여 주니 受生이며, 水의 입장에서는 자신이 木을 生하여 주어 자신의 힘이 빠지는 洩(설. 새다, 빠지다)生으로 이를 制生이라 하며 이때 명조에서 水의 기운이 강하면 五行을 순화시켜 吉하나 만약 명조가 神枯(마른 명조) 하거나 水가 약하면 相生관계에 있을지라도 凶하다.

b) 制剋과 受剋 : 상대를 剋함을 制剋이라 하고 상대로부터 剋함을 받는 것은 受剋이라 하며 그 효과가 달라진다. 이러한 이치는 위의 예와 같아서 木의 입장에서 보면 木剋土의 경우 木은 土를 剋하니 木이 土를 制剋함이요 土는 木으로부터 剋을 받으니 土의 입장에서 보면 受剋이다.

이때에도 土가 강하여 木으로 制剋하여 명조의 균형을 이룰만하면 吉하고 오히려 土가 약하여 명조의 균형을 해치면 해로운 것이니 반드시 相生은 吉하고 相剋은 凶하다 할 것은 아니다. 그러므로 서로 相生, 相剋 관계에 있다고 할지라도 五行 서로간의 배합에 따라 그 喜, 忌를 잘 살펴야 한다.

命造의 吉함은 균형을 이루어 평탄한 삶을 바람이 첫째요 그 다음으로 命造의 조합이 여하한 경우에라도 균형을 이룰 수 없을 만큼 한쪽으로 치우쳐진 경우에는 그 강한 쪽의 방향으로 잡아줌이 차선이라 할 것이니 이것이 子平의 이치이다.

* 相生·相剋 조감도 *

3. 天干 · 地支 五行과 陰陽

(1) 天干(10) : 甲·乙·丙·丁·戊·己·庚·辛·壬·癸

(2) 地支(12) : 子·丑·寅·卯·辰·巳·午·未·申· 酉·戌·亥

* 干支 조견표 *

五行	木		火		土		金		水	
天干	甲	乙	丙	丁	戊	己	庚	辛	壬	癸
地支	寅	卯	午	巳	辰, 戌	丑, 未	申	酉	子	亥
陰陽	+	−	+	−	+	−	+	−	+	−

(3) 十干·十二支

干支중 天干 十干은 선천적 五行으로 그 조합이 균형적이나 地支 五行은 후천적으로 무궁한 변화를 내포하고 있다. 十干과 十二支는 五行의 구체적 표현으로 그 수가 동일하지 아니하고 또한 五行의 조합 배열도 차이가 있다.

유전자 X·Y 염색체의 조그마한 불일치가 사람의 성별을 규정짓고 그것이 모든 변화를 가져오며 생성과 소멸을 반복하는 것과 같은 이치다.

이는 마치 지구가 그 축이 23.5도 기울어져 있음에 기후를 비롯한 많은 변화가 생기는 것처럼 세상만사가 책장의 책처럼 가지런하기만 하다면 존재의 의미가 없음은 물론 얼마나 무미건조 하겠는가....

* 六十甲子 조견표 *

甲子 갑자	乙丑 을축	丙寅 병인	丁卯 정묘	戊辰 무진	己巳 기사	庚午 경오	辛未 신미	壬申 임신	癸酉 계유
甲戌 갑술	乙亥 을해	丙子 병자	丁丑 정축	戊寅 무인	己卯 기묘	庚辰 경진	辛巳 신사	壬午 임오	癸未 계미
甲申 갑신	乙酉 을유	丙戌 병술	丁亥 정해	戊子 무자	己丑 기축	庚寅 경인	辛卯 신묘	壬辰 임진	癸巳 계사
甲午 갑오	乙未 을미	丙申 병신	丁酉 정유	戊戌 무술	己亥 기해	庚子 경자	辛丑 신축	壬寅 임인	癸卯 계묘
甲辰 갑진	乙巳 을사	丙午 병오	丁未 정미	戊申 무신	己酉 기유	庚戌 경술	辛亥 신해	壬子 임자	癸丑 계축
甲寅 갑인	乙卯 을묘	丙辰 병진	丁巳 정사	戊午 무오	己未 기묘	庚申 경신	辛酉 신유	壬戌 임술	癸亥 계해

4. 五行의 기본성질

(1) 木

1) +木 = 甲·寅 : 큰 나무, 원목, 자제 등

2) -木 = 乙·卯 : 온실의 꽃, 잡초, 화단의 꽃, 채소 등

(2) 火

1) +火 = 丙·午 : 태양, 용광로, 낙뢰 등 큰 불

2) -火 = 丁·巳 : 전기 불, 촛불, 반딧불, 햇빛 등 작은 불

(3) 土

1) +土 = 戊·辰,, 戌 : 태산, 평야, 큰 산, 큰 건물, 큰 제방 등

2) -土 = 己·丑, 未 : 논, 밭, 정원, 화단, 작은 흙덩이 등

(4) 金

1) +金 = 庚申 : 큰 무쇠덩어리, 쇠북, 전기톱, 자동차, 도끼 등

2) -金 = 辛·酉 : 가공된 쇠, 반지, 보석, 못 등

(5) 水

1) +水 = 壬·子 : 바다, 홍수, 큰 강 등 큰 물.

2) -水 = 癸·亥 : 가랑비, 샛강, 샘물, 눈물 등

◇ 위 사항은 기본적인 것이고 범위를 넓혀 생각하여야 한다.

5. 地藏干

天干은 선천 운으로 하늘과 부모를 의미하며 地支의 받침이 없으면 뜬 구름처럼 힘이 약하다. 그러나 地支 역시 선천 운인 天干의 영향을 받고 있으므로 서로가 조합하여야 함은 정신과 육체의 결합과 같다.

그러므로 地支 속에는 항상 天干의 기운을 품고 있으니 이것이 바로 地藏干이다. 지장간은 格局과 用神 및 天干의 역량뿐만 아니라 인생사의 보이지 아니하는 세밀함을 가늠하는데 중요한 역할을 한다.

(1) 地藏干의 기운

1) 餘期 : 아직도 지난달의 기운이 남아 있다.

2) 中期 : 餘氣로부터 正氣로 이르는 중간이다.

3) 正期 : 그 地支가 지닌 본래의 기운으로 정착하다.

* 地藏干 *

地支 / 구분	子	丑	寅	卯	辰	巳	午	未	申	酉	戌	亥
餘期	壬	癸	戊	甲	乙	戊	丙	丁	戊	庚	辛	戊
中期		辛	丙		癸	庚	己	乙	壬		丁	甲
正期	癸	己	甲	乙	戊	丙	丁	己	庚	辛	戊	壬

(2) 地藏干의 餘期, 中期, 正期의 각 기간형성은 다음과 같다.

* 地藏干 기간 형성표 *

地支	餘 期	中 期	正 期
子	壬 : 10일 3분		癸 : 20일 6분
丑	癸 : 9일 3분	辛 : 3일 1분	己 : 18일 6분
寅	戊 : 7일 2분	丙 : 7일 2분	甲 : 16일 5분
卯	甲 : 10일 3분		乙 : 20일 6분
辰	乙 : 9일 3분	癸 : 3일 1분	戊 : 18일 6분
巳	戊 : 7일 2분	庚 : 7일 2분	丙 : 16일 5분
午	丙 : 10일 3분	己 : 11일 1분	丁 : 10일 6분
未	丁 : 9일 3분	乙 : 3일 1분	己 : 18일 6분
申	戊 : 7일 2분	壬 : 7일 2분	庚 : 16일 5분
酉	庚 : 10일 3분		辛 : 20일 6분
戌	辛 : 9일 3분	丁 : 3일 1분	戊 : 18일 6분
亥	戊 : 7일 2분	甲 ; 7일 2분	壬 : 16일 5분

6. 五行과 四象

(1) 서

天干 五行과 地支 五行은 인간과 자연 그 어느 곳에도 적용되지 아니하는 것이 없으나 易에서 중요한 대요를 보면 계절, 인체, 방위, 색상, 수 등 그 영향이 미치지 아니하는 것이 없다

* 五行 四象 조견표 *

구분 오행	天干	地支	신체	계절	방위	색상	숫자	五常
木	甲	寅	담	봄 1,2,3월	동	청색 녹색	3,8	仁
	乙	卯	간					
火	丙	午	소장	여름 4,5,6월	남	적색 청색	2,7	禮
	丁	巳	심장					
土	戊	辰,戌	위장	여름	중앙	적색 청색	5,0	信
	己	丑,未	비장					
金	庚	申	대장	가을 7,8,9월	서	흰색	4,9	義
	辛	酉	폐					
水	壬	子	방광	겨울 10,11,12월	북	검정	1,6	智
	癸	亥	신장					

(2) 五行과 계절

五行은 자신의 계절에 가장 큰 힘을 가지며 이를 當令·當權을 得하였다고 하며 通根도 같은 의미를 가지며 五行의 역량 계량에 크게 작용한다.

1) 木은 봄에 가장 왕성하다. (旺)

겨울에는 水生木으로 물을 품고 봄을 맞이한다. (相)

여름에는 자신의 진기를 모두 발산하여 쇠약하다. (休·囚)

가을은 金 剋 木으로 가장 약하다. (死)

2) 火는 여름에 가장 왕성하다. (旺)

봄(木)은 여름을 생 해주는木生火로 강하다. (相)

가을은 약하다. (休·囚)

겨울에는 가장 쇠약하다. (死)

3) 土는 계절의 가운데이며 여름에 가장 왕성하다. (旺)

가을, 겨울에는 자신의 힘이 빠지므로 약하다. (休·囚)

봄(木)은 木剋土로 가장 쇠약하다. (死)

4) 金은 가을에 가장 왕성하다. (旺)

겨울, 봄은 자신의 힘이 빠지므로 약하다. (休·囚)

여름(火)에는 火剋金으로 가장 쇠약하다. (死)

5) 水는 겨울에 가장 왕성하다. (旺)

가을에는 金生水로 겨울을 풍성하게 한다. (相)

봄은 자신의 힘이 빠지므로 약하다. (休)

여름은 가장 쇠약하다. (因·死)

(3) 陰陽五行論의 가치성

1) 陰陽五行과 相生相剋論은 단순한 것 같으면서도 그 이치가 깊고도 심오하여 공부를 하면 할수록 심오한 맛과 정연한 이치에 매료되지 않을 수 없다. 서로가 制하는 것 같으면서도 生해주는가 하면, 반대로 서로가 生하면서도 太過함을 기뻐하지 아니하고 過小하면 균형을 원하며 인간사의 지나친 과욕을 금하고 모자람은 그 보충을 원하니 이것이 子平의 가르침이다.

2) 과학문명을 이끌어 왔다는 서양문명도 불과 수세기 전 콜롬부스가 신대륙을 발견하기 전까지만 해도 지구가 둥글다는 것과 우주체가 둥글고 만물의 기본은 둥근 형태를 취하고 있으며 그 가운데서 순환의 법칙에 의해 움직이고 있다는 사실을 모르고 지구가 우주의 중심에 있었으며, 이를 반대함은 처단되는 어리석은 우를 우리는 갈릴레오 갈릴레이를 통해서도 잘 알고 있다.

그러나 동양철학은 수천 년 전부터 우주의 이러한 법칙을 꿰뚫고 있었으며 지구와 달이 둥글다는 것과 공전과 자전을 한다는 사실, 그러한 사실을 근거로 하여 易의 기초를 세우고 그 우주의 흐름의 기운을 세분하여 陰陽과 五行으로 정리하면서 이를 易에 대입한 것이야말로 동양철학은 그 과학성과 이론적 깊이를 서양과학에 견줄 바는 결코 아니다.

기존의 틀을 벗어나지 못하여 새로운 것을 수용하지 못한다면 우리는 발전을 할 수가 없다. 보이는 것만을 중시하고 이를 과학의 기본이며 사고는 무시한다면 정신은 필요 없고 외형만 있으면 된다는 철저한 유물론에 지나지 않는다.

정신없는 육체는 삶이 아니다. 우리는 많은 돈을 들여 인공위성을 쏘아 올리고 거기서 많은 정보를 얻는다. 특히 통신위성은 그 표면이 수많은 거울과 같은 반사체로 되어 있으며 지상에서 보낸 정보를 그 반사체에서 다시금 지상의 필요한 곳으로 되돌려 보냄으로서 지구가 평면이 아님에 따른 불편함을 극복하고 있다.

우리가 만약 보이는 것과 체감하는 것만을 과학이라고 생각한다면 인공위성에서 보낸 정보를 위시하여 수많은 정보가 우리 주위의 공기 속에 그 형태를 숨기고 있을 뿐 나를 감싸고 있다고 믿을 수가 있다는 말인가! 이처럼 인간이 만든 인공위성에 의한 정보인 전파도 우리의 육안과 느낌으로는 전혀 감지가 불가능 하지만 이를 알고 수신기를 작동하면 세상의 모든 형체와 정보가 그 속에 있다.

하물며 우주 생성과 흐름의 기운인 陰陽五行도 易을 통하여 자신의 命運속에 그 흐름의 법칙이 숨겨져 있는 것이며 이를 알고 바르게 활용함이 수신기를 여는 것과 다름 아니다. 이러한 運의 흐름을 어찌 단순한 미신으로만 치부할 것인가.

따라서 우리는 우리가 보고 느끼는 五感에 의한 확인이 얼마나 제한되고 微微한 것인가를 알아야 하며 더욱이 시간에 대하여서는 더 말할 것도 없다.

아무리 인류문명이 발달하여도 우리는 단 한 시간조차도 시간을 지배할 수 없는 과학이라는 것에만 매달려 있으며 易 이외는 과거와 미래를 연결시켜줄 아무것도 없다.

易은 오늘의 시점에서 볼 때 어제가 그러하였듯 내일에 대한 그림도 그대로 그려놓고 있으니 오늘의 易은 어제의 결과를 말함과 동시에 내일의 거울이다. 이러한 易은 수 천년동안 단 한 번도 틀리거나 바뀐 적이 없으며 앞으로도 그러하다. 인간만이 그 易의 흐름에 대처하지 못하고서 자신의 입지에서 吉凶을 따질 뿐인 것이다.

2장. 合·沖 論

陰陽五行은 서로간의 조합에 따라 生, 剋할 뿐만 아니라 合하기도, 沖하기도 하며 그러한 과정에서 새로운 五行을 만들기도 하니 이를 인간사에 비유하면 六神의 生成과 消滅이라 할 수 있다.

1. 天干 合·沖

陰陽 五行論에 있어 生, 剋은 그것의 단순한 陰과 陽의 剋을 기피하는 것이 아니라 바르지 못한 배합을 싫어한다. 그것은 마치 陽인 남자와 陰인 여자의 올바른 만남은 오히려 지극히 吉하고 비정상적인 남자와 여자의 만남이 비판을 받음과 같다. 이와 같이 일단 干合은 吉함이요 干沖은 凶함을 의미하나 축첩과 불륜은 凶하듯이 지나침은 부족함만 못하니 命造 전체의 조합을 잘 살펴 판단할 일이다.

(1) 天干 合 : 天干 끼리의 合으로 五運이라 한다.

1) 甲 + 己 = 合　土
2) 乙 + 庚 = 合　金
3) 丙 + 辛 = 合　水
4) 丁 + 壬 = 合　木
5) 戊 + 癸 = 合　火

(2) 天干 沖 : 天干 끼리의 沖으로 干沖이라 한다.

1) 甲 : 庚 = 沖

2) 乙 : 辛 = 沖

3) 丙 : 壬 = 沖

4) 丁 : 癸 = 沖

5) 戊 : 己 = 沖

天干에서 첫 번째와 여섯 번째 만남은 合을 이루고 첫 번째와 일곱 번째의 만남은 沖이 된다.

(3) 天干 合·沖의 해설

干의 合은 喜, 忌 양면성으로 작용한다. 命造에 많은 五行이 다시 合化하면 그 五行이 太過하여 命造의 균형상 반드시 좋은 것만은 아니다.

沖 역시 그러하니 運에 沖이 들면 대립, 사고, 부도, 생명력 약화, 이별 등 나쁜 運質을 의미하나 경우에 따라서는 忌神을 沖하여 제거해 주면 장애를 없애주는 것과 같으니 이를 두고 利剋制剋이라 한다. 그 상세는 命造의 감정 때 하기로 한다.

* 天干 合, 沖 조견표 *

기준	甲	乙	丙	丁	戊	己	庚	辛	壬	癸
合	己	庚	辛	壬	癸	甲	乙	丙	丁	戊
生成五行 (合化)	土	金	水	木	火	土	金	水	木	火
沖	庚	辛	壬	癸	己	戊	甲	乙	丙	丁

◇ 戊와 己는 沖이 아니라는 주장이 있으나 戊는 甲, 乙, 丙, 丁을 己는 庚, 辛, 壬, 癸를 각각 주관하는 중앙의 위치에 임하면서 그 대표인 戊와 己는 당연히 沖한다.

2. 地支 合

地支 五行도 그 조합에 따라 合하여 五行이 변하기도 하며 沖, 剋하는 등 변화가 天干보다 훨씬 다양하다.

(1) 二合 (六合)

子 + 丑 = (합 土) → 合化 土
寅 + 亥 = (합 木) → 合化 木
卯 + 戌 = (합 火) → 合化 火
辰 + 酉 = (합 金) → 合化 金
巳 + 申 = (합 水) → 合化 水
午 + 未 = (불변) → 不變
地支 二合이 여섯 개이므로 六合 이라고도 한다.

(2) 三合 과 半合

1) 三合 : 地支가 3개 모여서 合이 된다.
亥 + 卯 + 未 = (合 木) → 合化 木
寅 + 午 + 戌 = (合 火) → 合化 火
巳 + 酉 + 丑 = (合 金) → 合化 金
申 + 子 + 辰 = (合 水) → 合化 水
三合은 會局이라고도 하며 새로운 五行을 각 1개씩 生成한다.

2) 半合

三合의 2개 五行의 조합을 말하고 異見이 있으나 三合은 어디까지나 가운데 正氣를 五行의 중심으로 서로 견인하여 合을 이루는 것이므로 三合 중 가운데 五行을 포함하지 아니하는 경우는 半合이 아니라고 본다.

亥 + 卯 = 半合 化 木　　卯 + 未 = 半合 化 木

寅 + 午 = 半合 化 火　　午 + 戌 = 半合 化 火

巳 + 酉 = 半合 化 金　　酉 + 丑 = 半合 化 金

申 + 子 = 半合 化 水　　子 + 辰 = 半合 化 水

亥+未. 寅+戌. 巳+丑. 申+辰 = 半合이 아니다.

(3) 方合 : (方向 合 이라고도 한다.)

寅 + 卯 + 辰 = 東方合 木

巳 + 午 + 未 = 南方合 火

申 + 酉 + 戌 = 西方合 金

亥 + 子 + 丑 = 北方合 水

◇ 方合의 2개의 조합이 半合이 되는가에 관하여는 이견이 있으나 三合과 달리 半合이 성립되지 않는다.

3. 기타

(1) 暗 合

地藏干 서로 간에 이루어지는 合으로 이는 地支 속에 숨어있는 合이므

로 推命의 細技를 가늠하는 묘미가 있다. 이 경우 暗合이 命造에 어떠한 영향을 미치는가는 命造의 배합에 따라 달라진다.

(2) 明暗 合

命造에 透出한 干과 地藏干과의 合을 말한다. 이 경우도 暗合과 같이 반드시 吉한 것만은 아니므로 命造와의 조합을 잘 살펴 판단할 것이다.

(3) 爭合과 妬合

1) 爭合 : 陰 日干과 다른 陽 干 즉, 月干과 年干 또는 時干이 干合 한 경우로 한 여자를 두고 두 남자가 다투는 것을 말한다.

예.

	主		
丙	辛	丙	○
正官		正官	
○	○	○	○

2) 투합 : 쟁합과는 반대로 양 일간에 두 음 간이 간합하는 것으로 한 남자를 두고 두 여자가 격이니 여자의 질투와 남자의 방탕함이 내포되어 있다.

예.

	주		
○	丙	辛	辛
		正財	正財
○	○	○	○

◇ 爭合과 妬合은 干合 편에서 다룸이 마땅하나 暗合, 明暗合과 함께 편의상 여기서 설명하였다.

4. 地支 沖

地支 沖은 天干의 **干沖**에 해당하고 **六氣**라고하며 파괴와 깨어짐, 사고, 다툼, 불신, 이별 등 인간사의 저변을 지칭 하므로 사람의 삶에 있어서 후천적 운에 많은 영향을 미친다. 合이 여섯 개 있듯 **地支 沖**도 여섯 개다.

子 : 午 = 沖

丑 : 未 = 沖

寅 : 申 = 沖

卯 : 酉 = 沖

辰 : 戌 = 沖

巳 : 亥 = 沖

5. 地支 刑(殺)

(1) 三刑殺

三刑殺은 사회적, 가정적, 개인적 불합리한 요소를 지니고 있으며 그 구체적 내용은 각기 조금씩 다르다. 沖 + 刑으로 刑殺의 으뜸으로 대체로 관재구설, 살상, 이별, 형살이, 세력다툼, 수술(피흘림), 혁명 등의 의미를 가지고 있다.

1) 寅·巳·申 : 三刑殺

恃勢의 刑이라고 하며 자기의 세력을 저돌하고 의리에 살고 의리에 죽는 혁명가적 기질을 가지고 있으며 강직함과 총칼의 의미와 불의의 재난과 교통사고 등 재난을 예시하며 命造에서나 大運, 歲運, 月運, 日辰에도 이러한 運이 들면 주의해야 한다.

그러나 이러한 사람이 군인, 사법관, 경찰관, 교도관, 의사, 간호사, 정육점 등 제복을 입거나 총 칼을 만지는 직업에 종사하면 오리려 그 방면에서 대성 할 수 있으나 쇠퇴도 빠르다.

◇ 박정희, 전두환 전 대통령에게 이 三刑殺이 있다.

2) 丑·戌·未 : 三刑殺

無恩의 刑이라고 하며 냉혹하여 은혜를 모르고 不義非道하며 욕심이 많고 은혜를 오히려 원수로 갚는다. 寅巳申 三刑殺이 직접적 물리력이라면 丑戌未 三刑殺은 권모술수 등으로 無形的이다.

◇ 김영삼 전 대통령에게 이 三刑殺이 있다.

3) 子·卯 : 三刑殺 (相刑殺)

무례의 刑으로 相刑殺이라고도 한다. 이 刑殺은 예의를 무시하고 성질이 따뜻한 기운이라고는 없다. 대인관계에 있어 불쾌감을 줄뿐만 아니라 六親관계에 있어서도 원만치 못하며 悖倫이 많다. 특히 남녀의 불륜으로 인한 관재구설은 이 刑殺을 따를 바가 없으며 여자는 관재구설로 남편으로부터 刑을 받는다.

(2) 刑

半合처럼 三刑殺이 2개씩 만나는 것으로 三刑殺 정도는 아니고 오히려 전화위복의 기회가 많다.

寅巳 · 巳申 · 寅申 · 丑戌 · 戌未 · 丑未

巳申은 刑, 合이 중복되나 寅이 大運이나 世運 등에서 들어오면 완전한 三刑殺이 성립한다.

◆ 丑未, 寅申은 沖, 刑이 중복 되고 그 의미도 매우 강하다.

刑殺이 강한 자는 앞에 예를 든 제복직 등뿐만 아니라 집단의 우두머리 격으로도 강한 의미지가 있다.

6. 기 타

(1) 自刑

自刑殺은 같은 地支나 같은 띠끼리 刑이 되는 경우이다. 흔히 같은 띠끼리 만나면 좋다고 하지만 나쁜 경우도 있으며 이 刑殺의 의미는 외부로부터의 장애가 아니라 자기 스스로의 족쇄이다. 잘 추진하던 일도 중도에서 포기를 하거나 마음의 갈등을 이기지 못하여 스스로 일을 망친다.

自刑殺 : 辰 辰, 午 午, 酉 酉, 亥 亥

(2) 破

깨어지고 부서지다. 이별. 변동, 실패 등을 의미한다. 破는 관련 六親과의 관계에 부정적 의미를 가지고 있다. 다른 合, 殺과 중복되는 경우가 많으나 의미는 약하다.

子 酉, 午 卯, 申 巳, 寅 亥, 丑 辰, 戌 未

(3) 害

사별, 질병 등 害는 주로 본인이나 가족에게 나쁜 의미가 있다.

역시 겹치는 경우가 많으며 의미는 약하다.

子 未, 丑 午, 寅 巳, 卯 辰, 申 亥, 酉 戌

＊ 띠로 본 沖·刑·破·害 ＊

띠(年支)	沖	刑	破	害
子	午	卯	酉(鬼門)	未(元嗔)
丑	未(刑)	戌	辰	午(元嗔)
寅	申(刑)	巳	亥(合)	巳(刑)
卯	酉	子	午	辰
辰	戌	辰(自刑)	丑	卯
巳	亥	申(合)	申(合, 刑)	寅(刑)
午	子	午(自刑)	卯	丑(元嗔)
未	丑(刑)	丑(沖)	戌(刑)	子(元嗔)
申	寅(刑)	寅(沖)	巳(合, 刑)	亥
酉	卯	酉(自刑)	子(鬼門)	戌
戌	辰	未	未	酉
亥	巳	亥(自刑)	寅	申

제3장. 命造의 성립

1. 命造의 구성

「命造」라 함은 사람의 生年·生月·生日·生時의 八字를 각각의 陰陽五行 六十甲子의 조합으로 배열하여 놓은 것으로 설혹 여하한 사유로 기억하지 못한다고 할지라도 사람은 누구나 태어나면서 이 명조를 부여받는다. 命造를 命式, 命 또는 四柱(八字)라고도 하며 사람은 이로서 하나의 단순한 물리적 유기체가 아니라 天氣와 地氣의 결합에 의한 易學的 존재로서 가치를 지니게 된다.

이는 아무리 성인이 되어도 호적, 주민등록 등이 없으면 實定法상 공허한 사람은 될지라도 인간으로서의 존엄성은 사람인 이상 당연히 천부적으로 가지게 되지만 막상 현실에 부딪히면 권리의 행사와 보호를 옳게 받지 못함과 같이 四柱八字를 모르면 그 사람의 성격 등을 보고 개략은 알 수 있을지언정 易의 의미로는 구체적으로 정확히는 알 수가 없다.

그러므로 그 사람의 四柱八字(이후 命造라 함)를 정확히 알고 감명함이 중요하고 이는 곧 그 사람의 天氣를 의미하니 동의 없이 함부로 누설치 말 것은 당연하다 할 것이다.

예. 男 : 陰 1952. 6. 19. 16 : 30 生

(1) 年柱 (年建)

萬歲曆을 보고 태어난 해의 干支를 찾는다.

1952년은 壬辰년이다.

∴ 年柱는 [壬辰]이다.

이때 주의할 것은 年의 한계이다. 흔히 설날부터 띠가 바뀌고 새로운 해가 시작되는 것으로 생각하나 이는 잘못이다. 易에서의 새로운 해의 출발점은 양력의 1일도 음력의 1일도 아닌 오로지 책력에 의한 새로운 立春日 즉, 立節日부터이다.

양력과 음력은 불변하는 萬歲曆에 의해 정해지는 것이며 그 입절일은 새로운 해의 출발인 立春日의 시점이다. 대략 양력 2월 5일을 전후하여 정해지며 시각도 정확하다. 위 예의 경우 입춘시점이 양력 2월 5일 오전 5시 54분이며 이때부터 새로운 해인 壬辰년 용띠의 해가 시작된다.

이때 음력은 1월 10일이므로 설이 지난 후 10일 이후에야 易學的으로 새로운 해가 시작되는 것이며 그 이전에는 辛卯년 토끼띠임을 주의하여야 한다.

(2) 月柱 (月建)

月柱를 세우기 위하여서는 먼저 節氣와 月建을 알아야 한다. 易에서는 음력도 양력도 아닌 오로지 12절기만을 각 월로 하며 새로운 해의 1월은 立春日부터 시작되며 1월은 寅 달이다. 따라서 비록 설이 지났다 하더라도 立春이 도래하지 아니하였다면 새로운 해는 시작되지 않으며 이러한 이치는 수천 년 동안 단 한 번도 바뀐 적이 없으며 앞으로도 그러함은 의심의 여지가 없다.

음력, 양력을 불문하고 모든 曆(력)은 易學이 생성해 놓은 책력에 의해 조성되는 것임을 다시 한 번 강조한다. 지금 우리가 사용하고 있는 양력은 서기 1582년 그레고리 13세의 칙령으로 사용한 것으로 이를 그레고리 曆이라고도 한다.

동양에서는 수천 년 전부터 지구와 달이 둥글고 공전과 자전을 한다는 이치에 따라 책력을 작성하였음은 기술한바 있으며 이 영원불변하는 정확한 책력을「萬歲曆」이라 부르며 이것은 동양의 陰陽五行 사상의 산물이다.

* 절기 조견표 *

月	節期 (月建)	五行	띠
1	立春(입춘)	寅	범
2	驚蟄(경칩)	卯	토끼
3	清明(청명)	辰	용
4	立夏(입하)	巳	뱀
5	芒種(망종)	午	말
6	小暑(소서)	未	양
7	立秋(입추)	申	원숭이
8	白露(백로)	酉	닭
9	寒露(한로)	戌	개
10	立冬(입동)	亥	돼지
11	大雪(대설)	子	쥐
12	小寒(소한)	丑	소

만세력에서 음력 6월을 찾아 입절기를 보니 음력은 6월 17일이 申달 즉 7월의 시작이다.(이처럼 절기가 당겨진 이유는 그 전달인 5월에 윤달이 있었기 때문이다. 양력은 8월7일이 입절일 이다.) 따라서 음력 6월19

일은 立秋가 지난지 2일이 경과하였고 즉, 未 月이 아니고 그 이후 달인 戊申의 申月이니 月建은 戊申이다.

∴ 月柱는 [戊申]이다.

여기서 주의 할 것은 月 분계 日의 入節時이다. 여기가 月建을 세우는 기준임을 잊지 말아야 한다. 年柱를 세울 때처럼 立節時를 착오 없도록 세워야 한다.

(3) 日柱 (日建)

日柱는 입절과 관계없이 음력 6월 19일을 보니 丁亥이다.

∴ 日柱는 [丁亥]이다.

이 역시 日建의 한계를 명확히 하여야 하며 日建의 立日 시점도 정확히 하여 착오 없도록 하여야 한다.

日柱의 日干은 命造에서 본인을 의미하므로 가장 중요하다.

우리가 易을 논함은 자신의 命이 命造에서 어떻게 구성되어 있으며 易은 命이 어떠한 運으로 흘러가려 하는가를 추명함에 있으므로 자신을 바로 세우지 못하면 推命의 實益이 전혀 없다.

올바른 日建을 세우는 것은 時의 한계점과 깊은 관련이 있으며 時의 한계를 알아야 일주의 시작과 끝이 주어지는 것이다. 보통 당일의 한계는 00 : 00(밤 12시) - 24 : 00 까지 이다. 따라서 오후 4 : 30 은 16 : 30 으로 申時에 해당하며 어느 쪽의 한계에도 가까이하고 있지 않으며 日建이 丁亥 임을 세우는데 어려움이 없다. 상세한 것은 다음 항인 時建으로 미룬다.

(4) 時柱 (時建)

* 時 조견표 *

日干 / 生時	甲 己	乙 庚	丙 辛	丁 壬	戊 癸
00 - 01 (朝子時)	甲子	丙子	戊子	庚子	壬子
01 - 03	乙丑	丁丑	己丑	辛丑	癸丑
03 - 05	丙寅	戊寅	庚寅	壬寅	甲寅
05 - 07	丁卯	己卯	辛卯	癸卯	乙卯
07 - 09	戊辰	庚辰	壬辰	甲辰	丙辰
09 - 11	己巳	辛巳	癸巳	乙巳	丁巳
11 - 13	庚午	壬午	甲午	丙午	戊午
13 - 15	辛未	癸未	乙未	丁未	己未
15 - 17	壬申	甲申	丙申	戊申	庚申
17 - 19	癸酉	乙酉	丁酉	己酉	辛酉
19 - 21	甲戌	丙戌	戊戌	庚戌	壬戌
21 - 23	乙亥	丁亥	己亥	辛亥	癸亥
23 - 00 (夜子時)	丙子	戊子	庚子	壬子	甲子

1) 時柱를 세우는 방법은 위의 時 조견표에서 우선 日干의 天干 合의 조합에서 출생 時에 해당하는 地支를 찾으면 干支가 나타난다. 이것이 時柱이며

∴ 時柱는 [戊申]이다.

2) 朝子時와 夜子時

時 조견표에서 子時는 밤 11시에서 다음 날 새벽 01시까지이다.

따라서 子時는 2일에 걸쳐 있다. 이 경우 자칫하면 시간은 맞을지라도 가장 중요한 생일을 틀릴 수가 있으므로 주의하여야 한다. 0시(밤 12시)를 기점으로 23 : 00 - 24 : 00까지는 夜子時(또는 前子時)라 하고, 子正(00 : 00)부터 01 : 00까지는 朝子時(또는 後子時)라 한다.

3) 時의 한계와 표준시

우리나라는 1961년부터 현재까지 동경 135도를 표준시로 사용하고 있으며 이는 일본이 정한 표준시이고 우리나라는 본토를 중심으로 동경 약 125도에서 130도 사이에 위치하고 있다(위도는 약 북위 30도에서 북위 40도 사이). 그 가운데 중간지점인 대전지방(동경 127도 25분)을 기준으로 보아도 약 30분(정확히 30분 19초)의 시차가 생긴다. (참고로 서울은 32분 05초) 다시 말하면 지구는 1시간에 15도씩 자전을 하므로 1도를 자전하는 데는 4분이라는 시간이 소요된다. 그러므로 正午는 낮 12시 30분경이고 12 : 30분이 正午 12시가 된다.

그러한 까닭에 時의 기준을 각각 30분씩 늦추는 것이 정확한 時에 보다 접근한다. 특히 子時 생의 경우에는 日干(생일)이 달라지므로 중요한 사항이 아닐 수 없다. 그러나 어느 것을 택하더라도 그 사람이 태어난 곳과 경도를 정확히 파악하여 時를 정한다는 것은 현실적으로 상당한 어려움이 있고 또한 어느 표준시를 정하여 그 時를 기준으로 하더라도 이는 이미 기 표준으로 삼아 대차 없이 감정에 임할 수 있으므로 현재 가장 많이 활용하는 기준의 표준시를 택함이 무리가 없다고 본다.

◆ 다만 30분을 늦추어 時의 한계를 정함이 좀 더 정확한 접근 방법이라는 데는 동감한다.

(5) 命造의 정리

이제 命造를 구성하는 모든 인자는 성립되었으므로 이를 정리하면 다음과 같은 명조가 성립한다.

時柱	日柱	月柱	年柱
戊	丁	戊	壬
申	亥	申	辰

이제 가장 중요한 命造가 완성되었다. 이것이 四柱(4기둥) 八字인 것이며 한 사람의 命(命造)이다.

2. 大運 8기둥

「大運」이란 고정된 命이 그 사람의 평생 동안 어떠한 運의 흐름으로 변천되어 가는가를 큰 흐름으로 파악하는 것으로 平生運이라고도 하며 이 평생운을 10년 주기로 八등분하여 본 것이다.

◇ 이는 사람의 수명을 70 - 80세로 본 것으로 주어진 명조와 평균수명과 대운을 서로 비교 조합하여 건강과 사고 및 富貴名利와 吉凶을 본다.

(1) 大運의 順行과 逆行

예.

男. 陰 1952. 6. 19. 오후 16 : 30 (申時) 生

時	日	月	年
戊	丁	戊	壬
申	亥	申	辰

1) 命造의 年干을 보아 남자는 陽干, 여자는 陰干이면 順行한다.

2) 命造의 年干이 남자는 陰干, 여자는 陽干이면 逆行한다.

이는 陽은 모아서 앞으로 나아가려는 성질이 있으며 陰은 반대로 흩어져서 뒤로 나가려는 성질이 있기 때문이다.

3) 순서는 月柱부터 시작한다.

男 : 年干이 壬 陽干으로 月柱부터 順行하면 戊申다음부터 순서대로 己酉, 庚戌, 辛亥.... 등으로 8기둥 까지 나아간다.

男, 女에 따라서 順行이냐 逆行이냐의 판단기준은 年干에 의해 정해지며 大運의 순서는 月柱 다음부터 順·逆으로 시작된다.

(2) 大運 나이(大數) 계산하기

1) 順運 공식 : 다음 달 立節日 - 출생 월 立節日 ÷ 3

만세력에서 다음 달 19일이 白露 立節日, 정산하니 29일이다.

◆ 음력 7월 19일에서 음력 6월 17일 사이의 날짜 수 = 29일

29 ÷ 3 = 9…2

2 = 반올림하여 산입하면

∴ **대운 수 = 10**

2) 逆運 계산공식 : 출생월의 일 - 당월 입절일 ÷ 3

만세력에서 이 달 17일이 입절일이라 정산하니 2일

19일 - 17일 = 2일

2 ÷ 3 = 1 (반올림)

∴ **대운 수 = 1**

반올림하여 1이 나오면 버리고 2가 나오면 산입한다.

대다수의 만세력은 생일간지 오른쪽에 "대운"이라 하여 대운 수를 표기하고 있으므로 이를 활용하면 번거로움을 없앨 수 있다.

3) 정리 : 위의 예시 명조로 8기둥을 세운다.

＊ 대운 8기둥 조견표 (順行) ＊

80	70	60	50	40	30	20	10	나이 / 月 干支
丙	乙	甲	癸	壬	申	庚	己	戊
辰	卯	寅	丑	子	亥	戌	酉	申

남자이고 年干이 陽干이므로 順行하고 시작은 月柱 부터이다.

여자라면 위 표와 반대이다. 위 대운표의 나이는 평균 수명이고 대운 수이다.

＊ 대운 8기둥 조견표 (逆行) ＊

80	70	60	50	40	30	20	10	나이 / 月 干支
庚	辛	壬	癸	甲	乙	丙	丁	戊
子	丑	寅	卯	辰	巳	午	未	申

3. 歲運, 月運, 日運(日辰)

歲運, 月運, 日運(日辰)은 특별히 세우는 방법이 있는 것이 아니라 그 해당 연도의 干支(예 甲申 年의 甲申 등)를 日干에 대입하여 판단하며 나머지도 동일하다. 즉 歲運은 그 해의 年建을 말하고 月運은 그 해의 각 月建을 말하며 日運은 그 날의 日辰을 말한다.

1) 歲運의 경우 비록 吉神 이라 할지라도 用神을 보아 忌神運이면 命造에 나쁜 영향을 미치므로 命造 전체와의 균형도 잘 살펴서 종합적으로 감명할 일이다.

따라서 해당 그 해에는 나쁘지 않으니 단기간의 발운은 기대할 수 있다. 그러나 중, 장기 계획은 어디까지나 命造와 大運 전체를 보아 계획을 세워 추진함이 가하며 일시적 吉함이 運命의 전체적 입장에서 반드시 吉한 것만은 아니므로 각자에 따라 종합적으로 판단할 일이다.

그리고 歲運, 月運, 日運 등은 일시적 吉, 凶運이 든다하여 반드시 그 때마다 運이 부합하지 아니 할 수도 있으므로 지나치게 의존함은 옳치 못하다.

滴天髓(적천수)는 이러한 경우를 '火未焰而先煙이요 水旣往而猶濕' (화미염이선연이요 수기왕이유습) 이라 하여 불이 붙기 전에 연기가 더 맵고, 비 끝난 바로 뒤가 더욱 습하다고 하여 命運에 吉, 凶이 예고된다고 하여 반드시 예고된 그 당시에 즉시 나타나지만은 아니한다고 하였다.

2) 月運은 命造 전체를 관련해서 감정하지 아니하고 日干과 그 해당 五行과의 六神별 喜, 忌를 보면 된다.

◆ 月運을 감정함에 주의할 것은 해당 年의 運을 감정함에 각 月建을 각자의 日干에 대입하여 감정하되 너무 지나치게 획일적으로 한계를 지어 판단할 것은 아니라는 것이다.

예를 들어 월운은 이 달이 길하면 그 다음 달은 흉한 운이 들기가 쉬우며 이처럼 吉, 凶 운은 매달 반복되어 흐름이 원칙인데 당 해 년도가 좋은 運이 들어왔고 명조 전체의 입장에서도 吉運인 경우 획일적으로 日干과 月建을 六神 분석하여 吉, 凶을 따질 것이 아니라 吉運의 해에는 나쁜

月運의 경우에도 조금만 주의를 하면 그 흉함을 피할 수가 있으며 전체적으로는 吉하여 전화위복의 기회가 될 수 있음에 반대로 나쁜 운질의 해에는 비록 좋은 月運의 경우에라도 그 해의 전체적 입장에서는 吉하지 못하며 凶運인 月運의 경우에는 더욱 그러하니 이는 겨울이 아무리 봄보다 따뜻하여도 봄 일수가 없으며 반대로 봄에 오히려 겨울보다 추운 날이 있을지라도 오는 봄을 막을 수 없다 하겠다.

3) 日運 즉 그 날의 日辰에 관하여는 다른 상황을 고려 할 것 없이 그 당해 날의 일진에 일간을 대입하여 길, 흉을 판단한다.

이는 당해 날의 주기에(지구의 1 자전) 다른 변화가 개입할 여지가 적기 때문이지만 時運과 비교하여서 전혀 고려할 바가 없는 것은 아니나 너무 이처럼 세분하다 보면 운신의 폭은 그 만큼 좁아지므로 간단히 참고할 것이다.

다만 그 당해 일에 시간적 중요한 결정을 할 필요가 있을 경우에는 충분히 고려하여야 한다.(예: 결혼의 예식 시간처럼 뒤에 설명하는 黃道時의 경우 등)

제4장. 六神論

推命의 구체적 표현은 五行 서로간의 生·剋·制·化하는 가운데 각 六神의 모습으로 나타난다. 六神을 六親이라고도 하며 六親은 글자그대로 六神을 六親에 대입한 것으로 六神보다는 좁은 의미이다. 六神은 그 명칭이 미신 같은 느낌이 든다하여 通變星이라는 표현을 사용하기도 한다.

생각하건데 六神이라는 용어는 좀 비과학적인 느낌이 들기는 하지만 오히려 서양과학보다 훨씬 앞선 五行論과 그 맥을 같이 하여왔으며 보이지 아니하는 무형의 기운을 산출하여 易에 대입하고자함이 推命의 사명임을 감안한다면 정신세계의 문제에 답하고 있는 六神이라는 용어가 좀 더 가깝게 와 닿으며 적절하다고 생각한다.

通變星 이라하면 더 과학적이고 六神이라고 하면 비과학적이라는 설명은 수천 년 동안 선현들이 갈고 닦은 五行論과 그 과학성에 대한 예의가 아니라고 생각되며 오히려 통변성 이라는 딱딱한 용어가 주는 의미는 인생사 물 흐르듯 평탄한 삶을 추구하는 子平 命理學에도 적절치 못하며 六神이라는 용어로도 얼마든지 미신적 요소는 제거하고 현대의 다양한 산업사회에 맞추어 적용할 수 있으며 이러함이 원래의 뜻과 귀중한 陰陽五行論을 물려주신 선현들께 보답하는 길임을 믿는다.

◆ 그리고 六神의 의미를 여섯(六)神의 의미로만 해석 할 것이 아니라 세상사 모든 物象의 압축된 관념으로 보아야 하며 六親의 의미도 六神이 인간관계에 적용되는 것일 뿐 數量的 개념으로 파악 할 바는 아니다.

陰陽五行으로 이 세상 만물을 설명할 수 있음이 그것이다.

1. 六神의 종류

甲 木을 기준으로 五行의 六神變更을 한다.

(1) 比肩

日干인 나와 陰陽과 五行이 같은 것이다. 甲 木은 천간의 陽의 木으로 명조의 다른 干에 있는 甲과 地支의 陽의 木인 寅과는 동일한 것이다.

甲 : +甲, +寅 = +木. 나와 같다.

(2) 劫財

日干과 五行이 같으나 陰陽이 다르다. 이러한 五行은 天干은 乙, 地支는 卯다.

甲 : -乙, -卯 = -木. 나와 같으나 陰陽이 다르다.

(3) 食神

日干이 상대를 돕는 五行으로 陰陽이 같다. 이러한 五行은 天干은 丙, 地支는 巳다.

甲 : +丙, +巳 = +火. 내가 상대를 돕는다.

(4) 傷官

日干이 상대를 돕는 五行이나 陰陽이 다르다. 이러한 五行은 天干은 丁, 地支는 午다.

甲 : -丁, -午 = -火. 내가 상대를 돕는다.

(5) 正財

日干이 상대를 剋하는 五行으로 陰陽이 다르다. 이러한 五行은 天干은 己, 地支는 丑과 未다.

甲 : -己, -丑, -未 = -土. 내가 상대를 해친다.

(6) 偏財

日干이 상대를 剋하는 五行으로 陰陽이 같다. 이러한 五行은 天干은 戊, 地支는 辰과 戌이다.

甲 : +戊, +辰, +戌 = +土. 내가 상대를 해친다.

◆ 土의 경우는 地支가 각각 2개씩이고 이로 인하여 많은 변화를 가져온다.

(7) 正官

日干을 剋하는 五行으로 陰陽이 다르다. 이러한 五行은 天干은 辛, 地支는 酉다.

甲 : -辛, -酉 = -金. 상대가 나를 해친다

(8) 偏官

日干을 剋하는 五行으로 陰陽이 같다. 이러한 五行은 天干은 庚, 地支는 申이다.

甲 : +庚, +申 = +金. 상대가 나를 해친다.

(9) 正印(또는 印綬)

나를 돕는 五行으로 陰陽이 다르다. 이러한 五行은 天干은 癸, 地支는 子이다.

甲 : -癸, -子 = -水. 상대가 나를 돕는다.

(10) 偏印

나를 돕는 五行으로 陰陽이 같다. 이러한 五行은 天干은 壬, 地支는 亥이다.

甲 : +壬, +亥 = +水. 상대가 나를 돕는다.

◈ 주의 할 것은 六神 표출의 경우 五行의 陰陽이 바뀌는 경우가 있으니 혼돈하지 말아야 한다.

1) 火 : 午는 +火에서 -火
巳는 -火에서 +火로 바뀐다.

2) 水 : 子는 +水에서 -水
亥는 -水에서 +水로 바뀐다.

◈ 중요하다.

2. 六神과 六親

이는 **六神**과 자신과의 **六親**관계를 나타낸 것으로 좁은 의미의 **六神**관계라고 할 수 있다.

(1) 比肩

1) 六親 : 형제, 자매, 친구, 이웃 등. 서로가 대등한 관계에 있으면서 사이가 나쁘지 않은 경우이다.

2) 六神 : 이사, 이동, 여행, 변화 등. 과하지 않으면 대체로 좋은 방향으로의 변화를 의미한다.

(2) 劫財

1) 六親 : 형제, 이복형제, 남매, 친구 등. 서로가 대등하나 경쟁하는 관계이다. 대등한 사이가 서로 나쁜 방향으로 움직이면 凶할 것은 당연하다.

2) 六神 : 사고, 다툼, 피흘림, 좌천, 낙상 등. 대체로 나쁜 방향으로의 변화를 의미하며 羊刃의 의미가 강하여 行運이 나쁠 때에는 더욱 그러하다.

◆ 특히 驛馬와 만나면 여행, 이사, 이동 등 주의

(3) 正印 (印綬)

인수(印綬)라고도 하며 무의 조건적 은혜를 베푼다.

1) 六親 : 어머니, 할머니 등. 생모의 어머니처럼 자신에게 끝없이 희생하나 대가는 바라지 않는 무의 조건적이다.

2) 六神 : 명예, 인덕, 승진, 형통, 발복 등. 올바른 기운을 더하여 효과를 배가시킨다. 命造에 正印이 없으면 자립은 있을 수 있으나 대성은 기대 못한다.

(4) 偏印

1) 六親 : 어머니(사이 나쁜), 서모, 계모, 이모, 유모 등. 정 어머니가 아니고 무언가 대가를 바라고 유의 조건적이다.

2) 六神 : 근심, 걱정, 명예실추, 가출, 스트레스, 바람 등. 도움이 오히려 해악이 된다. 가뭄 뒤의 홍수와 같다.

(5) 食神

1) 六親 : 남자는 조부모(조상), 처가, 장인, 장모 등. 여자는 결혼, 잉태, 자식 및 손자, 생식기 깨끗이, 음식솜씨 등

2) 六神 : 개업, 창업, 발명, 도전, 의식주 풍부 등. 食神은 힘을 洩하나 나쁜 기운을 빼가므로 오히려 정제된다.

(6) 傷官

1) 六親 : 남자는 조부모, 장인, 장모, 처가 덕 박하다. 여자는 자식궁, 생식기, 음식솜씨 등 나쁘다.

2) 六神 : 구설, 관재, 수옥, 사고, 강도, 절도, 불륜 등. 같은 관계에 있을지라도 食神은 길한 쪽으로 움직이나 傷官은 나쁜 방향으로 작용한다. 그러나 새로운 진로의 개척이나 예술, 발명 등 추진력과 두뇌는 최고로 뛰어나다.

(7) 正財

1) 六親 : 남자는 처, 여자, 아버지 등
여자는 아버지, 시아버지, 시어머니 등

2) 六神 : 돈, 재물, 부동산, 동산 등 正財는 정당한 대가이다.

(8) 偏財

1) 六親 : 아버지, 애인 등

2) 六神 : 투자, 투기, 증권, 유통, 등

財는 正, 偏財를 모두 吉한 六神으로 보나 正財가 더욱 吉하다. 즉, 正財는 正妻이나 偏財는 첩, 애인, 악처 등이다.

◆ 그러나 현대사회에서 부자, 재벌은 偏財에서 나온다. 정확한 재물

을 의미하는 正財는 궁핍은 없으나 부자가 되기는 어렵다.

(9) 正官

1) 六親 : 남자의 正官은 정실의 자식이고 종신하는 효자다. 여자는 남편, 애인 등. 여자에게서 正官은 최고의 남자이니 正官운이 들면 처녀는 결혼운이요. 기혼녀가 正官운이 들면 남편보다 더 좋은 남자가 드는 운이니 부부궁을 점검하여야 한다.

2) 六神 : 직업, 관록, 취직, 승진, 합격 등. 正官은 남자의 正氣이다. 그 뜻을 펼치지만 큰 그릇은 正印이 받쳐주어야 한다. 즉, 德이 없으면 名人이 못 된다는 의미다.

(10) 偏官

1) 六親 : 남자는 자식(불효자). 偏官은 남자에게 자식으로 정실의 자식이 아니거나 부모의 속을 섞이는 불효자로서 이런 경우를 '자식이 원수다' 라고 한다.

여자는 : 남편(속 섞이는 남자), 애인 등. 여자는 偏官이 최고로 나쁜 六神으로 원수 같은 남자이다. 偏官運에는 기, 미혼을 불문하고 남자를 멀리 하여야 한다. 이러한 남자를 만나면 여자는 항상 남자의 기세에 눌리어 기를 펴지 못하고 고통 속에서 보낸다.

2) 六神 : 파직, 좌천, 불합격, 사고, 다툼, 수옥, 건강주의 등. 나를 해치는 가장 나쁜 기운이다.

* 六神 표출 조견표 *

日干 / 干支	甲	乙	丙	丁	戊	己	庚	辛	壬	癸
甲寅	比肩	劫財	偏印	正印	偏官	正官	偏財	正財	食神	傷官
乙卯	劫財	比肩	正印	偏印	正官	偏官	正財	偏財	傷官	食神
丙巳	食神	傷官	比肩	劫財	偏印	正印	偏官	正官	偏財	正財
丁午	傷官	食神	劫財	比肩	正印	偏印	正官	偏官	正財	偏財
戊辰戌	偏財	正財	食神	傷官	比肩	劫財	偏印	正印	偏官	正官
己丑未	正財	偏財	傷官	食神	劫財	比肩	正印	偏印	正官	偏官
庚申	偏官	正官	偏財	正財	食神	傷官	比肩	劫財	偏印	正印
辛酉	正官	偏官	正財	偏財	傷官	食神	劫財	比肩	正印	偏印
壬亥	偏印	正印	偏官	正官	偏財	正財	食神	傷官	比肩	劫財
癸子	正印	偏印	正官	偏官	正財	偏財	傷官	食神	劫財	比肩

3. 六神의 해설

(1) 比肩

나(日干)와 같은 五行으로 陰陽이 같다.

1) 성질

比肩이 왕성하면 財星을 害하여 여자와 아버지 및 財運이 약하다. 만약 財星이 힘이 없으면 比肩은 劫財로 변한다. 같은 성질의 기운이 서로 힘을 합하여 나아가니 약한 명조는 吉함이요 강한 명조는 힘이 넘치니 財를 剋하여 凶하다.

◆ 比肩은 財星을 剋한다.

이동, 변동, 여행, 분가, 개업, 이사, 지병관 조심, 이별 등을 의미하고 합법적 절차를 원한다.

2) 내용

a) 日干은 힘이 있어야 하지만 比肩이 太過하면 실속이 없고 의견이 분분하며 주머니가 채워질 날이 없다. 이때 財星이 약하면 이를 群比爭財라 약한 財를 두고 比, 劫이 서로 다투는 형국이라 거지 사주라 하니 여자와 재물운이 약하다.

b) 比肩이 태과하면 형제 친구가 많으므로 버는 것보다 쓸 곳이 더 많으니 마음의 병이나 노이로제에 시달린다.

c) 比肩이 많으면 성격과 개성이 강하고 부부간에 애정이 약하며 이별수가 강하게 작용하고 직업 있는 여성이나 연상의 여자와 사는 경우가 많다.

d) 형제나 친구가 많아 比肩이 沖, 刑되면 형제, 친구 및 기타 동기간에 우의가 없다.

e) 여자 命造에 比肩이 많으면 염세주의에 빠지기 쉬우며 독신생활이나 유부남을 사귀는 경우가 많다.

f) 여자 命造에 官星이 약하고 比劫이 강하면 남자 운이 약하고 직장도 안정되지 못하며 결혼을 하더라도 부부의 정이 약하다.

(2) 劫財

日干과 五行은 같으나 陰陽이 다르다.

1) 성질

이별, 이동, 여행, 변동, 이사, 개업, 등은 나쁘게 나타나고 절차를 무시한다. 불의의 사고, 피 흘림, 수술, 낙상, 깨어짐, 폭력, 투쟁, 교만 불손, 상대를 깔보는 등 나쁜 운질이 숨어있다.

서로의 대등한 힘이 반대로 움직이니 본인은 약해져서 힘이 빠져서 자신을 지킬 힘이 없다. 이를 羊刃이라고도 하니 命造의 羊刃은 곧 피 흘림, 사고, 수술 등을 나타냄도 이와 같은 이치다. 이때에는 특히 사고(교통, 싸움, 낙상, 피 흘림, 낙태 등)나 여행을 주의하여야 한다.

2) 내용

a) 대립과 폭력을 의미하며 부부간이나 대인관계에서 상대를 무시하고 얕보며 야망은 크나 실행력이 약하다.

b) 정당한 절차를 무시하므로 덤벙거리다가 손해만 보고 삶에 장애가 많이 온다.

c) 命造에 比劫이 많으면 형제간에 정이 없고 형제자매 중 短命의 자가 있으며 친구 간에도 진정한 우정은 없으며 부부간에도 이별수가 많고 세상에 대한 불평, 불만으로 염세주의적 이다.

d) 특히 남자 命造에 比劫이 많으면 유부녀나 화류계 여성이나 연애결혼이 많고 현실론 적으로는 제비족상이다.

e) 大運에서 劫財가 들면 사고, 다툼, 물·불의 재난 등에 주의하고 歲運, 月運 에서도 마찬가지다.

(3) 正印 (印綬)

日干을 돕는 五行으로 陰陽이 다르다.

1) 성질

명예와 인덕이다. 따라서 합리적이고 지성과 균형이 있다. 분수를 지키며 상대를 존중하니 존경과 명예를 가지며 모든 일에 정도를 지키며 매사 만사형통의 열쇠이다. 소원성취, 인덕, 만사형통, 수복대길, 부부화합, 인연운, 온화함, 어머니 같은 평온함 등.

2) 내용

a) 재물, 사업, 인연, 사람 등 모든 면에서 도움을 주고 어머니와 같은 따스함이 있다. 어릴 때는 正印이 어머니요 성인이 되면 명예와 직장이 正印이다.

b) 인의와 자비심이 있으며 남으로부터 존경을 받고 남의 어려움을 보고 그냥 있지 못한다. 그러므로 봉사와 겸손은 정인의 특성이고 교육, 사회사업, 공직자 등에는 필히 갖추어야할 덕목이다.

c) 지성미와 정조관념도 잘 갖추어 있고 합리적이며 무의 조건이다.

d) 正官과 理會(喜神 작용)하면 官祿을 먹는다.

◆ 正官은 正印이 있어야 官祿이다.

e) 印星이 많으면 어머니나 할머니가 두 분인 것을 암시하며 어머니 덕이 없고 서모나 유모 등을 예시한다.

f) 年柱나 月柱에 正官과 正印이 理會되어 있고 힘이 있으면 청년기에 뜻을 이루어 관록을 먹거나 문장으로 이름을 날린다. 다만 沖, 刑되면 소멸한다.

g) 印星이 너무 많으면 食神과 傷官을 害 하므로 여자는 자식 운이 박하고 생식기가 약하며 음식 솜씨가 없고, 남자는 조상 덕과 처가 덕이 박하며 하는 일이 잘 안 풀린다.

h) 여자가 印星이 많고 官星이 약하면 남자 복이 약하고 자신이 돈 벌어서 살아가는 삶을 암시한다.

i) 正印과 食傷이 함께 有氣(과 부족이 없는 것)하고 沖, 刑이 없으면 재물과 명예가 따른다.

j) 正印은 대체로 부모 등의 조력으로 은혜로운 환경에서 자라서 성정

이 온후하고 밝은 인품을 가졌다.

(4) 偏印

日干을 돕는 五行으로 陰陽이 같다.

1) 성질

正印이 無義條件的 이라면, 偏印은 有義條件的이다. 偏印은 倒食(도식) 또는 梟神(효신) 이라고도 하여 남이 잘 되는 꼴을 못 본다. (倒 : 넘어질, 거꾸로, 죽을 등. 梟 : 올빼미, 사나울, 영웅 등의 뜻을 가지고 있다.) 날카롭고 까다롭다, 불안, 초조, 노이로제, 마음의 병, 가출, 눈치 보기, 비방, 춤바람, 기타 권모술수 등

2) 내용

a) 마음의 안정을 찾지 못하고 방황하는 격으로 특히 60세 이후는 널이 기다린다 하여 偏印이 들면 지병관을 조심하여야 한다.

b) 偏印은 日干을 돕는다고 하지만 正印과 달리 조건적이고 도움이 理會되지 못하면 오히려 상처가 될 뿐이다. 이는 마치 목마른 자에게 물을 주지 아니하고 빵을 주는 것과 같다.

c) 매사가 龍頭蛇尾(용두사미) 격으로 출발은 좋으나 끝을 맺지 못하며 무엇이든 권태를 잘 느낀다.

d) 여자가 偏印이 많으면 破財, 이별의 운질로 驛馬, 桃花, 華蓋, 咸池, 紅艶 등과 동주(명조에 함께 하는 것)하게 되면 유흥업에 종사하며 객지를 떠돌다가 객사하는 운질이 강하다.

e) 偏印이 日支에 있으면 결혼이 늦고 부부가 서로 잘나 집안이 시끄럽고 자식과의 인연이 약하다.

f) 偏印과 比肩, 劫財가 동주하면 결혼의 성사가 힘들고 변덕이 심하며 타인으로 인한 사업의 실패가 많다.

g) 여자의 命造에 偏印이 많으면 食神을 害하므로 자식과의 인연이 약

하고 여자로서의 덕이 약하다.

h) 여자의 命造에 偏印과 傷官이 동주하면 傷官을 잘 다스려 주어 총명함과 지성을 겸비한다. 이는 偏印의 날카로움이 傷官을 잘 다스려 총명함을 일깨우니 지혜가 번득인다.

i) 팔방미인 격이고 임기응변과 권모술수에 능하다.

j) 가정보다 밖을 돌고 돈이 있으면 집에 들어가지 않는다.

(5) 食神

日干이 상대를 돕는 五行으로 陰陽이 같다.

1) 성질

日干이 상대를 有情의 生助를 한다. 따라서 日干을 過, 不及 없이 洩氣하므로 日干은 자신의 힘을 들이지 아니하고 유덕의 미를 가진다.

의식주, 잉태, 인연, 매사 순조, 개업, 결혼, 복록, 신체풍미 등

2) 내용

a) 食神이 많으면 財星을 生하여 財運은 있으나 官星을 害하므로 官運이 박하고 남자는 자식운이, 여자는 남자운이 약하다.

b) 日干이 약하지 아니하고 食神과 印星 및 正官이 동주하면 大富, 大貴의 命이다. 이는 官星의 剋함을 印星이 洩하고 日干을 生하여 주며 食傷은 官星이 日干의 害 함을 막아 주기 때문이다.

◆ 중요하므로 이에 대하여는 임상해석 때에 상세히 풀이한다.

c) 食神과 偏官 및 偏印이 동주하면 災禍를 당하기 쉽다.

偏官殺을 食傷이 다스리려고 하지만 偏印이 食神을 剋制하여 가로막으니 偏官의 흉폭함만 살아 七殺의 害함이 그대로 있다. 그러니 偏印은 倒神 인 것이다.

d) 食傷이 많으면 관록 운이 없고 남자는 자식과의 인연이 박하고 여자는 官星이 남자이므로 남편과 애인과의 인연이 약하다.

e) 처녀 총각은 食神 운에 결혼운, 효자자식 잉태할 運이다.

f) 食神과 偏官이 많고 日干이 약하면 여자는 평생동안 남자로 인하여 고생이 많다.

g) 命造에 食神과 官星이 理會하면 귀해지고 관록운과 지식복도 있다. (食傷 制殺格)

h) 여자는 食傷이 많으면 남자와의 인연은 박하나 재물운은 있어 돈보고 남자가 찾아 든다.

i) 食神은 자연스럽게 복록이 찾아 들지만 주의할 것은 이기적이라 남의 말에 귀를 기울이지 않고 제멋대로 행동해 남에게 손해를 주고도 모른다. 그러므로 자신을 돌아볼 필요가 있다.

j) 食神은 열매이고 傷官은 꽃에 해당하니 食神은 둥글고 모난 데가 없으며 실속 차리는 데는 食神을 따를 것이 없다.

(6) 傷官

日干이 상대를 돕는 五行으로 陰陽이 다르다.

1) 성질

傷官은 無情의 剋洩이다. 傷官은 食神의 경우와는 달리 日干의 기운을 가차 없이 洩하므로 日干이 무척 나약해진다. 그러한 日干은 내, 외부로부터 자신을 방어할 능력이 약해져 각종의 시련과 장애로 와 닿는다.

관재구설, 사고, 다툼, 소송, 방해, 강도, 절도, 강제 정조 상실, 불륜, 이별, 불평불만, 물, 불의 사고 등

2) 내용

a) 傷官에게 힘을 빼앗긴 日干은 나약해져 스스로는 재난을 방어할 능력이 없지만 命造에 正印이 있거나 行運에서 喜神運이 들면 傷官의 凶함을 다스려 오히려 뛰어난 재능을 발휘하여 성공한다.

b) 傷官이 강하면 官星을 剋하여 관록과 직업운을 박하게 하고 남자는

자식운이 여자는 남자운이 약하여진다.

c) 傷官은 正官을 쏘는 화살이다.

傷官이 많으면 관록이 약하여 시험이나 직장 및 당선의 문턱에서 주저앉는다. 그러나 官殺이 강하여 日干을 剋하면 傷官은 官殺을 다스려 주니 이러한 경우는 濁命이 淸하게 되어 고생 끝에 성공하는 자수성가 格이니 오히려 귀한 命이다. 이를 食傷 制殺格이라하고 이때 食傷은 官殺보다 강하지 아니하여 官星의 기운이 남아 있어야 한다. 이를 두고 食傷이 命造에 理會한다고 한다.

d) 日干도 강하고 傷官도 강하면 총, 칼 메는 군인이나 경찰, 사법, 의학 계통의 방향으로 나가면 진급도 빠르고 성공한다.

e) 남녀 간의 불륜은 傷官만한 것이 없다.

命造의 日支에 傷官이 자리하면 남자의 命造는 아내로 인하여, 여자의 命造는 남편으로 인하여 불륜으로 인한 망신을 강력히 예시한다. 이러한 傷官運은 行運에서도 잘 살펴 대처할 일이다.

f) 傷官은 총명성과 예민함을 가지고 있으므로 종교가, 예술가, 발명가, 개척자 등으로도 발전성이 좋고 총, 칼 메는 직업과 특히 여자는 자신의 직업을 가짐이 좋다.

g) 여자는 印星이 약하고 傷官이 많고 財星이 없으면 남편과는 칼 들고 싸우는 형국이니 부부간에 살벌하여 힘들다.

h) 傷官만 있고 官星이 없는 여자는 남편을 剋하고 여러 남자를 경험하며 一夫從事가 어렵다.

i) 傷官이 많으면 처녀 총각은 결혼에 장애가 많고 결혼을 하더라도 해로가 힘들며 배우자의 교체가 많다.

j) 行運에서 傷官運이 들면 남녀 모두 불륜으로 인한 관재구설을 주의하여야 한다.

(7) 正財

日干이 상대를 害하는 五行으로 陰陽이 다르다.

1) 성질

고정된 재산, 정당한 재물, 부동산, 금전, 명예, 문서, 신용, 복록과 사업상 길함, 총각은 정처 등을 의미한다. 현대의 산업사회에서는 財星이 대단히 중요하다.

옛날에는 관록(공무원)이 가장 우선시 되었으나 지금은 하나의 안정된 직장으로 인식될 뿐이며 궁극적으로는 재물이 자본주의 사회의 가늠의 척도임을 애써 부정할 필요는 없다. 다만 그것이 방법과 수단의 정당성을 갖는 재물이냐 하는 것이며 가지지 않으면 베풀 수도(印星), 귀할 수도(官星) 없다.

앞에서도 밝혔듯 예전에는 귀함과 명예와 부의 순으로 그 경중을 평가하였으나 지금은 1財, 2印, 3官으로 평가하여 정당한 재물과 여자를 의미하는 正財를 제일로 보아 무리가 없을 듯하다.

2) 내용

a) 다음은 財에 관한 滴天髓 闡微의 내용이다.

'何知其人富 財氣通門戶' ('하지기인부 재기통문호') 사람의 富는 어떻게 알 수 있느냐 하면, 명조에 財星이 문호가 통하여야 하는 것으로 財星이 힘이 있고 喜神으로 작용되어야 한다는 것이다.

◆ 任氏 曰, 財旺身弱無官者, 必要有食傷(재왕신약무관자, 필요유식상)

財旺하고 身弱한데 官이 없는 자는 필히 食傷이 있어야 하며

身旺財旺無食傷者, 必須有官有殺(신왕재왕무식상자, 필수유관유살)

身旺하고 財旺한데 食傷이 없는자는 필히 官殺이 있어야 하며

身旺印旺食傷輕者, 財星得局(신왕인왕식상경자, 재성득국)

身旺, 印旺한데 食傷이 약하면 財星이 局을 이루어야 하며

身旺官衰印綬重者, 財星當令(신왕관쇠인수중자, 재성당령)

身旺하고 官이 약하며 印綬가 강하면 財星이 當令해야 하며

身旺劫旺, 無財人而有食傷者 身弱財重, 無官印而有比劫者, 皆財氣通門戶(신왕겁왕, 무재인이유식상자, 신약재중, 무관인이유비겁자, 개재기통문호)

身旺하고 劫旺한데 財와 印이 없고 食傷이 있는자와 身弱하고 財가 강한데 官과 印이 없고 比劫이 있는자는 모두 다 財氣가 通門戶하여 부자가 될 수 있는 명조이다.

◇ 任鐵樵 增註, 滴天髓 闡微 254p

반대로 財星이 沖, 刑하거나 凶神으로 작용하면 命造에 財星이 많아도 그 財星은 참되지 못하니 가난할 수밖에 없으므로 정당하지 못한 재물은 자신의 것이 아니다.

이를 적천수는 '何知其人貧 財神反不眞' (하지기인빈 재성반부진)이라 하여 사람의 가난함은 財神이 명조에 없기보다는 財星이 진실되지 못하기 때문이라 하여 財星이 그 명조에서 忌神이나 凶神으로 작용함이 가난의 근본이라 하였다.

◆ 任氏 曰,

財神不眞者有九(재신부진자유구)

財神이 不眞인 경우는 아홉가지가 있다.

如財重而食傷多者, 一不眞也(여재중이식상다자, 일불진야)

財星이 강한데 食傷이 또한 많으면 一不眞이요

財輕喜食傷而印旺者, 二不眞也(재경희식상이인왕자, 이불진야)

財星이 약하여 食傷을 기뻐하는데 印星이 旺하면 二不眞이요

財輕劫重, 食傷不現, 三不眞也(재경겁중, 식상불현, 삼불진야)

財星이 약하고 比劫이 旺한데 食傷이 不現이면 三不眞이요

財多喜劫, 官星制劫, 四不眞也(재다희겁, 관성재겁, 사불진야)

財星이 旺하여 比劫을 반기는데 官星이 比劫을 剋制하면 四不眞이요

喜印而財星壞印, 五不眞也(희인이재성괴인, 오불진야)

印星을 기뻐하는데 財星이 印星을 剋制하면 五不眞이요

忌印而財星生官, 六不眞也(기인이재성생관, 육불진야)

印星을 싫어하는데 財星이 官星을 생조하면 六不眞이요

喜財而財合閑神而化者, 七不眞也(희재이재합한신이화자, 칠불진야)

財星을 기뻐하는데 財星이 閑神과 合하여 다른 五行으로 化하면 七不眞이요

忌財而財合閑神化財者, 八不眞也(기재이재합한신화재자, 팔불진야)

財星을 싫어함에 財星이 閑神과 합하여 財神化면 八不眞이요

官殺旺而喜印, 財星得局者九不眞也(관살왕이희인, 재성득국자구불진야)

官殺이 旺하여 印星을 기뻐함에 財星이 局을 이루어 印星을 剋制함이 九不眞이다.

此九者, 財神不眞之正理也(비구자, 재신불진지정리지야)

이상의 아홉가지 경우는 財星이 命造에 없는 것이 아니라 진실되지 못하여 빈한 것이다.

然貧者多而富者小(연빈자다이부자소)

그러므로 당연히 가난한자가 많고 부자는 적은 것이다.

故貧有幾等之貧, 富有幾等之富(고빈유기등지빈, 부유기등지부)

그런고로 가난에도 등급이 있으며 부자도 등급이 있다.

◇ 적천수천미 260p

b) 財星이 旺하고 理會하면 재물은 많으나 너무 금전에만 치우쳐 대인관계에서 인색하고 인간성을 잃기 쉽다.

c) 日支에 正財가 들고 理會하면 남자는 처덕이 있고 중년이후 재물운이 들어 말년을 풍요롭게 보낸다.

d) 正財는 天干보다 地支에 있는 것이 좋고 月支, 日支, 時支의 순이

다.

즉, 月支는 평생 동안의 재물운을 의미하고 日支는 재물운도 좋지만 그보다 돈많은 아내를 만나고 부인덕에 풍요한 운이나 부인의 재물에 남편은 기가 꺾이니 내주장이 강하다. 또한 時支의 正財는 다소 결혼이 늦으나 말년에 재물덕이 있어 노후를 평안히 보낸다.

e) 比劫이 강하고 財星이 약하면 여자와 재물을 두고 여러 형제가 다투는 격이니 爭財가 일어나 형제간과 친구사이에 정이 없으며(群比爭財) 이때 行運에서 沖과 刑이 함께 들어오면 夭折의 암시가 강하다.

f) 單式 감명으로는 年支에 正財가 있고 理會하면 조부모가 부유했으며 月支에 正財가 있고 理會하면 부모가 부유했고 日支에 正財가 있고 理會하면 남자는 처덕이 있고 중년이후 재물운이 있으며 여자는 돈 많은 남자를 만난다. 時 干支에 正財가 있으면 말년이 풍요롭고 자식 운이 좋다.

g) 正財는 남의 것을 바라지 아니하고 제 것 제 먹고 사는 형국이니 안정된 직장생활과 성실과 신용을 바탕으로 실수가 적다.

h) 命造에 正財와 比劫이 있고 驛馬, 桃花, 華蓋, 咸池, 紅艶과 동주하면 아내의 춤바람, 가출, 가정소홀 등을 암시한다.

i) '여자의 正財는 남자의 밥' 이니 여자의 命造에 正印과 正財가 旺하면 돈은 있으나 官星을 살려 남의 남자에 흐르기 쉬우며 남자는 여자에게 마음보다는 돈을 보니 여자는 돈 잃고 마음의 상처받는 형국이다.

j) 남자 命造에 正官과 正財가 理會하면 재색 풍류 격이다.

k) 正財가 沖하면 재산을 물려받으나 실패하고 좋은 妻를 얻으나 해로하기 어렵다.

(8) 偏財

日干이 상대를 害하는 五行으로 陰陽이 같다.

1) 성질

無情의 剋인 偏財는 자기의 재물이 아니고 관리의 개념이다. 그러니 애착심보다는 사무관리 차원에서 들쭉날쭉 할 뿐 주머니에는 남아 있지 않다. 투자, 돈이 나간다, 부도, 사기, 허위문서, 파산, 도박과 투기, 사치, 허영, 불로소득 등

2) 내용

偏財는 사치와 허영 등 안정적이지 못한 재물이나 현실론 적으로는 합법적이고 안정적인 수익만을 원하는 正財보다는 다양한 현대 산업사회에서는 偏財가 理會하면 오히려 투자의 적격이며 많은 돈이 움직이니 유통의 흐름이 吉하고 大富가 더 많음을 부정할 수가 없다.

따라서 일률적으로 正財는 吉하고 偏財는 凶하다고 판단할 것이 아니라 命造 전체에서 財星이 어떠한 조합으로 이루어져 있는 가를 종합적으로 판단하여야 한다. 그리하여 예부터 財星은 正, 偏財를 불문하고 吉神으로 분류하였다. 다만 正財의 경우에 예를 든 財星의 진실 됨의 여부를 항상 염두에 두어야 할 것이다.

a) 正財가 정상적 축재라면 偏財는 편법과 돈을 위해서라면 수단과 방법을 가리지 아니하며 비굴한 행동도 서슴지 않는다.

b) 불로소득과 투기를 좋아하니 돈이 되는 것이라면 무엇이든 가리지 않는다. 돈에 대한 집착은 正財보다 훨씬 강하다.

c) 偏財에 食傷이 강하면 주색이 심하고 아내 두고 춤, 술, 여자에 빠져 헤어나지 못하고 가정을 파탄에 이르게 한다.

d) 偏財와 驛馬가 동주하고 理會하면 타향에서 돈을 벌어 자수성가한다.

e) 偏財는 사치와 낭비, 허영심을 버리지 못하니 겉은 화려하나 실속이 없으므로 내실을 다져야 한다.

f) 남자 命造에 偏財가 많으면 주색에 젖어 본처와의 해로가 어렵고

比劫이 旺하면 현실적으로 제비족상이 많다.

g) 偏財가 많으면 남녀 모두 삼각관계에 빠지기 쉽다.

h) 身强하고 食傷이 있고 偏財와 理會하면 大富의 命이다.

i) 偏財가 강하면 대인 교재에 매너가 좋고 집에는 궁해도 사교에 돈을 아끼지 않으며 허세와 낭비는 따를 바가 없다.

j) 驛馬와 동주하고 理會하면 빠른 정보와 기동성으로 해외시장 개척이나 무역 등으로 대성할 수 있으며 유통업도 좋다.

◆ 명조에서 驛馬는 기동성이니 財星이 吉하면 정보가 빠르고 유통에서도 남보다 뛰어나므로 항상 남보다 앞선다.

(9) 正官

상대가 日干을 害하는 五行으로 陰陽이 다르다.

1) 성질

관록(공무원), 법, 국가, 사회기강, 만사형통, 시험합격, 취직, 당선, 승진, 영전, 사업확장, 개업 등 매사 형통의 운질.

正官은 예로부터 최고의 吉神으로 인정되어 왔으며 나를 적당하게 통제해 주니 절대로 그 정도를 벗어나지 않았다. 그래서 품행이 단정하고 예의와 중용을 지켰으며 타의 모범이 되고 존경을 받았다.

유교적 사상에서 남녀의 구별이 엄격하였던 예전에는 여성의 사회진출 특히 공직진출은 극히 제한되어 있었기에 官星은 남자에 있어서는 최고의 吉神으로 인정되어 왔었다.

2) 내용

a) 正官은 그 사람을 측정하는 기계와 같으며 예의와 품위를 지키며 도덕적이고 이성적이다.

b) 인품과 지능을 겸비하였으므로 지도자격이다.

c) 正官은 인덕이 없으면 발전이 없으므로 正印이 없으면 이름을 얻지

못한다. 원래가 官星은 受剋 神이라 본인을 剋하나 印星이 있으면 이를 다스려 줄 뿐 만 아니라 또한 본인을 도우니 그러하다. 그러나 印星이 너무 강하여 官星을 심하게 洩하면 오히려 흉하다.

d) 身强하고 正官과 正印이 理會하면 고급 공무원으로 적어도 서기관급 또는 단체장 이상 행정가나 정치가의 命이다. 관록에 임하는 자로 官星이 命造에 없는 자는 없을 정도이다.

e) 매사를 정도로만 행하니 신용과 성실함이 대단하다.

f) 단식감명으로 年의 干支에 正官이 있고 理會하면 조부모가 관록에 임했으며 月의 干支에 正官이 있고 理會하면 부모가 관록에 임했으며 또한 본인이 청년기인 적기에 관록에 임할 命이다. 日支에 正官이 있고 理會하면 부부 중 관록운이 있으며 時柱에 正官이 있고 理會하면 자식에게 관록운이 있다.

g) 여자의 경우 正官이 理會하면 좋은 남편과 관록운이 있다.

h) 여자의 命造에 正官이 많으면 남자가 많다는 뜻을 의미하고 관록운과 남자 상대업종에 인연이 있으며 주위에 남편 못지않은 좋은 남자가 항상 있으니 관재구설을 주의해야 한다.

i) 官星이 많으면 日干이 약해지므로 食傷으로 다스려 주어야 하고 官星이 너무 강하면 食傷으로 剋害하기보다는 印星으로 洩해 주는 것이 더욱 좋다.

강한 자를 억지로 꺾으려고 하면 희생이 많이 따르지만 강한 힘을 洩氣하여 다스리면 오히려 그것을 좋은 용도에 供할 수 있으니 세상사에도 원수를 보복하기보다는 용서와 관용으로 감화시킴이 더욱 큰 和福이라 할 것이다.

그리하여 적천수는 다음과 같이 사람의 귀함을 논하고 있다.

◆ 何知其人貴, 官星有理會(하지기인귀, 관성유이회)

사람의 귀함은 命造에 官星이 理會 되느냐의 여부에 있다.

◇ 理會 : 命造의 이치에 합당하고 喜 역할을 하는 것으로 吉神으로 작용하는 것을 말한다.

身旺官弱, 財能生官(신왕관약, 재능생관)

身旺 命造에 官星이 약한데 財星이 능히 官星을 生助하며

官旺身弱, 官能生印(관왕신약, 관능생인)

官星이 旺하여 신약한 명조에 官星이 능히 印星을 生助하며

印旺, 官衰, 財能壞印(인왕, 관쇄, 재능괴인)

印星이 旺하고 官星이 약한 명조에 財星이 능히 印星을 파괴하며 官星을 돕고

印衰官旺, 財星不現(인쇠관왕, 재성불현)

印星이 약하고 官星이 旺한 명조에 財星이 보이지 아니하며

劫重財輕, 官能去劫(겁중재경, 관능거겁)

劫財가 旺하고 財星이 약하면 官星이 능히 劫財를 제거 해주며

財星壞印, 官能生印(재성괴인, 관능생인)

財星이 印星을 파괴하는 命에서 官星이 능히 印星을 生助하며

用官, 官藏財亦藏(용관, 관장재역장)

官星을 用하는 命造에 官星과 또한 財星도 暗藏되어 있고

用印, 印露官亦露者(용인, 인로관역로자)

印星을 用하는 命이 印星과 또한 官星도 노출된 사람은

皆官星有理會, 所以貴顯也(개관성유이회, 소이귀현야)

위의 모든 경우는 官星이 喜神으로 有理會 하다.

◇ 적천수천미 256, 257p

(10) 偏官 (殺)

상대가 日干을 害하는 五行으로 陰陽이 같다.

1) 성질

無情의 剋으로 사정없이 나를 害하니 剋함의 극치이고 殺中의 王이니 七殺이라 하고 日干을 직충하고 行運에서 沖을 함께 맞으면 특히 건강을 주의하고 사업, 사고 등 모든 점을 적극 점검하고 대처하여야 하며 그렇지 아니면 반드시 해로울 것이다.

사고, 다툼, 사업실패, 부도, 건강악화, 흉폭, 고독, 바람, 이별 등

2) 내용

偏官은 정도를 벗어나 물리력을 사용하려 하고 뒷골목의 불량배 두목격이니 법보다 주먹이 앞선다.

a) 남의 공든 탑을 일시에 무너뜨리고 절차를 무시한다.

b) 항상 칼 찬 것처럼 찬바람이 불고 약한 자에게는 강하고 강자에게는 비굴하며 자신의 힘을 믿고 날뛴다.

c) 偏官은 凶神의 제왕으로 日干의 옆에서 直沖하고 沖이 들면 생명력까지 약화되므로 교통사고, 질환, 기타 사건, 사고를 주의하여야 하며 이때에는 모든 추진 중인 일은 점검하여야 한다.

e) 권력을 믿고 행패를 부리기도 하고 시비 걸기를 좋아한다.

f) 命造가 身强하고 偏官과 正印이 理會하면 자신이 정당 등 단체를 만들어 장이 되기도 하고 큰 일을 도모하여 성공한다.

g) 남자는 偏官때 불합격, 강제퇴직, 좌천, 사업실패 등의 운이 들고 자식과는 사이가 나빠진다. 다만 이때 食神이 있어 偏官 殺을 적당히 다스려주면 偏官 殺의 흉폭함은 다스려지고 장점만 남으니 吉神이 된다. 이를 食傷制殺格이라 한다.

h) 印星과 理會하면 사법, 경찰, 군인 등 무관으로 진출하면 크게 성공하며 정육점이나 여자는 남자 상대업의 직종으로 나가면 크게 성공한다.

i) 身强命에 偏官과 食神이 강하고 理會하면 대부, 대귀의 命으로 총명함이 순용 되어 특수직이나 무관으로 크게 성공한다. 흉폭한 偏官은

食神을 만나면 양처럼 다스려지기 때문이다.

j) 命造에 官殺이 혼잡하면 남자는 잔꾀가 능하고 호색가이며 여자는 일부종사가 어렵고 남자관계가 복잡하며 남자를 밝힌다. 이때 여자는 남자를 상대하는 업종에 종사하면 성공한다.

k) 命造에 官殺이 많고 沖이 있으면 부부간 사이가 나쁘고 서로가 가는 길이 달라 각자 팔을 따로 흔든다.

l) 여자는 命造에 偏官이 많으면 평생을 남자에게 마음과 육신을 빼앗기고 시달리는 형국이다.

4. 六神과 適性

(1) 比肩과 劫財

사교적이고 활발, 연예인, 방송인, 유통업, 개인사업, 운수업(자동차, 열차, 항공기, 선박 등), 체육, 오락실 등

1) 比劫은 가만히 있지 못하고 활동적인 업종이 적성이다.

2) 比肩이 吉神이냐 凶神이냐에 대하여는 논란이 있으나 比肩은 體와 같은 陰陽五行으로 身弱命이나 財星이 강한 命造에서는 吉작용을 하므로 어느 한쪽으로만 생각할 것이 아니라 命造 전체를 보아 판단할 일이다.

3) 比肩이 沖하거나 강하여 命造에 나쁜 영향을 미치면 劫財로 변한다.

4) 劫財는 理會하면 比肩보다 더 발전한다. 그러나 沖하거나 凶神으로 작용하면 나쁜 방향으로 움직인다. 이때는 사고, 수술, 피 흘림 등을 특히 주의 하여야 하며 日干과 直沖할 때에는 건강도 살펴야 한다.

劫財는 그 흉함이 羊刃과 같으니 항상 사고와 피 흘림, 수술의 운질을 달고 다닌다.

(2) 印星

1) 正印

사회 봉사업, 학술, 종교계, 교육사업, 인문역학, 카운셀러, 선생님, 농림업, 화원, 중개업, 작가 등

a) 正印은 근면성실과 봉사와 희생정신이 강하여 눈앞의 이익보다 장래를 생각한다.

b) 正印은 모든 吉神의 장점을 가지고 있으므로 그 어느 것도 과, 부족을 기뻐하지 아니하고 항상 정도와 남을 배려한다. 학식과 인품을 가졌으되 자랑하지 아니하고 나서기를 원치 않으니 양보심이 강하여 치세의 흐름에 중심이 흔들리지 않는다. 얼굴은 악기가 없고 후덕하여 주위의 존경을 받으니 주위에 사람이 끊이지 않는다.

2) 偏印

날카롭고 까다롭다, 불안, 근심걱정, 스트레스, 노이로제, (춤)바람, 가출, 폐륜, 시기와 질투, 용두사미격으로 시작은 좋으나 끝맺음이 약하다.

a) 偏印은 편법을 좋아하지만 심성 속에는 남을 위해 봉사하는 마음이 숨어 있다. 명조에 理會하면 正印과 다름없다.

b) 날카롭고 까다롭기는 偏印을 따를 자가 없으며 무언가 중심을 잡지 못하고 안절부절 불안스럽다.

c) 무엇이든 지속적이지 못하며 달면 삼키고 쓰면 뱉으니 배반의 심성이 있으며 자신보다 잘난 사람을 못 본다.

d) 기회는 놓치지 않으니 처세의 귀재이고 사람을 잘 사귀고 잘 헤어진다. 그러니 함께 큰일을 도모하기는 어렵다.

e) 현실적으로는 기회주의자가 많고 잡기에 능하여 원도 한도 없는 삶을 사는 자가 많다. 의외의 한밑천을 잡는 경우도 있다.

f) 남이 잘 되는 꼴을 못 보니 방해꾼으로(倒神) 항상 자신은 피곤하고 고달프며 불안하다.

(3) 財星

1) 正財

안정적인 봉급생활, 금융기관, 부동산, 공무원, 재무계통 등 안정적 생활영역

a) 재물과 여자는 항상 따라다닌다.

b) 투자나 투기 등 불확실한 것하고는 거리가 멀다.

c) 전형적인 보수성향의 안정 추구자로 부동산이나 현금 외는 믿지 않으니 약속어음은 휴지에 불과하다.

d) 주머니에 들어가면 나오기 어려우나 자신의 영달을 위해서는 돈을 아끼지 아니하는 이기주의자가 많다.

◆ 전, 근대 사회와는 달리 현대 자본주의 사회에서는 재물과 여자를 지칭하는 正財가 正官을 제치고 최고의 吉神으로 꼽힌다. 벼슬이 한 집안의 귀함의 척도였던 옛날과는 달리 평등이 천부인권으로 인식되는 지금은 공무원도 안정된 직업의 일종이므로 인간의 행복에 가장 접근된 가능성을 가진 물욕과 성욕을 충족하는 正財를 제일로 여기는 것이다.

2) 偏財

사채금융(돈놀이), 동산, 무역업, 증권, 교통과 통신 등

a) 命造에 驛馬와 理會하면 해외시장 개척과 무역업 및 유통업 등으로 크게 발전한다.

b) 偏財가 理會하고 운의 흐름이 좋으며 특히 命造에 魁罡이 있고 理會하면 신흥재벌의 출현을 기대해도 된다.

c) 正財는 안정을 추구하니 실패가 적으나 偏財는 변화가 많고 運의 흐름을 잘 따르면 현실론적으로는 正財보다 큰 부자가 많다. 이는 안정적이면 수익이 적고 투기적이면 위험성은 있으나 수익률이 높은 것과 다름없다.

d) 급속히 변하는 현대 산업사회에서는 사회변화에 적응이 늦은 正財보다 적응이 빠른 偏財가 훨씬 더 중요하며 다소 위험성이 있더라도 명멸의 순환이 빠른 偏財는 가장 중요한 吉神 이다.

◆ 正財는 개인에게, 偏財는 단체나 법인 등에 유리하게 적용되는 六神이니 이는 소규모의 자본이 모여 하나의 큰 합목적적 이익목표를 지향하는 영리법인체가 위험을 분산하니 그러하다.

偏財는 또한 현대 산업사회에서의 적극적 투자를 유도하니 경제발전의 원동력이다. 偏財는 복잡하고 다양한 현대 사회에서는 만나고 헤어지는 인연의 정거장이다. 즉, 쉽게 만나고 쉽게 헤어지는 현대의 풍속도는 偏財가 만들어낸 산물이다.

(4) 食神과 傷官

1) 食神

요식업, 장사(의류, 전기, 전자, 잡화 등), 결혼상담, 카운셀러, 보험설계사, 체육관, 연예인, 방송, 무용, 식품 등

a) 食神은 항상 모 남이 없이 둥글고 순탄하며 사람됨이 후하나 이기심만은 타의 추종을 불허한다. 조그마한 것은 아주 후하나 그 이면에 욕심이 숨겨진 타입의 사람이다. 그러므로 사근사근하고 작은 것으로 인심을 얻으니 장사에는 적격이다.

b) 食神은 따지기보다는 적은 것은 항상 양보하니 주위에 사람이 끊이지 않으므로 이에 적합한 업종이면 무엇이든 가하다.

c) 食神은 매사가 푸근하여 신체도 풍만하니 건장한 체구는 오히려 건

강에 해로우므로 항상 음식조절이 필요하다.

e) 男, 女 모두 인연운, 결혼운 좋고 이때 잉태할 運이 오고 효자자식 얻을 運이다.

2) 傷官

무관, 사법, 변호사, 경찰, 교정직, 소방관, 의사. 간호사, 이·미용업, 발명가, 비평가, 예술가, 작가, 정신 문화직, 언론인, 기자, 종교인, 기술직, 각종 공인자격증 관련업 등 진로를 의미한다.

현대 산업사회의 가장 큰 공로는 傷官의 산물이라 할 수 있다.

a) 食神은 순응하고 둥글어 정신적 기술적이라 기보다는 무난하게 할 수 있는 직업이 적당하나 傷官은 총명하고 날카롭고 예리하여 단순한 것을 싫어하고 무언가 따지고 파 해친다.

b) 傷官이 命造와 理會하면 그 방면에 대단히 발전하며 인류문명의 발전은 傷官의 산물이라 하여도 지나친 말이 아니다.

c) 傷官은 무엇을 보든 가만있지 못하며 분석하고 정리하니 날카롭고 까다로우면서도 남이 모른 새로운 것을 개발하는 앞서가는 형국이라 실패와 성공이 반복된다.

d) 傷官은 자신의 뜻을 이루기 위해 수단과 방법을 가리지 않으므로 자신이 피곤할 뿐만 아니라 상대를 害하는 면도 가지고 있다. 그리하여 때로는 목적달성을 위하여 남의 권리도 침범하니 자신에게는 구설이요 다른 사람에게는 상처로 남는다.

e) 傷官이 命造에 理會 하면 발전을 가져오지만 命造에 나쁘게 작용하면 凶神으로 傷官의 각종 나쁜 흉함이 나타나니 관재구설, 사고, 다툼, 퇴직, 불륜 등은 그 대표적인 것이다.

(5) 官星

1) 正官

공무원, 봉급생활자, 문예, 정신문화직, 참모, 학자, 정치가, 서기, 사무직 등 안정적 직장생활.

a) 현대 자본주의 사회에서 비록 正財에게 그 자리를 위협받고 있다고는 하지만 명실공히 正官이 최고의 吉神임은 인간으로서의 고귀함을 나타내는 대표적 六神이기 때문이다. 이성적이고 公, 私를 구분하며 순리를 벗어나지 아니하니 이러함이 요구되는 직업이라면 正官 만한 적성이 없다.

b) 그러나 正官은 日干을 剋害 하므로 身弱이거나 正官이 命造에 너무 많아서 喜神으로 작용하지 못하면 오히려 凶하다.

c) 관록에 임하는 사람 중에는 正官이 命造에 없는 이가 없으며 正官이 命造에 얼마만큼 理會하고 正印과 동주 하느냐에 따라 그 사람의 지위가 논하여 진다.

◆ 참모로 기용하려는 자는 命造에 반드시 正官과 正印이 理會하는 자를 택하여야 할 것이다.

2) 偏官

군인, 경찰, 사법, 의사, 간호사, 정육점, 대장간 등 제복직 이나 총칼 만지는 직업.

a) 공무원의 경우는 命造에 正, 偏官이든 반드시 官星이 있다. 正官이 喜하면 文官이요, 偏官이 喜하면 武官이다.

b) 身强하고 印星과 理會하면 官星은 발전과 이름을 얻는다.

c) 偏官이 命造에 理會하면 正官과 다를 바 없다. 그러나 命造에 忌神으로 작용할 경우에는 그 凶함이 가장 강력하니 이를 두고 七殺이라 하며 殺이 일곱이니 그 凶함을 짐작할 수가 있다.

d) 偏官殺이 강한 자는 위에 예시한 직업을 택하거나 여자는 남자를 상대하는 직업을 가지면 그 禍를 면하고 발전도 빠르다.

e) 羊刃이 있고 偏官이 강하며 운에 命造가 直沖 당하면 건강을 주의

하고 또한 상대방에게 그러함도 유의하여야 한다.

5. 六神과 배우자 궁

단식 감정에서 命造의 日柱는 부부의 자리이다. 日干은 본인을 의미하고 日支는 배우자를 가리키니 각자의 命造에 있어 배우자의 성정을 예견하고자 함에 日支는 매우 중요하며 더구나 地支는 후천 운으로 인간사의 만남의 인연을 가리키니 더욱 그러하다.

(1) 남자의 배우자 궁 (日支)

1) 比肩

a) 서로가 같은 五行이고 陰陽도 같으니 기세가 대등하다. 부부 서로 존중하지 않으면 제각각 팔을 흔든다. 부부 서로 친구 같은 사이로 지내야 하고 일방이 상대를 제압하려 하면 다툼이 오고 심하면 이별까지 하게 된다. 부부가 서로 대등하다 함은 오히려 아내의 기가 더욱 강하다는 것으로 이때에는 아내가 내 주장하여 가정을 꾸려 가면 길하다.

b) 이동과 변동이 잦고 무엇을 하던 꾸준히 하기 어려우며 싫증을 잘 내고 이사를 자주하며 정착이 힘든다.

c) 부인은 직장이 있어 자신의 일을 가짐이 좋고 집에만 있으면 마음에 병이 생긴다.

2) 劫財

a) 부부 서로 대립하고 무엇을 하든 마음에 들지 않는다. 劫財는 羊刃이니 서로의 살벌함이 가정을 냉각시킨다.

b) 부부 중 사고, 수술, 피 흘림, 특히 낙태 등 실패 운이 강하며 불화

가 많다. 부부가 서로 다툴 경우에는 막말을 삼가고 남편이 그 자리를 피함이 옳다.

c) 아내의 불의의 사고를 주의하여야 한다. 특히 중년에 피 흘림이나 수술, 사고 등의 운질이 강하니 주의 하여야하고 처의 조그마한 수술이나 부인이 임신 중절이나 제왕절개술을 받은 경우는 이러한 액땜을 면할 수 있다.

3) 正印

a) 돈 보다 서로를 존중하니 속궁합이 아주 좋다. 부부서로 정절이 강하여 옆 눈을 보지 않고 남편은 끌고 아내는 밀어주니 서로 간에 불만이 없다.

b) 부부의 삶이 타의 모범이 되고 가정은 화목하다. 부인은 집안전체를 화합으로 이끌고 가정에서는 현모양처이다. 부인은 언제나 품위를 잃지 아니한다.

4) 偏印

a) 부부 서로 불평이 많고 무엇을 하던 불만이며 날카로우니 근심 걱정이 그치지 않는다. 남편의 일에 부인은 도움보다 방해가 된다. (倒食 또는 梟神)

b) 믿음이 약하니 서로가 스트레스를 받는다. 부인은 남편의 매사가 마음에 들지 않고 서로가 밖으로 나도니 가정은 항상 불만과 불평으로 가득하다.

c) 부인은 직업이 있음이 좋다. 부인이 직업이 없으면 항상 밖으로 도니 가출, (춤)바람, 스트레스, 불면증 등으로 시달리고 가정의 풍파가 끊이지 않는다.

5) 食神

a) 식복이 아내에게 있다. 부인은 순박하며 자식은 순산하며 효자 자식을 둔다.

b) 부인은 후덕하고 자식 운이 있으며 모나지 않고 둥글며 생식기가 깨끗하여 부인병이 없다.

c) 부인은 가정에 충실하고 음식솜씨가 있으며 부인의 덕만으로도 충분히 의식주의 복록이 있으며 부인은 신체가 건강하다.

6) 傷官

a) 부부 서로가 적대관계에 있고 대립하며 아내로 인하여 사회적 명예가 실추되고 불륜으로 인한 구설이 따른다. 또한 부부서로간의 사고수도 있으니 주의할 일이다.

b) 부부 중에 관액과 사고 등 재난을 암시하고 부인은 남편을 剋한다. 특히 중년에 아내의 구설(불륜) 등으로 가정의 파란이 예고되니 각별한 주의가 요구된다.

7) 正財

a) 正妻의 자리이니 배우자로는 적격이다. 부인에게 복록이 있으나 너무 금전적으로만 매사를 해결하려 하니 돈으로 인하여 남편은 기가 죽을 지경이다.

b) 才色을 겸비하고 아내로 인하여 재물운이 있으며 부잣집 규수이니 처가 덕도 있다. 섹스도 강하고 아내의 금전 운으로 남편은 기가 죽고 건강도 주의 하여야 한다.

◇ 日支의 正財는 戊子, 己亥, 壬午, 癸巳 뿐이다.

8) 偏財

a) 아내가 돈은 많으나 여자의 돈은 남편의 기를 꺾는다. 그러나 부인의 命造에 재성이 理會 하면 아내의 덕으로 큰 부자가 될 운이며 아내는 씀씀이가 크고 재물의 출납이 왕성하다.

b) 부인이 사치가 심하고 무엇이든 돈으로 해결하려 든다. 부인의 씀씀이에 맞추려다보니 남편은 힘이 드나 부인에게 맡기면 큰 재물을 모을 수도 있다.

9) 正官

a) 가정의 주도권은 부인에게 있고 내주장 격이다. 부부 서로가 뒤바뀐 형국이라 부인은 정절이 강하고 한 가정을 이끌어 가기에 충분하며 여성상위 격이다.

b) 부인은 믿을 만한 여자이나 만약 남편의 기가 강하여 용납 못하면 풍파와 이별 운이다. 이때 남편은 아내의 장점을 인정해 주면 좋은 커플이다.

10) 偏官

a) 부인이 너무 강하여 남편을 완전 장악하니 남편은 공처가가 안 되면 파탄이 온다.

b) 남자 같은 아내와 살고 남자는 밖에서 바람을 피운다. 부인의 기운은 항상 남편을 휘어잡으며 아내는 직업을 가지고 남편을 동생이나 부하 또는 친구같이 여긴다.

(2) 여자의 배우자 궁 (日支)

1) 比肩

a) 남녀 서로 친구관계다. 서로 기세가 대등하고 존중하지 않으면 해로가 어렵다. 남편은 친구 같으니 때로는 리더십보다는 아내에게 의지하려는 경향이 강하며 인내심이 약하다.

b) 부부 서로 여행을 좋아하고 남편은 직장 등의 변동이 잦고 무엇이든 한 가지 일을 오래 지속하기 어렵다.

c) 서로의 일방적 생각을 관철시키려다 가는 깨어지기 십상이니 서로가 간섭하지 말고 양보하고 각자의 직업이 있으면 좋다.

2) 劫財

a) 아주 나쁜 의미를 가진다. 서로 다툼과 불운한 사고, 수술, 피 흘림 등을 나타낸다. 그러나 부인이 임신중절이나 제왕절개 등의 수술을 받게

되면 사고 등의 액땜은 하게 된다.

b) 특히 중년기에 남편의 사고 및 수술이나 피 흘림 등을 주의하여야 하고 먼 여행도 가급적 자재함이 좋다.

3) 正印

a) 부부의 속궁합이 아주 좋다. 비록 돈은 많지 않지만 서로를 위해 주고 존경하니 타의 모범이 되고 가정은 화합하다.

b) 남편은 인품과 격식이 있고 부인 외는 눈 돌리지 않는다. 부인은 남편을 존경하고 남편은 아내를 사랑한다.

4) 偏印

a) 부부 서로 내실이 부족하다. 믿음이 약하여 밖으로 나도니 근심과 걱정이 끊이지 않는다.

b) 중년에 외도와 바람이 암시되니 남편을 가정으로 끌어들이기 위해서 노력할 일이다.

5) 食神

a) 의식주가 남편에게 있다. 기본적 삶은 걱정이 없는 복록이다.

b) 남편이 매사가 둥글고 모난 데가 없으며 풍채도 있다. 남편은 관록이나 직장보다는 개인 사업이 유리하다.

c) 자식 같은 남편이니 아이와 같고 속궁합이 좋다.

6) 傷官

a) 서로가 적대 관계이다. 남편의 구설로 가정이 시끄럽고 沖하면 관재구설이 따르고 경우에 따라서는 불륜 등으로 남편이 법정에도 서게 된다.

b) 無情의 剋이니 아내는 힘이 빠지고 고독하며 부덕이 없다. 그리고 항상 사고와 다툼의 운질이니 물가의 아이와 같다.

7) 正財

a) 돈 많은 남편을 만나지만 모든 것을 돈으로만 해결하려 하니 아내

는 고독하고 속궁합에 문제 있다.

b) 남편이 사치와 낭비가 심하고 외도를 일삼는다. 남편의 자리에 여자로 와 있으니 항상 남편의 주위에 여자가 끊이지 않아 아내는 속이 썩는다.

8) 偏財

a) 남편이 돈은 있으나 지니지 못하고 들쭉날쭉하며 투기, 투자, 도박 등이 심하고 안정된 삶보다는 한탕주의이나 운의 흐름이 좋으면 큰 재물을 얻는다.

b) 남편은 주색잡기에 능하고 주위에 돈과 여자가 끊이지 않으며 생활의 기복이 심하다.

9) 正官

최고의 남편이다.

a) 인격과 덕목을 갖추었으며 리더쉽으로 가정을 이끄니 부인이 불평불만이 없다.

b) 남편이 60%, 아내가 40%씩 가정을 받드니 화합하고 공무원이나 안정된 직장의 남편을 만난다. 남편감으로는 최고이고 가장 좋은 자리에 임하였다.

10) 偏官

최악의 남편이다.

a) 七殺의 남편이니 항상 부인을 꼼짝 못 하게 하고 무엇이든 아내의 의사와는 상관없이 멋대로 한다.

b) 아내는 남편의 그늘에서 지치고 힘드니 삶이 지옥이다. 만약 命造에 羊刃이 동주하면 아내는 항상 남편의 손찌검과 억압에 억눌려 기를 펴지 못하고 산다.

6. 性情을 논함 (十干 기준)

사람은 누구나 태어나면서 나름의 性情을 갖게 된다. 모두가 다른 성격을 유형별로 분류할 수가 있다. 推命에서는 이를 선천적 運인 天干 十干을 각 日干을 중심으로 10개의 유형으로 분류하였다. 이를「基本 性情」이라고 한다.

그러나 주의 할 점은 여기서의 日干 기준 분류는 선천적 기본 분류일 뿐, 인생사 70~80년을 사는 동안 후천적 영향으로 성격의 다양한 변화를 가져온다는 것이며 더구나 단순한 농경사회였던 전근대와는 달리 다양한 현대 산업사회에서는 태어날 때 가지고 있던 기본 성격도 많이 변형되고 있음을 알아야 한다.

그러므로 그 사람의 性情을 판단할 때는 기본 성격과 日干을 둘러싼 주위 五行의 조합과 배열 및 行運 등을 관찰하여 종합적으로 판단할 일이다. 다만 여기서는 十干을 중심으로 한 性情을 설명하기로 한다.

(1) 甲木

甲木은 절대 乙 卯木의 조력이 필요치 아니한다.

1) 甲 : 큰 木으로 바람과 인자함과 너그러움이 있다.

술을 좋아하며 항상 흔들리는 형국이나 命造에 水가 적당하면 안정을 찾고 발운 한다.

2) 순수하고 솔직하며 개성이 강하나 귀가 얇고 남의 밑에 있지 못하며 직장생활보다 개인 사업을 주로 한다.

3) 변동이 심하여 직업을 자주 바꾸고 집보다는 밖을 더 챙긴다. 그러

하니 밖에서는 인기인이나 가정에서는 소홀하다.

4) 命造에 金이 많으면 건강과 교통사고 등을 조심해야 한다. 金은 官星을 말하니 官運과 직업운은 있으나 身弱 命造는 뜻을 이루기 어렵고, 여자는 賤格이라 남자관계가 복잡하나 오히려 남자상대 업이나 그 적성으로 나가면 발전한다.

5) 신체는 膽(담, 쓸개)이고 술, 바람, 변동, 스트레스, 노이로제 등을 주의하며 수신에 힘서야 한다.

(2) 乙木

乙木은 甲木의 조력을 원한다.

1) 온실의 꽃으로 여자는 예쁘고 아름다우며 여성답다. 의지와 결단력이 약하나 木과 水가 旺하면 그러하지 않다. 예술가, 유치원 선생님, 교육자, 은행원, 사회봉사 업 등 규모가 작고 아기자기한 계통의 직업이 적합하다.

2) 어디서든 적응력이 있고 다정다감하며 머리도 총명하나 남의 꼬임에 잘 넘어간다.

3) 命造에 水가 적으면 물을 찾아 헤매는 형국이니 여자는 옹녀 형이고 남자는 술과 바람이다.

4) 신체는 肝으로 虛하면 각종 眼 질환이, 實하면 각종 肝 질환을 주의하여야 한다.

(3) 丙火

丙火는 癸水를 싫어하니 이는 안개정국이라 앞날이 불투명하며 이를 十干論에서는 黑雲遮日이라 한다.

1) 성질이 급하여 先頭형이고 속심을 숨기지지 못 한다. 매사를 자신의 마음 같아 말보다 행동이 앞서 실수하기 쉽다.

2) 順陽의 剋으로 불의를 보고 참지 못하고 기세가 대단하다. 음해 할 줄 모르고 순수하나 남들은 그러한 점을 역이용한다.

3) 상대의 입장을 생각하지 아니하고 자만하니 한 박자를 늦추면 매사가 순탄하다. 행동에 앞서 항상 다시 한 번 숙고하라.

4) 자신과 의견이 맞지 않으면 상대를 剋하여 대인관계에 문제가 있으며 폭력 등 돌발적인 행동을 주의해야 한다. 개인 사업가가 많으며 성적으로도 강하다.

5) 신체는 小腸과 三焦이고 고혈압, 인후계통을 주의할 것.

(4) 丁火

乙木이 두려우니 마른초원에 불이다. (乾柴烈火. : 건시열화)

1) 온유하며 적응력이 약하고 실행력과 결단성도 약하다. 丁 火는 그 근본은 강하지 못하나 木·火가 강하면 뒷받침이 튼튼하므로 자신있게 추진력을 가지며 결단력과 강인함도 있다. 따라서 木, 火가 旺하면 행동도 적극적이고 무게 있고 점잖다.

2) 木, 火가 약하면 여자는 80%이상이 노이로제 환자이며 불면, 초조 두통 등 정신력 약화로 시달린다.

3) 남자는 木, 火가 약하면 부인의 뒤를 밀어주고 2선에서 낚시나 등산 등으로 세월을 보내는 경우가 많다.

4) 신체는 心臟과 心胞이고 혈압, 동맥경화, 뇌졸중, 가슴 두근두근 등이며 음식으로는 인삼, 녹용, 꿀 등 열기를 강화시키는 음식물은 금하는 것이 좋다.

(5) 戊土

戊土는 甲木을 두려워하니 중용을 害한다.(巨石壓木 : 거석압목)

1) 戊 土는 중성자로 중용의 도가 있어 점잖으며 무게도 있고 포용력

과 마음이 넓다. 土는 원래 五行의 모든 성질을 종합하여 가지고 있으며 특히 陽 土는 陽 五行의 성질을 모두 포용하고 있다.

2) 신의가 있으며 성실성이 있고 남을 배려하는 마음도 있으나 고집은 세고 욕심도 크다.

3) 土가 강한 자는 철학, 종교, 공직이 좋으며 교수나 남을 리더 하는 직종이 적합하며 부동산이나 건축 쪽으로도 가하다.

4) 의리가 있고 강자에는 강하고 약자에는 약하며 장부 격으로 여성은 충분히 여성상위를 외칠만하다.

5) 신체는 胃腸이다.

(6) 己土

甲 木(木强土山 : 목강토산), 乙 木(野草亂生 : 야초난생)을 모두 싫어하니 전자는 위장이나 비장계통의 건강에 주의하고 후자는 들에 핀 잡초라 실속이 없고 일의 마무리가 용두사미 격이다.

1) 체면을 세우고 고지식하며 겉은 순하나 속심이 강하고 비밀유지가 좋다. 평생을 살아도 50% 속심을 모른다.

2) 여자다운 日干이다. 행동은 예쁘며 정과 애교도 있고 적응력 있으며 남자의 기분을 맞출 줄 안다.

3) 己 土 日干은 마음속에는 항상 자신만의 또 다른 세계를 꿈꾸나 현실은 이를 성사시키기 어려우니 두 개의 삶을 산다.

4) 다정다감하나 고집을 부리면 황소고집이다.

5) 신체는 脾臟(비장)이다.

(7) 庚金

比, 劫이 아주 나쁘다. 庚金과 辛金은 兩金相殺과 鐵錐碎玉으로 일생에 한번은 크게 다치거나 사고를 낸다.

1) 신의와 의리의 사나이다. 불의를 보면 그냥 있지 못하니 불의와 타협은 없으며 남의 일에 간섭을 잘 하나 심성은 곧으니 사리분별은 분명하다.

2) 성격은 급하고 명예를 중시하며 3체(아는 체, 있는 체, 잘난 체)를 겸비했다. 그러니 주위가 항상 시끄럽다.

3) 우두머리 격으로 가정은 소홀하며 겉은 강하나 속심은 옮다. 의리를 위해서라면 가정도 등한시함이 흠이다. 주먹세계의 우두머리가운데는 庚 金 日干을 가진 자가 많다.

4) 강한 성격으로 사법, 경찰, 군인, 교도관, 소방관, 의사, 간호사 등 제복직과 정육점, 운수업, 등이 좋다.

5) 신체는 大腸이다.

(8) 辛金

丁火를 싫어하니 火燒珠玉(화소주옥)이라 세상물정을 모른다.

1) 단련된 金으로 단정하고 깨끗하며 아름답고 여자는 辛 金 반지라 하여 최고의 日干이다. 辛金 日干을 가진 여자는 선도 볼 필요 없을 정도로 여자로서는 최고이라고 하지만 그러나 이는 어디까지나 상대적일 뿐 배우자가 金이 강하거나 또는乙 木으로 相沖하거나 기타 命造의 서로 간 조합이 나쁘면 凶함은 당연하니 종합적으로 판명할 일이다.

2) 좀처럼 실수를 하지 않는 원리원칙주의 자로 삶의 의지가 강하고 매사에 철두철미하니 남보다 좀 고달픈 삶을 산다. 따라서 완벽을 추구하니 부부 생활도 좀 고달프다.

3) 교육자, 은행원, 선생님, 유치원 교사, 행정사무 등 세심하고 좀 규모가 작은 업무에 종사 할 타입이다.

4) 신체는 肺다.

(9) 壬水

壬 比肩이 오면 汪洋大海라 성난 바다와 같으니 모든 것이 너무 지나치다.

1) 고집이 세고 무뚝뚝하나 마음에 드는 사람이 있으면 청산유수로 상대가 말할 기회도 주지 않을 정도다. 그러니 처음에 사람을 사귀기는 어려우나 한번 믿음을 주면 끝까지 신임하므로 단순한 점이 있다.

2) 남자답고 강인한 성격으로 장부다우니 우두머리 격이다. 누가 뭐라고 해도 자신이 결정하면 끝까지 밀고 가니 경우에 따라서는 우직스럽고 그로 인하여 남에게 피해를 끼칠 때도 많다.

3) 두뇌 회전도 좋고 정력이 강하니 남자는 바람이 세다. 전형적인 장수의 타입으로 건물에 비유하면 튼튼한 기둥이니 어디를 가더라도 신임을 얻지만 그것이 오히려 해가 되기도 한다.

4) 여자는 남편 외의 모든 남자를 남자로 보지 않고 혼자되어도 자식과 함께 산다. 여장부 기질이니 충분히 남자역할을 하며 남자를 리더 해 나간다.

5) 신체는 膀胱이다.

(10) 癸水

丙火를 기피하니 黑雲遮日 검은 구름이 앞길을 막는구나.

1) 머리가 최고로 총명하고 재능이 있고 강인하고 활동적이며 내 것 내먹고 남의 것 보지 않으니 남에게 손해를 주지 않는다. 여자는 처세가 분명하여 맑은 샘물과도 같으니 항상 단정하다.

2) 여자는 辛金처럼 좋은 日干으로 아기자기한 맛과 애교도 있고 여성스러우면서도 내면은 강하고 할 일은 빈틈이 없다.

3) 남자와 달리 여자는 정조관념이 매우 강하여 가정을 지키며 자녀교

육에도 분명하다.

4) 법조인, 의사, 약사, 교육자 타입이나 현실적으로는 예술인, 방송인, 연예인 등 재능을 살리는 쪽으로도 많이 진출한다. 유명한 여성 앵커 가운데는 癸 水 日干의 경우가 많다.

5) 신체는 腎臟(신장)이다.

◇ 신체에 관한 사항은 질병론에서 상술한다.

7. 吉神과 凶神

(1) 吉神

六神 표출에서 食神·正財·偏財·正官·正印은 좋은 작용을 하는 神으로「吉神」이라 한다.

1) 食神 : 식복, 개업, 수명, 복록, 순조, 인연, 잉태를 의미하니 吉神이다. 六神 가운데 어느 쪽으로 치우침 없이 평탄한 순리를 따진다면 食神 만한 것이 없다.

a) 食神은 자신의 과한 점을 뽐내지 아니하고 남에게 피해를 끼치지 아니하며 남의 것을 취하더라도 상대의 과한 점을 덜어(洩)주니 오히려 상대에게는 도움이 되고 자신도 이득을 얻는 경우이므로 경제적 거래관계라 할 수 있다.

b) 食神을 '有情의 剋洩'이라고 하는바 이는 상대를 洩氣 하더라도 상대의 기운을 剋하지 아니하고 불필요한 쓰레기를 치워주니 마치 원석을 세공 하여 빛나는 보석으로 가공해주는 것과 같아 命造가 강하거나 약간 신약한 경우는 물론 身·殺 兩旺의 경우도 食傷을 用하는 등 그 용도가 가

장 다양하다. 이는 마치 우리가 버리지 않으면 더 큰 것을 얻을 수 없는 이치와 다름없다 하겠다.

2) 正財·偏財 : 正·偏財를 불문하고 재물과 여자를 의미하니 예부터 財星은 吉神으로 분류해 왔다.

a) 正財는 들어오는 돈, 偏財는 나가는 돈이라 하지만 투자 없는 재산의 증식은 있을 수 없으므로 모두 吉神으로 본다.

b) 財星은 또한 여자로 보는데(月柱 이전의 財는 아버지로 보기도 한다.) 正財는 정처요 偏財는 그 외의 여자로 보나 남자의 경우 현실적으로 정처든 다른 여자든 중요한 것은 사실이므로 모두 吉神 인 것이다.

c) 재물 있는 곳에 여자가 있으니 偏財는 무분별한 방탕을 경고하니 여자로 인한 흥망성쇄는 偏財를 다스리는 남자의 몫이다.

3) 正官 : 관록과 직업 및 자식과 사회적 지위를 의미하니 吉神 이다.

'何知其人貴, 官星有理會' 사람의 귀함은 命造에 官星이 喜神 작용을 하거나 合이 되어야 한다고 適天髓는 밝히고 있다.

a) 正官은 사람의 맑은 정신 즉 인격체를 말하므로 正印과 合이 되면 더욱 좋다. 인격을 갖추지 못한 官星은 偏官으로 타락하니 그 대표적인 경우가 탐관오리를 지칭할 수 있다.

b) 현대 자본주의사회에서는 아무리 財星이 최고의 六神이라고는 하나 인간은 단순히 무릎 위 목 아래만 충족된다고 사람이 아니다. 올바른 심성과 인격을 갖추지 않으면 탈을 쓴 동물과 무엇이 다르겠는가....

더욱이 공무에 임하는 자가 그러하다면 그 피폐가 더욱 클 것이다. 올바른 인격의 官祿은 正官과 正印이 합하여 만들어 낸다. 그러니 正官은 사람의 고귀함을 나타내는 최고의 吉神 이다. 관록에 임하는 자 가운데는 命造에 官星이 없는 자가 없는바 관성의 理會의 정도가 청렴 고귀한 공무원의 척도가 된다.

4) 正印 : 명예, 인덕, 형통, 화합, 조상의 덕을 의미하니 吉神 이다.

正印은 최고의 덕목이다. 어떠한 六神도 正印의 덕목이 없으면 공허한 메아리다.

a) 正印은 六神으로 어머니이니 세상사 어머니와 같은 따스함과 사랑이 없다면 무의미하므로 인덕이 없으면 성취가 어렵다.

b) 특히 官星은 그 근본이 日干을 害 하는 六神으로 印星이 있어 官星의 凶함을 제거하고 그 官星의 힘을 실어 日干을 도우므로(通關用神) 印星 없는 官星은 身强 命造가 아닌 한 害惡이 될 뿐이다.

(2) 凶神

劫財, 傷官, 偏官, 偏印은 나쁜 작용으로 凶神 이다.

1) 劫財 : 사이 나쁜 형제자매나 친구, 사고, 다툼, 피 흘림 등을 나타내니 凶神이다.

a) 劫財는 같은 五行의 힘이 서로 相剋되어 相沖하므로 기필코 피를 보려고 한다. 그러므로 劫財는 羊刃과 그 성격이 같다. 같은 동기나 동료끼리는 힘을 모아야 함에도 서로가 잘났다고 반대방향으로 힘자랑을 일삼으니 다툼과 사고, 피 흘림, 수술 등의 불길한 운질을 안고 있다.

b) 그러나 劫財는 命造에 偏官이 동주하고 理會 하면 돌출구가 마련되니 군인, 경찰, 사법관, 의사, 간호사, 정육점 등의 적성을 택하면 이 방면에는 남보다 더한 발전을 보이게 된다.

2) 傷官 : 관재 구설, 사고, 재난, 正官을 害하니 凶神 이다.

a) 傷官은 '無情의 剋洩' 이다. 食神이 日干을 상하지 않고 洩함에 반해 傷官은 日干의 힘을 사정없이 剋洩 한다. 그러니 日干은 나약해져 모든 위험에 그대로 노출되는 것이다. 食傷은 日干을 剋洩하는 六神으로 日干과 陰陽이 다른 傷官은 陰陽의 법칙에 의해 서로 다른 陰陽의 기운으로 만나 정신없이 힘을 모두 빼앗기니 그러하다.

b) 그러나 命造가 매우 身强 하거나 관성이 강하여 日干을 심히 剋害

할 경우에는 오히려 日干의 身强 함을 다스려 주거나 관성의 剋害 함을 막아주니 吉神으로 작용하는 경우도 있으므로 (이를 利剋制剋이라 한다.) 命造 전체의 조합을 보아 반드시 凶한 경우만 있는 것이 아님을 알아야 한다.

3) 偏官 : 凶神의 王으로 殺이라고도 하며 나 자신을 剋하며 凶神의 모든 나쁜 작용을 다 포함하고 있다. 偏官은 殺이라는 말이 가리키듯 日干을 剋害 하여 아주 나쁜 작용을 한다.

a) 日干을 먹이사슬로 사정없이 괴롭히지만 偏印이 있으면 偏官은 偏印에 힘이 빼앗겨 日干을 剋害 함이 적고 특히 食神을 만나면 양처럼 순해져서 日干을 剋害 하지 못한다.

b) 偏官은 또한 七殺 이라고도 하는데 이는 모든 凶殺의 작용을 모두 포함하여 日干을 剋害 한다는 뜻이다. 그러나 命造에 比劫이 旺하여 凶하면 偏官은 강한 比劫을 제거하여 財星을 지켜주니 이 역시 명조전체의 조합을 잘 살펴서 판단하여야 할 것이다.

4) 偏印 : 倒食이라 하여 食神을 害하고 근심과 걱정 등 온갖 마음의 병은 다 가져오니 凶神 이다. 마음의 해악이라면 偏印을 따를 六神이 없다. 日干을 돕는다고는 하지만 倒食은 오히려 짐만 될 뿐이다.

偏印은 가뭄 끝에 내리는 홍수와 같다. 목말라 비를 기다리는 나무에게 뿌리째 뽑아 가는 폭풍 앞에는 偏印이 자리하고 있다. 우리의 삶에 술을 사 주어도 기분이 좋은 사람이 있다면 그는 食神이요 얻어먹어도 기분이 나쁘다면 그는 倒食이다. 그러나 命造에 傷官이 강하여 흉한 身弱 命造는 偏印이 食傷을 다스려 주니 吉神 으로 작용하기도 함을 알아야 한다.

(3) 比肩에 관하여

比肩은 凶神 이라는 견해와 吉神 이라는 견해가 대립되어 있다. 생각하건데 身弱 命造는 대체로 喜 작용을 하는 경우가 많을 뿐만 아니라(특히 財星이 강한 신약 명조) 日干이 외로울 때는 日干에 힘이 되니 吉神이고 旺하면 여자와 재물 운을 害하니 凶神으로 작용하므로 경우에 따라 판단할 일이다.

8. 五行의 力量

命造를 감정함에 그 命造가 身强인지 아니면 身弱인지를 측정하는 기준은 단순히 命造에 같은 五行이 많은가 아닌가 만을 비교하여 판단해서는 아니 된다. 이러한 감명은 내용은 따지지 아니하고 양만 중시하는 아주 초보적 하급 감정으로 그 오류를 경계하지 않을 수 없다.

命造의 五行 중에는 중요한 위치에 있는 五行이 어느 정도 힘을 가지고 있으며 그것이 日干에 어떻게 영향을 미치는가를 알아야 하며 또한 각 五行이 命造에서 어느 정도의 힘이 있는 가도 알아야 한다. 이는 건물을 지음에 토대와 기둥을 근간으로 함과 같다 하겠다.

命造의 각 五行별 역량을 알기 위하여서는,

첫째, 月令(월령)을 得하였는가? (五行의 旺, 相, 休, 囚, 死)

둘째, 通根(통근)을 하였는가? (12運星의 建祿, 長生, 帝王 등)

셋째, 通干(통간)하여 通源(통원)되었는가? (지장간이 天干에 透하였는지 여부) 등을 살펴보아야 한다. 이를 알면 命造에 있어 五行의 개수로 그 역량을 가늠하는 어리석은 술수는 벗어날 수 있는 것이다.

易의 기본기는 이 세 가지의 명확한 이해에 달려있다고 해도 과언이 아니다.

(1) 月令과 旺 · 相 · 休 · 囚 · 死

1) 月令 : 命造의 身强, 身弱을 판별함에 가장 중요한 것은 日干이 月令을 얻었느냐 하는 것이다. 그리고 명조의 身强·身弱의 판별은 명조 감정의 가장 근간이 되는 핵심 사항이다.

「月令」이란 日干이 계절을 주관하는 月柱 중 月支의 기운을 얻었느냐 하는 것으로 다른 天干의 경우는 당해 天干의「當令」이라 하며「當權」이라고도 한다. 이는 天干이 四象을 지배하는 月支의 기운을 얻게 되면 그만큼 힘이 강해지고 자신의 권리를 得 하였다는 것을 의미한다.

2) 日干 : 日干이 木이면 1, 2, 3월 및 10, 11, 12월 생(봄, 겨울)이면 月令을 得 한다.

日干이 火이면 4, 5, 6월생(여름)이면 月令을 득 한다.

日干이 土이면 4, 5, 6월생(중앙)이면 月令을 득 한다.

日干이 金이면 7, 8, 9월생(가을)이면 月令을 득 한다.

日干이 水이면 10, 11, 12월생(겨울)이면 月令을 득 한다.

3) 五行과 旺 · 相 · 休 · 囚·死

五行이 자신과 같으면 旺 (比肩, 劫財)

五行이 자신을 도우면 相 (印星)

五行이 자신을 洩氣하면 休 (食神, 傷官)

五行을 자신이 剋害하면 囚 (正財, 偏財)

五行이 자신을 剋害하면 死 (正官, 偏官)라 한다.

4) 六神별 力量 : 五行의 生, 剋, 制, 化를 논함에 그 역량이 미치는 정도를 보면,

a) 比肩과 劫財(旺)는 직접 자신의 힘으로 작용하므로 100%의 영향이 있으며

b) 印星(相)은 도와주므로 50%의 영향이 있으며

c) 食神과 傷官(休)은 내가 남는 힘으로 도와 주므로 별로 영향이 없으며(0%)

d) 財星(囚)은 내가 상대를 剋하여 나의 기운도 소진되므로 -50%의 영향이 있으며

e) 官星(死)은 상대가 나를 剋하니 -100%의 영향이 있다.

◇ 여기서 주의할 것은 印星의 경우 비록 +50%의 영향이기는 하지만 比劫 보다 강하게 작용하는 경우가 많다는 것이다. 比劫은 日干에 힘이 되기는 하지만 소나기와 같으며 印星은 우리가 꽃을 살 때 활짝 핀 꽃 보다 봉우리를 사는 것이 훨씬 오랫동안 감상할 수 있고 유익한 것과 같이 지속적으로 도움이 된다 하겠다.

* 五行의 역량 조견표 *

오행 구분	六神(木기준)	月令	계절	木 기준
木 (甲, 乙)	比肩, 劫財	1, 2, 3 월	봄	旺(+100)
火 (丙, 丁)	食神, 傷官	4, 5, 6 월	여름	休(0)
土 (戊, 己)	正財, 偏財	4, 5, 6 월	여름	囚(-50)
金 (庚, 辛)	正官, 偏官	7, 8, 9 월	가을	死(-100)
水 (壬, 癸)	正印, 偏印	10, 11, 12 월	겨울	相(+50)

(2) 十二 運星과 通根

1) 十二 運星論 : 자연은 계절과 기후가 있어 변화가 있듯이 命造도 四象과 節氣가 있어 움직임이 있으니 이를 命의 運이라 하며 이 命運은 곧 易에 의한 運命의 흐름으로 나타난다.

命造를 크게 四象으로 나누면 단식 판단으로서 年柱는 초창기니 인생의 성장기에 해당하고 계절로는 봄이며 六親으로는 조부모나 조상자리를 의미한다.

月柱는 자라서 한창 활동을 왕성하게 할 때이니 청년기에 해당하고 계절로는 여름이며 六親으로는 부모의 자리를 의미한다.

日柱는 중년기로 인생의 가장 성숙된 시기이며 계절로는 사계절과 가을이며 六親으로는 부부자리이니 가장 중요하다.

時柱는 정리하는 시기로서 노년기에 해당하고 계절은 겨울이고 六親은 자식의 자리이다.

命造는 또다시 12절기로 나눌 수 있으니 사계절 12절기가 그것이고 이는 12운성으로 나타나 각 절기마다 强, 中, 衰로 命造를 조율한다.

12運星論은 사람이 태어나서 죽을 때까지의 과정을 五行별로 나타낸 것으로 月令과 함께 命造의 强, 弱을 가늠하는 중요한 척도가 됨은 계절의 변화에 따라 命造가 영향을 받음과 같다.

◇ 혹자에 따라서는 12 운성을 매우 중요하게 여기면서도 그 이치를 알려하면 복잡하기만 할 뿐이라면서 설명은 하지 아니하고 命造의 감명에는 필수적 기재 사항으로 하고 있으나 이는 진단 없는 처방으로 있을 수 없는 일이다.

2) 十二 運星의 定義 : 「十二運星」이라 함은 명조가 12절기로 나누어 순환되면서 그것이 인생사에 어떻게 적용 변화되어 가는가를 가늠하는 命造 감정의 한 분야이다.

여기서 주의할 것은 12운성은 意義에서 밝혔듯 命造 감정의 한 분야일 뿐 이것만을 가지고 命造 전체를 감정함은 마치 일부분으로 전체를 논함과 같으니 식자들의 웃음거리가 된다.

◇ 그러함에도 혹자는 오로지 12운성론만을 가지고 명조를 감정하면서 大易術人 인양 행세하는 경우도 있음을 어렵지 않게 볼 수 있으니 안타

까운 일이라 아니할 수 없다.

3) 十二 運星의 해설

a) 絶 : 태동하다. 넘어졌다 다시 시작하는 회생의 운. 부모덕과 인덕은 있으나 후천운이 흉하여 넘어졌다 다시 일어서는 기사회생의 운으로 인정에는 약하여 실리는 손해보고 여자는 남자의 꼬임에 잘 빠져 신세를 망치기 쉬우니 주의 하여야 한다. 적성은 철학, 종교, 사색, 교육, 문학가 등 주로 정신문화계통

b) 胎 : 태아가 뱃속에서 자라니 새로운 희망으로 성장한다. 부모덕, 인덕, 재물운은 있으나 변덕과 반발심이 강하여 六親과대립이 많고 신체가 허약한 자가 많으며 여자는 재혼녀가 많다. 적성은 교사, 보육원, 유치원, 꽃집 등

c) 養 : 출생하여 존재를 인정받으니 독립하여 개업, 사업, 신, 개축 등 새로이 시작한다. 온전하고 착실하며 낙천적이라 리더쉽이 부족하고 부모덕은 있으며 점차 삶이 나아지나 중년에 이별수를 주의하여야 한다. 성격은 겉과 달리 날카롭고 까다로우니 저항심이 있다. 적성은 양어장, 보육원, 사육장, 양로원, 유아원, 사회사업 등

d) 長生 : 성장하니 기운이 왕성하다. 천성이 온건하고 영리하며 부부관계 원만하고 삶이 힘차게 기운을 받을 때이라 자식궁도 길하고 의욕과 희망이 넘친다. 적성은 개척자, 발명가, 학자, 교수, 문학자, 개업, 창업 등

e) 沐浴 : 기운이 넘치니 이성도 밝히고 남의 속임수에도 잘 넘어간다. 결혼으로 새로운 가정을 이루며 주색에 빠지기 쉽다. 華蓋, 桃花, 咸池와 동류라 바람과 사치와 허영이 심하고 주색에 빠지기 쉬우니 수신에 힘서야 하고 육친과도 인연이 박하여 타향에서 자수성가형이고 부부궁도 서로가 음란형이니 불화가 많다.

적성은 화류, 연예, 인기인, 예능계통, 주류업, 남자상대업 등

f) 冠帶 : 모든 것을 이루니 취업 운도 좋으며 과신과 기고만장하여 아집에 빠져 실패 운이 따른다. 총명하고 타인의 총애와 신임을 받으며 관록운이 강하고 가정관도 원만하며 독립심과 자아심도 강하여 신의를 저버리지 않는다. 적성은 공무원, 군인, 경찰, 교도관, 사법, 종교, 교수 등

g) 建祿 : 인생의 무게가 실리어 안정을 찾고 자립과 성공을 거두나 지나침은 부족한 것만 못하니 앞날을 살펴보라 다정하며 성격은 원만하고 관록을 얻으니 겸손과 정의와 세인의 모범이 되고 중년후 특히 발전하나 부부 離死別 운이니 대비하라. 적성은 공무원, 안정된 직장, 회사 간부급, 조직의 책임자 등

h) 帝王 : 최고의 전성기를 맞이하나 해는 기울기 시작했으니 무리하지 말아야 한다. 삶에 장애가 없고 부귀영화를 누리는 부러운 삶이나 胎, 病, 死, 墓가 동주하면 타향살이와 부부궁이 나쁘며 매사 독불장군이라 남의 말에 귀를 기울이지 않으니 아집과 고독에 빠지기가 쉽다. 적성은 사법, 군인, 경찰, 교도관, 소방관, 의사, 간호사 등

i) 衰 : 해는 이미 기울어 독립심은 줄어들고 방랑을 하는 때다. 그러니 의타심과 고독감이 엄습한다. 노, 장년에 이르러 모든직에서 물러나니 몸은 마음과 같이 말을 듣지 않고 능력의 한계를 느끼니 새로운 시도는 실패를 부른다. 인생사 조용히 점검하고 내실을 다져 안정을 추구할 때이다. 적성은 사색가, 발명가, 교사, 개척자, 안정직 등

j) 病 : 몸은 쇠약하여 병이 들고 남을 믿다가 실패가 많다. 몸이 말을 듣지 않으니 활동보다 내실을 다지고 특히 건강에 주의하며 부모덕과 자식덕도 박해지고 부부궁도 그러하니 인생사 회한이 많고 심약하고 좌절을 잘 한다. 적성은 종교, 철학, 사색가, 교육 등 정신문화

k) 死 : 생을 마감하니 모든 일이 막힌다. 초년에는 고아 같은 운이나 자수성가 한다. 부모덕은 없고 있어도 없거나 오히려 짐만 되거나 조실

부모하며 六親과는 등지고 살며 재산은 조금 물려받으나 그 조업은 중단된다. 적성은 종교인, 철학, 사상가, 기사, 교육자, 정신문화 등

l) 墓 : 이제 흙이 되어 씨앗의 밑거름이 되니 새로운 기운을 잉태한다. 흙이 되어 새로운 씨앗을 잉태하니 희망적이고 매사에 침착하고 계획적이며 안정적이다. 인색하며 六親과는 대립이 많고 재물운은 있으나 중년이후 쇠퇴하기 시작하니 대책을 새워야 한다. 전당포, 창고업, 관리업, 종교인, 장의사, 회계업무 등

4) 十二 運星의 旺·中·衰

a) 四旺 : 建祿, 長生, 帝王, 冠帶는 旺하여 강한 세력이다.

◆ 현실론에서는 冠帶보다 새로운 힘의 바탕인 墓를 더 강하게 보아 建綠, 長生, 帝旺, 墓를 4왕으로 본다. 이는 너무 만개한 꽃은 이미 시들기 시작하여 상품으로서의 가치는 없으며 새로운 기운도 생성할 수 없기 때문이다.

b) 四中 : 沐浴, 墓, 胎, 養을 중간으로 四平 또는 四中이다.

◆ 墓와 冠帶는 中, 旺이 바뀐다.

c) 四衰 : 衰, 病, 死, 絶을 가장 약하게 보아 四衰라 한다.

＊ 十二 運星 조견표 ＊

干 運星	甲	乙	丙	丁	戊	己	庚	辛	壬	癸	시기
建祿	寅	卯	巳	午	巳	午	申	酉	亥	子	자식 낳고 돈 벌다.
帝旺	卯	寅	午	巳	午	巳	酉	申	子	亥	인생의 절정기이다.
衰	辰	丑	未	辰	未	辰	戌	未	丑	戌	힘이 빠지기 시작하다.
病	巳	子	申	卯	申	卯	亥	午	寅	酉	노쇠하여 병 들다.
死	午	亥	酉	寅	酉	寅	子	巳	卯	申	생을 마감하다.
墓	未	戌	戌	丑	戌	丑	丑	辰	辰	未	썩어서 씨앗이 되다.
絶	申	酉	亥	子	亥	子	寅	卯	巳	午	종말은 새로운 시작.
胎	酉	申	子	亥	子	亥	卯	寅	午	巳	새로이 생명을 잉태.
養	戌	未	丑	戌	丑	戌	辰	丑	未	辰	출생하여 자라다.
長生	亥	午	寅	酉	寅	酉	巳	子	申	卯	힘차게 성장하다.
沐浴	子	巳	卯	申	卯	申	午	亥	酉	寅	힘이 넘쳐 흐르다.
冠帶	丑	辰	辰	未	辰	未	未	戌	戌	丑	취업과 결혼하다.

5) 十二 運星과 順·逆 : 12 運星은 조견표에서 보듯이 陽의 干은 順行

을 하고 있으며 陰의 干은 逆行을 하고 있음을 알 수 있다. 이는 陽干은 그 기운이 順하여 힘을 모아 앞으로 나아가려는 가벼운 기운을 근본으로 하고 있으며 陰干은 그 기운이 逆하여 흩어져서 뒤로 나아가려는 무거운 기운을 근본으로 각각 가지고 있으므로 그러하다.

이러한 성질은 12 운성뿐만 아니라 五行의 기본적 陰陽의 성격으로 오히려 12운성론에도 당연히 적용되는 것일 뿐이다. 그러므로 陽干인 甲木은 比肩인 陽 地支의 木인 寅에서 당당히 建祿하고 겨울인 亥月에는 물을 품고 봄을 맞이하니 그 생생함이 창궐하여 長生이다.

또한 甲 木은 그 기운을 겨울에 준비하여 봄을 거쳐 여름에 다 소진하여 역할을 다하니 여름(午)에는 가장 약하고 死에 이른다. 그러나 乙木은 陰干으로 甲木 과는 반대의 현상이다.

乙木은 陰의 특성상 반대로 여름(午)에 가장 화사함을 뽐내니 그 근본은 陽干인 甲 木의 뿌리에서 꽃을 피우는 것으로 여름에 長生하고 겨울에는 가장 약(死)한 것이다. 그리하여 甲木은 같은 陽 木인 寅에서 建祿이고, 亥에서 長生이며 卯에서 帝王이고, 未에서 墓이니 寅 : 亥·卯·未는 木 局을 이루니 봄기운으로 當令, 當權하여 강할 수밖에 없다.

같은 이치로 陽干인 甲木과는 반대로 사치와 허영을 자랑하는 陰干인 乙木은 같은 陰 木인 卯에서 建祿이요, 寅에서 帝王하며, 午에서 長生하고, 戌에서 墓라, 이는 卯 : 寅·午·戌이니 乙木이 火 局을 맞으니 여름에 그 화사함의 극치를 이루는 것이다.

이러한 이치는 다른 五行 간에도 그대로 적용되니 12 운성론의 그 정연하고도 미묘한 이치에 감탄을 금할 수가 없다. 이러한 이론은 그대로 通根法에도 적용되니 五行의 强, 弱은 이 12운성을 간과하고는 결코 제대로 파악하였다고 할 수 없다.

◈ 12운성론은 命造의 身强弱, 用神 등에 큰 영향을 미친다.

6) 通根이란?

a) 定義 : 「通根」이라 함은 命造의 天干이 地支의 建祿·長生·帝旺·墓 등의 힘을 받고 있거나 天干에 土가 있고 地支에도 土가 있음을 말한다.

命造의 각 五行은 通根이 되면 힘을 받으므로 日干과 吉神은 根이 있음을 좋아한다. 用神은 특히 通根을 기뻐하고 干合한 五行과 地支가 合을 이루면 그 五行은 단결하여 강해지고 通根 한다. 이처럼 通根은 해당 五行을 강하게 만든다.

b) 여기서 유념할 것은 陽干인 甲 木 기준의 경우 建祿은 寅인 比肩이고 長生은 亥, 帝旺은 卯, 墓는 未가 되니 甲木 = 寅 比肩과 亥 · 卯 · 未는 三合局 이 형성된다는 것이다. 다른 陽干도 이와 같으니 자신의 四象에서 강한 기운으로 通根 하는 것이다.

陰干의 경우는 陰은 陽과 달리 기운을 모아 주기보다는 보이는 자체만의 세력을 중시하여 화려함을 좋아하니 陽干과 달리 四象의 기운에 적게 지배되고 오히려 주위의 세력을 중요시함을 잊지 말아야 하고 陽干 만큼은 운성의 영향을 받지 않는다.

따라서 陰干은 주위의 세력과 沖과 建祿·長生·帝旺·墓 등, 기타 命造의 조합을 종합적으로 보아서 판단할 일이고 五陽干은 12운성에 따른 四象의 기운에 지배됨이 많은 것이다. 이를 두고 滴天髓는 五 陽干은 氣(四象)를 따르고 세력을 따르지 아니하며, 五 陰干은 勢를 따르며 氣와는 情이 없다고 하였다.

즉, 五陽從氣不從勢, 五陰從勢無情義(오양종기부종세, 오음종세무정의.) (李修 滴天髓 써머리 41p 참조)

예 1. 甲 木의 通根 : 地支의 寅 · 亥 · 卯 · 未

丁	甲	丙	己
亥	辰	寅	酉
長生		建祿	

위 예에서 甲 日干은 봄 寅月에 生하여 建祿하고 時支의 生地는 더없

이 日干을 강하게 하니 신강 명조이다. 이 命은 月令을 득하고(建祿格), 月支와 時支에서 通根하여 매우 강한 命造인 것이다.

예 2. 戊 土의 通根 : 地支의 巳·寅·午·戌 및 土를 본다.

癸	乙	戊	丁
未	丑	午	巳
帝旺	建祿		

위 예에서 月干 戊는 月支와 年支에서 通根하여 매우 강하다. 이 命造의 가장 强한 五行은 月支와 年支에서 通根한 月干이 가장 강한 五行이다. (또한 月干은 日支, 時支의 丑, 未의 土의 힘도 얻고 있다. 물론 어느 하나만 해당해도 通根이다.)

예 3. 時干의 通根 : 地支의 申·巳·酉·丑을 본다.

庚	戊	丁	乙
辰	申	亥	丑
建祿		墓	

예 4. 年干의 通根 : 地支의 巳 · 寅 · 午 · 戌 및 土를 본다.

丁	丙	乙	戊
卯	寅	亥	戌
長生		墓·土	

(3) 通干·通源을 논함다.

2) 예를 들면 月支 藏干에 財神이 있고 天干에 財神이 透出되었다면 이를 透干이라 하고 地藏干의 財가 天干에 透出되었다고 한다. 이것이 通干이며 財星이 通源되었다고도 한다.

3) 예 1.

丁　　丙　　己　　壬
丑　　子　　亥　　申
　　戊甲壬

위 예에서 年干 壬은 月 支藏干 壬에 通干하여 天干에 透出하였을 뿐만 아니라 建祿으로 當令하여 當權하였으므로 그 힘이 매우 강하다. 이를 '年干이 當令과 通源 또는 通干 되다.' 라고 한다.

예 2.

丁　　辛　　庚　　甲
未　　亥　　午　　辰
　　　　　　　　丙己丁

위 예에서 時干이 通源 또는 通干 하였다.

4) 정리

다시 말하지만 月令과 通根 및 通干은 命造의 개별적 구성요소의 강약과 변화를 아는 중요한 요소이다. 이 세 가지를 명확히 이해하지 못하고서는 推命의 진정을 논할 수 없다.

a) 五行의 旺·相·休·囚·死는 日干의 강약을 가늠하는 月令과 각 五行의 當令과 當權을 측정하고,

b) 12 運星法은 각 天干이 地支에 뿌리를 두고 있는가(通根)를 가늠하여 命造의 天干의 역량을 측정하고, 특히 이는 身强弱과 用神분석에 결정적 역할을 한다.

c) 通干, 通源法은 위 둘째와는 반대로 地支가 藏干을 통하여 天干에 얼마나 힘있게 透出되어 있는가를 가늠하여 干支간의 牽聯關係(견련관계)를 나타내니 이는 天干과 地支와 또한 이 둘을 합한 陰陽五行의 生剋制化의 변화를 논함과 다름 아니다.

제5장. 格局論

1. 日干과 格

命造를 감명함에 가장 중요한 요소를 살펴보면

첫째, 日干인 나 자신(體)의 陰陽五行의 조합과 배열이다. 推命의 목적은 日干인 體가 命造에 어떻게 구성되어 있으며 그것의 喜·忌는 어떠한가를 알고 이에 대처하자는 데 있다.

둘째, 日干이 어떠한 성격을 가지고 있느냐를 알아야 한다. 日干의 성격을 알지 못하면 나 자신의 성격을 파악하지 못하여 적성을 살릴 수가 없다. 이를 格 이라 한다.

셋째, 日干인 體와 명조의 格을 알았다면 이제 그 體와 格의 용도에 맞게 用神을 供하여야 할 것인가를 알아야 한다. 이를 명조의 「用神 분석」이라 하며 그 상세함은 用神論에서 상술하기로 하고 여기서는 格局에 관하여 설명하기로 한다.

(1) 格을 정하는 방법

格은 命造의 성격이므로 日干을 제외한 가장 강한 五行이 되어야 한다. 命造의 四象을 주관하는 月柱에서 그것도 후천운이고 인생사의 뿌리인 月支에서 취함이 원칙이다.

1) 먼저 月支의 地藏干에 透出한 天干으로 정한다.

예. 正印格

命造의 月 지장간에 透出한 干이 正印이면 正印格 이다.

壬	戊	甲	丁
			正印
申	寅	午	卯
			(丙己丁)

2) 月支의 子, 卯, 酉는 그대로 정한다. 子 · 卯 · 酉는 그 자체 藏干에 같은 干을 품고 있다.

예. 食神格

甲	己	癸	庚
寅	巳	**酉**	辰
		食神(庚辛)	

3) 위 어디에도 없으면 命造에서 가장 강한 세력으로 정한다. 當令하여 當權하거나 通干하여 透한 干이 강하다.

예. 食神格

己	甲	**丙**	丁
			食神
亥	戌	申	巳
	(戊壬庚)		

* 위 명조에서 天干에 月 地藏干에 透出된 干 戊·壬·庚이 없다. 그리고 火의 세력이 가장 강하다. 특히 丙은 地支의 巳, 戌과 通根하여 그 세력이 강하니 食神格 이다.

(2) 다른 견해

命造의 格을 정하는 방법에 대해서는 그 대요를 살펴보면,

첫째, 日干은 體인 동시에 格이며 用神은 行運이라는 견해
둘째, 日干은 體이고 格이 用神이라는 견해
셋째, 格과 用神은 구별이 되나 이를 구별하면 오히려 혼란만 가중되므로 구별할 필요가 없다는 견해
넷째, 格과 用神을 구별치 못하고 혼용하여 사용하는 경우 등 그 견해가 여러 가지이나 살펴보면 하나같이 用神이 무엇인지에 대한 개념의 정의와 지위를 정립하지 못하고 易의 가장 핵심개념인 體와 格이 무엇이고 用神이 무엇인지를 구분하지 못하는데서 오는 혼돈이라 생각된다.

2. 기본 八格

(1) 正印格 (印綬格)

正印은 過, 不及을 원치 않으니 청렴하고 깨끗하며 의연한 기품이 있다.

1) 명예를 중시하고 봉사정신이 강하며 신용이 있으니 남에게 害가 되는 일을 하지 않는다. 교육자, 선생님, 문학가, 사회사업, 종교인 등의 직업에 적합하고 正印은 吉神이므로 太過하지 않으면 喜神으로 작용한다.

그러나 너무 많으면 관성을 洩剋하고 食傷을 害하므로 그에 따른 박운

이 따르니 命造의 조합을 보고 종합적으로 판단한다.

2) 正印은 六親으로는 어머니를 의미하니 正印이 많으면 어머니가 두 분이거나 할머니가 그러한가를 점검할 일이다. 특히 현대의 핵가족과 정서분실의 사회에서는 부모의 이별과 사별 및 탁아양육 등 편부모 슬하의 자녀운을 감정할 수 있다. 이러한 경우 지나친 간섭과 의타심으로 마마보이의 출현을 예고한다.

예. 正印格

甲	己	壬	丙
			正印
戊	未	寅	申
		(戊,丙,甲)	

月支의 寅 藏干 중에 丙이 年干에 透出하여 正印格으로 정함에 무리가 없다.

◆ 여기서 주의할 것은 時干 甲도 通根, 通源하였다. 하지만 甲은 日干과 干合하여 化 土하여 通源의 마음이 없다.

(2) 偏印格

날카롭고 까다롭다. 번득이는 재능과 지능이 있으나 편법을 좋아하고 지속력이 없어 龍頭蛇尾(용두사미) 격이다.

1) 성공과 실패를 반복하나 또다시 일어서는 칠전팔기의 오뚝이 인생으로 원도 한도 없는 인생을 산다.

2) 사교술이 좋고 권모술수가 능하여 속은 불안하나 겉은 항상 밝게 살고 마음속에 비밀을 담아 두지 못한다. 안정된 직장생활은 어렵고 항상 불안정한 상태에 있어 안절부절하며 행동이 민첩하다. 그리고 경우에 따라서는 그 행동을 종잡을 수가 없으므로 상대방을 당황하게 만들기도

한다.

3) 팔방미인 격이니 재능과 연예적 기질 및 춤, 등으로 의외의 한밑천 잡는 경우가 있으며 제비족으로 흐르는 자가 많다. 마음의 근심걱정은 끊이지 않는다. 주위에 변화가 무상한 사람을 보면 偏印格이 아니면 傷官格 이다.

예. 偏印

壬	甲	丙	辰
辰	午	申	亥
		(戊壬庚)	

(3) 食神格

원만한 타입으로 모난데 가없고 인정이 많아 사람이 순하다. 주위의 순박한 사람은 대체로 食神格의 영향이 많다. 작은 계산에는 후하나 큰 일에는 이기주의적 심성을 가지고 있다.

1) 食神은 官星을 剋하여 관록 운은 약하나 인심은 후하여 주위에 사람이 끊이지 않으니 개인 사업이나 장사 운은 좋다. 인연 운도 좋아 혼인과 잉태 운이니 자녀를 갖기에 무리가 없다.

2) 의·식·주의 복록이 있어 살아가는데 지장이 없고 食傷이 理會하면 여자는 생식기가 깨끗하고 자식 복이 있으며 음식솜씨가 있다.

3) 여자는 食傷 운이 강하면 남자성인 官星을 害 하니 남자와의 인연이 별로 이다.

예. 食神格

丁	癸	癸	戊
丑	亥	卯	申
		食神	

月支 子, 卯, 酉는 그대로 格을 정한다. 왜냐하면 子, 卯, 酉는 藏干속에 그대로 같은 五行의 干을 가지고 있기 때문이다.

(4) 傷官格

관재구설과 사고, 다툼의 운질이다. 특히 불륜으로 인한 스캔들은 傷官을 따를 것이 없다.

1) 성격은 냉정하여 인정이 없고 항상 총칼을 연상하니 사법, 군인, 경찰, 의사 등으로 나아가면 발전이 빠르다.

2) 강도, 절도, 낙상, 교통사고 주의하고 구설로 인하여 상대를 害 하니 수신에 문제 있고 패륜아(逆親子)가 많다.

3) '傷官은 正官을 쏘는 화살' 이라 官星이 약하면 항상 문턱에서 주저 앉아 승천 못한 이무기라 인생사 불평불만이 많다. 이루지 못한 꿈을 빨리 잊고 현실에 적응하는 것이 傷官의 흉살을 벗어나는 지름길이다.

4) 두뇌는 명석하고 재주가 많으나 너무 성격이 강직하여 모두가 벅차하니 '고독은 나의 고향이다.'

◆ 傷官은 머리가 명석하여 두뇌회전이 빠르고 지나간 인연에는 미련을 두지 않는다. 새로운 발명과 진로의 개척은 傷官을 따를 자가 없으니 현대 산업사회의 진입에 가장 큰 공로자이다.

예. 傷官格

戊	丁	戊	壬
		傷官	
申	亥	申	辰
		(戊,壬庚)	

體는 太身弱하고 傷官이 태과하여 官星을 제압하니 대표적 濁命, 賤格이다.

언뜻 보면 正官이 2개나 있어 관록의 貴格처럼 보이나 이 命造는 日干을 좌우로 하여 月干과 時干인 傷官이 通根하고, 日干은 약하고 印星도 전혀 없으며 또한 死地에 座하여 약하기 짝이 없고 官星은 있으나 강한 傷官에 의해 여지없이 부서지니 관록에 뜻은 있으나 이룰 수 없다.

이러한 사주를 대표적 濁命, 賤格이라 하니 이유는 이러하다.

命造가 귀하려면

첫째, 관록 운은 命造가 中强은 되어야 한다.

둘째, 食傷은 旺하지 않아 官星의 기운을 살려 두어야 한다.

셋째, 印星이 있어 官星과 食傷을 다스려 주어야 한다.

그러나 예시의 命造는 위의 3가지 중 어느 것도 갖추지 못한 濁命 이고 賤命中의 賤命이다. 만약 예시 命造가 身强이고 印星이 있으며 傷官이 正官보다 旺하지 않았다면 이는「食傷 制殺格」으로 濁한 命을 食傷이 청하게 해 주니 濁한 후 淸해 져서 자수대성 하는 貴格이 된다.

그러나 이 命은「太弱 制殺 太過格」으로 賤格인 것이다.

◆ 身弱 命에 傷官이 旺하여 官星운을 剋害 하고 日干을 剋洩 하는 명조를 '身弱 制殺 太過格'이라 한다. 此命처럼 日支가 아무리 天乙이라도 신약 특히 태신약은 절대 貴命이 될 수 없다.

(5) 正財格

正財格의 命造는 돈과 여자의 사주다.

안정된 생활과 직장을 원하고 정당한 대가만을 추구하며 실속을 원하기에 공록 보다는 회사원으로 금융업, 은행원, 부동산, 투기나 투자보다는 은행의 예금 확보를 선호하니 들어가면 호주머니의 돈이 여간해서는 나오지 않는다.

1) 매사 돈을 중심으로 생각하니 진정한 인간관계는 이루어지기 어렵

고 부부간에도 돈이 중심이라 속궁합에 문제가 있다.

2) 여자의 正財는 남자의 밥이니 여자 正財격은 처신에 신중함을 요하고 남자는 여자에게 인기가 있으며 항상 주위에 여자가 끊이지 않는다. 소위 능력 것 여자를 사귀는 형국이다.

3) 돈과 여자는 正財의 전매특허이니 현대 자본주의 사회에서는 그 지위는 官星을 뛰어넘어 제1로 본다. 따라서 다른 사람에게는 구두쇠이나 자신을 위해서는 큰 지출도 마다하지 않는다.

예. 正財格

戊	甲	己	辛
寅	子	未	巳
		(丁乙己)	

日干과는 合이 되니 처덕과 재물복이 있는 命造이다. 月柱는 단식판단으로 부모자리이고 아버지를 뜻하니 좋은 부모 밑에 성장하고 부모덕도 있다.

또한 月柱는 청년기라 적당한 혼기에 좋은 배필을 만난다. 此命의 財星은 通根, 通源하여 그 富함을 이미 보장받았으나 女亂은 피할 수 없으니 수신에 힘쓸 명조다.

(6) 偏財格

偏財의 원래 뜻은 돈 나가다, 실패보다, 투자하다, 투기하다, 사치와 낭비, 불로소득, 등이고 六親은 첩, 애인, 아버지이다.

1) 꿈은 크나 실행은 뒷받침이 약하고 한밑천 잡으려다 실패 보는 경우가 많다. 그러나 통이 크고 활동적이라 命造에 偏財가 理會 하면 오히려 正財보다 더 큰 돈을 버는 경우가 많다.

正財와 달리 偏財는 동산이고 들쭉날쭉한 재산으로 돈은 많이 보이나 실속이 없다.

2) 偏財가 理會하면 현실론으로는 부자가 많고 명조에 魁罡殺이 있고 理會하면 거부의 命이고 驛馬와 理會하면 객지에서 자수성가하거나 해외나 무역업, 유통업 등으로 크게 성공한다.

3) 여자는 돈은 있으나 사치와 낭비가 심하고 사업이나 투자에서는 손해 보기 십상이나 理會하면 투기 등으로 큰돈을 번다.

예. 偏財格

戊	甲	丙	辛
戌	子	申	丑
		(戊壬庚)	

月 藏干 戊는 通干하여 時干에 투출 하였다. 時柱는 말년운이 좋고 또한 자식 궁이니 자녀 운이 있다. 時干 戊는 時支 帝旺으로 通根하고 月柱가 도우니 매우 강하여 財星 운이 강하다. 年支에 財星은 아버지로 보나 만약 時上에 偏財1位만 있었다면 큰 부자의 命이었을 것이다.(時上 偏財 1位 富格)

(7) 正官格

正官은 관록이라 인품과 무게가 있고 점잖으며 중용의 도를 추구하니 선비형으로 공록과 기업체의 간부급이다.

1) 身强이고 印星과 理會하면 관록으로 이름을 얻으며 기업체로는 대표 또는 임원격이다.

2) 여자는 믿을 만한 남편이니 남자 복이 있고 처녀가 行運에서 正官이 들면 좋은 배필을 만날 결혼운이고 유부녀가 正官이 들면 남편보다 좋은 남자 운이니 부부 궁을 염려하여야 한다.

3) 日干이 旺하고 官星이 약하면 財星으로 官星을 生助하여 도와야 하

니 이를「正官用財」라 한다. 반대로 官星이 旺하여 日干이 약하면 印星으로 官星의 기운을 洩하고 日干을 도와 貴格이 되니 이를「正官用印」이라 한다.

4) 正官用印에서 보듯이 官星이 旺하면 食傷으로 官星을 剋 制하면 그 영향이 커서 命造에 파란이 일어난다. 이때에는 剋, 制하는 것보다 印星으로 洩하면 官星도 힘이 순화되고 日干도 生 해지니 일거양득의 효과가 있다.

5) 여자의 命造에 官星이 沖하면 남편과의 사이가 나쁘고 이별의 운질이며 다른 남자와의 사이도 나쁘니 남자 복이 없다.

예. 正官格

己	**甲**	辛	庚
卯	午	**酉**	子
		正官	

月支의 子, 卯, 酉는 그대로 格을 삼는다.

(8) 偏官格

偏官은 無情의 剋害로 殺중의 殺이며「七殺」이라고 한다. 날카롭고 까다로우며 상대를 害 하고 자신이 剋을 당한다.

1) 偏官이 印星과 食傷이 함께 동주하고 理會하면 사법, 군인, 경찰, 의사, 간호사, 정육점 등으로 나아가면 크게 발전한다.

2) 羊刃, 偏官이 동주하고 沖, 刑하면 살아가는 동안 살벌한 일이 잦고 偏官의 남편의 폭력과 살벌함에 꼼짝 못하고 살아간다.

3) 官星이 많은 여자는 남자를 우습게보니 옳은 남자를 만나기 힘들고 만나더라도 마음과 돈 빼앗기고 상처 입기 십상이다. 주위에서 남자를 우습게 보는 여성은 대체로 官殺이 混雜한 명조가 많으니 남자는 많으나

남편은 없으니 풍요속의 빈곤이다.

예. 偏官格

辛	己	丁	戊
巳	丑	卯	午
		偏官	

(9) 餘論

日干과 동일한 比肩과 劫財는 格을 정하지 아니하는 이유는 比肩, 劫財 그 자체가 強, 旺하면 格이 되고 같은 성격을 가지게 되는바 따로 格을 정할 필요가 없으나 현실적으로는 比肩格·劫財格은 감정에 적용되고 있다.

그리고 어디까지나 內格 八格이 기본이고 外格과 雜格은 예외적으로 적용하여야 할 것이며 실제로 기본 八格이 전체의 80% 이상을 차지하고 나머지는 強旺格(比肩·劫財가 왕성한 身強命)과 從強格(印星이 旺한 身強命)을 제외하면 10% 미만으로 80여 종에 이르는 外格과 雜格은 그 성립이 극히 한정적이다.

이처럼 대다수의 命造는 內格 八格이 86%이상을 차지하고 있으니 약한 日干은 生 해주고 강한 日干은 洩 하거나 制 하여야 함이 당연하므로 이는 子平 命理의 기본이 抑扶에 있음이다.

그러므로 外格, 雜格은 약 80명에 한 명조로 그 성립의 희소성에도 불구하고 마치 상설 성립되는 것처럼 하여 이러한 外格, 雜格을 무리하게 잘 세워야 易術의 大家인양 자처함을 경계한다.

다시 한 번 강조 하건데 推命의 기본은 抑扶에 있고 調候와 棄命, 從, 化 등은 어디까지나 예외적이고 넓은 의미에서는 그것도 抑扶책의 보완에 지나지 않는다 함을 명심하여야 한다.

3. 外格과 雜格

이제 外格과 雜格의 종류를 살펴보기로 하면서 먼저 주의할 것은 이러한 別格 중에는 內格 등과 중복 되게 성립하기도 하므로 한 命造에 한 개 이상의 格이 성립된다 하여 이상 할 것이 하나도 없다는 것이다.

이는 마치 문학도가 예술에도 뛰어나 화가를 겸하거나 파스칼이 대 사상가이고 문학가이고 물리학자이었음과 다름이 아니다.

◇ 미리 일러둘 것은 滴天髓의 총 512命造 중 기본 內格은 408命造, 强旺格(從旺格)과 從强格(從旺格)이 합하여 34命造 등 전체의 86%이상이 內格이고 (필자는 强旺格과 從强格은 內格의 부류에 속할 수 있다고 본다. 그러나 편의상 外格으로 분류하여 설명함은 八格에는 속하지 않음과 순전히 八格 외로 분류해야 하는 체계상의 문제 때문이다.) 그 나머지 外格, 雜格 등은 70命造에 지나지 않으며 80여종에 이르는 外格, 雜格의 종류를 감안하면 총 512命造 중 別格의 숫자는 미미하다 할 것이다.

(1) 從格

「從格」이라 함은 命造의 세력이 한쪽으로 치우칠 때 抑扶는 물론 調候와 通關 등 여하한 경우라도 그 命造의 강한 세력을 억제하여 균형을 이룰 수 없을 때에는 차라리 命造의 강한 세력을 따라 순응하는 것을 말한다.

이에는 日干이 강하여 日干의 성격을 순응하는 것으로 强旺格과 從强格이 있으며 食傷과 財星 및 官殺이 강하여 자신을 버리고 그 강한 세력을 따를 수밖에 없는 棄命 從格이 있으니 전자는 日干이 강하여 자신의 격을 따르는 것으로 이는 엄밀히 從格이라 할 수 없고 다만 기본 內格 八格에 들지 않는다는 것일 뿐이다.

이러한 기본 八格만을 고집하는 이유는 體와 格과 用神을 구분하지 못하는 데서 오는 혼란이라고 생각되며 사람이 어떤 성격이 강하여 도저히 균형을 이룰 수 없을 때에는 차라리 그 적성을 살려 주는 것이 오히려 당연할 것인바 이는 자신을 버리는 것이 아니므로 본래의 의미의 從格이 아니다 할 것이다.

그리고 후자의 경우는 日干이 나약하여 자신 을 버리고 진실로 집중된 힘으로 따라가니 眞從이라 할 수 있다.

1) **强旺格**

命造가 대체로 比肩과 劫財로 이루어진 身强四柱다. 印星마저 돕고 있어 日干의 기운은 極에 달해 있으며 日干을 剋하는 五行도 보이지 않는다.

a) 이때에는 다른 기운으로 균형을 이루기보다는 日干의 강한 세력에 따라 格을 세우고 그 강한 특성을 살려줌이 옳다. 따라서 比肩과 劫財가 강해짐이 强旺格을 올바르게 파악하는 것이며 또한 喜한 것이고 이를 거스르는 기운은 凶하다.

b) 强旺格은 旺한 세력의 성격을 살려 주는 比肩과 劫財운 및 印星運은 吉하고 이를 거스르는 官殺과 財運은 凶하다. 食傷運은 命造에 印星이 강하지 않으면 旺한 比劫을 洩生해 주는 의미가 있어 凶하지 아니하다.

이 경우 行運에서 財운을 만나면 서로 차지하려고 群劫의 쟁탈이 일어나니 만약에 日干을 直沖하거나 沖, 刑이 함께 하면 夭折의 운질이니 주의하여야 한다. 이러한 경우를 群比爭財라 거지사주 및 夭折의 運이라 한다.

c) 약한 기운으로 강한 세력을 대적하려 함은 강한 세력은 다스려 지

기보다는 오히려 성이 나서 더욱 횡포해짐을 알아야 하니 順天者는 吉하고 逆天者는 반드시 凶할 것이다.

滴天髓는 이를 '旺者沖衰 衰者拔, 衰神沖旺 旺神拔'(왕자충쇠 쇠자발, 쇠신충왕 왕신발)이라 하여 약한 자가 강한 자에 부딪히면 약한 자는 뿌리가 뽑히고 강한 자는 더욱 강해진다는 것이다.

◇ 强旺格은 전체 512命造 중 22命造로 약 4%이다.

예 1.

癸	**丙**	甲	庚
巳	午	午	寅

日干 丙이 午月에 출생하여 月令을 득하고 地支는 火의 기운 일색이다. 이 命造는 極旺한 火의 세력으로 따를 수밖에 없다.

예 2.

庚	**丙**	戊	癸
寅	午	午	巳

日干 丙이 午月 生이니 月令을 득하고 地支에는 형제들로 가득하여 通根, 通源, 支合 하고 月干과 年干은 合火하여 太旺한 命造이다.

2) **從强格**

强旺格이 比肩, 劫財가 旺한 命造라면 從强格은 印星이 旺하여 강한 신강 명조이다.

a) 從强格은 印星이 旺하니 食傷運은 吉運이 되지 못한다. 印星은 食傷을 害하니 食傷運이 발복할 수 없고 오히려 凶함을 가져올 뿐이다.

b) 印星, 比劫運은 吉하고 官星, 財星, 食傷運은 凶하다.

◇ 전체 12命造로 2%를 차지하였다.

예.

癸	癸	辛	辛
丑	酉	酉	丑

丑土가 양 날개를 하고 있으나 이 丑土는 濕土로 水氣를 막기보다는 오히려 水氣를 生하고 있다. 丑 濕土가 印星을 돕고 金 印星이 겹겹이라 日干은 강한 印星의 生함을 받아 太强하다.

命造에 火氣는 찾아볼 수 없고 寒濕 冷하니 다른 기운은 침범을 못한다. 「濕土」란 水氣를 가진 土로서 丑土, 辰土를 말하고 藏干에서 물을 품고 있다.

3) **眞從(棄命 從格)**

본래 從格은 眞從의 眞이 뜻하듯 棄命 從格을 일컫는다. 「棄命」이란 본래의 자기 자신을 버린다는 의미이니 棄命從格이란 자신을 버리고 강한 기운을 따라가는 것이다.

棄命從格은 强旺格, 從强格과는 달리 자기 자신의 의지처가 없어 나약하기 이를 때 없으므로 强한 기운에 從하는 것인 만큼 자신의 기운이 강하므로 오히려 자신의 세력에 의지한다는 强旺格, 從强格은 분명 從格이 아니다.

그럼에도 왜 「從」이란 이름을 붙였느냐 하면 기본 八格에는 들어갈 수 없으니 편의상 外格, 雜格으로 분류하고 그 地位를 從格에다 擬制한 것이라고 생각된다.

이러한 格의 분류는 오랜 易의 연혁에서 고정되어 온 것 같다. 생각하건데 이러한 고정관념을 벗어나지 못하는 가장 근본적인 원인은 格은 곧 用神이라는 사고에서 비롯되었다고 여겨진다.

格은 日干의 성격이고 用神은 日干과 格의 用度라고 본다면 위의 强旺格, 從强格은 「從」이라는 혹을 붙일 필요 없이 그 命造의 강한 성격대로 용도에 供하고 眞 從格은 日干의 성격을 버리고 旺한 성격에 맞게 용도에 供하는 것이며 그것도 「眞」이라는 단어는 떼어버리고 그냥 從格인 것이며 그 외 雜格 또한 그러하다.

따라서 强旺格(적천수에서는 從旺格)과 從强格은 從이라는 단어가 붙었을 뿐 從格으로 분류하지 아니하고 그냥 外格으로 분류함이 마땅하고 眞 從格은 그냥 從格이라 함이 옳다고 생각한다.

이하에서는 기존의 분류법에 따른 眞從인 從格을 설명한다.

a) 從兒格 : 命造가 食神과 傷官이 旺한 四柱로 日干은 자신을 버리고 食傷을 따라간다. 吉運은 食傷과 財星운이고 凶운은 印星과 官星운이고 比肩과 劫財운도 棄命 從兒(기명 종아)를 거역하므로 凶하다.

전체 14命造로 약 2.4%를 차지한다.

예.

戊	丙	丁	己
戌	戌	丑	未

日干 丙火는 丑月 겨울에 태어나고 月干 丁은 年支 未가 沖, 刑하여 뿌리가 없다. 命造는 食傷 土가 滿局하니 食傷運을 거역할 방도가 없어 日干 은 홀가분하다. 食傷을 따르니 棄命 從兒格이 성립된다.

b) 從財格 : 命造에 財星운이 旺하여 이 기운을 거스를 도리가 없으니 자신을 버리고 財星을 따라간다. 吉運은 財星운과 食傷운이고 官星운도 吉하다. 凶운은 比劫과 印星운이다.

◇ 전체 14命造로 2.4%다.

예.

乙	壬	丙	丁
巳	午	寅	巳

壬水는 봄에 태어나서 자신을 洩하고 주위는 온통 火氣로 가득하니 棄命 從財格이다. 더욱이 火 財星은 寅木으로 當令, 當權하여 그 秀氣를 자랑한다. 이처럼 棄命 從格은 從에 引從하여 印星이 있음을 기뻐한다.

從格은 이처럼 從에 引從한 印星이 있어야 從의 뜻을 이룬다.

◇ 引從이란 해당 五行을 기준하여 六神을 표출하는 것으로 財星에서 食傷을 引從하면 印星이 된다.

c) 從官殺格 : 命造가 日干이 무력하고 正官과 偏官이 旺하여 그 기운으로 從하는 四柱로 食傷과 財星운도 있으나 官殺의 기운이 가장 旺한 命造이다. 命造가 官, 殺 혼잡이면 正官의 힘이 더 강하면 從官格이고 偏官의 힘이 더 강하면 從殺格이다. 吉운은 官과 財운이다. 凶운은 比劫, 食傷, 印星운이다.

◇ 전체 14命造로 2.4% 이다.

예 1. 從官格

癸	丙	戊	庚
亥	申	子	子

이 命造는 財星이 官殺을 生하고 있어 官星운이 태왕하다. 官, 殺이 혼잡하나 그 중 正官의 기운이 더 강하니 從官格이다. 吉운은 財星과 官星운이다. 凶운은 比劫과 印星운이고 食傷운도 官殺을 剋하니 凶하다. 月干과 時干이 合火하나 水氣가 강하여 合火할 여지는 없다.

예 2. 從殺格

乙	甲	庚	丁
丑	申	申	酉

日干 甲 木은 가을에 出生하여 失令하고 또한 絶地에 座했으며 바로 옆 月干에서 直沖 하니 자신을 버리고 從殺하였다. 時干 乙은 뿌리가 없

고 또한 陽干은 陰干의 조력이 도움이 되지 않는다. 丑土는 申金을 生해주고 있어 從殺 함에 미련이 없다.

◇ 從格이 성립되면 그 방면의 발전은 상당히 빠르다. 그러나 발전이 빠른 만큼 쇠퇴도 빠르다는 것을 알아야 한다. 또한 從格이 성립되었다 하여 무조건 富, 貴格으로 판단할 것이 아니라 命造에 전혀 水氣가 없거나 운로의 흐름이 순탄하지 못하면 승천 못한 이무기와 같아 보통보다 더 못한 경우가 많으므로 命造와 운의 흐름을 잘 파악하여 감명할 일이다.

(2) 別格

別格은 內格 八格에 해당하지 아니하고 外格(强旺格, 從强格, 眞從)도 아닌 別種格이다. 그 종류는 수십종에 이르고 이 중에는 다른 格과 중복해서 성립되는 경우도 있으며 또한 기본은 어디까지나 內格 八格과 外格에 있으므로 무리해서 別格을 성립시키려 하기보다는 어디까지나 기본 八格에 중점을 두는 방향으로 나아가야 할 것이다. 각 종류별 1% 미만으로 그 성립이 희소하다.

1) **偏旺格**

이 格은 命造가 日干을 중심으로 偏旺하게 세력이 형성된 格으로 專旺格, 一行 氣得格이라고도 한다. 이에는 다섯 종류가 있다.

a) 曲直格 : 日干이 甲 또는 乙로 구성되고 地支에 三合 木局이나 東方合局을 구성하고 日干 木을 剋하는 金이 없을 것.

예 1.

己	乙	丁	壬
卯	未	亥	辰

乙 日干이 亥月에 生하여 得令과 地支는 木局을 형성하였다. 성정과

적성은 인자하고 교육, 문화, 사회사업, 의류업, 농업, 종묘업, 식물원 기타 木의 특성을 살리는 직업이 좋다.

이 命造는 木局을 생조할 충분한 水氣를 가지고 있을 뿐만 아니라 忌神도 보이지 아니하므로 木의 적성에 따른 발전은 상당히 기대되는 좋은 命造이다.

예 2. 曲直格·建祿格

戊	**甲**	壬	丁
子	辰	寅	卯

甲 日干은 寅月에 生하여 得令하고 또한 祿旺으로 建祿格도 형성되었다. 이처럼 복수의 格이 동시에 성립 될 수 있다. 地支는 東方 木 局을 형성하였다. 성정과 적성은 위의 경우와 같다.

b) 炎上格 : 日干이 丙이나 丁이고 地支에 三合 火局이나 南方 合局이 형성되고 火를 剋하는 水가 命造에 없을 것.

예.

戊	**丙**	辛	甲
寅	戌	未	午

日干 丙이 未月에 生하여 得令과 地支는 火局을 형성하였다. 月支가 三合을 구성하는 地支가 아니라 할지라도 地支 未는 그 성질이 火 이고 四象으로는 여름에 속한다. 성격은 급하나 예의가 바르고 정신문화계통이나 법무계통 등 火星을 살리는 직업이 적성이다.

c) 稼穡格 : 日干이 戊 또는 己로 이루어지고 地支가 四庫(辰·戌 ·丑·未) 중 月支를 포함 3위 이상이며 木이 없을 것.

예.

丙	**戊**	己	庚
辰	戌	未	子

日干 戊가 未月에 得令 하고 地支에 3土가 포진하여 稼穡格(가색격)을 이루었다. 성정과 적성은 무게 있고 점잖으며 신의가 있고 예의가 바르다. 부동산, 종교계, 교수, 법무계통, 중개인, 공무원 등

d) 從革格 : 日干이 庚이나 辛으로 이루어지고 地支가 金局이나 西方局을 형성하고 金을 剋하는 火가 없을 것.

예.

己	**庚**	乙	癸
巳	辰	酉	丑

庚 日干이 酉月에 生하여 得令하고 月干을 合金하며 地支는 金局을 형성하였다. 성정과 적성은 의리 있고 그릇이 크며 사법, 군인, 경찰, 교도관, 의사, 간호사, 기타 제복직이 좋고 또한 주먹세계의 우두머리 격이다.

e) 潤河格 : 日干이 壬 또는 癸이고 地支가 水局이나 北方局을 형성하고 日干 水를 剋 하는 土가 없는 命造다.

예.

丙	**癸**	壬	甲
申	亥	子	辰

癸 日干은 子月에 生하여 得令하고 地支는 水局을 형성하였다. 지혜 있고 총명하다. 대민봉사, 예 · 체능계, 교사, 임·수산업, 방송, 연예, 법조 기타 水 관련 사업이 좋다.

◆ 偏旺格은 月令을 득 하거나 강하게 되어야 하며
比劫運이 최고의 길운이고 印星운은 그 다음이다.
官殺운은 최고의 凶운이고 財星과 食傷운은 그 다음이다.
偏旺格은 성립이 희소하며 假 偏旺格은 불인정한다.

2) 兩氣(兩神) 成相格

命造가 2가지 相生五行으로만 형성된 四柱이다. 이에는 서로가 相生으로 구성된 相生 5局과 서로가 剋으로 구성된 相成 5局이 있다.

이 格의 특징은 서로가 균형됨을 잃음 없이 반듯하게 나누어지기를 원하므로 그 성립이 극히 희소하여 각 格당 0.2%의 성립이 넘지 않으므로 무리해서 이 格을 성립시키기보다는 抑扶에 의한 內格으로 분류하여 감명하는 경우가 대부분 일 것이다.

a) 相生 5局 : 2가지 相生의 기운으로만 형성된 四柱다.
水·木 相生格 (淸氣) : 命造가 水4, 木4로 형성되었다.
吉운은 水, 木, 火 운이고 凶운은 土, 金 운이다.
木·火 相生格 (光輝) : 命造가 木4, 火4로 형성되었다.
吉운은 木. 火, 土 운이고 凶운은 金, 水 운이다.
火·土 相生格 (挾雜) : 命造가 火4, 土4로 형성되었다.
吉운은 火, 土, 金 운이고 凶운은 水, 木 운이다.
土·金 相生格 (毓秀) : 命造가 土4, 金4로 형성되었다.
吉운은 土, 金, 水 운이고 凶운은 木, 火 운이다.
金·水 相生格 (白淸) : 命造가 金4, 水4로 형성되었다.
吉운은 金, 水, 木 운이고 凶운은 火, 土 운이다.

b) 相成 5局 : 命造가 2가지 相剋五行으로만 형성된 四柱다. 木·土 相成格 (培養) : 命造가 木4, 土4로 형성되었다.
吉운은 火, 水, 土 운이고 凶운은 金, 木 운이다.
土·水 相成格 (土局 潤河) : 命造가 土4, 水4로 형성되었다.

吉운은 火, 水, 金 운이고 凶운은 木, 土 운이다.

水·火 相成格 (旣濟) : 命造가 水4, 火4로 형성되었다.

吉운은 火, 木, 金 운이고 凶운은 土, 水 운이다.

火·金 相成格 (鑄印) : 命造가 火4, 金4로 형성되었다.

吉운은 木, 金, 土 운이고 흉운은 水, 火 운이다.

金·木 相成格 (成器) : 命造가 金4, 木4로 형성되었다.

吉운은 土, 水, 木 운이고 凶운은 火, 金 운이다.

◆ 兩氣 成神格이 성립된다 하여 무조건 부귀의 命으로 보아서는 안된다. 命造 전체를 보아 종합적으로 판단하여야 한다. 특히 水氣가 전혀 없는 命造는 어떠한 格이 형성되든 너무 神枯하여 좋지 않다. 그리하여 적천수는 何知其人夭, 氣濁神枯了(하지기인요, 기탁신고요)라 하여 사람이 夭折함의 여부는 命造에 氣가 濁하거나 水氣가 전혀 보이지 않기 때문이다 라고 하고 있다.

◆ 相成 5局은 比劫과 財星, 또는 比劫과 官星으로 구성되므로 그에 따른 운은 있으나 나머지 운은 박함 도 알아야 한다.

◆ 木 : 火, 火 : 土로 이루어진 兩氣格은 水氣가 전혀 없어 꼭 좋은 命造인 것만은 아니다. 왜냐하면 부귀영화가 아무리 좋지만 생명의 근원인 水氣가 전혀 없으면 夭折의 命이기 때문이다.

3) **化格**

「化格」이란 日干이 月干이나 時干과 干合하고 그 干合된 五行과 같은 五行이 月支에 있거나 아니면 干合한 五行과 같은 三合局이 반드시 月支를 포함하여 地支에서 형성된 命造이다.

이를 「化氣格」이라고도 하며 化된 기운을 剋하는 오행이 없어야 한다. 化格은 命造에서 완전히 성립하는 경우와 行運에서 運이 들어 성립하는 경우가 있으며 이 格이 成格 되면 상당한 富貴의 命造로 본다.

전체 23命造로 五種에 4%로 각 1% 미만이다.

a) 化 木格 : 日干이 丁이나 壬이 되고 月干이나 時干과 干合하며 月支가 木(寅, 卯)이 되거나 地支에서 月支를 포함하여 木局을 형성하여야 하며 木을 剋하는 金이 없어야 한다.

吉운은 水, 木운이고 나머지는 凶운이다. 교육, 봉사, 사회사업, 농림업, 수산업, 의류업, 기타 木관련 사업 쪽으로 크게 발전 할 명조이다.

예 1. 月支가 寅·卯 木인 경우

乙	壬	丁	甲
亥	辰	卯	辰

日干이 合 木하고 나머지 모두 木으로 겹겹 하다. 月支는 卯 木으로 化 木格을 형성하였다. 木을 剋하는 金은 보이지 않는다. 此命 化 木格의 경우에는 비록 丁 + 壬으로 合木이 되었다고는 하나 壬干이 水氣를 갖고 合化 하며 命造의 辰土는 濕土로서 水氣는 잃지 아니하였음을 알아야 한다.

예 2. 地支에 木局을 형성한 경우

壬	丁	乙	己
午	卯	亥	未

日干은 時干과 化 木하고 月干은 힘을 더 해 준다. 地支에서 月支를 포함하여 木局을 형성하였다. 忌神 金은 보이지 아니하니 명조가 아름답다.

b) 化 火格 : 日干이 戊나 癸가 되고 月干이나 時干과 干合 火하며 月支가 火(巳, 午)가 되거나 地支에서 月支를 포함하여 火局을 형성하여야 한다. 또한 火를 剋하는 水가 없어야 한다.

吉운은 木, 火 운이고 나머지는 凶운이다. 정신문화, 법무계통, 섬유산업, 석유화학계통, 전자계통, 요식업 등의 업에 종사하면 발전한다.

예 1. 月支가 巳·午 火인 命造

戊	癸	戊	乙
午	未	午	酉

日干이 時干과 月干이 雙合 火(妬合) 化하고 매우 강하다. 月支를 포함하여 地支에서 火가 重重하니 化 火格이다. 年支의 酉金 凶神은 地支의 火로부터 剋制 당하니 喜神인 年干의 乙木을 剋하지 못한다.

예 2. 地支가 火局인 경우

癸	戊	庚	甲
未	午	戌	寅

時干과 合火하고 地支는 火局을 형성하였다. 月干 庚은 當令 하였으나 地支 合으로 不令 하고 전반적인 火의 기운을 거스를 수는 없는 命造이다.

c) 化 土格 : 日干이 甲이나 己이고 月干이나 時干과 干合 土하고 月支가 土이어야 하며 土를 剋하는 木이 없어야 한다. 吉운은 火와 土운이고 나머지는 凶운이다. 특수직 공무원, 종교계통, 부동산, 건축, 교수, 농림업, 카운슬러, 중개인 등 土와 관련된 업종에 종사하면 발전이 빠르다.

예.

丙	甲	己	辛
辰	午	丑	亥

命造에 土를 剋 하는 木이 보이지 아니하고 水氣를 충분히 가지고 있으니 土의 운이 크게 발전할 좋은 명조이다.

◆ 이처럼 化 格이 형성되어도 명조에 忌神이 존재하지 아니 하고 水

氣를 가지고 있어야만 그 格에 따른 발운과 건강 및 말년 운도 기대할 수 있다.

d) 化 金格 : 日干이 乙이나 庚이고 月干이나 時干과 干合 金하고 月支가 金이거나 金局을 이루어야 한다. 命造에 金을 剋하는 火가 없어야 한다. 吉운은 土, 金 운이고 나머지는 凶운이다. 법무계통, 사법, 경찰, 군인, 교도관, 소방관, 의사, 간호사, 약사, 정육점, 청치, 행정 등과 주먹세계의 우두머리 格이다.

예.

己	**庚**	乙	甲
未	申	酉	戌

日干이 月干과 干合 金化하고 祿旺地에 座하였다. 月支에 酉金으로 金局이 형성되었다.

e) 化 水格 : 日干이 丙이나 辛으로 時干이나 月干과 干合 水가 되고 月支에 水가 있거나 水局을 형성하며 水를 剋하는 土가 없어야 한다.

吉운은 金, 水 운이고 나머지는 凶운이다. 수산업, 소방관, 의사, 연예인, 요식업, 양식업 등으로 나가면 상당히 발전이 빠르다.

예.

丙	**辛**	癸	庚
申	酉	亥	辰

日干이 時干과 合하여 水化하고 月干은 힘을 더 해 주고 있다. 地支는 水局을 이루어 이 命造는 水氣를 벗어날 수 없다.(月支 亥는 子를 대신하여 水局으로 보아 무방하다.)

◆ 命造가 化格이 잘 형성되면 국회의원, 장관, 수상, 조직의 우두머리 등 大貴格이 된다. 명조 주위의 조합이 좋아야 하며 格이 겨우 성립되

었으나 나머지 五行의 배합이 나쁘거나 운로의 흐름이 나쁘면 이 또한 승천 못한 이무기로 오히려 보통사람보다 더 고달픈 삶을 살게 된다.

명조에 전혀 水氣가 보이지 아니하거나 너무 寒濕하면 格이 이루어진 방향으로는 발전이 좋으나 퇴조도 빠르며 명조가 神枯, 寒濕 하여 혈액순환기 계통, 관절계통 등 건강에 주의하고 夭折의 운도 강하다. 行運에서 化格을 이룬 月支가 沖, 刑 하는 시기를 잘 살펴야 한다. 파격으로 인한 명조의 파란에 대처하기 위해서다.

4) **기타 雜格**

a) 四位 純全格

命造에 四仲(子·卯·午·酉), 四孟(寅·巳·申·亥), 四庫(辰·戌·丑·未)가 완비된 四柱이다.

① 四孟格 : 命造 地支에 四孟인 寅·巳·申·亥가 모두 갖추어진 命이고 총명함과 리더쉽도 있어 군인, 정치, 행정, 조직기관 등으로 나가면 최고의 위치에 오를 수 있다. 다소 조합이 불량하더라도 운로의 흐름이 좋으면 그 방면에서 빠른 성장을 보이지만 쇠퇴도 빠르다.

예.

乙	**戊**	己	壬
巳	寅	亥	申

命造에 四孟이 완비되었다. 카리스마와 추진력이 있으며 首長의 格으로 도 아니면 모다. 가히 혁명가적 타입이고 통이 크며 단체의 長級은 충분하다.

② 四正格(四仲格) : 命造에 四仲인 子·卯·午·酉가 완전히 갖추어진 격으로 문학, 예술, 연예, 사교, 유통 등의 방면에 뛰어나고 조합의 배열과 운로의 흐름이 좋으면 大富貴의 命이다. 다만 풍류와 구설은 주의할 일이다.

예.

癸	甲	丁	庚
酉	子	卯	午

命造에 子·卯·午·酉가 모두 갖추어졌으니 四正格이다. 四正格은 모두 四象의 중간에 위치하여 媒介(仲)하는 위치에 있으며 특히 12운에서 陽干이 모두 沐浴에 해당하니 주색과 잡기를 다스림에 수신을 요한다.

재물과 여자가 항상 같이 있으며 추문이 끊이지 않으니 이 명조는 부부궁은 가히 좋다고 볼 수가 없다. 남자는 풍류아, 여자는 上位格이고 남자를 밝히나 리더 한다.

③ 四墓格(四庫格) : 命造에 四庫인 辰·戌·丑·未가 모두 완비된 命이다.

이 格이 잘 형성되면 大富, 大貴의 格으로 단체장이나 기업의 대표급 이상은 틀림없다.

예.

丁	戊	辛	壬
未	辰	丑	戌

무게있고 리더쉽과 침착성이 강하다. 日干이 戊土이니 稼穡格의 요건도 갖추었다. 이처럼 한 命造에 중복적으로 격이 성립될 수도 있다.

四墓는 12운에서 모두 墓와 庫에 해당하니 命造에 水氣가 보이지 않으면 요절의 의미가 있고 또한 매우 인색한 면을 가지고 있으며 가정에는 보수적이다. 이 명조는 辰土, 丑土가 濕土이고 年干 壬水 등 水氣를 잃지 아니하여 아름답다.

b) 三貴格 : 正印, 正財, 正官이 완전하게 갖추어진 명조로 天干에 있으면 外에 있다하고 地支에 있으면 內에 있다고 한다. 命造가 身强하고 三貴도 生旺하면 지혜 있고 인덕과 명예와 부귀함이 있으며 평생 재난이

적고 안정된 삶을 유지한다. 원래 正印, 正財, 正官은 대표적인 吉神으로 命造에 이러한 吉神이 모두 있다함은 그 자체만으로도 대단한 吉命이며 이러한 명조는 凶運이 들더라도 무난히 극복할 수 있는 자생력이 있다.

예.

丙	甲	辛	壬
		正官	
申	子	未	寅
	正印	正財	

五行이 周流하고 三 吉神이 日干을 가운데 두고 포진하여 청, 중년기에 좋은 운으로 쌓여 있다. 명조가 手技도 잃지 아니하여 아름답고 예쁘니 청년 적기에 만난 부인은 정부인으로 처덕이 있으며 청년기에 또한 관록에 임하여 청운의 뜻을 펴거나 튼튼한 직장으로 사회에 뿌리를 내리고 부모덕과 인덕 및 가정은 화목한 吉命造다.

c) 時上 1位 正·偏官格 : 이 格은 身强 하여야 하고 時干 외는 正, 偏官이 없어야 한다. 貴格으로 중, 말년에 발복하고 자식운과 여자는 남편덕이 있다.

예.

庚	甲	丙	癸
偏官			
辰	子	寅	未

命造가 균형되고 아름답다. 此명 중년과 말년에 튼튼한 직장 운과 자식 운이 발복 한다.

d) 干合 支刑格 : 命造에서 天干은 合이 되고 地支는 같은 위치에서 沖, 刑이 되는 格을 말한다. 이 格은 겉은 화려하나 속은 독을 품고 있어 빛

좋은 개살구다. 남자의 명조가 이러하면 전형적 제비족이요 여자라면 꽃뱀이며 부부사이라면 서로가 팔을 따로 흔들고 잘못된 만남의 전형이다.

예.

○	丙	辛	○
	干	合	
○	子	卯	○
	相刑殺		

日干은 合이 되어 달콤하나 地支는 沖, 刑殺이다. 겉은 화려하지만 내심은 불화와 불륜으로 얼룩져 있다.

◆ 子 卯는 특히 불륜의 刑殺로 서로 간에 따뜻한 기운이 없다.

e) 時上 1位 正·偏財格 : 富貴의 命으로 時上 正·偏官 1位格처럼 命造의 時干 외는 財星이 없어야 하고 食傷이 생부하고 신강 하여야 한다. 이 명조는 처덕과 재물운이 있으며 특히 말년에 유복하다.

예.

戊	甲	壬	丁
偏財			
寅	子	午	酉

명조가 아름답고 깨끗하다. 五行은 周流하여 水는 木을, 木은 火를, 火는 土를, 土는 金을, 金은 水를 生해 주니 무리함이 없다. 日支와 時支는 서로 좋은 관계를 유지하고 時干 偏財는 通根 하여 약하지 아니하니 富命이다.

f) 雜技 財·官·印綬格 : 四墓인 土는 중성자로 그 속에 五行의 기운을 다 품고 있다. 그리고 土는 庫로서 창고 문을 열어야 운을 맞이할 수 있으므로 다른 경우와 달리 沖, 刑되어야 창고 문이 열린다. 이 경우 月支

가 4 墓에 해당하고 地支에서 沖, 刑된 경우 天干에 財星, 官星, 正印(印綬)이 있으면 각 그에 따른 복록이 있다.

이는 行運에서도 그러하며 運이 지나면 다시 닫힌다. 따라서 이러한 運이 들 때에는 미리 대비하여 발운을 복록으로 만드는 지혜가 필요하다. 이 格은 다른 格과 중복적으로 성립이 잘 된다.

① 雜技 財星格 : 命造에 月支가 四墓인 辰, 戌, 丑, 未가 되고 天干에 財星이 있으면 富命이다. 이때 月支는 沖, 刑되어야 하고 行運도 본다.

◆ 庫는 창고로서 沖, 刑되어 庫가 열려야 함을 잊지 말 것.

예.

乙	辛	壬	戊
偏財			
巳	亥	戌	辰
		沖	

② 雜技 正官格 : 命造에 月支가 四墓중 하나가 되고 天干에 正官이 있으며 月支는 沖, 刑이 되어야 한다. 行運도 본다.

예.

丙	癸	乙	戊
			正官
申	未	丑	午
	沖, 刑		

③ 雜技 正印格 : 命造에 月支가 四墓중 하나가 되고 天干에 正印이 있으며 月支는 沖, 刑이 되어야 한다.

예.

丁	戊	庚	辛
正印			
卯	戌	辰	巳

沖

g) 財多 身弱格 : 命造에 財星이 너무 많아 日干이 약해진 四柱이다. 이때 財星은 日干을 生助하는 印星을 剋함이 病이다. 그래서 印星을 지키기 위하여 財星을 剋制하는 比肩, 劫財를 用한다.

예.

丁	甲	乙	己
			正財
亥	戌	酉	丑
	偏財		正財

甲이 酉月에 태어나서 失令하고 財星인 土 기운이 중천해서 신약 명조다. 이때는 比劫과 印星으로 日干을 강하게 하여야 하며 財星을 洩하는 官星운도 吉하다. 가장 나쁜 운은 財星을 生해 주는 食傷과 財星운이다.

h) 群比 爭財格 : 이 命造는 財多 身弱格과는 반대로 재성을 剋하는 比劫이 너무 많아 자신이 身强하고 財星이 약한 四柱이다. 强旺格이나 從强格 四柱로 특히 財星이 약한 경우이다.

예.

癸	壬	丙	壬
劫財			比肩
未	子	子	申
	劫財	劫財	

日干 壬이 得令하고 比劫이 중중 겹겹이다. 丙火 財星은 약하기 이를 데 없고 많은 자신의 무리가 財 하나를 두고 서로 다투니 쟁탈이 일어난다. 이때 行運에서 財가 들고 沖, 刑하면 財를 얻기 위한 다툼은 더 치열해 夭折의 운질이 짙다.

i) 食傷 生財格 : 命造가 신강하고 財星이 약하여 生해 줄만한 경우에는 食傷으로 生하여 財星을 일으킨다. 이때 行運에서도 食傷 운이 들면 富命이다.

예.

乙	甲	丙	丁
		食神	傷官
亥	午	寅	丑
	傷官		正財

이 命造는 比劫이 旺하고 인성도 돕고 있어 신강 명조이다. 다행히 食傷이 강하여 日干을 洩氣하고 財星을 生 해주니 財星이 살아난다.

만약 이 명조가 食傷이 없거나 약하였다면 강한 比劫은 財星을 剋制하여 群比爭財라 凶한 命이나 食傷이 財星을 生해주고 比劫을 다스려 食傷을 用한 食傷 生財格으로 吉命이다.

j) 食傷 制殺格 : 命造에 官殺이 강하여 濁한 경우에 食傷으로 官殺의 강함을 다스려 주면 濁한 命造가 淸해져서 貴格이 된다. 이 경우 명조는 身强이어야 하고 食傷은 官殺 보다 강하지 않아서 官星의 기운을 살려두어야 한다. 이러한 命造를 濁한 후 淸해지는 자수성가의 貴命이라 한다.

◇ 이하 설명에서는 六神을 다음과 같이 줄여서 표기한다.

☆ 比肩 = 比.

☆ 劫財 = 劫.

☆ 正印(印綬) = 印.

☆ 偏印 = 偏.

☆ 食神 = 食.

☆ 傷官 = 傷.

☆ 正財 = 正.

☆ 偏財 = 財.

☆ 正官 = 官.

☆ 偏官 = 殺.

此命은 日干이 그다지 약하지 않으나 官殺이 더욱 강하다. 다행히 食傷이 강하여 강한 官殺의 흉함을 막아주고 官星의 뿌리도 남겨두니 貴함이 살아 있다. 대표적 食傷 制殺格으로 吉命이다.

k) 制殺 太過格 : 食傷 制殺格과는 반대로 食傷이 官殺보다 强한 命造다. 官殺은 命造의 貴함을 나타내니 처음에는 貴하였다가 賤해지는 濁命으로 賤格이다. (이에 대해서는 앞에서 설명하였다.)

l) 五行 俱足格 : 命造에 五行이 모두 있어 木生火, 火生土, 土生金, 金生水, 水生木하는 사주로 五行 周流格이라고도 한다. 이 格은 서로가 相剋 制化로 균형을 이루어 주니 過, 不及이 없이 평생을 큰 파란 없이 살아가는 순탄한 명조이다.

예.

庚	戊	丁	乙
金	土	火	木
寅	午	未	亥
木	火	土	水

木 2. 火 2. 土 2. 金 1. 水 1 등 五行이 골고루 분포되어 서로의 과, 부족을 보충하고 相剋 制化하여 균형을 이루니 五行이 周流하였다. 특히

日干은 通根, 得令하여 약하지 아니하니 좋은 명조이다.

m) 建祿格 : 命造에 月支가 12운의 建祿에 해당하면 형성되는 格이다.

예.

丁	甲	壬	乙
未	午	寅	丑
		建祿	

다른 格과 중복적으로 형성되는 경우가 많다. 이는 그만큼 日干이 힘을 강하게 받고 있음을 말한다. 당연히 通根, 得令하였다.

n) 陽刃格과 陰刃格 : 命造가 陽 日干에 月支가 羊刃이면 羊刃格이고 陰 日干에 月支가 羊刃이면 陰刃格(또는月刃格)이다. 역시 중복적으로 성립되기도 한다.

예 1. 羊刃格

○	甲	○	○
○	○	卯	○
		羊刃	

예 2. 陰刃格 (月刃格)

○	丁	○	○
○	○	未	○
		陰刃(月刃)	

o) 魁罡格 : 命造에 月柱가 魁罡殺인 경우이다. 「魁罡殺」이란 命造에 촉진 역할을 하는 殺로서 그 상세함은 神殺論에서 하겠지만 어느 六神이 명조에 喜하면 더 吉하고 凶하면 더 凶하게 한다. 大富, 大貴의 命造 중에는 月柱가 財星 魁罡인 경우가 특히 많음을 주목하여야 한다.

다른 格과 중복적으로 성립하는 경우가 많고 오히려 다른 格에 더하여 촉진하는 역할을 함이 보통이다.

예.

○	丁	庚	○
○	丑	辰	○
		魁罡殺	

기타 雜格은 여러 수십 종이나 모두가 命造의 身强, 身弱을 정한 뒤 用神 분석에 供 하는 개념으로 用神論으로 미룬다.

6장. 用神論

1. 서론

(1) 문제의 제기

1) 서

用神의 定義에 대하여는 고전 이래 아직까지 이를 정리하여 확실 하게 밝히고 있는 문헌이 없다. 用神은 易學의 발달 과정에 따라 편리하게 여러 의미로 해석되어 운용되어 왔고 현재에도 用神에 대한 명확한 개념이 정립되지 아니하고 나름대로 편리하게 적용하면서 견해만 분분할 뿐이다.

그러나「사람의 性情과 富貴名利를 調律하는 無形의 氣運인 用神」에 대한 정확한 개념의 정립이 없이 易學을 논한다는 것은 易學이 마치 미로 게임과 같은 요행의 술수이며 학문으로 인정받지 못하는 하나의 雜術이나 迷信과 같은 취급을 받는 요인이기도하다. 화려한 美辭麗句만 구사할 것이 아니라 근본은 도외시하고 편리한대로 引用하는 愚를 더 이상은 범하지 말고 易學에 정진하고자 하는 자는 用神의 개념부터 정립하고 나서 進一步 하여야 할 것이다. 우선 간단한 술수나 익혀 惑世誣民하려 함이 아니고 진지하게 易學에 入門하여 處世에 供하고자 한다면,

첫째, 命造의 주인공인 體(日干)에 대하여

둘째, 命造가 가지고 있는 性格(格局)에 대하여

셋째, 주어진 命造의 用度인 用神에 대하여 명확한 개념의 정립과 이해가 되어 있지 않으면 않 된다. 왜냐하면 이에 대한 확실한 정리가 없이 易을 구사한다는 것은 집을 지음에 기초를 옳게 하지 않고서 기둥과 지붕을 조립함과 같아 허술하기 짝이 없기 때문이다. 그럼에도 현실적으로는 格과 用神을 혼용하여 기둥인지 석가래 인지 구분하지 못하고 편리한 대로 사용하고 있음은 물론, 심지어는 구분의 實益(실익)이 없다고 까지 하고 있으니 안타까운 일이다.

2) 格 · 用神 구별의 實益

格과 用神은 이론적 추상적 개념이 아니라 실질적으로 구별의 實益이 있어야 한다. 이를 살펴보면,

첫째, 格은 日干인 體의 性格으로 그 命造가 가지고 있는 성격을 파악하는 것이다. 이때 命造의 가장 대표되는 성격을 體의 格으로 하지만 경우에 따라서는 중복적으로 성립하기도 하는 것으로 이는 마치 한 사람이 과학자적 재능과 예술적 재능 을 겸비한 것과 같은 것이다.

그리고 用神은 과학적 재능과 예술적 재능을 발휘할 수 있도록 뒷받침하는 것으로 이를 用하는 것이다.

둘째, 用神은 格이 정해지면 命造 전체의 조합을 보아서 日干이 정하여진 格대로 행함이 可한가 아닌가를 살펴야 한다. 이때 日干이 약하여 그러한 格대로 행함이 어려울 때는 日干을 强하게 하여 성사시킬 수 있도록 돕는 것이用神이고(身弱四柱의 用神法) 日干의 힘이 너무 有餘하여 日干의 힘을 洩氣하거나 剋制하여야 하거나 (身强四柱의 用神法) 아니면 이러한 균형이 불가능하면 차라리 强 한쪽으로 用神이 더 힘을 실어주어 성사시킴이 마땅하다. (外格·雜格 등의 用神法) 할 것이다.

셋째, 外格, 雜格의 경우는 用神으로만 命造의 균형을 이루기 어려워서 오히려 用神이 外格, 雜格에 더하여 힘을 실어 주는 것으로 이 는 用神, 喜神으로 논하지 아니하는 것이 아니라 오히려 用神이 더하여 촉진 역할을 할 뿐으로 결코 用神, 喜神을 구별하지 못할 바는 아니고 이는 格과 用神을 구분하지 못한 이론 적 딜레마(fall into)에 빠진 결과라 할 것이다. 이제 用神에 대한 기존의 견해를 살펴보고 用神의 새로운 개념을 정립 하고자 한다.

(2) 用神에 대한 기존의 견해

1) 格·用神 불구분 설

이설은 體는 日干이고 格과 用神은 동일하거나 구별하면 혼란만 가져오므로 구별할 필요가 없다고 한다. 국내 다수의 易書나 일본의 번역서가 이러한 입장을 따르고 있 다. 이 견해는 왜 格을 比劫을 제외한 五行에서 구하는지에 대해서는 설명이 되고 있으나 命造의 體와 性格은 밝혀놓았으 나 그것의 用度는 제시하지 못하고 있다.

2) 體는 格이며 用은 用神이라는 설

이 설은 體와 格을 동일시하고 있다. 이 설에 따르면 格을 왜 比劫을 제외한 다른 五行에서 求하는지를 설명하지 못한다. 왜냐하면 體가 곧 格인데 格만 정하면 되고 日干과 格은 구별할 필요가 없으므로 比劫을 제외하면 자기모순에 빠진다.(徐樂吾)

3) 體는 四柱 전체를 用은 行運 이라는 설

이 설은 원인 없는 결과만을 설명하고 있다. 모름지기 用神은 命造에서 求한 다음 그 用神이 行運 등에서 命造에 喜, 忌함을 설명할 수 있음에도 行運 그 자체가 命造를 用할 수는 없는 것 이다. (鐘義明 등). 그러나 用神을 日干 및 格과의 구별을 시도 하였고 또한 用神을사람의 명조에 일생동안 살아서 움직이는 기운으로 파악하였다는 점에서는 보다 진일보한 견해라 할 것이다.

(3) 정리

1) 用神의 개념에 대하여

견해가 분분한 이유는 그것의 개념 정립이라는 근본 문제는 도외시하고 日干 또는 格의 일부로 이 해하여 用神을 독립된 개념으로보다는 명조를 推命함에 편리한 대로 적용시켜 왔다는 데서 기인한 것으로 생각된다. 다시 말하면, 用神의 중요성과 필요성은 인정하면서도 활용만 할 줄 알았 지 독립된 用神의 지위는 인정할 줄 몰랐던 것이다. 그러나 한 命造의 性情과 成敗를 調律하는 無形의 氣運인 用 神이 독립된 개념과 지위가 없이 術士의 편리한 해석에 放任 되 어 있었다는 것은 참으로 한탄을 금할 길이 없다. 결론적으로 用 神은 命造의 體(日干)·格(性質)과 더불어 명확히 구별되는 독립된 제 3의 개념인 것이다.

a) 體는 命造의 日干을

b) 格은 命造의 性格을

c) 用神은 命造의 用度를 말한다.

따라서 用神은 命造의 性質을 파악하여 가장 합리적이고 유익 한 용도에 供하는 五行으로 用되어야 하는 것이다. 그러므로 喜 神은 用神이 그 힘이 모자라면 이를 돕는 五行으로 하여 보조하고 만약 用神이 그 힘이 남으면 用神의 힘을 洩氣하거나 剋制 하는 五行으로 하여야 子平의 이치에 합당할 것이다.

2) 體와 格 및 用神

體와 格 및 用神은 마치 空間體의 三要素로 四柱라는 命造 의 合目的性에 맞게 형성된 독립된 有機體라고 할 수 있다. 그러므로 命造의 性質(格)을 알아야만 그 성질에 맞게 用神이 供하므로 格과 用神은 같은 五

行이 될 수도 아닐 수도 있는 것으로 이론상은 엄연히 구별되며 命造의 喜함에 공동으로 供하는 하나의 현상일 뿐이다.

다시 말하면 用神은 命造의 體와 格과 運路의 흐름에 적용되는 살아있는 無形의 氣運으로 고정된 개념(point 개념)인 命造 는 그 성질에 따라 用神을 정하고 변화의 개념인 行運에서 用神 運은 더욱 發路하니 命은 運에 의해 運命이 되고 따라서 運命 은 움직이는 生命인 것이며 그 움직임 속에는 用神運에 따른 의지와 노력으로 發路하는 것이니 이것이 推命의 핵심이며 用神의 개념을 정립해야 하는 이유다.

3) 결론

결론적으로 命造가 그 성질에 따라 用神 운을 맞이하면 吉 할 것이며 凶운으로 흐르면 凶할 것이니 易을 알고자 함은 이러 한 변화의 움직임을 파악하여 나쁜 운으로 흐를 때는 대처를 하 여 피해를 최소화 하고 좋은 운을 맞이할 때는 준비와 노력을 다하여 그 喜, 忌에 대처하자함에 있는 것이다. 그러므로 '世上萬事 運七技三'이라 하는 것이다.

(4) 用神의 概念 정리

1) 用神의 정의

「用神」은 사람의 性情과 富貴名利를 調律하는 無形의 氣運으로 日干인 體와 命의 性格인 格과 더불어 運命의 3요소다. 따라서 用神의 독립된 정의와 지위를 인정할 줄 몰랐던 기존의 견해 와 달리 '獨立說'이라 부르고자 한다. 獨立說의 要旨는 用神은 體, 또는 格의 일부이거나 그 속에 용해되어 있는 것이 아니라 命造의 日干 및 格과 더불어 그 命造의 흐름의 吉 · 凶 · 禍 · 福을 가늠하는 運命의 요소이다.

日干인 體와 性格인 格과 用度인 用神은 運命造의 3 요소 이며 그 어느 것도 다른 요소의 일부가 아니라 각자 獨立된 要素다. 그러므로 格과

用神이 같은 五行으로 표출되더라도 用神이 格 속에 용해되어있는 것이 아니라 格과 用神이 모두 그 命造의 喜 함에 供하고자 하는 것일 뿐 같은 개념은 아니다.

2) 用神의 성격

用神은 命造의 性格을 알고 정해지지만 앞에 밝힌바와 같이 格 그 자체는 아니며 命의 흐름 즉, 運命에 의해 표출되어지는 것이 며 命을 알고 運을 알아야 하니 이것이 運命이다. 이렇게 설명하면 앞에서의 鐘義明과 같은 주장 같으나 鐘義明 은 用神을 命造에서 구하지 아니하고 行運 그 자체가 用神이라 함에 獨立說은 命造의 조합을 면밀히 분석하여 命造에서 필요로 하는 用神을 미리 정하여 行運에서 대입하여 喜神으로 활용하자 함에 명확히 다르다. 運命(命의 흐름)을 알고 이에 맞게 행동하고자 함이 推命의 근 본이니 命은 運에 의하지 아니함은 발로할 수 없으니 명조에 用 神을 활용치 못하면 이는 마치 미사일 없는 탄두에 지나지 않는다 할 것이다.

3) 用神의 역할

이제 運命 속에 살아 있는 用神의 역할을 알았다면,

a) 運命에 있어 凶運이 예견되면 방패와 처방으로 그 凶함을 극복함이 가하고 이는 정확한 진단이 올바른 처방을 하는 것과 같으니 이처럼 易은 오는 미래를 막을 수는 없지만 극복할 수는 있는 것이다.

b) 吉運이 오면 때를 놓치지 아니하고 적극적으로 대처하여 이를 극대화하여 不運에 대비함은 물론 삶을 편안히 하고자 함이 推命의 목적이고 子平의 이치다.

c) 體, 格, 用은 命造에 의해 주어진 개념이지만 體와 格이 命造에 고정된 개념임에 반해 用神은 움직이는 개념으로 行運에 의해 그 用度를 다하는 것으로 運路의 흐름에 따라 命造의 유익함에 供하는 움직이는 運命的 개념이다.

2. 用神 표출의 전제

(1) 서

易에서 가장 난해한 분야가 바로 用神의 表出로서 논리도 분분하여 易學界의 '케이프 혼'이라 불릴 만하다. 그리하여 예부터 用神을 잘 표출하는 자가 易術의 大家라고 칭하여 왔었지만 오히려 그 정립은 오히려 간단하다. 用神은 命造의 性情과 富貴名利를 調律하는 無形의 氣運이 므로 命造의 조율로 형평을 이루어 사람의 삶에 파란과 곡절을 최소화하고 평안한 삶을 추구함에 用神의 사명이 있다 할 것이다. 그러하기 위하여서는 命造가 한쪽으로 치우침이 없게끔 한쪽이 强하면 이를 洩하거나 剋하고 弱하면 보충하거나 보좌 生하여 힘을 얻게 하여 명조의 균형을 잡아주는 抑扶가 用神의 기본이다.

따라서 먼저 命造의 身强과 身弱을 알아야 하고 그 다음으로 調候나 通關 등도 보아야 하며, 그 어떠함도 조율이 불가능하도록 한쪽으로 치우쳤으면 오히려 그 흐름에 따라 더욱 그 喜 함을 배가함이 可하니 이것이 外格, 雜格 등에 대한 用神의 적용법 이다. 그러기 위해서는 우선 陽日干의 身强, 弱과 陰 日干의 身强, 弱의 구분부터 알아야 한다.

(2) 陽 日干 命造의 身强, 身弱

1) 日干이 通根하고 月令을 득할 것.
2) 日干이 通根하고 一地支나 一干을 득할 것.
3) 日干이 通根만 하면 中强

(3) 陰 日干 命造의 身强, 身弱

1) 陰 日干의 身强 조건

첫째 : a) 月柱(月令포함)를 얻어야 한다.

b) 1干이나 1地支를 더 얻어야 한다.

둘째 : a) 月支나 日支를 얻는다.

b) 1干과 1地支를 얻는다.

셋째 : 月支를 포함한 3地支를 얻는다.

이상 3가지 방법 중 한 가지에 해당하면 신강 명조이다. 여기에서 印星과 比劫을 동일하게 본다.

(4) 이론적 근거

日干의 역량을 측정하기 위해서는 무엇보다 먼저 陰, 陽干의 성 질부터 알아야 한다. 陽干은 모아서 앞으로 나아가려는 順行의 기 본 성질이 있으며, 陰干은 흩어져서 뒤로 나가려는 逆行의 기본 성질이 있음은 十二 운성론에서 배웠다. 이는 陽干은 陰干과 달리 자신을 받쳐줄 기운을 중시한다는 말 이니 通根, 當令(得令)을 득하면 결코 약하지 아니하다.

1) 通根은 왜 큰 힘이 되는가? '五陽從氣 不從勢, 五陰從勢 無情義' 오양종기 부종세, 오음종세 무정의(李修 滴天髓 써머리)

五陽干은 氣를 따를 따르고 勢力을 따르지 아니하며, 五陰干은 勢力을 따르고 氣에는 마음이 없다는 의미이다. 그러니 陽 日干이 通根을 하면 최소한 약하지는 아니하다. 하지만 陰 日干은 勢力을 따르니 명조 전체를 보아 生助하는 기운의 輕, 重에 따라 强, 弱을 따져야 한다. 따라서 命造의 五行 개수를 따져서 신강, 신약을 정하는 우는 범해서는 안 된다.

2) 日干의 得令은 왜 힘이 되는가에 대하여는 자신의 기운에 부합하는 계절에 生하여 氣를 득한다 함은 이미 기술하였다.

◇ 참고로 身强 命造는 滴天髓 전체 512명조 중 228명조로 약 47%이며

신약 명조는 180명조로 약 35%이다. 기타 102명조로 약 18%로 棄命從格, 外格, 雜格 등이다. 이 경우는 命造의 조합에 따라 從하기도 化하기도 할 뿐이다.

(5) 用神·喜神·忌神·仇神·閑神·求神

1) 用神

用神의 정의와 지위 및 역할에 대하여는 상술하였으며 크게 보아 命造의 균형과 발복에 사명이 있다.

2) 喜神

喜神의 의미에 대하여는

a) 넓은 의미로는 命造 전체에 吉작용을 하는 六神을 말하고

b) 좁은 의미로는 用神에 吉작용을 하는 六神을 일컫는다.

用神論에서의 喜神은 命造 전체의 입장에서 보아 用神을 돕는 吉神이다. 命造에서 用神의 힘이 모자라면 用神을 도와주고 用神의 힘이 넘치면 用神의 힘을 洩해 준다.

3) 忌神

忌는 싫어하다. 꺼리다. 증오하다. 라는 뜻의 글자가 말해주듯 命造가 싫어하고 특히 用神을 害한다.

4) 仇神

원수 같은 五行이다. 仇는 求神과 발음은 같으나 뜻은 반대로 원수 仇다. 用神을 도와주는 喜神을 害하여 방해하니 원수 같다.

5) 閑神

한가한 神으로 있으나마나한 神이다. 그러나 명조가 身弱이면 길 작용을 하는 경우가 많고 閑神이 命造에 喜하면 喜神으로 凶하면 凶神으로

작용한다.

6) 求神

求神은 仇神이 仇神 역할을 못하게 막아 주는 六神이다. 발음은 같으나 뜻은 정반대다.

3. 用神의 표출

(1) 身强 命造의 用神

첫째, 우선 財星이 食傷의 生함을 받거나 當令·當權 하였으면 財星을 用한다.

둘째, 財星이 무력하거나 없으면 官星이 財星과 같은조건이면 官星을 用한다.

셋째, 財星, 官星이 모두 무력하면 食傷으로 用한다.

◆ 현실적으로는 比肩과 劫財 및 印星이 강한 身强 命은 財星과 官星이 身强 命造를 제어할 만한 힘이 있는 경우가 많지 않아 食神이나 傷官이 用神인 경우가 많다.

1) 財星 用神

전체의 약 12 %.

a) 印星이 旺한 身强 命造는 우선 財星이 食傷의 도움을 받거나 當令, 當權하여 身强을 제어할 만하면 바로 財星을 用한다.

b) 印星이 旺한 身强 命은 官星이 지나치게 洩氣되어 나약해 用하기 어려워 財星을 用하지만 財星이 무력하면 用할 수 없다.

◆ 즉, 印星이 많은 신강 명조는 財星이 用神됨이 원칙이다

예. 1. 財星 用神

木 : 1	官	主	財	傷	用 : 土
火 : 1	戊	乙	己	庚	喜 : 火
土 : 2	偏	印	印	食	忌 : 木
金 : 1	子	亥	亥	午	仇 : 水
水 : 3	(壬癸)	(戊甲壬)	(戊甲壬)	(丙己丁)	閑 : 金

日干 乙木이 得令 하고 印星 이 重重하니 身強 命造다. 戊土를 用神하니 年支에 通根하여 약하지 않지만 用神을 생조해 주는 火를 喜神으로 한다. 用神 土를 害하는 木이 忌神이고 喜神 火를 害하는 水가 仇神.命造에 印星(水)이 너무 강하여 食傷(火)은 剋을 받아 나약하여 用神으로 할 수가 없다.

官星(金)도 印星으로부터 지나친 洩氣를 당하여 用할 수 없다. 土는 다행히 年支에 뿌리를 두고 있으니 財星운은 살았다. 火의 도움을 받아 財運은 좀 있으나 관록과 직장운은 박하다. 此命은 공무원이나 직장 보다는 개인사업, 자영업이 유리하다.

예 2. 財星 用神

木 : 3	食	主	印	殺	用 : 金
火 : 2	己	丁	甲	癸	喜 : 土
土 : 1	財	劫	印	偏	忌 : 火
金 : 1	酉	巳	寅	卯	仇 : 木
水 : 1	(庚辛)	(戊庚丙)	(戊丙甲)	(甲乙)	閑 : 水

丁이 寅 月에 태어났으나 印星이 旺하여 신강 명조이다. 官星은 지나치게 洩당하고 食傷은 剋당하니 財星이 用神이다. 명조에 巳와 酉는 金半合으로 金의 기운을 살릴 수 있어 그 나마 다행이다. (이 경우 合으로 인한 財의 기운이 사장되는 것이 아니라 金 기운을 배가시킨다)

食傷운과 官운이 약하고 財운도 약하니 貧賤한 命이다. 行運에서 運을 기다리니 이를 '때를 기다린다' 하고 중년 이후에나 발복하니 대기만성 운이다. 이처럼 印星운이 강하면 財星이 用神됨이 원칙임을 기억하자.

예 3. 財星 調喉 用神

木 : 1	印	主	傷	官	用 : 水
火 : 4	丁	戊	辛	乙	喜 : 金
土 : 2	偏	比	偏	劫	忌 : 土
金 : 1	巳	戌	巳	未	仇 : 火
水 : 0	(戊庚丙)	(辛丁戊)	(戊庚丙)	(丁乙己)	閑 : 木

日干 戊가 巳月 여름에 태어나고 印星이 旺하니 身強命이다. 명조에 水가 없고 너무 燥熱하니 用, 喜神을 불문하고 水를 用하고 水가 약하니 金를 喜함이 可하다. 이를 調喉 用神이라 한다.

명조에 水가 없으니 行運에서 기다려야 하고 비록 水운이 들더라도 너무 약하여 크게 發運하기는 힘들다. 이럴 때에는 命造에 없는 水를 假用하여 運에 水氣가 들도록 함이 최상 책이고 火氣로 인한 혈액병(고혈압, 심장병, 당뇨 등)과 급한 성격도 조절함이 건강을 지키는 길이다.

예 4. 신강명조 財星 用神

목 : 3	食	主	食	印	用 : 土
火 : 2	丙	甲	丙	癸	喜 : 火
土 : 2	比	財	財	劫	忌 : 木
金 : 0	寅	辰	辰	卯	仇 : 수
水 : 1	(戊丙甲)	(乙癸戊)	(乙癸戊)	(甲乙)	閑 : 金

甲 日干이 辰月에 출생히였으나 地支에는 東方 局을 형싱하어 比劫이 강한 신강 명조이다. 格局論에 의하면 偏旺格(또는 專旺格)의 일종인 曲直格이 성립되어 그에 따른 用神을 정함이 마땅하다고 여겨진다.

그러나 이 명조의 경우 食傷 丙火가 通根 하여 충분히 財星을 生할만하므로 財星으로 用하고 食傷으로 喜 함에 무리가 없다. 此造財旺提綱, 丙食生助, 當以財星爲用, 丙火爲喜(차조재왕제강, 병식생조, 당이재성위용, 병화위희)

此命은 財星을 旺하게 하여주니 食神이 충분히 財星을 生助하므로 당연히 財星을 用하고 丙火를 喜하여야 한다.

그러므로 무조건 成局, 成方이 형성된다 하여 그 格에 따른 用神을 정할 것이 아니라 명조전체의 조합을 잘 살펴서 抑扶와 調喉, 通關, 外格, 雜格 등의 방향으로 用神을 세워야 한다.

◆ 用神의 기본은 어디까지나 抑扶에 있고 나머지는 예외적으로 부득이한 경우 최소한으로 성립 시켜야 한다.

以此觀之, 不論成方成局, 必先察財官之勢(이차관지, 불론성방성국, 필선찰재관지세)

此命을 살펴봄에, 方, 局을 논하지 말고 필히 먼저 財星과 官星의 세력을 살펴라.

若財旺提綱, 則以財爲用(약재왕제강, 즉이재위용)

만약 財星이 강하여 세울 만 하거든 財星을 用하고

或官得財助, 則以官爲用(혹관득재조, 즉이관위용)

행여 官星이 財星의 도움을 받으면 官星을 用하라.

如財不通月支, 官無旺財生, 必須棄其寡而從其衆也(여재불통월지, 관무왕재생, 필수기기과이종기중야)

또한 財星이 當令하지 못하거나 官星이 강한 財星의 生助를 받지 못하면 반드시 그 약한 財와 官을 버리고 강한 세력을 따르라.

◈ 外格, 雜格의 用神法

餘皆倣此(여개방차)

나머지도 모두 이를 본받아야 한다. (적천수 천미 107p 제80명조)

2) 官星(正官・偏官) 用神

전체 약 12 %로 財星 用神과 비슷하다. 印星보다 比劫이 旺한 신강 명조는 官殺이 財星의 도움을 받거나 當令, 當權하였다면 官殺을 用한다. 이때 財의 도움을 받아 강하여진 官殺이 상대적으로 약한 印星을 도와 命造를 中和시킨다.

예 1. 官星 用神

木 : 1	財	主	比	官	用 : 火
火 : 1	甲	庚	庚	丁	喜 : 木
土 : 2	比	傷	偏	印	忌 : 水
金 : 3	申	子	戌	丑	仇 : 金
水 : 1	(戊壬庚)	(壬癸)	(辛丁戊)	(癸辛己)	閑 : 土

庚 日干이 通根하고 印星까지 도우니 신강 명조이다. 通根한 丁火를 用하여 강한 日干을 다스리고 用神 火의 힘이 약하니 木으로 喜 하여 돕는다. 財를 用하지 아니함은 財인 甲 木이 絶地에 座하고 日干의 剋害를 받아 무력하기 때문이다.

比劫이 강한 명조는 우선 官星이 用神임을 알아야 한다. 다만 官星이 없거나 무력하여 用할 수 없으면 財星을 用한다.

예 2. 官星 用神 및 四正格(四仲格) 命造

木 : 2	劫	主	印	殺	用 : 水
火 : 3	丙	丁	甲	癸	喜 : 金
土 : 0	比	偏	殺	財	忌 : 土
金 : 1	午	卯	子	酉	仇 : 火
水 : 2	(丙己丁)	(甲乙)	(壬癸)	(庚辛)	閑 : 木

丁이 子月 生이나 日支를 얻고 하고 時柱와 月干이 얻어 身强 이다. 年干 癸水는 當令, 當權하여 강하니 충분히 用할 수 있고 또한 地支는 모두 四仲에 해당하니 貴함의 命造 이다. 다만 地支모두 12운에서 沐浴에 해당하니 주색과 잡기 등 수신에는 힘을 써야할 것이다.

此命이 아름다운 것은 忌神 土는 아예 命造에 없다는 것이다. 四正格인 이 명조처럼 格과 用神은 구분되는 것이다.

◆ 格은 命의 性格을, 用神은 命의 용도를 의미한다.

예 3. 官星 用神

木：1	食	主	殺	財	用：水
火：2	己	丙	壬	庚	喜：金
土：2	殺	偏	劫	食	忌：土
金：1	亥	寅	午	戌	仇：火
水：2	(戊甲壬)	(戊丙甲)	(丙己丁)	(辛丁戊)	閑：木

丙 日干은 午月에 출생하니 月令을 득하고 地支는火局을 형성하니 신강 하고 뜨거운 명조이다. 이 명조는 비록 五行이周流하나 地支가 火局을 이루어 周流의 순환이 순탄치 않다.강한 火를 다스려 水를 用하고 用神이 약하니 金을 喜한다. 壬水는 時支에 通根하여 충분히 用할만하다.

주의하여 살필 것은 地支가 火局을 이루어 時支와 日支가 合할 여지가 없다는 것이다. 그렇지 않았다면 合으로 壬水의 通根處가 되지못하여 壬水 官을 用함에 마땅치 않았을 것이다. 이처럼 吉神은 合이 됨을 아주 두려워한다. 물론 이때 吉神으로 合하면 좋은 것은 말할 것도 없다. (적천수천미 306p 제 306 명조)

3) 食神·傷官 用神

전체의 22%. 신강 명조 중 가장 많다.

a) 命造에 財星, 官星이 없거나 있어도 根이 없어 무력 할 때에는 무리하게 財, 官을 用하기보다는 食傷을 用하여 강한 體를 洩하고 財星을 生助함이 상책이다. 比劫, 印星이 旺한 신강 명조는 財星과 官星이 강하기 어려우므로 食傷을 用함이 일석이조이다.

b) 體도 강하고 殺도 강한 身, 殺 兩正格(身殺 兩旺格)의 경우는 食傷을 用 하면 강한 日干은 洩氣하여 순화하고 또한 강한 官殺도 食傷이 다스려 순하여 지므로 일거양득의 採用法이다. 그러기 때문에 食傷을 用神

으로 채용하는 경우가 가장 많은 것이며 명조의 성격이 비등하여 採用상의 혼란이 오는 경우도 대부분이 食神이나 傷官이 用神이다.

◆ 官이 강하면 傷官이, 殺이 강하면 食神이 用神이다.

예 1. 食傷 用神

木 : 2	偏	主	印	印	用 : 火
火 : 1	壬	甲	癸	癸	喜 : 木
土 : 0	殺	比	偏	食	忌 : 水
金 : 1	申	寅	亥	巳	仇 : 金
水 : 4	(戊壬庚)	(戊丙甲)	(戊甲壬)	(戊庚丙)	閑 : 土

甲 日干이 通根, 得令하고 祿旺地에 좌하며 印星이 重重하니 신강 명조다. 命에 水氣가 너무 강하고 차가우니 調喉도 고려하여 火를 用한다. 이때 水, 木이 강하다고 하여 바로 土, 金을 用 하면 오히려 둑이 터져 홍수를 만나니 반드시 凶하다.

地支 巳와 亥는 沖하여 火를 用함에 부적절할 것 같으나 寅과 亥가 合으로 火를 지켜주고 寅과 申의 沖은 金이 약하여 寅을 沖去 할 수 없다. 火 用神은 약하니 이를 生해주는 木을 喜함으로 印星을 좀더 洩하고 강해진 比劫은 用神을 도우니 일석 삼조다.

예 2. 食傷 用神

木 : 5	財	主	傷	劫	用 : 火
火 : 2	己	乙	丙	甲	喜 : 木
土 : 1	比	比	劫	食	忌 ; 水
金 : 0	卯	卯	寅	午	仇 : 金
水 : 0	(甲乙)	(甲乙)	(戊丙甲)	(丙己丁)	閑 : 土

乙 日干이 得令하고 比劫이 중첩이라 身强 命造이다. 水氣가 없어 調喉로 水를 用할 것 같지만 그러면 강한 木은 더욱 강하여져 명조가 편중한다. 이를 두고 적천수는 强者沖衰衰者拔, 衰神沖旺旺神拔,(강자충쇠쇠자발, 쇠신충왕왕신발)이라 하여 강한자에게 약한자가 부딪히면 약한자는 뿌리가 뽑히고 강한자는 더욱 강하여져 기고만장해 진다고 하였다.

水을 用하고 금을 喜 하여도 강한 日干을 도저히 다스릴 만하지 못하니 오히려 강한 日干을 성가시게 하여 명조에 파란만 일어난다. 이러할 때에는 食傷을 用하고 比劫을 喜하면 日干을 洩해주고 많은 比劫을 喜할 수 있으니 일거양득이다.

주의할 것은 이 명조와 같이 身强의 경우 食傷을 用하고 比劫을 喜하면 강한 日干이 더욱 강하여져서 나쁜 것이라고 생각할 수 있으나 오히려 많은 比劫을 순화시켜 順用하는 의미가 있고 특히 유념할 것은 用神의 힘이 모자랄 경우에는 대체로 喜神은 用神을 돕는 五行으로 하여야 한다는 것을 알아야 한다.

예 3. 食傷 用神 (寒濕命造 調喉用神)

木 : 1	印	主	食	殺	用 : 木
火 : 0	辛	壬	甲	戊	喜 : 火
土 : 2	比	劫	劫	殺	忌 : 金
金 : 1	亥	子	子	辰	仇 : 水
水 : 4	(戊甲壬)	(壬癸)	(壬癸)	(乙癸戊)	閑 : 土

壬 日干이 子月에 출생하고 比劫이 많아 신강 명조다. 水를 洩하는 食傷인 木이 用神이고 명조가 너무 차갑고 濕하여 火가 喜神이다. 이 경우 日干을 剋하는 戊土가 通根하여 강하니 潤河格은 아니고 火가 喜神 임을

알아야 한다. 자고로 外格, 雜格은 假格이 성립할 여지가 없다. 喜神이 火가 되므로 調喉用神 역할을 한 것이다. 이처럼 명조가 너무 차갑고 濕하면 오행의 배치여부를 떠나 調喉 用神을 채용하여야 한다. 閑神 土는 忌하지 아니하다.

예 4. 食傷 用神 (燥熱命造 調喉用神)

木 : 1	財	主	殺	印	用 : 土
火 : 2	庚	丙	壬	己	喜 : 金
土 : 3	偏	食	劫	傷	忌 : 木
金 : 1	寅	戌	午	丑	仇 : 火
水 : 1	(戊丙甲)	(辛丁己)	(丙己丁)	(癸辛己)	閑 : 水

丙이 午月 여름에 태어나고 時支에서 通根하며 地支에서 火 局을 이루니 신강 명조다. 火를 剋하는 水가 月干에 임하니 炎上格은 아니다.

그러나 명조가 매우 뜨거우니 燥熱한 명조이다. 命造에 다행히 己土가 通根 하여 충분히 金을 生 할만하다. 食傷 己土를 用하고 燥熱 하므로 金을 喜한다. 이처럼 명조가 燥熱하거나 寒濕 冷한 경우에는 調喉를 고려하여 用하여야 한다.

예 5. 食傷 用神 (身殺 兩正 高宗純皇帝 御命造)

木 : 1	殺	主	官	劫	用 : 水
火 : 3	丙	庚	丁	辛	喜 : 金
土 : 0	傷	官	劫	正	忌 : 土
金 : 3	子	午	酉	卯	仇 : 火
水 : 1	(壬癸)	(丙己丁)	(庚辛)	(甲乙)	閑 : 木

庚 日干이 酉月에 出生하여 月令을 득하고 멀리 年干이 도와주어 약하진 않으나 日干이 死地에 坐하고 양 옆에 官殺이 포진하여 강한 사주는 아니다. 이 명조는 日干을 生해주는 印星인 土가 없음이 아쉽다. 이러한 명조는 食傷을 用하여 강한 官殺을 다스려 주고 또한 日干도 洩하여 순화하게 된다.

滴天髓는 이 命造를 다음과 같이 풀이하였다.

最喜子午逢沖, 水剋火, 使午火不破酉金, 足以輔主,

최희자오봉충, 수화극, 사오화불파유금, 족이보주,

更妙卯酉逢沖, 金剋木, 則卯木不助午火,

갱묘묘유달충, 금극목, 즉묘목불조오화,

이 명조의 기쁜 것은 地支의 子, 午 逢沖으로 午 日支가 제거되어 用神 月支 酉를 剋하지 못하고 日干도 보호된다는 것이다. 또한 묘한 것은 卯酉 逢沖으로 木이 沖去 당하여 火를 生하지 못함에 있다는 것이다.

(적천수천미 16p 제1명조 및 이선종 적천수 용신분석 298p)

◇ 해설을 그대로 수긍하기는 어려운 점이 있으나 干을 두고 地支가 서로 상대하여 兩沖이 성립하는 명조는 쉽게 찾아볼 수 없다. 더구나 沖, 刑은 行運에 따른 命의 주요 變化因子인 점을 감안 하면 범상한 命造는 절대 아니다. 평인이 이러한 명조라면 필히 禍를 면하기 어려우나 君者는 吉, 凶이 반복되는 가운데 득세를 한다고 鬼谷遺文에서 밝히고 있다.

◆ 여기서 火는 喜神 金을 剋하는 仇神이다.

이처럼 身殺이 다 같이 강한 경우는 서로를 다스려 명조 전체를 순화시켜주는 食傷이 用神인 경우가 많다.

(2) 身弱 命造의 用神

신약 命造는 신강 명조의 조건과 外格, 雜格을 제외한 경우이다. 즉, 月柱, 月支, 日支에서 比劫과 印星을 못 얻고 當令, 通根 등도 보아야 한다. 그리고 沖, 刑 등이 있는 경우에는 月支, 日支를 得하여도 신약이 될 수 있으므로 五行의 조합을 잘 살펴보아야 한다. 또한 신약 사주는 用神, 喜神을 불문하고 比劫運은 대체로 좋은 운이다.

1) 印星(正印 · 偏印) 用神

전체 24 %로 최고로 많다.

a) 正官·偏官이 旺하여 日干을 지나치게 剋하거나 食傷이 旺하여 日干을 지나치게 洩氣하면 인성을 用한다.

b) 官殺이 旺한 殺中 用印格의 경우는 用神인 인성의 氣가 부족하면 官殺을 喜하니 官殺의 剋함을 順用하는 묘미가 있다.

c) 官殺, 食傷이 旺하면 印星이 用神이다. 印星은 강한 官星을 洩氣하여 官殺을 順用하는 의미가 있고 또한 食傷이 강하여 日干을 지나치게 洩하면 印星으로 食傷을 제거하므로 命造의 官星도 지키고 日干도 강하게 한다.

예 1. 印星 用神(身弱 命造)

木 : 0	比	主	食	食	用 : 火
火 : 1	戊	戊	庚	庚	喜 : 木
土 : 4	印	比	比	食	忌 : 水
金 : 3	午	辰	辰	申	仇 : 金
水 : 0	(丙己丁)	(乙癸戊)	(乙癸戊)	(戊壬庚)	閑 : 土

a) 戊 日干이 通根하고, 比肩도 많아 신강 명조처럼 보인다. 그러나 庚金은 通根하고 辰 土는 濕土라서 오히려 金을 生함에 마음이 있고 日干에는 별 관심이 없다. 그래서 中弱 命이다. 이러함을 日干에 대한 比劫의 不義非道라고 한다.

月柱 庚辰은 濕土의 도움을 받고 魁罡의 위력까지 더하여 기고만장하고 더욱이 年柱의 힘을 받아 강하니 日干은 金의 洩氣 함이 매우 강하여 신약인 것이다. 이때에는 강한 食傷을 다스려 주는 것이 用神의 역할이다. 따라서 金을 剋하는 火를 用하고 用神의 힘이 모자라므로 木으로 用神을 도와야 하니 喜神은 木이다.

b) 이 命造는 强, 弱을 판별함에 매우 난이도가 높으나 五行의 역량계량법을 잘 적용한다면 어려울 것이 없다. 즉, 五行의 得令과 通根 및 通源법과 沖, 刑殺을 살피고 각 五行이 가지고 있는 특성도 파악하는 것으로 이러한 숙달이 자유자재로 원만해지면 命造에 五行의 많고 적음으로 신강과 신약을 구별하는 어리석음은 뛰어 넘을 수가 있는 것이다.

◆ 무조건 比劫이 많다고 身强命이 아니며 명조의 五行의 내용도 살펴보아 辰土의 경우 그 藏干에 水氣를 품고 있으니 이 水氣는 日干을 돕기보다는 金을 生助함에 마음이 온통 가 있다.

예 2. 印星 用神 (殺中 用印格)

木 : 1	偏	主	殺	食	用 : 土
火 : 3	戊	庚	丙	壬	喜 : 火
土 : 1	財	比	官	官	忌 : 木
金 : 2	寅	申	午	午	仇 : 水
水 : 1	(戊丙甲)	(戊壬庚)	(丙己丁)	(丙己丁)	閑 : 金

庚이 午月에 태어나 失令하고 官殺이 강하여 신약이다. 이러한 때에는 官殺은 食傷을 用하여 剋制 하기보다는 印星을 用하여 官殺을 洩하고 약한 日干을 도우니 많은 官殺은 喜할 수 있으므로 일석삼조이다. 이처럼 强旺하면 약한 기운으로 剋하기보다는 洩하여 강함을 다스려 順用함이 처세의 묘책이다.

예 3. 印星 用神

木 : 4	傷	主	正	偏	用 : 金
火 : 1	甲	癸	丙	辛	喜 : 土
土 : 0	傷	食	印	食	忌 : 火
金 : 2	寅	卯	申	卯	仇 : 木
水 : 1	(戊丙甲)	(甲乙)	(戊壬庚)	(甲乙)	閑 : 水

癸가 申月에 태어났으나 食傷이 重重하니 신약이다. 食傷이 태과하면 印星으로 日干을 生해주고 食傷도 制해주니 印星이 用神이고 印星을 도와주는 관성이 喜神이다. 이 명조는 用神을 剋하는 丙火가 病이지만 行運에서 土를 喜하여 通關시킴의 묘미가 있다. 辛金은 當令하여 충분히 用할 수 있다. 이 명조처럼 행운에서 喜神을 기다림은 때를 기다려 用神을 극대화 할 수 있는 것이다.

예 4. 印星 用神

木 : 1	食	主	傷	劫	用 : 木
火 : 2	戊	丙	己	丁	喜 : 水
土 : 2	官	偏	殺	殺	忌 : 金
金 : 0	子	寅	亥	亥	仇 : 土
水 : 3	(壬癸)	(乙癸戊)	(戊甲壬)	(戊甲壬)	閑 : 火

丙이 亥 月에 태어나고 水氣가 강하니 신약 명조이다. 신약이니 木을 用하고 木을 돕는 水를 喜 한다. 여기서 중요한 것은 官殺이 강한데 어떻게 水를 喜 할 수 있느냐 하는 것이다. 日干이 약하여 印星을 用하였으면

用神을 돕는 五行이 喜神이고 만약 用神의 힘이 남으면 用神의 힘을 洩하는 것으로 喜하는 것이다. 그러니 用神을 옳게 세우면 강한 五行을 순화시켜 喜할 수 있는 묘미가 있다. 用神의 힘이 有餘하여 洩로서 喜神으로 할 경우는 희소하다.

예 5. 印星 用神 (傷官 用印格)

木 : 2	傷	主	殺	比	用 : 水
火 : 2	丙	乙	辛	乙	喜 : 金
土 : 2	正	印	傷	財	忌 : 土
金 : 1	戌	亥	巳	未	仇 : 火
水 : 1	(辛丁己)	(戊甲壬)	(戊庚丙)	(丁乙己)	閑 : 木

乙이 巳月에 태어나고 食傷과 財星이 旺하여 신약이다. 月支 巳는 時干과 通源, 通根하니 傷官格으로 日干을 剋洩하는 신약 命造이다. 따라서 印星 水를 用하여 傷官을 制하고 金을 喜한다. 이를 傷官 用印格이라 한다.

◆ 日支와 月支는 沖하여 그 沖 된 시기는 傷官格이 파괴된다.

예 6. 印星 用神

木 : 5	殺	主	食	殺	用 : 火
火 : 1	甲	戊	庚	甲	喜 : 木
土 : 1	殺	殺	印	殺	忌 : 水
金 : 1	寅	寅	午	寅	仇 : 金
水 : 0	(戊丙甲)	(戊丙甲)	(丙己丁)	(戊丙甲)	閑 : 土

戊 日干이 午 月에 출생하여 得令은 하였으나 사방이 偏官殺 이라 약하기 이를 때 없다. 庚 金은 絶地에 座하고 뿌리가 없어 나약하므로 用할 수 없다. 따라서 用神은 火이고 喜神은 木이다.

주의할 것은 수차례 언급하였듯이 殺이 많아 病인 명조에서 다시금 官殺을 喜한다는 것이 모순인 것 같으나 用神의 힘이 모자라면 用神을 돕는 五行으로 喜하면 본 명조와 같이 태왕한 殺을 순용하는 묘미가 있으므로 殺은 여기서 凶神이 아니고 喜神이다 함을 알아야 한다. 즉, 用神이 정해지면 특별한 경우가 아니면 用神을 生하는 五行이 喜神이다. 이 명조는 殺中 用人格의 대표적 케이스다.

2) 比肩・劫財 用神

전체 8 %. 財星이 旺하여 신약인 命造는 財星이 日干을 도와주는 印星을 剋함이 病이다. 따라서 印星을 害하는 財星을 제거하는 比肩과 劫財가 藥이다.

즉, 財多身弱四柱는 日干이 弱해서라기보다는 강한 財星을 다스리기 위해서 比劫을 用하고 약한 日干을 돕는 印星을 喜한다.

◆ 財多 身弱은 比劫이 用神이다.

예 1. 比劫 用神 (財多身弱命)

木 : 0	劫	主	官	正	用 : 火
火 : 3	丁	丙	癸	辛	喜 : 木
土 : 1	正	官	比	傷	忌 : 水
金 : 2	酉	子	巳	丑	仇 : 金
水 : 2	(庚辛)	(壬癸)	(戊庚丙)	(癸辛己)	閑 : 土

日干 丙이 巳月에 태어나 月令을 得한 것 같으나 地支에 강한 金局이

형성되고 時干 丁은 뿌리가 없으니 身弱 命造다. 이 명조처럼 月令을 득한 것 같으나 地支가 成方, 成局, 合 등을 이루는지의 여부도 잘 살펴야 한다, 財가 강한 신약에다 官도 강하니 日干은 약하다.

命造에 五行이 많다고 하여 힘이 있는 것이 아니라 뿌리가 있어야 강함을 알 수 있는 좋은 예다. 따라서 강한 財(金)를 剋하는 比劫(火)이 用神이고 이를 도와주는 木이 喜神이다. 그러나 명조에 木이 없으니 忌神 水를 막을 길이 없다.

◆ 이때에 行運에서 忌神운이 들고 沖, 刑하면 夭折의 운질이 있으므로 주의 할 일이다.

예 2. 比劫 用神 (財多身弱命)

木 : 1	官	主	正	印	用 : 水
火 : 3	戊	癸	丙	庚	喜 : 金
土 : 1	財	劫	財	傷	忌 : 土
金 : 1	午	亥	午	寅	仇 : 火
水 : 2	(丙己丁)	(戊甲壬)	(丙己丁)	(戊丙甲)	閑 : 木

日干 癸가 午月에 출생하고 火가 旺하며 日干은 時干과 干合 化 火 하여 財多身弱 命造이다. 따라서 財 火를 剋하는 比劫 水를 用하고 金을 喜한다. 日干은 時干과는 干合하나 日干이 亥水 日支의 生地에 座하여 완전히 化하여 火格으로 변하는 것은 아니다.

예 3. 比劫 用神 (財多身弱命)

木 : 2	財	主	偏	正	用 : 火
火 : 1	辛	丁	乙	庚	喜 : 木
土 : 1	官	食	偏	正	忌 : 水
金 : 3	亥	丑	卯	申	仇 : 金
水 : 1	(戊甲壬)	(癸辛己)	(甲乙)	(戊壬庚)	閑 : 土

丁이 卯月에 生하고 月柱는 當令, 當權 하였으나 年柱와 干合하여 힘이 없어 日干을 옳게 生하지 못하고 財가 많아 신약이다. 比劫 火를 用하고 木을 喜하여 균형을 이룬다. 土는 閑神이나 丑은 濕土로 生金하니 凶神이다.

예 4. 比劫 用神 (身殺兩正 및 羊刃格)

木 : 0	殺	主	財	官	用 : 水
火 : 1	戊	壬	丙	己	喜 : 金
土 : 4	偏	殺	劫	官	忌 : 土
金 : 1	申	辰	子	丑	仇 : 火
水 : 2	(戊壬庚)	(乙癸戊)	(壬癸)	(癸辛己)	閑 : 木

a) 壬이 子月에 생하고 羊刃과 地支 水局을 이루어 신강하다. 官殺도 사방에 중천하니 身殺 兩旺格(神殺兩正)이 된다. 食傷으로 用하고 싶으나 木이 없으니 用할 수 없고 比劫으로 用하고 金으로 喜한다.

b) 此命처럼 日干도 강하고 官殺도 약하지 않은 경우를 神殺兩旺이라 하고 이때에는 官殺을 剋하고 日干도 다스려 주는 食傷으로 用함이 제격이나 食傷이 없으므로 比劫을 用한 것이다.

3) 身弱 命造의 食神·傷官 用神

전체 4 %. 命造가 약간 신약이기는 하지만 그렇게 약하지도 않고 財星과 官星도 약하지 아니하는 그러한 명조가 있다.

a) 神殺 兩旺格(身殺 兩正格) : 日干도 약하지 아니하고 官殺도 약하지 아니할 때에는 食傷을 用하여 體는 洩하고 官殺은 剋하니 身殺 모두를 중화하여 좋다.

b) 食傷 制殺格 : 이때는 食傷은 日干을 洩하고 財星은 生助하며 官殺은 剋하니 財星이 발운하여 富한 命造가 된다.

예 1. 食傷 用神 (神殺 兩正格·四仲格)

木 : 1	殺	主	官	劫	用 : 水
火 : 3	丙	庚	丁	辛	喜 : 金
土 : 0	傷	官	正	劫	忌 : 土
金 : 3	子	午	卯	酉	仇 : 火
水 : 1	(壬癸)	(丙己丁)	(甲乙)	(庚辛)	閑 : 木

庚은 卯月에 生하였고 生助해주는 土가 없어 약간 신약이다. 年柱를 득하였으나 멀리 있고 失令 하였다. 日干 양옆의 火가 剋하나 丙火, 丁火는 絶地와 死地에 座하여 힘이 없어 다행이다.

地支는 四仲(四正)을 이루니 고귀한 격은 틀림없으나 모두 12運에서 沐浴에 해당하여 방만과 주색이 가까이 있다. 命造가 조금만 더 身强 이었더라면 하는 안타까움이 있다. 앞에서 설명한 高宗純皇帝의 御造이다.

예 2. 食傷 用神

木：2	食	主	殺	殺	用：火
火：1	丙	甲	庚	庚	喜：木
土：2	比	財	財	殺	忌：水
金：3	寅	戌	辰	申	仇：金
水：0	(戊丙甲)	(辛丁己)	(乙癸戊)	(戊壬庚)	閑：土

甲이 辰月에 得令하였으나 兩金이 通根하여 기세를 꺾는다. 時支에 通根(祿旺)하고 명조에 忌神 水가 없어 時干 丙이 日支, 時支에서 通根하니 金을 剋할 만하여 用하고 木을 喜한다. 食傷을 用하니 官殺이 다스려져 官殺을 順用하고 比劫은 힘을 얻으니 약한 日干은 강해지고 官殺의 剋함도 막을 수 있으니 이를 食傷 制殺 貴格이라 한다.

◆ 이처럼 食傷 制殺格은 강한 官殺은 다스려 주고 日干은 힘을 실어주니 濁한 명조가 淸해져서 貴格으로 변하는 것이다.

(3) 强旺(從旺) 命造의 用神

명조가 대체로 比劫과 印星으로 이루어졌으나 그 중에서도 比劫이 더 강하여 이 강한 세력을 따를 수밖에 없는 명조다. 이러한 경우 採用法도 그 강한 세력을 받쳐주는 것이 可하다. 전체 22 명조 4 %이다.

예 1. 强旺命造의 用神

木：2	官	主	偏	比	用：火
火：5	癸	丙	甲	丙	喜：木
土：0	比	劫	劫	偏	忌：水
金：0	巳	午	午	寅	仇：金
水：1	(戊庚丙)	(丙己丁)	(丙己正)	(戊丙甲)	閑：土

丙이 午月에 生하고 地支의 比劫과 印星도 도우니 太旺하다. 이 命造는 아무리 採用을 잘하여 균형을 이루고저해도 불가능하고 선부른 採用은 오히려 명조의 파란만 가져온다. 이러할 때는 用神은 명조의 강한 성격을 따라감이 상책이다.

火, 木운은 吉運이고(用神, 喜神) 土 食傷(閑神)도 강한 세력을 順用하므로 吉하다. 金, 水운은 강한 火의 세력을 거역하므로 凶 하다. 여기서 다시 강조하는 것은 强旺格 등 外格과 雜格은 用神이 格局 속에 용해되는 것이 아니라 오히려 명조의 성격에 따라 그 성격에 더욱 喜하는 것으로 이론상은 물론 현실적으로도 충분히 用神의 역할을 다하고 있다.(獨立說)

상술하면, 이러한 경우 명조는 강한 세력을 따르는 것 외는 어떠한 방법으로도 명조를 다스릴 수단이 없으므로 用神도 이 명조의 강한 성격과 그에 따른 장점을 최대한 살려주고 다만 偏旺한 六神의 성격과 기운을 다스려 주는 五行으로 用神과 喜神으로 함이 가하다는 것이다.

예 2. 强旺명조의 用神

木 : 5	劫	主	劫	印	用 : 木
火 : 0	乙	甲	乙	癸	喜 : 水
土 : 0	偏	比	劫	偏	忌 : 金
金 : 0	亥	寅	卯	亥	仇 : 土
水 : 3	(戊甲壬)	(戊丙甲)	(甲乙)	(戊甲壬)	閑 : 火

甲이 卯月에 태어나고 祿旺에 座하며 사방에 比劫이 重重한데 印星도 매우 강하니 强旺 命造다. 强旺格은 印星도 강하게 生助 하지만 比劫이 더 강하므로 강한 세력을 순화시켜서 食傷운도 吉하니 閑神은 명조에 吉작용을 하느냐 凶작용을 하느냐에 따라 판단할 일이고 그러함에 印星이

강한 從强 四柱는 印星은 食傷과 剋이 되므로 凶한 것이다.

强旺 命造는 印星보다 比劫이 강하여 子旺母衰의 명조라고도 한다. 이는 六親으로 印星은 어머니이고 比劫은 자신이니 하는 말이다. 반대로 從强 命造는 比劫보다 印星이 강하므로 母旺子衰의 命造라 할 수 있다.

(4) 從强 命造의 用神

從强 四柱는 명조에 比劫보다 印星이 重重하고 比劫도 강하니 강한 印星의 생조를 받은 日干은 그 세력이 太旺하여 다른 運은 이를 거역할 수 없으니 印星에 從强 한다. 外格에 있어 强旺格과 從强格은 자신이 강하고 印星도 生助 함과 자신보다 生助하는 印星이 강하여 강한 명조의 구분으로 둘 다 강한 명조이기는 하지만 格의 성격에 따라 用, 喜神과 吉運의 선별이 다르다. 전체 12 명조로 약 2 %다.

예. 從强 命造의 用神

木 : 0	比	主	偏	偏	用 : 水
火 : 0	癸	癸	辛	辛	喜 : 金
土 : 3	殺	偏	殺	殺	忌 : 土
金 : 3	丑	酉	丑	丑	仇 : 火
水 : 2	(癸辛己)	(庚辛)	(癸辛己)	(癸辛己)	閑 : 木

印星 金은 丑土의 도움을 받아 강함이 하늘을 찌르고 그 도움을 받은 比劫은태강하다. 命造전체가 濕하고 冷하여 寒濕冷한 命造로 濁氣가 극심하다. 命造는 神枯도 나쁘지만 此命처럼 氣가 濁하니 목말라 夭折하나 濕寒으로 夭折하나 그 결과는 다름이 없다 하겠으니 冷寒濕으로 인한 질환에 주의 할 일이다.

그렇다고 함부로 火를 用할 수 없음은 오히려 命造에 파란만 일뿐이기 때문이다. 地支가 半合을 이루나 오히려 金 기운을 더해 주므로 印星의 기운을 키울 뿐 從强命에 영향이 없다.

(5) 從格 命造의 用神

從格은 日干이 약하여 자신을 버리고 강한 五行의 성격에 從하여야 하는 명조로 그 따르는 六神에 따라 食傷을 따르면 從兒格, 財星을 따르면 從財格, 官殺을 따르면 從官殺格으로 구분되고 比劫과 印星은 자신의 힘이니 이를 따르는 것은 從함이 아니라 자신의 길로 가는 것으로 從은 아니라 할 것이나 基本 內格(八格)에 포함 할 수는 없기에 자신의 기운에 從한다고 하는 것이다.

그리고 주의 할 것은 印星이 있으면 여간해서는 從하지 않는다. 印星이 있음에도 從 함은 도움의 의미가 없기 때문이다. 다만, 그 印星이 合化 하거나 印星을 剋하는 財星이 강하면 從하는 것도 가능하다. 전체 42 명조로 각 약 3 %이다.

예 1. 從兒 명조의 用神

木 : 0	食	主	劫	傷	用 : 土
火 : 2	戊	丙	丁	己	喜 : 金
土 : 5	食	官	傷	傷	忌 : 木
金 : 0	戌	子	丑	未	仇 : 火
水 : 1	(辛丁己)	(壬癸)	(癸辛己)	(丁乙己)	閑 : 水

丙이 丑月에 태어나고 丁 月干도 休地에 座하며 食傷으로 만국하니 從兒 명조다. 喜한 것은 命造가 건조하나 閑神 子水가 옆의 月支가 돕고 丑

은 濕土로 凶神이 아니라서 다행이다. 특이한 것은 日支와 月支가 合하나 月支와 年支가 沖하여 그 合을 방해하고 三刑이 성립되어 있다는 것이다. 따라서 行運에 따라 많은 변화가 내포된 命이다.

◆ 특히 從兒命은 창조와 개척으로 진로를 찾아가는 부지런함과 자수성가형이 많다. 此命에 水氣가 없었다면 물 찾아 헤매는 命이니 淫賤한 명조이었을 것이다. 그러니 어떠한 경우에도 神枯하면 凶한 것이다. 명조의 地支가 丑·戌·未 三刑殺을 이루어 不義非道 할 것 같지만 月支와 日支는 子·丑 合을 이루니 초반의 불행을 딛고 중년이후 발운하는 명조다.

예 2. 從兒 命造의 用神

木 : 3	食	主	傷	比	用 : 土
火 : 4	丙	甲	丁	甲	喜 : 金
土 : 1	比	傷	正	傷	忌 : 木
金 : 0	寅	午	丑	午	仇 : 火
水 : 0	(戊丙甲)	(丙己丁)	(癸辛己)	(丙己丁)	閑 : 水

甲 日干이 丑月에 출생하고 時支에 建綠의 뿌리가 있어 약하지 아니한 것 같으나 사방이 食傷 火로 重重하고, 時支 寅木은 日支 午와 합하여 日干의 뿌리가 되지 못하고 멀리 떨어져 있는 年干 역시 午火의 뿌리가 될 뿐이다. 比肩이 3개 있으나 전혀 日干의 뿌리가 되지 못하고 오히려 食傷의 뿌리가 되니 이 명조는 從兒를 거역할 수 없다.

甲木生於季冬, 火虛而幸通根有焰, 格取從兒

(갑목생어계동, 화허이행통근유염, 격취종아)

甲木 日干이 丑月 겨울에 태어나 火氣가 虛하다지만 다행히 火午가 通根하여 火焰이 있어 從兒格을 취한다.

不雖進氣, 又逢綠比幇身, 所謂從兒不論身强弱

(불수진기, 우봉녹비방신, 소위종아불론신강약)

아니면 비록 進氣 되고 또한 錄旺 및 比肩이 있어 日干을 도울지라도 소위 從兒는 日干의 强弱을 논하지 말라. (滴天髓闡微 353p 356명조)

◇ 이 명조는 비록 比劫이 많다고 하여도 日干의 뿌리가 약하면 從兒하는데 영향을 미치지 아니한다는 좋은 예이다.

예. 從財 命造의 用神

木 : 1	傷	主	財	食	用 : 金
火 : 1	己	丙	庚	戊	喜 : 土
土 : 2	正	財	財	偏	忌 : 火
金 : 4	酉	申	申	寅	仇 : 木
水 : 0	(庚辛)	(戊壬庚)	(戊壬庚)	(戊丙甲)	閑 : 水

丙이 申月에 출생하고 金 기운이 창궐하여 신약이다. 인성 甲木은 있으나 財星 金이 土의 도움까지 강하여 太旺할 뿐만 아니라 申金의 沖去를 받아 日干에 도움도 주지 못한다. 이처럼 印星이 명조에 있어도 경우에 따라서는 從할 수 있다 함을 알 수 있는 예이다.

此命은 위 從兒格과는 달리 閑神 水는 명조에 아예 없는 것이 吉하고 만약 運에 水운이 들면 印星을 도와 從財를 거역하므로 파란이 일어나 반드시 凶할 것이니 같은 閑神이라도 명조의 구성에 따라 종합적으로 喜, 忌를 잘 판단하여야 한다.

◆ 이 명조의 특성은 재물만으로 만족하고 권세까지 얻으려 하다가는 凶하다는 것을 가르쳐 주고 있다. 그리고 이 命造의 申 金속에는 藏干(戊, 壬, 庚)에 충분히 水氣를 품고 있으므로 神枯하지는 않으며 富한 命이다. 일견 丙 日干이 通根하여 신강을 논하나 去沖이 첩첩하다.

예. 從官殺格의 用神

木 : 0	正	主	劫	殺	用 : 水
火 : 2	庚	丁	丙	癸	喜 : 金
土 : 1	殺	官	殺	食	忌 : 土
金 : 1	子	亥	子	丑	仇 : 火
水 : 4	(壬癸)	(戊甲壬)	(壬癸)	(癸辛己)	閑 : 木

此命은 日干이 전혀 뿌리가 없고 地支는 北方局을 이루고 있어 丑土는 水氣를 막을 수 없으며 官殺이 만국 한 가운데 官보다 殺이 강하니 從殺四柱다. 이때에는 섣불리 日干을 도우려 하다간 오히려 명조에 파란만 일고 官殺만 더욱 성가시게 하니 官殺을 따라 採用하여야 한다.

보통 官殺이 강하면 印星으로 用하여 官殺의 힘을 洩하거나 食傷으로 除去함이 옳으나 從官殺格은 이미 어떠한 경우라도 명조에 흐르는 官殺의 기운은 거역할 수 없으며 다만 用神으로 균형을 이룰만한 內格의 경우에는 印星이나 食傷을 用함이 可하다. 棄命 從殺格의 대표적인 경우라 하겠다.

(6) 기타 別格, 雜格의 用神

기본 內格과 外格(强旺格·從强格·從格 등)에 속하지 아니하는 別格, 雜格의 경우도 위의 外格처럼 用神을 採用하지 못할 바는 아니다. 이를 살펴보면 다음과 같다.

예 1. 曲直格 用神

木 : 5	食	主	傷	比	用 : 木
火 : 2	丙	甲	丁	甲	喜 : 水
土 : 1	比	財	劫	比	忌 : 金
金 : 0	寅	辰	卯	寅	仇 : 土
水 : 0	(戊丙甲)	(乙癸戊)	(甲乙)	(戊丙甲)	閑 : 火

甲이 卯月에 생하고 地支가 木 東方局을 이루니 曲直格이다. 명조에 木을 다스리는 金이 없어 木기운이 창궐하여 다른 기운은 이에 맞설 수 없으니 木, 水의 운으로 用하여야 한다. 따라서 木을 用하고 木을 도우는 水를 喜한다. 木과 水에 관한 운은 발복하여 대단하나 나머지 運은 薄하다. 이런 명조는 발복도 빠르나 쇠퇴도 빠르다.

閑神인 食傷운도 日干을 다스려 吉運이다.

◆ 여기서 주의할 것은 別格이나 雜格의 경우 格이 성립한다 하여 바로 別格이나 雜格으로 인정하여 富貴의 격이라고 단정할 것이 아니라 명조의 조합이 抑扶策에 의하여 충분히 조율이 가능하면 최소화 하여 성립시킴이 옳다.

예 2. 稼穡格 用神

木 : 0	劫	主	印	劫	用 : 土
火 : 1	己	戊	丁	己	喜 : 火
土 : 6	劫	正	劫	劫	忌 : 木
金 : 0	未	子	丑	未	仇 : 水
水 : 1	(丁乙己)	(壬癸)	(癸辛己)	(丁乙己)	閑 : 金

戊가 丑月에 태어났으나 通根하고 日干을 剋하는 木이 없으니 稼穡格

을 이루었다. 이 명조는 閑神 金이 없어 水氣를 生하지 못해 건조하다. 比劫이 旺한 신강 명조는 食傷이 없으면 財星을 생조하지 못하여 群比爭財가 되니 이때 財星운이 들고 沖, 刑하면 건강과 사고 등으로 夭折의 운질이니 주의하여야 한다.

더구나 이 명조는 月支와 日支가 合하여 土 化 하니 財星은 더욱 나약하여 재물과 여자운이 박하다. 命造의 地支가 合이 된다고 다 좋은 것이 아니라 此命처럼 合이 되어 나쁜 경우도 있음을 알아야 한다.(子 水는 合化 土하여 子의 水氣를 더욱 잃었으니 건조한 四柱가 되었다.) 月支, 年支, 時支의 沖도 그 시기에 주의 깊게 살펴볼 일이다.

예 3. 炎上格 用神

木 : 3	印	主	偏	比	用 : 火
火 : 3	乙	丙	甲	丙	喜 : 木
土 : 2	傷	食	劫	偏	忌 : 水
金 : 0	未	戌	午	寅	仇 : 金
水 : 0	(丁乙己)	(辛丁戊)	(丙己丁)	(戊丙甲)	閑 : 土

丙이 午月에 生하고 地支에 火局을 형성하니 신강 炎上格이다. 그래서 旺한 比劫으로 用하고 印星을 喜한다. 燥熱한 명조라 水를 用하고 싶으나 명조에 없는 水를 用하면 오히려 명조가 파란만 일뿐이니 旺한 기운을 따르지 않을 수 없다. 閑神 土는 食傷 운으로 강한 기운을 順洩하니 吉하다.

炎上格의 명조는 火와 木의 운은 吉하여 대성하나 명조가 燥熱하니 쇠태함도 빠르고 또한 그 외의 운은 박하며 명조가 神枯하니 항상 목마른 형국이라 특히 건강에 주의하여야 한다.

◆ 曲直格의 명조도 이와 유사하다

예 4. 從革格 用神

木 : 1	比	主	正	比	用 : 金
火 : 0	庚	庚	乙	庚	喜 : 土
土 : 2	偏	偏	劫	比	忌 : 火
金 : 5	辰	戌	酉	申	仇 : 木
水 : 0	(乙癸戊)	(辛丁己)	(庚辛)	(戊壬庚)	閑 : 水

庚이 酉月에 태어나고 地支에서 金 西方局을 이루어 金운이 重重하니 從革格이다. 比劫 金을 用하고 印星 土를 喜한다. 이러한 명조는 사법, 경찰, 군인, 의사, 간호사 등 金운으로 달리면 남보다 발전이 빠르고 대성하며 잘 못 풀리면 의리를 앞세우는 주먹세계의 우두머리로도 가능하다. 十干論에 의하면 兩金双殺이라 평생에 한번은 큰 사고를 의미하니 항상 사고와 차를 조심하여야 한다.

閑神 水는 食傷으로 강한 體를 洩하니 吉하다. 庚金은 三體를 겸비하였지만 그 속심은 곧고 강직하여 神將과 護法의 역할을 하니 가히 장부다운 기질의 명조이다.

◇ 3체란 아는 체, 있는 체, 잘난 체 함을 말한다.

예 5. 潤河格 用神

木 : 0	劫	主	偏	劫	用 : 水
火 : 0	壬	癸	辛	壬	喜 : 金
土 : 1	比	殺	劫	比	忌 : 土
金 : 1	子	丑	亥	子	仇 : 火
水 : 6	(壬癸)	(癸辛己)	(戊甲壬)	(壬癸)	閑 : 木

癸水가 亥月에 生하고 주위 比劫으로 重重하니 潤河格이다. 명조에 木이 없어 안타깝다. 食傷이 없어 財를 生할 수 없으며 財 또한 전혀 不現하니 比劫이 旺한 신강 명조는 群比爭財라 行運에 財가들 때는 특히 주의하여야 한다. (건강 특히 요절 및 破財 운) 水 運의 발달은 빠르나 四柱가 너무 寒濕冷하여 쇠퇴도 빠르고 건강, 특히 생식기, 냉, 대하, 척추, 관절, 디스크 등에 관한 병을 주의하고 특히 여자는 몸이 냉하여 씨앗이 흐르니 착상이 어려우니 자식 운도 박하다.

예 6. 從革格·化格·偏旺格의 用神

木 : 1	印	主	正	傷	用 : 水
火 : 1	己	庚	乙	癸	喜 : 金
土 : 2	殺	比	劫	印	忌 : 土
金 : 3	巳	申	酉	丑	仇 : 火
水 : 1	(戊庚丙)	(戊壬庚)	(庚辛)	(癸辛己)	閑 : 木

日干 庚金이 酉月에 生하고 地支의 金局으로 從革格이다. 여기서 주의할 것은 日干이 月干과 干合하니 化 金格이 아니냐는 것이다. 이 경우는 중복적으로 성립하는 實體的 競合의 관계에 있으나 내용은 동일하고 用神과 喜神의 採用도 같으므로 구별의 實益은 없다 할 것이다.

명조의 巳火는 金局을 형성하니 日干을 제어할 마음은 없으며 오히려 日干을 돕고 丑土는 金局을 이루어 太强하다. 閑神 乙木은 日干과 合되어 金으로 변하였다. 따라서 喜神으로 작용한다. 그러나 行運에서의 木 閑神운은 日干의 힘을 소진하니 吉運이 되지 못한다.

예 7. 兩氣(兩神) 成相格의 用神

木 : 0	傷	主	傷	比	用 : 土
火 : 0	辛	戊	辛	戊	喜 : 金
土 : 4	傷	比	傷	比	忌 : 木
金 : 4	酉	辰	酉	戌	仇 : 火
水 : 0	(庚辛)	(乙癸戊)	(庚辛)	(辛丁己)	閑 : 水

兩氣 成相格은 언제나 분명하게 나누어지기를 바라며 따라서 그 성립의 경우가 매우 희소하다. 食傷을 用하고 比劫을 喜하니 採用法이 다를 바가 없다. 閑神 水는 水氣를 공급하고 강한 기운을 다스리니 吉하다.

이처럼 外格, 雜格의 경우도 명조의 성격에 따라 吉, 凶을 用하므로 採用에 있어 전혀 문제가 없는 것이다.

제7장. 神殺論

易의 推命에 있어서는 用神분석으로 인한 방법과 神殺풀이로 인한 방법으로 크게 대별된다.

用神분석법은 제6장에서 상술하였으며 여기서는 神殺에 대하여 설명하고자 한다. 用神분석법은 陰陽五行의 분포와 그 조합을 行運의 합리적 배합으로 運命의 推論을 가능케 하는 것임에 그 이론적 체계가 어느 정도 정립되어 있으나 神殺은 단순한 六十甲子의 명조에의 배치에 따라 그 吉, 凶을 판단하므로 신빙성이 결여된다고 하여 識者임을 자처하는 자들로부터는 등한시되고 있는 것이 사실이나 정작 현실적 推命의 임상에는 적용하는 자들이 적지 않으며 또한 대다수의 占術人 들은 물론 저명하다는 易術人들도 神殺論을 중심으로 적용하여 무시하지 못할 적중률을 보이고 있기도 하다.

현실이 그러할 진데 識者임만을 자처하여 神殺 풀이는 미신이라고만 매도하는 것은 현실 존재에 대한 부정 이외 다름 아니다. 오히려 易學界의 이러한 문제점들을 인정하고 보다 이론적이고 합리적으로 神殺을 推命에 접목시켜 가급적 미신적 요인은 제거하고 오랜 세월 동안 그 적중률이 검증된 神殺은 五行論과 統計理論을 접목하여 命造의 내부로 끌어들여 易學的으로 분석 정리함이 옳다고 생각된다.

이러한 입장에서 여기서는 神殺의 대표적 종류와 그 의미를 파악하고 구체적 적용은 제二편 응용과 임상편에서 다루고자 한다. 그리고 이론적, 임상적으로 터무니없는 神殺은 제외하고 그 나머지도 임상에 引用할 수 있는 神殺들 중에서도 중요도에 따라 ✪✪✪ = 많이 적용되고 꼭 필요한 神殺. ✪✪ = 알아두면 유리한 神殺. ✪ = 참고용 神殺로 구분하였다.

1. 神殺

(1) ✪✪✪ 空亡 (天中殺)

天干은 하늘을 뜻하고 地支는 땅을 뜻하니 이는 곧 선천 운과 후천 운으로 인간사에서는 아버지와 어머니를 의미하니 이 干支가 일련적으로 균형 있어야 함은 편부모 슬하가 인생의 고난임을 말함과 같다.

空亡은 하늘의 공허함이라 天中殺 이라고도 한다. 모름지기 天干은 十干이요 地支는 十二支이니 地支 두 개는 항상 干支의 조합에서 자리가 없다. 처음의 조합에서 甲子·乙丑 – 癸酉까지이고 地支의 戌과 亥는 같은 배열에서는 해당되는 天干이 없으니 空亡은 '戌空의 位'라 하여 땅만 있고 하늘은 없으니 뜬구름 같아 空亡 순에 해당하는 地支는 허망하다고 한다.

그러나 空亡이 반드시 空虛하거나 凶하지만은 않으니 만약 空亡에 해당하는 運이 凶할 경우에는 凶함이 空虛하여 吉하니 吉運만 空虛하라는 법은 없다. 그러니 空亡論은 일률적으로 적용하여 凶하다 할 것이 아니라 命造와 運의 흐름 전체를 파악하여 구체적으로 판단할 일이다.

◆ 滴天髓는 空亡을 논하지 아니한다.

◆ 大運에서도 空亡을 적용하지 않는다.

특히 주의할 것은 여기서의 神殺 풀이는 神殺 그 자체가 담고 있는 의미를 분석하는 것이고 神殺과 관련된 命造 전체의 喜, 忌는 用神분석과 함께 종합적으로 판단하는 것이 마땅하므로 제2편 응용 임상편에서 상술하기로 한다.

* 空亡 조견표 *

甲子旬	甲戌旬	甲申旬	甲午旬	甲辰旬	甲寅旬
甲子	甲戌	甲申	甲午	甲辰	甲寅
乙丑	乙亥	乙酉	乙未	乙巳	乙卯
丙寅	丙子	丙戌	丙申	丙午	丙辰
丁卯	丁丑	丁亥	丁酉	丁未	丁巳
戊辰	戊寅	戊子	戊戌	戊申	戊午
己巳	己卯	己丑	己亥	己酉	己未
庚午	庚辰	庚寅	庚子	庚戌	庚申
辛未	辛巳	辛卯	辛丑	辛亥	辛酉
壬申	壬午	壬辰	壬寅	壬子	壬戌
癸酉	癸未	癸巳	癸卯	癸丑	癸亥
戌·亥 空亡	申·酉 空亡	午·未 空亡	辰·巳 空亡	寅·卯 空亡	子·丑 空亡

1) 空亡을 보는 법

異說이 있으나 日柱를 기준으로 하여 各柱의 地支를 본다.

2) 해설

命造에 空亡이 들면 空亡과 命造의 五行과를 비교하여 吉, 凶을 판별한다.

예 1. (女命) : 空亡 = 寅·卯 (日柱 기준)

戊	壬	丙	己
寅	子	戌	酉
空亡(食神)			

日柱 壬子에서 時支 寅이 空亡이다. 六親으로는 寅이 食神 이라 女 命에서 자식이 되니 자식과의 인연이 약하고 사이도 나쁘다. 또는 자식에게 사고나 일의 성사가 어렵고 혼사도 힘든다. 남자는 조상과 장인, 장모니 조상덕과 처가덕이 박하다. 六神으로는 여자는 생식기와 여성다움이라 생리가 불순하고 음식솜씨 등 여자다운 맵시가 약하다. 단식 판단으로는 말년에 해당하니 말년에 일의 성사가 어렵고 자식 운 등도 참고하여야 할 것이다.

예 2. (男命) : 空亡 = 申·酉

戊	庚	丁	丙
子	辰	丑	寅

日柱 庚辰에서 申, 酉가 空亡이다. 명조에는 空亡이 없으나 運에 申運이 들면 地支에 水局을 형성하여 食傷運이 발로하고 酉 운이 들면 合運이 드니 그에 따른 변화가 생긴다. 그러나 이 명조는 申, 酉가 空亡이니 운에 申, 酉가 들어도 이러한 喜운이 생기지 않는다. 물론 寅, 申 沖의 凶도 없다.

◇ 이처럼 吉이나 凶운에서 그에 따른 吉, 凶이 없을 때에는 空亡을

우선 보아야 하는 것이다.

◆ 大運은 空亡을 불문하고 歲運, 月運, 日辰도 살피고 명조 전체와 運의 喜, 忌보다는 日干과의 喜, 忌를 살펴서 감명한다. 凶한 일이 예견될 때에 空亡이면 凶함이 생기지 않으니 空亡을 잘 활용하면 吉하다. 空亡운이 들면 아무것도 이루어지지 않는다고 하여 (天中殺) 唐四柱에서는 상당히 비중 있게 다루기도 한다.

(2) ✪✪✪ 白虎大殺

불의의 재난, 사고, 물, 불, 낙상수 등 모든 재난의 首長으로 옛날에는 虎喪八字라 하여 호랑이가 물어간다는 뜻이 있었다. 그러나 현실적으로는 급사, 각종사고, 불운 등을 의미한다. 行運에서 直沖하고 沖, 刑殺이 운집하면 白虎大殺은 필히 주의하여야 하고 各柱를 모두 보지만 日柱를 특히 중요시한다. 命造의 各柱는 물론 大運, 歲運, 月運 등에서도 살펴야 한다.

日柱가 가장 강하고 다음으로 月柱, 時柱, 年柱 순이다. 이 大殺은 神殺論에서는 아주 비중 있게 취급하니 凶殺의 으뜸으로 사고, 횡사의 수장 격이다.

＊ 白虎大殺 ＊

甲	乙	丙	丁	戊	壬	癸
辰	未	戌	丑	辰	戌	丑

예.

庚	戊	丁	甲
午	子	丑	申
		白虎	

單式으로 보면 月柱는 부모 자리이니 부모가 해당되니 부모의 비명횡사나 사고 등을 보고 본인으로서는 청년기에 해당하니 20~30대에 부부가 주의하여야 한다. 또한 六神으로는 劫財이니 형제, 친구 등과의 나쁜 인연과 사고 등을 예고한다.

만약 日柱가 백호대살이면 본인이나 배우자가 해당된다. 즉, 喪夫 喪妻의 의미가 있다. 이때 행운에서 沖, 刑이 되면 특히 사고 등으로 부부의 건강을 주의하여야 한다. 日干에서 丁은 正印으로 어머니 등의 사고나 건강을 염려하고 丑은 劫財가 되니 각 그에 따른 판단도 하여야 한다.

(3) ✪✪✪ 離死別殺

이 殺은 인연의 別殺이다. 특히 부부의 해로, 인연에 시샘을 하여 조금의 틈새라도 있으면 수단과 방법을 가리지 않고 떼어놓거나 재난을 가하려고 하니 이별의 화신이다. 이 殺 역시 부부궁에 가장 강하게 작용하니 중년 특히 40 - 50대에 가장 주의할 일이다.

부부 이별, 별거, 사별, 사고 등을 나타낸다.

＊ 離死別殺 ＊

甲	乙	丙	戊	戊	戊	戊	己	己	庚	辛	壬
寅	卯	午	辰	午	申	戌	丑	未	申	酉	子

60干支 조합 중 12개가 離死別殺에 해당하고 한 명조에는 4개의 干支 조합기둥이 있으니 확률적으로는 한 사람의 四柱에 離死別殺이 존재할 확률은 60%에 이른다. 이처럼 離死別殺이 너무 많다하여 이를 무시하는 경향이 있으나 현실적으로는 그 적중률이 대단히 높고 중요한 殺이다.

부부가 끝까지 해로함이 마땅한 것이나 실제는 이혼율이 40%에 이르고 또한 적어도 한, 두 번 이상은 이혼이나 파경의 위기를 맞아 본적이 없다면 오히려 이상하다 할 것이다.

1) 離死別이 命造의 당사자에게 직접 관여함은 日干이 50% 정도이고 나머지는 그에 따른 六神도 살펴보아야 하며 사고나 기타 질병으로 인한 경우와 법적인 절차는 밟지 않았다고 하더라도 실질적으로는 이혼 상태에 있거나 별거나 기타 타의에 의한 외부적 요건으로 혼자인 것이나 다름없다면 이殺의 적용을 거부할 수 없으므로 離死別殺이 적어도 30% 정도는 적용되므로 확률 상의 과, 불급은 아니라고 생각한다.

2) 日柱 외 나머지 기둥은 日柱의 1/2 정도로 보고 단식판단으로 그시기를 예상하고 특히 沖, 刑된 시기를 잘 살펴야 된다.

3) 離死別殺은 그 적용이 광범위하므로 이러한 殺이 있거나 운이 들어 흉함을 예고하면 미리 이러한 흉함을 잘 진단하여 흉함을 예방하고 대처하고자 함에 推命의 目的이 있으므로 애써 기피하기보다는 서로의 이해와 방비와 예방으로 흉운에 대비하는 지혜가 요구되는 殺이다.

*. **주의 할 것은** 이 殺이 있다고 하여 무조건 이별이나 사별 운이다 하여 피 감정자를 위협할 것이 아니라 감정인의 한마디는 피 감정자에게는 상당한 영향을 미치므로 命造와 行運과 五行의 沖, 刑 등을 잘 살펴서 喜, 忌를 논하고 피치 못하여 凶함을 告 할 때에도 가급적이면 충격적인 언사는 자제해야 할 것이다.

이러한 언사 법은 감정의 전반에서 그대로 적용된다 할 것이다.

예 1.

辛	己	癸	甲
巳	丑	卯	子
	離死別, 比		

日柱가 離死別殺에 해당되니 명조의 주인공이 중년기에 (40-50대)배우자와 이별이나 사별에 해당되어 부부간의 대립이나 사고 등으로 이별의 가능성이 50% 정도이니 이시기에 서로가 더욱 이해와 협력이 요구되고 사고나 재난 등에도 주의해야 된다.

감정인은 이때 서로의 이해와 위기를 주지시키고 行運 등에서 이를 吉運으로 전환될 수 있는 방안을 강구하여 줌이 가하다. 특히 이 명조는 부부궁이 比肩이라 부부가 서로 친구같은 사이가 되어야 하고 만약 남편이 남자로서의 권위나 위신만 내 새운다면 반드시 離死別殺의 흉함을 맛보게 될 것이다. 또한 이 명조는 필히 부인이 자신의 직업을 가짐이 좋고 서로 간에 최대한 간섭을 자제하여야 한다.

◇ 오히려 부인이 가정의 주도권을 잡는 내 주장이 좋으며 부인은 결코 다른 마음을 먹지 않고 성실히 이끌어 간다. 부인은 이 명조에서 남편의 바탕이 된다.(己 土 日干에 丑 土는 根이 되어 충실한 뒷받침을 한다.)

예 2.

甲	乙	辛	己
午	亥	酉	巳
		離死別	

月柱가 離死別, 空亡이라 본인의 청년기에 해당되어 결혼의 성사가 힘들고 성사되더라도 결혼 후 10년을 전후하여 離死別의 운이 오니 이 기간을 잘 넘겨야 해로 한다. 또한 단식으로는 부모의 자리에 해당하니 부모가 청년기에 이별이나 사별에 해당하는 것도 살펴야 한다.

* 六神으로는 酉 金이 偏官이니 남녀 모두 청년기에 강제퇴직이나 사업의 실패를 주의하고 자식과의 관계도 살펴야 한다. 그리고 여자는 남자운이니 이 시기에 남자를 조심하지 않으면 평생을 후회한다.

(4) ✪✪✪ 十惡大敗殺

사업이나 결혼에 2번 이상 실패를 한다는 殺이다. 이 殺은 특히 반복되는 凶운에 중점이 있으니 같은 종류의 일에 대한 실패를 의미한다.

* 大敗殺 *

甲	乙	丙	丁	己	庚	辛	壬	癸
辰	巳	申	亥	丑	辰	巳	申	亥

十惡大敗 뿐만 아니라 기타 다른殺들도 중복되어 성립될 수가 있으며 이러한 경우는 강한 쪽을 중심으로 경합되어 설명된다.

예.

辛	丁	戊	壬
丑	亥	寅	子
	大敗		離死別

日柱가 大敗에 해당한다. 특히 중년기에 이러한 운이 강하게 작용하니

丁亥 日柱는 특이하게 天乙(吉神)과 중첩되어 吉凶이 교차한다. 이 명조가 日支 亥水는 天乙貴人, 正官으로 정 남편으로 귀함도 있으나 上官格으로 관록이나 안정된 직장의 남편을 만나나 명조가 신약하고 忌神이 중첩하여 濁하니 강재 퇴직의 운이 강하고 사업도 한, 두 번 실패의 운이다. 戊 傷官이 通根하여 강해서 水 官殺을 막을 수 있어 制殺 傷官格인 것처럼 보이나 陰干 丁火는 氣 보다는 勢力을 따르니 濁命이다.

此命이 남자라면 天乙命에 관록의 꿈은 있었으나 신약하고 氣가 濁하여 수차례 문 앞에서 좌절하고 부부는 서로 반대로 만나 내 주장이 강하고 남편은 2선으로 물러나 아내의 뒷바라지를 해 주면서 세월을 보내는 형국으로 마음과 현실이 따로 있다. 따라서 이 명조처럼 吉神이 있더라도 명조의 조합이 나쁘고 運路의 진행도 나쁘다면 神殺의 흉함을 피하기는 어려우나 반대로 명조의 조직이 아름답고 氣가 淸하며 運路의 진행이 좋으면 충분히 神殺의 흉함을 피해갈 수가 있는 것이다.

(5) ✪✪✪ 羊刃殺

사고와 다툼, 질병 등으로 수술과 피 흘리고 몸에 칼을 댄다는 의미의 殺이다. (陽干의 劫財와 동일하다.) 사고나 수술 등의 강제적 의미이니 의사, 간호사, 정육점, 군인, 사법, 경찰, 교도관 등으로 나아가면 액운을 면하고 출세가 빠르며 임신중절이나 제왕절개술로 아이를 낳은 경우도 액땜을 한다.

특히 여자의 命에 偏官이 함께하면 남편으로부터 평생을 횡포와 살벌함 속에서 가위눌림의 삶을 산다. 陽 日干은 羊刃殺이고 陰 日干은 陰刃殺이나 그 의미는 동일하다.

* 羊刃殺 *

甲	乙	丙	丁	戊	己	庚	辛	壬	癸
卯	辰	午	未	午	未	酉	戌	子	丑

예.

壬　　丙　　戊　　丁

寅　　午　　中　　亥

羊刃殺

日干을 기준으로 각 地支를 보고 行運도 본다. 日柱는 본인 또는 배우자궁이니 배우자가 해당된다. 六親으로는 劫財니 형제나 동기가 30~50대에 사고나 수술 등으로 피 흘림의 의미가 있고 아니면 배우자가 낙태 또는 아기를 낳을 때 중절이나 제왕절개나 사고로 피 흘리고 고통을 당하거나 수술의 의미다.

男命인 경우도 유추해서 해석이 가능하다. 此命을 분석해 보면 體는 通根과 日支를 얻으니 강하여 官殺을 用하여야 할 것 같으나 時干 壬水도 通根하고 當令하여 더욱 강하여 時支 寅木을 用하여야 마땅하다.

◆ 중요한 것은 日支와 時支가 合하여 日干을 도우니 官殺과 羊刃의 凶함을 충분히 제어할 수 있다. 대표적 身殺兩正 命이다. 이처럼 凶殺이 있어도 命造의 五行의 조합과 운로의 진행에 따라 이를 충분히 극복할 수도 있으며 또한 극복 후에는 오히려 전화위복이 되어 吉함이 발복한다는 것을 알아야 한다.

(6) ✪✪✪ 魁罡殺

魁罡殺은 양면성을 가지고 있다. 명조가 깨끗하고 運路의 흐름이 좋으면 더욱 길하게, 나쁘면 더욱 나쁘게 촉진 역할을 한다. 女命의 경우 옛날에는 '괴강스럽다' 하여 아주 凶命으로 간주하였으나 다양해진 현대 산업사회에서는 직업상 남녀의 구별이 거의 없으므로 활동적인 사람은 모두 좋게 작용한다.

그러나 이 殺은 명조에서 運을 보아 판단할 일이고 만약 財星 運이 理會하고 魁罡이 있으면 재물을 모음에 탁월하고 官星 운이 그러하다면 분명 貴해질 것이다. 삼성의 고 이병철 회장을 비롯한 재벌의 총수들은 대체로 財星이 강하고 理會 하며 이 殺을 가지고 있었다.

* 魁罡殺 *

庚	庚	壬	壬
辰	戌	辰	戌

日柱에 魁罡殺이 있으면 부부 서로 잘나서 양보 없으니 충돌이 많고 남편은 밖으로 돌고 부인도 바람피우고 특히 연하의 남자를 사귀기 쉽다. 그러나 서로가 직업이 있고 財星운이 旺하면 부부 서로 재물복이 있는 命이다.

庚辰은 大敗와 壬戌은 白虎와 중복되어있다. 이러한 경우는 각자의 凶殺이 강하게 작용하는 시기 특히 沖, 刑이나 같은 살이 행운에서 드는 시기에는 주의 하여야 하지만 명조의 배합이 좋거나 운로의 흐름이 좋으면 이를 극복할 수 있고 또한 魁罡은 좋은 六神은 그 방면에서 더욱 크게 발전한다.

이 殺은 남녀가 도두 한 가지 이상의 특성이 있으므로 그 특성의 장점을 살려 직업이 있어야 하며 이를 막으면 반드시 凶하다.

예.

丙	甲	己	壬
	合, 正財		
寅	子	丑	戌
建祿	合, 正財		魁罡

大富의 命造다. 甲 日干은 時支에 建祿하고 月干과는 干合하며 月支와 日支도 合이며 더하여 年柱 魁罡은 이러함을 촉진하니 귀함과 재물과 남자는 여자운이 넘친다.

日干은 通根하여 약하지 아니하여 남자 명조로서는 금상첨화가 따로 없다. 日支와 月支가 合하여 그 역할을 못할 것 같으나 오히려 財를 강화하니 財氣가 通門戶한 경우라 하겠다.

남자는 재물과 여자가 따르나 月柱가 妬合의 상태에 있으며 戌 刑운에 어느 여자도 모두가 正妻감이니 혼란스럽다. 남자의 수신과 현명한 간택이 요구된다.

女命이라면 재물은 많으나 재물을 보고 달려드는 남자로 인하여 가슴앓이가 심하다. 여자는 이 명조에선 財星으로 官星을 세워야 하지만 명조에 官이 不現이니 運에서 기다려야 한다.

(7) ✪✪✪ 四柱殺

이 殺이 命造에 있으면 때로는 이유 없이 머리가 아프고 종교, 철학, 승려 무당 쪽으로 나가면 괜찮다는 神殺로서 소위 神病殺이라 하여 무당殺이라고도 한다. 종교나 철학, 교육, 무당 등의 계통으로 나가면 성취가 빠르다.

좋을 때는 한없이 좋으나 어떤 때는 상당한 기간 동안 이유 없이 부부 관계를 기피하기도하며 성격이 좀 괴팍스러운 면이 있으며 정상적인 부부생활이 어렵다.

＊ 四柱殺 ＊

甲	丙	戊	壬
申	申	申	申

四柱殺은 몸에 이유 없이 이름 모를 病이 많고 머리도 자주 아프고 결혼 성사가 힘들며 성사되더라도 부부 관계가 어렵고 잡귀가 침범하거나 이상한 행동을 한다. 특히 종교, 무속인들에게 이러한 神殺이 많다. 이 殺을 가진 사람은 대체로 선대나 가족 중에 종교계통이나 박수(남자무당), 무당이나 보살 등의 직업을 가졌던 자가 많다.

예.

甲	癸	戊	辛
寅	巳	申	丑
		四柱殺	

月柱의 四柱殺은 부모의 자리로 부모로부터 憑擬(빙의)되어 청년시절에 하던 일에 회의를 느끼고 중단되거나 이름 모를 병에 시달린다. 그러나 철학이나 무속인으로 나아가면 괜찮다. 日柱에 있으면 중년에 부부 중 한사람이 이러한 病에 시달리고 때로는 이유 없이 부부 관계를 거부하여 파경에 이르기도 한다. 이 殺은 벗어나기가 쉽지 않으니 명조의 조합을 보아 주의하지 않으면 안 된다. 此命을 분석해 보면 주의해야 할 것

이 있다.

첫째, 天干의 戊는 日干과 干合 火하고 時柱 木이 火 기운을 돕고 있어 신약하다.

둘째, 月支와 日支는 合하여 水化되나 時支가 寅木으로 완전한 三刑殺이 성립한다.

셋째, 時柱는 日干을 剋洩하고 離死別을 형성한다.

이상의 경우를 종합하여 보면 日干은 약하고 地支는 모두 불리하게 合, 刑, 沖을 이루니 일찍부터 군인이나 사법, 경찰, 등 총칼 만지는 직업이나 또는 정치계통으로 나가지 않으면 四柱殺의 침범을 막기 어렵고 청년기에 하던 일을 중단하고 종교나 철학계통으로 나가지 않으면 신상이 불리하다.

(8) ✪✪✪ 鬼門關殺

鬼門은 정신적인 病이다. 정신발작, 정신이상, 이유 없는 마음 병, 노이로제 등 까닭 모를 정신병으로 생활의 리듬상실과 정상적인 결혼생활이 어렵다. 이 殺이 정신적인 병살이라 하여 四柱病 殺과 유사한 점이 많으나 다음과 같이 구별된다.

鬼門은 치매, 간질, 착시, 환청, 스트레스, 우울증, 자살 등 정신적 질환을 말하고 四柱殺은 그 사람의 적성이 종교나 철학 또는 무속인 등의 방면으로 나아감에 적합한 命을 이르는 것으로 확연히 구별된다. 이는 마치 우리가 종교인이나 철학인 또는 보살 및 무당을 정신병자라고 할 수 없음과 같다.

그리하여 혹자는 명조에 鬼門의 유무를 가지고 철학을 배움이 적합한지의 여부를 따지는 경우도 있으나 주의 할 일이다. 이 殺은 怨嗔과 유사하고 중복되어 성립되기도 한다.

＊ 鬼門關殺 ＊

띠	子	丑	寅	卯	辰	巳	午	未	申	酉	戌	亥
각 地支	酉	午	未	申	亥	戌	丑	寅	卯	子	巳	辰

예.

○	癸	○	○
○	丑	○	午

日支가 鬼門이니 배우자가 해당된다. 六親으로는 偏官이니 女命은 남편이 男命은 자식이 해당된다. 배우자와의 怨嗔도 함께 살펴야 한다. 또한 본인이 중년에 스트레스, 우울증, 기타 정신적 질환에 시달릴 수 있으니 주의 할 일이다.

(9) ✪✪✪ 孤辰寡宿殺

孤辰寡宿殺(고진과숙살)은 年支인 띠로 보는 殺로서 일명 홀아비, 과부살 이라하며 唐四柱에선 매우 중요하다. 전자는 孤辰이고 후자는 寡宿이다. 특히 唐四柱론에서는 怨嗔殺과 함께 婚姻殺이라 하여 혼인을 기피하며 성사도 어렵다고 한다. 명조와 行運도 보아야 하고 만나는 인연도 살펴야 한다. 地支의 方合의 바로 앞은 孤辰殺, 바로 뒤는 寡宿殺이다.

宋 代에 들어 徐子平이 日干을 중심으로 명조의 체계를 세우기 이전까지인 唐 代 까지는 年柱를 我(體)로 하여 감명 하였으므로 그 당시에 세워진 이론을 지금은 唐四柱라 부른다. 이 殺은 婚姻殺로 확률적으로 상

당히 비중이 높으며 예전부터 대표적인 地支의 흉살로 인정되어 왔었다.

* 孤辰寡宿殺 *

띠(년지)	寅卯辰	巳午未	申酉戌	亥子丑
孤辰殺	丑	辰	未	戌
寡宿殺	巳	申	亥	寅

예.

乙　　丙　　戊　　癸

亥　　辰　　子　　巳
　　　孤辰殺

日支 배우자궁이 孤辰이다. 부부간 이별의 운질이 짙으며 특히 離死別이 동주하면 그 시기에 서로가 협조하고 행운 등을 살피고 대처하여야 한다.

◆ 뱀, 말, 양띠는 용, 원숭이띠와는 孤辰과 寡宿이니 婚姻에 참고하고, 그 외 사교나 사업이나 종업원 채용 시에도 참고한다. 此命은 특히 배우자 궁으로 결혼의 성사가 어렵고 이루어지더라도 늦으며 기타 다른 경우도 이와 같이 적용한다.

(10) ✪✪✪ 怨嗔殺

怨嗔殺은 서로가 의심하고 불평불만으로 다툰다. 만나면 보기 싫고 헤어지면 보고 싶은 疑妻, 疑夫殺로 심하면 폭력과 칼부림까지 한다는 婚姻殺이며 鬼門과도 상통한다. 명조와 만나는 인연도 보고 行運에서도 본다. 婚姻殺의 일종으로 살지도 헤어지도 못하는 兩剋의 殺이다.

* 怨嗔殺 *

띠 (年支)	子	丑	寅	卯	辰	巳
	未	午	酉	申	亥	戌

子 - 未 : 양이 풀을 뜯어먹으려고 고개를 숙이니 숨어있던 쥐가 놀라서 쥐는 양을 미워한다.

丑 - 午 : 소는 논, 밭을 갈고 열심히 일하는데 말은 풀밭에서 뛰어 노니 질투 나서 소는 말을 싫어한다.

寅 - 酉 : 범이 배가 고파 민가에 내려와 가축을 잡아먹으려고 하자 닭이 울어 새벽이 밝아 도망치니 범은 닭을 싫어한다.

卯 - 申 : 토끼가 풀을 뜯으려다 위를 보니 나무위에 원숭이의 엉덩이가 빨갛게 보여 놀라니 토끼는 원숭이를 싫어한다.

辰 - 亥 : 돼지머리가 용의 머리 같아 용이 돼지를 싫어한다.

巳 - 戌 : 개가 뱀의 꼬리를 무니 뱀은 개를 싫어한다.

예.

丁	壬	戊	乙
巳	午	寅	丑
	怨嗔		

日支가 怨嗔이니 부부궁에 원진이 작용하여 六親으로 正財니 결혼이 힘들고 결혼하더라도 부부 사이에 의심과 불화가 잦다. 주위에서 헤어질 듯 싸우고도 돌아서서 웃고 사는 부부는 틀림없는 원진 관계이다. 지나

친 사랑을 자제하지 못함이 병이다. 此命은 體는 太弱하고 財는 太强하니 從財에 가깝다. 이러한 경우는 남자는 여자를 따라가고 부인의 주장에 일임하면 凶이 적고 남자가 자신의 위엄을 세우려고 하면 怨嗔이 작용하니 여기서는 疑夫症이 그것이다.

(11) 기타

1) ✪✪ 喪門殺과 弔客殺

喪門은 가족이나 가까운 친지가 喪을 당해 상복을 입는다는 의미의 살이고 弔客은 반대로 조객으로 문상 간다는 뜻이다. 이 殺이 침범하면 몸에 이유 없는 病이 들거나 喪을 낭하는 殺이니 문상이나 병문안을 삼가야 한다. 무속인들은 특히 弔客의 경우를 '주당'이라 하여 매우 꺼린다. 띠로 보며, 띠의 2년 앞은 弔客이고 2년 다음은 喪門이니 이를 方向에 적용한다.

＊ 喪門 弔客殺 ＊

띠	子	丑	寅	卯	辰	巳	午	未	申	酉	戌	亥
喪門殺	寅	卯	辰	巳	午	未	申	酉	戌	亥	子	丑
弔客殺	戌	亥	子	丑	寅	卯	辰	巳	午	未	申	酉

쥐(子)띠는 범(寅)해에 六親 가운데 喪을 당하거나 동쪽으로 문상이나 病 문안 가지 마라.(상문살, 범 즉, 寅은 방향으로 동쪽)

뱀(巳)띠는 동쪽 방향으로 조문 가서 음식 주의하라. 잠자는 집을 기준으로 방향 설정한다. (卯는 東쪽)

◆ 특히 조객살은 급체 등 음식으로 인한 병(주당)을 주의.

2) ✪✪ 孤鸞殺

孤鸞殺(고란살)은 부부간에 고독한 殺로서 독수공방 살이다. 그러므로 부부궁인 日柱에만 해당하고 이 殺은 함께 살아도 별거나 각방 등 항상 외롭고 육체와 달리 마음은 다른데 가있다. 현실적으로는 바람둥이의 부부나 두 집 살림하는 남자의 正 婦人에 해당하고 같이 살아도 이별이나 다름없다. 이 殺은 日柱에만 해당된다.

* 孤鸞殺 *

日	甲	乙	丁	戊	辛
柱	寅	巳	巳	申	亥

예.

○ 乙 ○ ○
○ 巳 ○ ○

日柱가 孤鸞이니 부부가 서로 고독한 삶을 산다. 옆에 있어도 외로우니 빨리 자신의 입지를 세워야 한다. 삶은 자신이 꾸어왔던 꿈으로만 달릴 수 없다는 것을 깨닫고 이상의 삶은 피안에 두고 현실에 적응함이 고란살을 벗어나는 첩경이다.

3) ✪✪ 桃花殺 · 華蓋殺 · 驛馬殺

a) 桃花殺(도화살) · 華蓋殺(화개살)은 바람이다. 이 殺은 몸가짐이 가볍고 결혼 후에도 타 인연에 흐르기 쉬우며 일부일처와는 거리가 있다. 이 殺을 가진 여자는 이 殺과 명조가 理會하고 신강하면 연예계, 화류계, 예능 등 다중이나 남자를 상대하는 업으로 나아가면 크게 성공하며 명조

의 조합이 나쁘거나 沖, 刑하면 淫亂命이다. 驛馬와 동주하는 경우는 고향을 떠나 객지나 외국에서 위의 조건과 같이 유추해서 적용된다.

b) 驛馬殺(역마살)은 글자가 뜻하듯 돌아다니는 殺이다. 옛날에는 女命의 이 殺을 나쁘게 보았으나 남녀가 평등하고 글로벌적 현대 산업사회에서는 아주 중요한 역할을 한다. 命造에 偏財와 理會하고 驛馬와 동주하면 무역, 유통, 투자, 투기 등으로 크게 성공한다. (正財 보다 더 財運이 발복한다.)

＊ 桃花·華蓋·驛馬 ＊

殺 \ 띠	亥卯未	寅午戌	巳酉丑	申子辰
桃花殺	子	卯	午	酉
華蓋殺	未	戌	丑	辰
驛馬殺	巳	申	亥	寅

예.

丁	己	戊	丙
未	酉	寅	申
	桃花	驛馬	

申子辰띠 = 닭(酉) : 桃花. 용(辰) : 華蓋. 寅(범) : 驛馬

청년기에 관록의 씨앗은 있었으나 寅申 沖하고 驛馬가 발동하니 학업은 중단하고 고향을 떠나고 日支의 桃花殺이 발동한다. 남자는 방랑벽이 있고 부인은 화류계나 연예계의 아내를 맞을 가능성이 높으며 남녀모두 화류계 방면으로 나아감이 가하다.

4) ✪✪ 囚獄殺

囚獄殺(수옥살)은 구속, 감금, 납치, 관재구설 등 신체의 자유에 대한 제한이다. 이 殺이 명조에 있으면 단식 판단으로 그 시기에 그러한 위난을 겪을 운질이다. 그러나 군인, 사법, 경찰, 교도관 등으로 직업을 가지면 액을 면하고 오히려 발전한다.

＊ 囚獄殺 ＊

띠(年支)	亥卯未	寅午戌	巳酉丑	申子辰
각 地支	酉	子	卯	午

예.

辛	丙	癸	戊
巳	子	卯	戌
大敗	囚獄		華蓋, 離死別

개띠는 日支 子가 囚獄殺이다. 이 명조는 日干이 死地에 座하나 月支, 時支를 얻어 약하지 않은 命이다. 일찍이 관록의 기운은 있었으나 조상덕은 박하고 중년에 뜻하지 않은 불상사로 官災(囚獄)를 당하니 실패하고 말년에는 다른 사업에 임했으나 성공하지 못한다. (大敗)

종합적으로는 男命에 부인이 官이라 남녀가 서로 바뀌니 본인이 아니라도 아내의 官災가 따를 수 있으며 여자의 명조는 남편이 정좌했으나 부부중 중년에 囚獄의 가능성을 예고한다.

5) ✪✪ 三災八亂

三災八亂(삼재팔난)은 흔히 '三災'라 하여 唐四柱나 무속인, 사찰 등에서 대단히 큰 殺로 간주하여 현혹시키는 殺이다. 三災에 해당하는 3년 중 첫째 년은 入 三災(또는 들 삼재)라하고 둘째 해는 눌 三災라 하여 가장 흉이 심하다고 하며 셋째 년은 날 三災라 하여 이미 三災의 흉함의 융성기가 지나가서 그 흉이 가장 적다고 한다. 三災에 대한 지나친 맹신은 삼가 할 일이라고 여겨진다.

기존의 삼재에 관한 이론에 따르면 사람은 누구나 12년 중 3년은 삼재에 해당하며 길어진 현대인의 수명에 유추해 보면 일생 가운데 약 20년은 누구나 삼재에 해당되어 이 기간 중에는 그야말로 숨죽이고 근신하고 살아야 하고 이를 무시하면 凶한 八亂이 닥친다는 것은 너무 무리한 억측이다.

그럼에도 ✪✪를 표시한 것은 삼재를 대단히 크게 주지시켜 惑世誣民하는 것이 현실이므로 이를 경계하고자함과 또한 방향에 따른 吉, 凶은 이를 전혀 무시할 수만은 없는 것이라 그러하며 방향에 따른 吉, 凶에 관해서는 방위론에서 상술한다.

＊ 三災八亂 ＊

띠(3합)	亥卯未	寅午戌	巳酉丑	申子辰
세운(방합)	巳午未	申酉戌	亥子丑	寅卯辰

亥卯未 즉, 돼지, 토끼, 양띠인 사람은 뱀띠, 말띠, 양띠, 해에는 삼재에 해당되어 각종 팔난을 겪게 되니 신규 사업과 여행 기타 이동과 변동 및 신상에도 각별히 주의하여야 한다는 殺이다.

현대사회에서 한 번 오면 3년간은 머무는 삼재를 피하려 하다가는 오히려 더 큰 失을 당하기 십상이다. 삶에는 기복이 있기 마련이니 전혀 무시하지 말고 참작만 할 뿐 맹신해서는 안 된다.

6) ✪ 紅艶殺

이 殺은 桃花殺, 華蓋殺, 咸池殺처럼 바람과 낭비의 殺이다.

＊ 紅艶殺 ＊

日干	甲	乙	丙	丁	戊	己	庚	辛	壬	癸
地支	午	午	寅	未	辰	辰	戌	酉	申	申

이 殺이 年柱, 月柱에 있으면 사촌 등 近親姦의 염려가 있고 日柱, 時柱에 있으면 타 인연으로 淫賤하고 부부간에 불화 잦다. 명조의 운로가 좋으면 연예계, 화류계, 예술계통, 방송계 등에서 성공하는 자가 많다. 日干을 중심으로 각 地支를 본다.

7) ✪ 咸池殺

咸池殺(함지살)은 홍염살, 도화살, 화개살과 함께 바람살이고 12운성의 沐浴에 해당하는 淫神과 낭비의 살이다. 위 4 淫殺 중 가장 주색과 음란 쪽으로 흐르는 기운이 강하다. 수신이 필요한 殺이다. 咸池는 日支와 時支만 보고 月支는 보지 않는다. 그러니 인생의 중년이후에 특히 주의할 일이다.

＊ 咸池殺 ＊

띠(년지)	亥卯未	寅午戌	巳酉丑	申子辰
日支·時支	子	卯	午	酉

함지살이 理會하면 풍류인이고 주색을 밝히고 원도 한도 없는 삶을 산다. 예술적 지능은 뛰어나니 연예, 예술, 화류, 방송계 쪽에서는 남다른

재능이 있다.

8) ✪ 斷橋關殺

斷橋關殺(단교관살)은 넘어지고 떨어져서 팔이나 다리 등이 부러지는 등 골절상을 당한다는 殺이다. 落傷, 교통사고 등도 의미하며 沖, 刑이 있거나 行運에서 三刑殺 등이 들 때에는 특히 주의하여야 한다.

行運도 점검하여야 한다. 이 살이 들어오면 가급적 등산이나 여행은 피하고 기타 골절의 위험이 있는 행동이나 운동은 조심하여야 한다.

* 斷橋關殺 *

띠	子	丑	寅	卯	辰	巳	午	未	申	酉	戌	亥
단교	亥	子	寅	卯	申	丑	戌	酉	辰	巳	午	未

띠 별로 보아서 명조의 각 地支에 적용한다.

예.

○	○	○	○
○	丑	○	巳

중년에 단교관이니 그 시기에 부부가 주의하고 行運에서도 뱀띠는 소띠 해에 골절상을 주의하여야 한다.

9) * 懸樑殺 *

懸樑殺(현량살)은 성격이 급하고 괴팍하여 통제가 어렵고 순간적으로 폭발하고 자해, 방화, 쇼크 등으로 정신이상 현상을 가져오는 殺로서 귀문과 비슷하다. 이 살의 원래의 뜻이 들보에 목메 단다는 의미로서 귀문과 비슷한 점이 있으나 질환이 아니고 자신의 마음을 통제하지 못하여 폭발하는 殺이므로 마음을 다스리는 수신이 절대로 필요하다.

* 縣樑殺 *

띠(年支)	亥卯未	寅午戌	巳酉丑	申子辰
生 時	乙 卯	庚 午	辛 酉	壬 子

현량살은 출생 年(띠)에 출생 時를 대입하여 본다.

예. (女命)

己	辛	丙	癸
酉	卯	寅	巳
현량살			

단식으로 時柱가 현량살이다. 말년에 부부간 대립과 현량살이 작용한다. 六神으로는 年支는 正官이라 너무 일찍 남자가 들었으나 추억의 남자이고 月干에 丙이 또한 正官으로 본인과 干合으로 좋은 남편 만나서 잘 살아가다가 중년에 卯酉 沖하고 말년은 현량살이 작용하여 깨어지니 말년 운은 비참하고 이때 行運에서 直沖하거나 三刑殺이 들면 파경이나 요절을 면하기 어렵다(말년의 현량 살과 卯酉 沖과 行運의 申年三刑을 볼 것). 이 殺이 나쁘게 작용하면 자신을 통제하지 못하여 대문간에 목을 멘다는 뜻이 있으니 行運에서 忌神이 들 때는 대비해야한다.

10) ✪ 急脚殺

急脚殺(급각살)은 등산이나 여행 중 낭떠러지에 추락한다는 살로 唐四柱의 落傷殺(劫殺)에 해당한다. 이 殺은 대체로 뼈대가 약하거나 위험을 감수하는 성격이다. 보는 방법은 日干을 기준 한다.

＊ 急脚殺 ＊

日干	甲·乙	丙·丁	戊·己	庚·辛	壬·癸
출생 時	申·酉	亥·子	寅·卯	巳·午	辰·戌丑·未

11) ✪ 流霞殺

流霞殺(유하살)은 중풍·암·객사난산 등의 殺이다. 보는 방법은 日干을 기준으로 命의 地支와 行運에서도 본다.

＊ 流霞殺 ＊

日干	甲	乙	丙	丁	戊	己	庚	辛	壬	癸
각 地支	酉	戌	未	申	巳	午	辰	卯	亥	寅

12) ✪ 千日殺

千日殺은 태어나서 천일을 넘기기 어렵다는 殺이다. 日干을 기준으로 命造의 각 地支를 본다.

＊ 千日殺 ＊

日干	甲·乙	丙·丁	戊·己	庚·辛	壬·癸
각 地支	辰·午	申	巳	寅	丑·寅

行運에서도 본다. 아기가 千日殺에 해당하면 너무 직설적으로보다는 간접적으로 표현하고 전문적 사항은 의술에 일임함이 옳다.

13) ✪ 和尙殺

和尙殺(화상살)은 종교인 특히 승려나 역술인, 무속인이 되는 殺이다. 이 殺이 있으면 일반인은 절이나 역술원에 가지 말아야 한다. 이를 어기면 그 방향으로 흐르기 쉽다는 殺이다. 보는 법은 년지(띠)를 기준으로 하여

寅·巳·申·亥生이 寅·巳·申·亥時에 태어나거나

子·卯·午·酉生이 辰·戌·丑·未時에 태어나거나

辰·戌·丑·未生이 子·卯·午·酉時에 生하면 해당된다.

14) ✪ 十二 支神煞

十二 支神殺은 神殺풀이 특히 무속인들 사이에서는 상당히 비중 있게 다루어지고 있음이 현실이다. 그러나 12 지신살 중 10개의 지신살이 凶殺이고 반안과 장성 2개만이 吉神이므로 한 命造에 4개의 기둥이 있음을 감안한다면 12 지신살이 명조에 존재 할 확률은 무려 200%가 넘으므로 12 지신살의 凶함에 해당되지 않을 사람은 아무도 없다.

무릇 인생사는 凶이 있으면 그 다음에는 吉함이 있는 것임에 일방적으로 凶함만을 상시화 하고 吉함은 아주 예외적으로만 있을 뿐이라는 것은 설득력이 약하다. 그러나 당사주에서는 절대적으로 비중 있게 다루어지고 현실적으로도 점술인이나 무속인들 중에는 상당히 적용하고 있으며 심지어는 易術人 중에도 상당수가 이 殺을 중심으로 감정에 임하고 있기도 하다.

보는 방법은 3合에 각 地支를 대입한다.

* 十二 地神殺 *

띠 \ 殺	劫煞	災煞	天煞	地煞	年煞	月煞	亡身	將星	攀鞍	驛馬	六害	華蓋
亥卯未	申	酉	戌	亥	子	丑	寅	卯	辰	巳	午	未
寅午戌	亥	子	丑	寅	卯	辰	巳	午	未	申	酉	戌
巳酉丑	寅	卯	辰	巳	午	未	申	酉	戌	亥	子	丑
申子辰	巳	午	未	申	酉	戌	亥	子	丑	寅	卯	辰

劫煞 : 강도, 절도, 사업실패, 이별, 질병, 사기, 투자실패 등 특히 낙상살이라 하여 사고 주의 (六神으로 偏官, 傷官과 비슷)

災煞 : 관재구설, 구속, 강제납치, 질병 등 특히 수옥살이라고 하여 구속과 속박을 예견한다.

天煞 : 사고, 부도, 이별, 사별, 별거 등

地煞 : 이동과 변동, 이사 등의 나쁜 의미를 나타냄.

年煞 : 음란 살, 바람, 주색잡기, 사치와 허영 등 도화, 화개, 홍염, 함지, 목욕과 비슷하다.

月煞 : 질병, 중도하차, 포기, 역부족 등 특히 고갈살이라 하여 피지도 못하고 지는 꽃봉오리와 같다.

亡身煞 : 주색잡기로 인한 망신, 구설수, 손재, 투기, 도박으로 인한 폐가망신 등 가정파탄의 살이다.

將星煞 : 출세, 승진, 번영, 문서 운 등정관과 정재에 해당한다.

攀鞍煞 : 취직, 영전, 승진, 출세 등 정관에 해당한다.

驛馬煞 : 이동과 변동, 가출, 움직임 등. 沖, 刑이 함께 하면 움직이다 사고 당할 운이다. 해외진출과 무역 및 객지생활 등

六害煞 : 패륜행위, 하극상, 근심걱정, 사고 등 양인에 해당한다.

華蓋煞 : 헛된 공상, 사치, 허영, 정신질환, 음란과 구설 등이다.

◆ 기타 상세한 것은 당사주론에서 상술한다.

예.

乙	辛	壬	丙
亥	未	申	戌
劫煞	攀鞍	驛馬	華蓋

일찍부터 공부에는 마음이 없고 사치와 허영에 사로잡혀 이상과 현실을 구분하지 못하고 방황한다. 그러한 마음은 청년기까지 작용하여 가출하여 고향을 떠나 고달픈 삶을 영위한다. 중년에 마음잡고 취직과 결혼을 하여 안정된 삶을 살지만 생활이 안정되자 다시금 옛날은 잊어버리고 허영 되고 무리한 투자와 투기로 파산하고 이별까지 하니 중년에 반짝 영화의 삶이다.

◇ 이러한 해석이 가능하나 이는 命造의 분석 없이 단순한 12지신살의 단식 판단의 나열일 뿐이다.

2. 吉神

(1) ✪✪✪ 天乙貴人

이 吉神은 하늘과 귀인이 돕는 최고의 吉神으로 인격과 지혜를 겸비하고 주위의 신망을 받는다.(正印 + 正官) 명조에 理會하면 소원성취·만사 형통하며 출세가 빠르다. 명조에 魁罡이 동주하면 예리하고 명석한 판단력을 소유하여 주위의 존경을 받는다. 沖, 刑, 空亡이나 12運에서 絶地에 임하면 吉함이 소멸된다.

＊ 天乙貴人 ＊

日干	甲	乙	丙	丁	戊	己	庚	辛	壬	癸
각 地支	丑, 未	子, 申	酉, 亥	酉, 亥	丑, 未	子, 申	丑, 未	午, 寅	巳, 卯	巳, 卯

보는 방법은 日干 기준으로 각 地支를 본다.

예.

乙	丙	己	辛
酉	子	巳	亥
天乙			天乙

단식으로 年支는 조상 자리니 조부모의 덕과 어린 시절을 유복하게 보내고 말년에도 자식이 성공하고 말년이 후덕하다.

◇ 그러나 이러한 판단은 명조 전체의 喜, 忌를 보아 판단할 일이고 선불리 길신만을 논하여서는 아니 된다. 六神으로는 正財에 해당한다. 行運에서도 참고한다.

(2) ✪✪ 文昌貴人

이 貴神은 文章의 聖神이다. 명조에 문창귀인이 있으면 문장, 시, 창, 명필 등 문장으로 이름을 날리고 예술적 재능도 뛰어나다. 日干을 기준하여 각 地支를 본다.

* 文昌貴人 *

日干	甲	乙	丙	丁	戊	己	庚	辛	壬	癸
각 地支	巳	午	申	酉	申	酉	亥	子	寅	卯

(3) ✪ 天福貴人

天福貴人은 하늘의 도움과 음덕이 따르고 하는 일이 남의 도움으로 성취가 잘되는 귀한 神이다. 正印과 食神의 결합과 같은 神이다. 日干을 기준으로 각 地支를 본다.

* 天福 貴人 *

日干	甲	乙	丙	丁	戊	己	庚	辛	壬	癸
각 地支	酉	申	子	亥	卯	寅	午	巳	丑,未	辰,戌

행운에서도 참고한다.

(4) ✪ 官貴學館

官貴學官이 명조에 있어 관직에 임하면 승진과 출세가 빠르고 주위의 덕망과 이름을 날린다. 日干을 기준하여 각 地支를 본다.

* 官貴學官 *

日干	甲	乙	丙	丁	戊	己	庚	辛	壬	癸
각 地支	巳	巳	申	申	亥	亥	寅	寅	申	申

(5) ✪ 十干祿

十干綠은 六神으로 正官에 해당하고 이 吉神이 있으면 官祿에 임하여 이름을 빛내고 글로서 이름을 날리며 의식과 경험이 풍부하여 사회에 봉사한다.

月支에 있으면 建祿이고

日支에 있으면 日錄이며

時支에 있으면 貴祿이다.

日干을 기준하여 각 地支를 본다.

* 十干綠 *

日干	甲	乙	丙	丁	戊	己	庚	辛	壬	癸
각 地支	寅	卯	巳	午	巳	午	申	酉	亥	子

현대와 같이 기회와 이기주의가 팽배한 사회에서는 봉직시에는 물론 퇴직 후에도 존경을 받기란 실로 어려우나 十干祿은 관록과 명예이다.

十干祿 : 正印 + 正官

(6) ✪ 暗祿

이 吉神은 지혜와 총명함이 있으며 항상 남보다 앞선 생활을 하고 어려움이 봉착해도 남모르는 음덕이 있으니 복된 삶을 산다. 日干을 기준으로 각 地支를 본다.

* 暗綠 *

日干	甲	乙	丙	丁	戊	己	庚	辛	壬	癸
각 地支	亥	戌	申	未	申	未	巳	辰	寅	丑

命造에 없어도 行運에서도 본다.

(7) ✪ 金輿祿

金輿(금여)란 금수레로 귀한신분이나 고급 공무원이다. 사회적으로는 박사나 명망가가 많으며 여자는 아름다움과 지혜를 겸비했다. 결혼 운도 좋고 평생 복록과 평안이 따르는 부러운 貴神이다. 옛날에는 주로 왕족이나 귀족에게서 많이 있었다. 日干을 기준으로 각 지지를 본다.

* 金與綠 *

日干	甲	乙	丙	丁	戊	己	庚	辛	壬	癸
각 地支	辰	巳	未	申	未	申	戌	亥	丑	寅

沖, 刑, 空亡하면 약하거나 소멸한다.

예.

乙	丙	辛	辛
亥	子	未	亥
		金輿	天乙

태어날 때부터 조상 덕과 하늘의 복 운이 따르고 유복한 가정에서 귀한 신분으로 자랐다. 청년기에 미모와 지덕을 겸비한 부인을 만나고 고위직에 올라 사회에 봉사하고 청운의 뜻을 이룬다. 月干과는 干合이라 중년까지 복록과 귀함이 보장된 명조.

(8) 三奇貴人

三奇貴人은 인격과 박학다식하고 평생을 후복하게 지내며 어려움에 봉착해도 주위의 도움으로 잘 해결된다. 三奇貴人은 명조에 천간이 3개씩 나란히 있는 貴神로서 반드시 日干을 포함하여 일련으로 있어야 한다.

이에는 3종류가 있다.

1) 天上三奇 : 天干에 日干을 포함하여 甲·戊·庚이 나란히 있어야 한다.

2) 人中三奇 : 天干에 日干을 포함하여 辛·壬·癸가 나란히 있는 명조다.

3) 地下三奇 : 天干에 日干을 포함하여 乙·丙·丁이 나란히 있는 명조이다.

三奇가 있고 地支가 理會하면 나라의 기둥이 될 큰 인물감이고 沖, 刑, 空亡이 들면 吉함이 없어진다. 天乙貴人과 同柱하면 더욱 길하다.

◇ 이상 神殺을 凶殺과 吉神 별로 살펴보았으며 그 외에도 수십 종에 이르는 神殺이 있으나 너무 다양하며 또한 중복되는 것이 많으므로 기술한 정도의 神殺만으로도 충분하며 표시한 중요도에 따라 적당히 선용하면 족하다고 본다.

吉神은 天乙, 文貴學官, 十干祿 정도 외는 의미와 용도가 적으므로 보통 神殺이라 함은 흉살을 의미한다. 吉神은 吉 六神 속에 그 내용이 거의 포함되어 있기 때문이다.

◇ 怨嗔과 孤辰寡宿은 婚姻殺이라 하여 예부터 결혼이 어렵고 성사되더라도 이별, 사별, 별거 등 궁합에는 극구 피한다.

◆ 다음은 천간과 띠를 기준으로 본 신살 등의 조견표다.

干	合	沖	體	神 殺	吉 神
甲	己	庚	膽	甲寅 : 이사별, 고란 甲辰 : 백호, 대패 甲申 : 사주 卯 : 양인	丑,未 : 천을 寅 : 십간록 巳 : 문창
乙	庚	辛	肝	乙卯 : 이사별 辰 : 양인 乙未 : 백호 乙巳 : 대패, 고란	子, 申 : 천을 卯 : 십간록 午 : 문창
丙	辛	壬	소장 삼초	丙戌 : 백호 丙午 : 이사별, 양인 丙申 : 대패, 사주	亥, 酉 : 천을 巳 : 십간록 申 : 문창
丁	壬	癸	심장 삼포	丁丑 : 백호 丁亥 : 대패 未 : 양인 丁巳 : 고란	亥, 酉 : 천을. 午 : 십간록 酉 : 문창
戊	癸	己	胃腸	戊辰 : 백호, 이사별 戊午 : 이사별, 양인 戊申 : 이사별, 사주, 고란 戊戌 : 이사별	丑, 未 : 천을 巳 : 십간록 申 : 문창
己	甲	戊	脾臟	己丑 : 이사별, 대패 己未 : 이사별, 未 : 양인	子, 申 : 천을 午 : 십간록 酉 : 문창
庚	乙	辛	大腸	庚申 : 이사별 庚辰 : 괴강, 대패 庚戌 : 괴강. 酉: 양인	丑, 未 : 천을 申 : 십간록 亥 : 문창
辛	丙	乙	肺	辛巳 : 대패 辛酉 : 이사별 辛亥 : 고란 戌: 양인	寅, 午 : 천을 酉 : 십간록 子 : 문창
壬	丁	丙	膀胱	壬子 : 이사별, 양인 壬戌 : 백호, 괴강 壬申 : 사주병, 대패 壬辰 : 괴강	巳, 卯 : 천을 亥 : 십간록 寅 : 문창
癸	戊	丁	腎臟	癸丑 : 백호 癸亥 : 대패, 눈물, 丑: 양인	巳, 卯 : 천을 子 : 십간록

구분 / 띠	좋은 인연			나쁜 인연			
	二合	三合	方合	沖	怨嗔	孤辰	寡宿
子	소	원숭이, 용	돼지, 소	말	양	개	범
丑	쥐	뱀, 닭	돼지, 쥐	양	말	개	범
寅	돼지	말, 개	토끼, 용	원숭이	닭	소	뱀
卯	개	돼지, 양	범, 용	닭	원숭이	소	뱀
辰	닭	원숭이, 쥐	범, 토끼	개	돼지	소	뱀
巳	원숭이	닭, 소	말, 양	돼지	개	용	원숭이
午	양	범, 개	뱀, 양	쥐	소	용	원숭이
未	말	돼지, 토끼	뱀, 말	소	쥐	용	원숭이
申	뱀	쥐, 용	닭, 개	범	토끼	양	돼지
酉	용	뱀, 소	원숭이, 개	토끼	범	양	돼지
戌	토끼	범, 말	원숭이, 닭	용	뱀	양	돼지
亥	범	토끼, 양	쥐, 소	뱀	용	개	범

제8장. 唐 四柱

1. 서

唐四柱는 命造의 띠만을 年, 月, 日, 時의 순서대로 연속적으로 순환 지정하여 12地支의 각 특성을 별자리와 3合 會局을 기준으로 地支의 喜忌를 설명한 것이다. 命理의 감정처럼 四柱八字의 각 주마다 만세력으로 색인을 않아도 된다는 점과 띠만 알면 쉽게 명조를 세울 수 있고 비교적 간단명료하게 설명이 가능하다 하여 아직도 널리 사용되고 있다.

이는 중국五代 北宋때의 徐子平이 日干을 我로하여 命理學의 기초를 정립하기 전 중국 唐나라시대에 年支를 我로하여 설명하던 때의 이론으로 오늘날도 무속인이나 일부 승려 및 역술인들 사이에서도 광범위하게 사용하고 있으므로 여기에서 그 상세를 설명하기로 하고 다만 唐四柱는 근대 命理學의 기본적 설명과는 판이하게 다르므로 서로 융합하여 감정할 수 있다면 臨床에서 보다 實證的일 수 있다고 생각한다.

唐四柱를 이해하기 위해서는

첫째, 각 地支의 별(星)과 특성을 파악하여야 한다. 왜야하면 唐代에 서역과 교역을 하면서 상인들이 오랜 여행 중에 천문과 기상에 관심을 가질 수밖에 없었고 그 과정에서 唐나라의 地支와 아라비아의 별자리를 결부시켜 탄생한 것이 12 地支 天星殺이다. 좁은 의미로는 12天星殺만으로 唐四柱를 논하기도 한다.

둘째, 12 地支를 木, 火, 金, 水 등 3合局을 기준으로 하여 각 해당 地支의 喜, 忌를 논하는 地神殺이 있다. 이는 唐四柱의 神殺의 地神殺과 맥을 같이한다. 현대의 唐四柱는 天星殺보다 오히려 地神殺에 더욱 비중을 두고 있으며 현실론 적으로는 두 이론을 함께 감정함이 대세다.

셋째, 정통 명리학을 익혔다 하더라도 唐四柱를 단순한 미신이나 하급 이론으로 무시할 것이 아니라 命理學과 唐四柱의 적절한 조화를 염두에 두어야 할 것이다. 왜냐하면 감정을 하다보면 命理이론으로는 설명되기 곤란한 부분도 唐四柱는 쉽게 설명 내지는 적중하는 경우를 흔히 접하기 때문이다.

2. 十二 天星殺

(1) 天貴星. 子

동물은 쥐이고 앞발은 4개며 뒷발은 5개다.

1) 별자리는 天貴星이라 귀인형이고 하늘의 福이 있다.

2) 좋은 띠 : 丑(二合), 申(半合), 辰(半合), 亥(方合)

3) 나쁜 띠 : 午(沖), 未(怨辰), 寅(寡宿), 戌(孤辰), 酉(鬼門)

4) 三災八亂(삼재) : 寅, 卯, 辰

* 부성과 모성이 강하고 성격이 낙천적이고 사교성이 있으며 눈치가 빠르고 순간적 재능이 있다.

* 여자는 다산형이고 거짓말은 잘 하지 않으며 친구와의 거래는 90%

이상 확실하며 작은 일는 소심하나 큰일은 대범하다.

* 얼굴은 준수하고 자존심을 건드리지 않으면 호인형이고 신경이 예민하며 스트레스나 노이로제 환자가 많으며 이혼율이 높다.

* 부모덕은 있으나 청년기에 시련이 있고 중년부터 발복한다.

* 적성은 상업, 장사, 유통업, 종교, 철학, 중매업, 중개업 등

(2) 天厄星. 丑

동물은 소이고 발굽은 2개이다.

1) 별자리는 天厄星이라 고생이 많고 액운이 침범한다.

2) 좋은 띠 : 子, 巳, 酉, 亥

3) 나쁜 띠 : 未, 午, 寅, 戌

4) 삼재팔난 : 亥, 子, 丑

* 근면과 성실의 상이며 강력한 지도자 격이다.

* 색정은 강하나 가정은 지키며 시키지 않으면 하지 않으니 게으름이 흠이며 화려한 것을 좋아하지만 고독함이 두드러진다.

* 天上에 前罪가 있으니 봉사와 선행이 요구되고 조실부모가 아니면 일찍 고향을 떠나 고생과 액운이 따른다.

* 인자하고 남을 속일 줄 모르며 인내심이 강하니 이러함을 이용당하기 쉬우며 낙상과 수액과 화액을 조심하여야 한다.

* 사회사업, 교육자, 종교인, 농업, 임업, 식품가공업, 요식업 등

(3) 天權星. 寅

동물은 범이고 발가락은 5개이다.

1) 별자리는 天權星이니 권세를 누리고 관록의 상이다.

2) 좋은 띠 : 亥, 午, 戌, 卯, 辰

3) 나쁜 띠 : 申, 酉, 丑, 巳

4) 삼재팔난 : 申, 酉, 戌

* 통이 크고 정직과 신념이 강하며 최후의 승리자 격이다.

* 한번 마음먹으면 과감히 결단하고 공격과 방어가 뛰어나며 속전 속패의 상이나 초반에 실패가 많으나 후반에는 결국 성공한다.

* 사랑에는 약하다.

* 인화와 융통성이 부족하니 빈곤한 명분보다 풍성한 타협을 중시하라.

* 공무원, 군인, 정치가, 교직원, 카운슬러, 기업가 등

(4) 天破星. 卯

동물은 토끼이고 발가락은 4개이다.

1) 天破星은 깨어지고 이별수이나 인덕과 문서 운은 있다.

2) 좋은 띠 : 戌. 亥, 未, 寅, 辰

3) 나쁜 띠 : 酉, 申, 丑, 巳

4) 삼재팔난 : 巳, 午, 未

* 초년운 좋으나 청, 중년 고생하다 50세 이후 다시 발복한다.

* 섬세하고 무드를 조성할 줄 알고 감수성이 예민하여 작은 일에도 반응이 민감하다.

* 남에게 피해를 입히지 않으며 시작은 잘하나 마무리가 힘드니 용두사미격이라 사업, 동업, 투기 등은 실패가 많아 중심을 잃고 헤매며 자신 또는 배우자는 허약하여 약탕기가 끊이지 않는다.

* 부모덕은 없으나 섬길 줄은 알고 청빈하고 수학적 재능이 뛰어나고 지나친 이론의 전개로 뭇사람들과 거리감을 조성한다.

* 농업, 목축업, 제봉업, 섬유, 화학, 숙박업 등

(5) 天奸星. 辰

상상의 동물인 용이다.

1) 별자리는 天奸星이라 간사하고 간음하며 배반의 흉성이다.

2) 좋은 띠 : 酉, 申, 子, 寅, 卯

3) 나쁜 띠 : 戌, 亥, 丑, 巳

4) 삼재팔난 : 寅, 卯, 辰

* 마음과 현실은 따로 있으니 현실과 이상의 2개의 삶을 산다.

* 무엇을 하여도 마음에 차지 않으며 시도하면 이루어지기 어려우니 이상을 낮추고 현실에 적응하여야 하지만 좀처럼 포기할 줄 모르는 이율배반성을 가지고 있으며 러브스토리가 많고 여자는 돈과 유혹에 약하여 연예인이나 화류계 방향으로 흐르기 쉽다.

* 용은 상상의 영물이라 마음을 터놓지 않으니 남들이 가정사를 모르고 자신만의 비밀이 있으며 위인은 간사하고 사교적이다.

* 적성은 중개인, 기능직, 예술인 ,연예인, 변호사, 의사 등

(6) 天文星. 巳

동물은 뱀이고 혓바닥이 2개이다.

1) 별자리는 天文星이라 총명하고 글이 좋다.

2) 좋은 띠 : 申, 酉, 丑, 午, 未

3) 나쁜 띠 : 亥, 戌, 辰, 申, 寅

4) 삼재팔난 : 亥, 子, 丑

* 두뇌가 명석하고 천재적 재능과 강인한 성격을 가졌다. 강인한 인상을 주고 한번 결심한 것은 끝까지 이루고 마는 성격으로 생각이 깊고 분석하기 가장 힘든 사람이다. 잘나서 남과 오래 사귀지 못하고 허영과 사치와 섹스도 강하다. 학문에 정진하면 남다른 성공을 거두고 天權과 天刃이 함께하면 문무를 겸비한 재주가 있다.

* 공무원, 교육자, 문학가, 명필가, 연구가, 분석가 등

(7) 天福星. 午

동물은 말이고 발톱이 하나이다.

1) 별자리는 天福星이라 하늘의 복을 갖고 태어나니 평생을 쓰고도 남음이 있고 선행도 베푼다.

2) 좋은 띠 : 未, 寅, 戌, 巳

3) 나쁜 띠 : 子, 丑, 辰, 申

4) 삼재팔난 : 申, 酉, 戌

* 거국적이고 실질을 좋아하며 한번 마음먹은 것은 추진력이 있고 그 결과에 승복하며 행동이 민첩하고 일인자를 원한다.

* 의식주는 풍부하나 식성은 까다롭고 사교성이 있어 돈과 여자가 따르나 여난이 끊이지 않으니 이혼율도 가장 높다.

* 소외감과 질투심이 강하여 남에게 지고는 못살고 일복은 많아서 가만히 있지를 못한다.

* 적성은 의사, 약사, 영양사, 보육원, 식품업, 예식업 등

(8) 天驛星. 未

동물은 양이고 발톱은 2개이다.

1) 별은 天驛星이라 이는 역마살이니 돌아다니고 활동적이며 가정보다 밖을 더 살핀다.

2) 좋은 띠 : 午, 亥, 卯, 巳

3) 나쁜 띠 : 丑, 子, 辰, 申, 戌

4) 삼재팔난 : 巳, 午, 未

* 자존심이 강하고 여성다우나 마음은 강하다.

* 고집을 부리면 황소고집이고 싫증을 잘 내니 한군데 정착이 어려워 직장의 변동이 심하고 이사도 자주한다.

* 결단력이 약하여 흔들림이 많고 이것 저것 손데 보고 고향을 떠나 객지나 외국생활이 많으며 여자는 조혼이 많다.

* 기술이 없으면 관액과 실패가 잦아 곤액을 많이 치른다.

* 공무원(외교), 기술직, 예술과 연예계통, 유통업, 무역업 등

(9) 天孤星. 申

동물은 원숭이고 발가락은 5개이다.

1) 별자리는 天孤星이니 고독과 외로움의 화신이고 여자는 산액으로 고생한다.

2) 좋은 띠 : 巳, 子, 辰, 酉, 戌

3) 나쁜 띠 : 寅, 卯, 未, 亥, 巳

4) 삼재팔난 : 寅, 卯, 辰

* 총명하고 재주가 많으며 몸이 가볍고 화술이 좋다.

* 정의감이 있고 자신보다 남의 일에 더 열성적이며 가정적이고 착하며 남녀 공히 섹스는 강하다.

* 재치와 유머와 화술로 낭만적이고 혼자 있기를 싫어한다.

* 六親과는 사이가 나쁘고 부부운도 별로이니 고독한 상이며 참을성이 부족하여 경솔하게 행동하고 자신을 가지고 행동하나 성공보다는 실패가 많다.

* 작가, 예술가, 연예인, 사상가, 발명가, 종교인, 무속인 등

(10) 天刃星. 酉

동물로는 닭이고 발가락은 4개이다.

1) 별자리는 天刃星이라 이는 칼과 피, 수술을 의미하니 평생 연장과 차를 조심하고 관재구설과 다툼도 주의하라.

2) 좋은 띠 : 辰, 巳, 丑, 申, 戌

3) 나쁜 띠 : 卯, 寅, 未, 亥, 子

4) 삼재팔난 : 亥, 子, 丑

* 욕심은 많아 무얼 하든 양이 차지 않아 불만이다.

* 성격이 까다롭고 신경과민과 몸에 힘이 많고 살기가 도는 기상이며 남다른 예지력이 있으나 제멋대로 행동하기도 한다.

* 지적인면과 스마트함과 무드도 있으며 여성은 상위격이다.

* 쓸데없는 고민으로 신경과민하고 몸에 흉터가 있으며 어떤 때는 놀라운 예지력을 발휘하여 사람들을 놀라게하며 남의 밑에 있지 못하며 어릴적 또는 청, 장년기에 사고로 학업중단이나 강제수술이 예고되며 50세 넘으면 안정적이다.

* 적성은 종교인, 철학, 무속인, 군인, 사법, 경찰, 교도관, 의사, 간호사, 정육점, 주먹세계 등

(11) 天藝星. 戌

동물은 개이고 발가락은 5개이다.

1) 별자리는 天藝星이라 예술과 연예 등 재주가 많다.

2) 좋은 띠 : 卯, 寅, 午, 申, 酉

3) 나쁜 띠 : 辰, 巳, 未, 亥, 丑

4) 삼재팔난 : 申, 酉, 戌

* 궤변에 능하고 재주와 기술이 다양하여 만능재주꾼이고 성격은 양면성이라 충성심과 잔인성이 공존한다.

* 색정은 강하여 바람기가 많고 사람을 가려서 사귀니 마음에 들면 肝이라도 빼주나 싫은 사람은 상대도 하지 않는다.

* 노력하면 무엇이든 이룰 수 있는 능력이 있으니 학자나 예술계통으로 크게 발전하지만 의외로 게으른 면이 있다.

* 적성은 예술인, 연예인, 문학가, 기술자, 종교, 변호사, 의사, 약

사, 웅변가, 참모격, 사회봉사직 등

(12) 天壽星. 亥

동물은 돼지이고 발가락은 2개이다.

1) 天壽星은 장수의 상이나 고독하며 천상에 죄가 있다.

2) 좋은 띠 : 寅, 卯, 未, 子, 丑

3) 나쁜 띠 : 巳, 辰, 戌, 寅

4) 삼재팔난 : 巳, 午, 未

＊ 희생정신이 강하고 자존심과 고집이 세며 천상의 전죄가 있어 선행을 요한다.

＊ 융통성이 없으나 한없이 좋은 성격이고 매사에 철저하며 자신이 손해를 볼지언정 남에게 해를 끼치지 않는다.

＊ 장수의 상으로 20세 전에 질병을 앓지 않으면 부모가 근심이고 중년 이전은 곤액이 많으나 그 이후 발복하여 늦운이 든다.

＊ 머리는 총명하여 한 가지 들으면 열 가지 이해하며 부모덕은 없으나 자수성가형으로 누구의 도움 없이 혼자 스스로 일어선다.

＊ 사회사업, 중개업, 회계총무, 소방관, 요식업, 의료계통 등

＊ 十二 天星殺 ＊

띠	子	丑	寅	卯	辰	巳	午	未	申	酉	戌	亥
天星殺	天貴星	天厄星	天權星	天破星	天奸星	天文星	天福星	天驛星	天孤星	天刃星	天藝星	天壽星

3. 十二 地神殺

(1) 地神殺의 종류

1) 年殺

桃花, 沐欲, 咸池와 비슷하며 바람과 색정의 살이다.

亥卯未 : 子. 寅午戌 : 卯. 巳酉丑 : 午. 申子辰 : 酉

* 남녀 공히 배우자 외에 애인이나 간부를 두며, 행운이 나쁘면 관재구설이 따르니 傷官으로 변한다.

* 가정은 버리지 않으려하니 盜色殺이라 고도 한다.

2) 月殺

일명 枯渴殺(고갈살)이라 피지 못하고 지는 꽃봉오리니 항상 목마르고 무언가 부족하다.

亥卯未 : 丑. 寅午戌 : 辰. 巳酉丑 : 未. 申子辰 : 戌

* 장애, 수족불편, 정신적 피폐, 질병, 도중하차 등 자신이나 가족에게 불행이 있다.

* 행운이 나쁘게 작용할 때에는 염세주의적 행동양상을 보이기도 하여 약물중독이나 미신, 불륜에 흐르기 쉽다.

3) 亡身殺

패가망신의 대흉살이다.

亥卯未 : 寅. 寅午戌 : 巳. 巳酉丑 : 申. 申子辰 : 亥

사업실패, 이별, 사고, 구설 등의 암시가 있고 남녀 공히 바람과 색난으로부터 자유롭지 못하며 운로에서 沖, 刑하거나 망신살이 겹치면 이별이나 사별 또는 불구장애의 운질이 짖다.

◆ 흔히 '망신살이 끼였다' 하여 나쁜 운으로 본다.

4) 將星殺

득세와 영전의 살이다.

亥卯未 : 卯. 寅午戌 : 午. 巳酉丑 : 酉. 申子辰 : 子

* 군인이 별을 다니 장수의 살로서 통솔과 번영을 의미한다.

* 합격, 출세, 당선, 발전, 개업 등 육신의 정관에 해당한다.

* 여명은 남편보다 기가 세어 고독명이라 하지만 남녀가 평등한 현대에선 옛말이다. 여성은 가히 여장부 격

5) 攀鞍殺

말의 안장이니 번영과 출세로 정인 + 정관이다.

亥卯未 : 辰. 寅午戌 : 未, 巳酉丑 : 戌. 申子辰 : 丑

* 최고의 吉星으로 당선, 당첨, 합격, 승진, 영전, 출세 등 명예와 부가 함께 드니 부귀의 길신이다.

* 명조에 있고 행운에서 들면 무엇이든 만사형통이다. 행운에서 들면 과감히 승부를 걸어볼 만하다.

6) 驛馬殺

움직이면 길하다. 풍류살이라고도 한다.

亥卯未 : 巳. 寅午戌 : 申. 巳酉丑 : 亥. 申子辰 : 寅

* 움직임과 관련된 사업은 이 살이 촉진제가 된다. 그러니 무역, 유통, 외교, 이사, 이동 등과 관련된 업에 종사하는 사람은 이 殺이 있으면 발전이 빠르다.

* 行運에서 沖, 刑이 들때에는 움직임에 사고, 실패 등의 불행이 예고되니 특별히 주의할 일이다.

* 명조에 망신살, 년살, 화개살, 월살 등 색정이나 신상에 관한 살들과 沖, 刑하는 시기에도 주의하여야 한다.

7) 六害殺

羊刃殺과 같아 피 흘리고 사고, 수술을 의미한다.

亥卯未 : 午. 寅午戌 : 酉. 巳酉丑 : 子. 申子辰 : 卯

* 이 殺이 沖, 刑하면 해당 六親과 사이가 나쁘고 鬼門과도 그러하면 하극상이나 패륜 등 인륜을 剋한다.

* 특히 天刃星과 동주하고 沖, 刑하면 그 시기에 교통사고나, 수술 등 피 흘림을 강하게 예고한다.

* 行運에서 들어오면 사고와 피흘림 등을 예고히니 모든 변동과 해당 六神에 주의해야 한다.

8) 華蓋殺

화려함으로 가득하다.

亥卯未 : 未. 寅午戌 : 戌. 巳酉丑 : 丑. 申子辰 : 辰

* 명조에 이 살이 있고 행운에서도 들면 그 시기에 예술, 연예, 화류계, 종교, 기타 대중 상대업 등에 종사하는 자는 발복한다.

* 반대로 沖, 刑하면 길함이 사라지고 사치와 낭비, 음란과 색정, 기타 구설에 빠지기 쉬우니 주의할 일이다.

* 이 살은 양면의 칼이니 理會하면 대성하여 명성과 창고가 가득하고 沖, 刑하면 천박하다.

9) 劫殺(落傷殺)

해당 五行과 沖하니 빼앗기고, 겁탈, 낙상, 사기, 관재구설, 압류 등. 특히 낙상살이라 하여 떨어지고 부딪히고 낙상에도 주의해야 한다.

亥卯未 : 申. 寅午戌 : 亥. 巳酉丑 : 寅. 申子辰 : 巳

* 해당 局과 沖하니 그 해악이 가장 심대하여 각 해당 六神의 凶함을

예고한다.

* 명조에 劫殺이 있고 行運에서 沖, 刑하는 시기를 주의하라.

* 이 살은 해당 局과 沖하므로 行運에서 또 들면 특히 주의.

10) 災殺(囚獄殺)

재앙과 손실, 구속, 납치, 감금 등 주로 인신의 자유를 구속하니 囚獄殺 또는 刑厄殺이라고도 한다.

亥卯未 : 酉. 寅午戌 : 子. 巳酉丑 : 卯. 申子辰 : 午

* 이 살이 명조에 있으면 그 시기에 관재구설이 따르고 행운에서 들어오고 沖, 刑하는 시기에 인신구속과 재물의 손실에 필히 주의하여야 한다.

* 특히 화개살, 월살, 년살, 함지살 등 음란과 색정의 살이 마주치면 구설수는 피하기 어렵다.

11) 天殺

하늘의 罰이라 하여 조상의 잘못으로 이승에서 벌 받으니 부부의 금실에 해악을 끼친다. 천재지변, 불치병, 정신병 등

亥卯未 : 戌. 寅午戌 : 丑. 巳酉丑 : 辰. 申子辰 : 未

* 가업의 계승이 어렵고 하는 일 마다 꼬인다.

* 특히 명조에서 이 살이 있는 시기에 행운에서 沖, 刑이 들거나 鬼門이 들면 이유 없이 일이 꼬이고 심지어는 정신적 이상 현상으로 돌발행동으로 이어지기도 한다.

* 아무리 하여도 않 되니 하늘과 조상 탓만 한다면 이 殺의 침범이니 이때에는 욕심을 버리고 초심으로 돌아감이 중요하다.

12) 地殺(秘密殺)

부동산과 비밀의 殺이다. 天殺이 하늘의 벌이라면 地殺은 此生의 벌이다.

亥卯未 : 亥. 寅午戌 : 寅. 巳酉丑 : 巳. 申子辰 : 申

* 이 殺은 숨겨진 비밀이나 가족의 애환을 가지고 산다. 타인이 이해해 주길 바라지만 설명할 수 없는 숨겨진 자신만의 비밀이 존재하고 이것이 평생 자신의 앞길에 발목을 잡는다.

* 그러니 눈물이 많아 눈물살 이라고도 불린다.

* 이 살은 또한 부동산을 의미하니 명조에 2개 이상 들거나 중년 이후에 理會하면 부동산을 지닌 부자의 명이다.

* 12 地神殺 *

地支 / 띠	子	丑	寅	卯	辰	巳	午	未	申	酉	戌	亥
亥卯未	年殺	月殺	亡身	將星	攀鞍	驛馬	六害	華蓋	劫殺	災殺	天殺	地殺
寅午戌	災殺	天殺	地殺	年殺	月殺	亡身	將星	攀鞍	驛馬	六害	華蓋	劫殺
巳酉丑	六害	華蓋	劫殺	災殺	天殺	地殺	年殺	月殺	亡身	將星	攀鞍	驛馬
申子辰	將星	攀鞍	驛馬	六害	華蓋	劫殺	災殺	天殺	地殺	年殺	月殺	亡身

4. 唐四柱 命造 세우기

당사주를 감정함에 가장 큰 장점은 만세력이 없어도 당사자의 띠만 알면 즉석에서 얼마든지 명조를 세울 수 있다는 것이다. '세상사 모두 부처님 손바닥 안에 있다' 는 말이 있는데 당사주의 명조는 손바닥 안에 있다. 아래의 손바닥 그림에서 당사주의 명조를 쉽게 세울 수 있다. 이제 그 순서를 차례대로 설명한다.

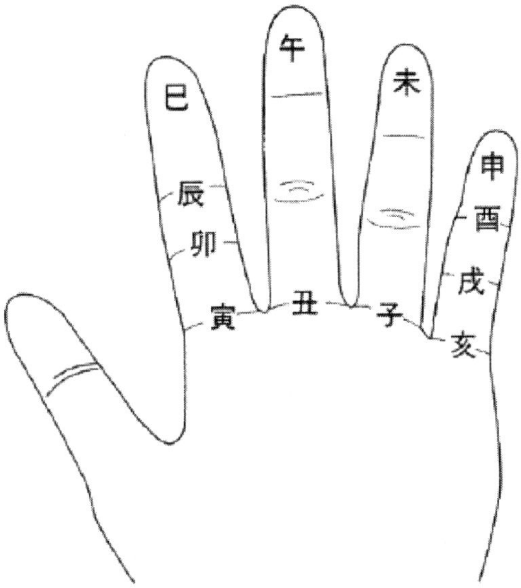

(1) 天星殺 표출법

예 1. 男 : 쥐띠(60년 戊子년) 6월 12일 未시(14 : 30)생

1) 위의 손 그림에서 子 : 天貴星이다.

2) 子에서 6까지 짚어가니 巳 : 天文星이다.

3) 巳에서 순서대로 12를 짚어가니 辰 : 天奸星이다.

4) 辰을 子로 하여 未까지 짚어가니 亥 : 天壽星이다.

(2) 地神殺 표출법

地神殺의 기준은 띠가 속한 局(三合)이다.

1) 子띠는 申子辰 水局에 해당되어 將星殺이고 年柱가 된다.

2) 子에서 巳까지 짚어가니 劫殺이고 月柱다.

3) 巳에서 12를 짚어가니 辰, 華蓋殺이며 日柱다.

4) 辰을 子로 하여 未까지 짚어가니 水, 亡身殺이고 時柱다.

＊ 당사주 명조 ＊

구분	年柱	月柱	日柱	時柱
地 支	子	巳	辰	亥
天星殺	天貴星	天文星	天奸星	天壽星
地神殺	將星殺	劫殺	華蓋殺	亡身殺
시기	초년 운 조상 운	청년 운 부모 운	중년 운 부부 운	말년 운 자식 운

＊ 유복한 가정에서 귀하게 자랐으며 학업 성취도 좋다.

＊ 청년기에 가세가 기울고 정진하던 진로에 장애가 온다.

＊ 중년에는 방탕과 주색으로 방황하며 보낸다.

＊ 말년은 방탕한 생활로 곤욕을 겪기도 하나 근본은 착하고 어질어 자영업으로 재기에 성공한다.

◇ 戊子생으로 병원을 운영하던 부친아래서 명문대와 대학원을 마치고 교수를 목표로 모교 대학에서 강사로 재직하던 30세 되던 己巳년 월주 劫殺과 沖하던 해에 병원경영이 어려워지고 사기를 당하여 부친이 급서하고 가세가 급격히 기울었다. 대학 강사를 접고 사설학원 강사로 전전하다가 도박과 여 제자와의 불륜에 빠져 방황하다가 학원가에서도 퇴출되었다. 최근 모든 것을 정리하고 부동산 중개업을 운영하고 있는 모씨의 명조이다.

여. 양띠(55년 乙未年) 4월 15일 辰시(08 : 10)생

당사주 명조를 세워보면 아래와 같다.

구분	年柱	月柱	日柱	時柱
地 支	未	戌	子	辰
天星殺	天驛星	天藝星	天貴星	天奸星
地神殺	華蓋殺	天殺	年殺	攀鞍殺
시기	초년 운 조상 운	청년 운 부모 운	중년 운 부부 운	말년 운 자식 운

＊ 화사함이 넘치는 빼어난 미모의 소유자로 일찍 부모를 떠나 자신의 영역을 개척하고자 하였다.

＊ 넘치는 재주가 있으나 학업은 중단되고 일찍 한 결혼생활은 순탄치 않으니 배우자 궁이 원만치 못함은 天殺이 沖하여 발로하는 시기가 위험하다.

＊ 貴함은 있으나 넘치는 재주와 끼는 색난을 피할 길이 없다.

＊ 자존심은 강하여 부러질지언정 굽힐 줄 모르니 부부궁이 沖하는 시기에는 이별수가 강하고 朋沖하는 月柱와 時柱는 沖, 刑 시기에 사고와 정신적 이상 현상을 보인다.

◇ 빼어난 미모와 재능을 자랑하던 사례 자는 여고를 졸업하던 해 계축년 백호와 충이 함께 들어 자신을 총애하던 아버지를 여위고 고향 영덕을 떠나 대구로 왔다. 학업은 중단되고 직장생활 중 알게 된 사람과 그 다음해 결혼하였다.

배우자도 외모가 출충했으나 실속은 없었으니 안정된 수입이 없었고

88년 무진년은 붕충과 백호대살이 함께 들어 배우자가 고통사고를 당하여 장애자가 되고 생활고에 시달리던 사례 자는 화류계로 진출하였으며 그 다음해에 이혼 하였다. 그 후 재혼과 이혼, 동거생활 등이 반복되었으며 남자는 항상 주위에 넘쳤다. 개인적으로는 그 화려함과 끼를 마음껏 발휘하고 살았으니 결코 불행하다고 할 수 없는 삶이다.

(3) 당해 년 감정법

당사주의 당해 년 감정은 그 해의 地支와 그 사람의 地神殺과의 관계를 판별하면 된다. 2013년 癸巳년 뱀띠 해의 운세를 본다.

1) 돼지, 토끼, 양(亥, 卯, 未)띠는 驛馬殺에 해당한다. 이사, 변동, 여행, 직장의 변동과 근무지의 이동, 개업, 사업의 변동 등의 변화를 예고한다. 진행되던 일이 중단되거나 변동된다.

2) 범, 말, 개(寅, 午, 戌)띠는 亡身殺이 든다. 이 殺은 신상에 가장 밀접하게 작용한다. 사업의 부도와 실패, 구설로 인한 패가망신, 바람, 질병, 도박, 패륜(悖倫), 가정불화 등이 예고되고 특히 구설로 인한 부부궁을 점검해야 한다.

3) 뱀, 닭, 소(巳, 酉, 丑)띠는 地殺에 해당한다. 자기만의 비밀이 생긴다. 누구에게도 말할 수 없는 비밀이나 애환이 생기고 그로인한 한숨과 눈물이 흐른다. 그리하여 地殺을 눈물살이라고도 한다. 그러나 이 殺은 양면성이 있으니 재물운이 있다. 특히 부동산 문서운이 강하게 든다.

4) 원숭이, 쥐. 용(申, 子, 辰)띠는 劫殺 운이다. 沖이 드는 해로 가장 피해가 심각하다. 부도, 압류, 강제탈취, 강도, 절도, 각종사고, 낙상, 사기 등을 예고한다. 특히 落傷殺이라고도 하여 떨어지고, 깨어지고, 부러지고, 부딪히고 하여 골절이나 부상이 염려된다.

제二편. 응용과 임상

제1장. 응용

서.

본격적인 임상에 임하기전에 먼저 임상에 필요한 전제가 있다.

첫째, 제1편에서 배운 기본내용을 충분히 이해하여야 한다.

둘째, 다음에 설명하는 이론을 자기 것으로 만들어야 한다.

이는 物象論으로 易의 臨床에 가장 중요한 실증적 必殺技다.

고정된 주어진 命인 四柱體를 行運의 흐름에 따라 그 변화의 내용을 고스란히 인간사에 대입시킨 이론으로 한마디로 표현하면 「易의 顯象으로의 轉換」이라고 할 수 있다. 주어진 四柱인 命造는 行運의 흐름에 따라 변화하니 그 변화의 因子는 다름 아닌 合, 會, 沖, 刑이다.

易의 이러한 현상변화를 '物象論'이라 하여 최초로 이론적 체계를 정립한 사람은 애스크퓨닷컴의 이수 대표다. 단언컨대 현대역학이론으로 이보다 더 명확하고 적중률이 높은 이론은 없다고 생각한다.

物象論은 제1편의 기초이론을 철저히 숙지하지 않고서는 이해될 수 없다. 막히면 돌아가 기본을 다시금 숙지하기 바란다. 이제 物象論을 집중적으로 조명한다.

1. 地支 合

(1) 二合

二合이란 6개의 地支 合을 말한다. 즉, 子丑, 寅亥, 卯戌, 辰酉, 巳申, 午未 合이 運命(命造 + 行運)에서 어떠한 작용을 하는지 살펴본다.

예. (男命)

○	丙	○	○
○	辰	酉	○

1) 男命에서 가장 중요한 것은 財운이다. 財는 여자와 돈이니 男命을 감정함에 財운만 잘 파악하여도 고급術士다. 여기서 여자(財)운을 중심으로 풀어보면,

위 命에서 財는 酉金이다. 그런데 酉金이 日支 辰과 合을 이루었다. 이 命의 合은 이 명조에서 어떠한 역할을 하는가? 다시 말하면 財 酉金은 合이 되어 어떠한 영향을 받는가?

◆ 財 酉金은 辰과 合으로 묶이어 자기역할을 못한다. 辰과 酉가 서로 사랑에 빠져서 日干에 供할 마음이 없다. 그러니 명조에 財가 合이 되어 財운이 좋다는 선입견은 버려야 한다. 酉金이 辰土와 合이 되어 서로 사랑에 빠졌는데 日干이 좋다고 취할 수는 없는 것이다. 丙 日干은 酉金 財를 뻔히 보고도 자기 것으로 취하지 못하니 女福이 박하다.

2) 그럼 財 酉金은 전혀 쓸모가 없는 것인가?

◆ 合, 沖 시기에 合이 풀리어 酉金은 자유로워진다.

a) 行運에서 酉운이 들면 行運 酉金이 日支 辰과 合을 이루고 月支 酉金은 자유로워지니 그 시기에 得財한다.

b) 行運에서 辰운이 들면 어떻게 되는가? 行運 辰은 地支 辰이 酉金과 合을 이루는 것을 시기하여 방해하니 酉金이 자유로워진다. 그래서 그 시기에 得財한다.

c) 行運에서 戌이 들어 辰과 沖이되면 어떻게 되는가? 酉金만이 온전해져 財를 得한다.

d) 行運에서 卯운이 들면? 卯酉 沖으로 酉가 開庫되고 酉 중의 辛金을 취하니 이는 正財라 가장 확실한 得財이나 반면 辛財 외에 잃는 것도 많다.

3) 半合은 묶는 역할은 하지만 合을 풀지는 못한다.

◆ 半合은 合에 영향을 미치지 못한다.

위 命에서 子運, 丑運, 巳運은 合의 성립과 소멸에 영향을 미치지 못한다.

◆ 半合은 合, 沖으로 소멸된다.

예. (男命)

○	丙	○	○
○	○	巳	酉

이 경우 申運, 亥運, 卯運에 酉金이 자유로워져 得財한다. 그 이유는 위 合에서 설명한 것과 같다.

(2) 三合 (會)

三合은 會라고도 하며 亥卯未 木局, 寅午戌 火局, 巳酉丑 金局, 申子辰 水局 등 4개의 3合局을 말한다.

1) 合, 半合은 會局에 영향을 미치지 못한다. 명조에서 會局이 성립되면 그 결속력이 대단하여 좀처럼 깨어지지 않는다. 그러니 半合, 合은 會局을 방해하지 못한다.

예. (男命)

○	丙	○	○
○	丑	巳	酉

地支가 온전한 金局을 이루었다. 이때 중요한 것은 丙 日干이 巳月에 生하였는데 得令, 通根이 될 수 있는가를 먼저 판단하여야 한다. 그래야만 身强, 身弱 및 用神을 세울 수 있기 때문이다.

◆ 결론적으로 이 명조는 巳火가 日干의 뿌리가 될 수 없다. 地支가 會局을 형성하면 그 결속력은 대단하여 여간해서는 와해되지 않는다. 비록 陽干은 氣를 따른다(陽干從氣)고 하지만 巳火는 會가 성립되어 그 본래의 기운을 상실하고 金으로 局을 만들었으니 財가 강한 身弱命造가 될 가능성이 크다.

＊ 子運, 申運, 辰運 및 丑運, 巳運은 局을 해소하지 못한다.

2) 局의 성립을 방해하는 것은 沖이다.

◈ 合, 會는 결코 沖을 이기지 못한다.

그러니 半合, 合, 會局은 모두 沖에 의해서 와해된다. 未運이 오면, 丑未 沖으로 巳酉 半合으로 존재한다. 亥運이 오면, 巳亥 沖하여 酉丑 半合이 남으나 그 결속력은 미미하다. 왜냐하면 징검다리 半合은 그 결속력이 강하지 않다.

◆ 문제는 卯酉 沖이다. 酉는 金局의 근본이다. 이 근본이 沖하면 局은 와해된다.

◈ 따라서 根沖이 되면 局은 완전히 와해된다. 즉, 巳, 酉, 丑 모두가 자유로워지니 명조의 변화가 심하다. 그 상세는 沖의 설명으로 미룬다.

會의 중심은 四正인 子, 卯, 午, 酉에 있다. 기초편의 合과 12運星에서 밝혔듯 會局은 四正을 기초하여 좌우에 각 四隅가 떠 바쳐 局을 형성하는 것이다.

◈ 亥卯未 木局은 卯木을 중심으로 局을 이루어 寅에서 建祿하며, 亥에서 長生이요, 卯에서 帝旺하고, 未에서 墓 하여 陽干 甲木의 根이 된다.

◈ 寅午戌 火局은 午火를 중심으로 局을 이루어 巳에서 建祿하며, 寅에서 長生하고, 午에서 帝旺이요, 戌에서 墓하여 丙火, 戊土의 根이 된다.

◈ 巳酉丑 金局은 酉金을 중심으로 局을 이루어 申에서 建祿이요, 巳에서 長生이며, 酉에서 帝旺하고, 丑에서 墓하여 庚金의 根이 된다.

◈ 申子辰 水局은 子水를 중심으로 局을 이루어 亥에서 建祿이요, 申에서 長生이며, 子에서 帝旺하고, 辰에서 墓하여 壬水의 根이 된다.

2. 地支 沖

地支 六沖을 말한다.子午, 丑未, 寅申, 卯酉, 辰戌, 巳亥

地支 沖이 合에 미치는 영향에 대하여는 설명하였으나 그 외에도 沖과 沖의 상호간 효력, 중복 沖 등에 대하여 설명한다.

◈ 六沖 各論 ◈

◆ 地支가 沖하면 그 충격으로 沖한 地支의 地藏干이 열린다.

(1) 子午 沖

水, 火 剋沖이라 子와 午가 沖하면 물과 불이 부딪히니 서로의 藏干이

開庫된다.

1) 子가 剋을 하고(制剋), 午가 剋을 당하여(受剋) 서로 피해를 보나 午의 피해가 극심하다. 이것이 같은 剋이라도 制剋과 受剋의 다른 점이다.

2) 子는 충격으로 진동이 오지만 午는 불이 꺼져버린다. 이러한 현상을 李修는 어항현상에 비유하여 子는 어항이 진동하고 午는 어항이 깨져버려 어항속의 물고기가 전자는 몸살만 하고 후자는 죽어버린다고 설명하는바 적절한 표현이라고 생각한다. 이러한 沖을 偏沖이라 한다.

3) 開庫된 藏干은 그 효용이 달라진다. 그 효과와 용도는 후술한다.

(2) 丑未 沖

庫와 庫가 서로 相殺하는 庫의 剋沖이다.

◆ 이 沖은 특별한 의미가 있다. 결코 朋沖이 아니다.

보통 庫와 庫가 부딪힐 때는 白虎도 함께 들어올 경우가 많은데 이때의 감정은 각별한 주의를 요한다. 이 沖은 刑殺도 중복되어 있다. 그러니 서로가 살벌한 沖으로 開庫된 藏干은 원칙적으로 살아남지 못한다. 다시 말하면 丑, 未의 모든 藏干이 완전히 박살나는 것이다. 庫와 庫의 沖으로 일견 朋沖이지만 위와 같은 이유로 그러한 義는 전혀 없다. 따라서 이 沖은 보통 그 피해가 매우 크다.

(3) 寅申 沖

金, 木의 剋沖이다. 이 沖은 申金이 制剋이고 寅木이 受剋이니 서로 부딪히면 申은 진동이 오는데 그치고 寅만 작살이 난다고 생각하기 쉽지만 모두가 깨어지는 相殺의 相剋沖이다. 왜냐하면 寅申 沖은 刑도 되고 沖도 되기 때문이다. 이 殺이 심히 염려되는 바는 巳 운이다. 이는 三刑殺이 완전 성립하니 대표적 沖殺과 刑殺의 결합이라 그러하다. 그 상세는 刑의 설명에 미룬다.

(4) 卯酉 沖

子午 沖과 같이 金, 木의 偏沖이다. 酉金이 卯木을 制剋하고 卯木은 酉金으로부터 受剋 당한다. 酉 藏干 庚, 辛은 진동하고 卯 藏干 甲, 乙은 작살이 난다. 丑未, 寅申 沖과의 차이점을 분명히 알아야 한다.

(5) 辰戌 沖

이 沖은 朋沖이다. 朋沖이란 서로가 비슷한 세력이 겨루어 藏干이 요동만 칠 뿐, 相殺을 하여 깨어지지는 않는다는 것이다. 辰의 藏干 乙, 癸, 戊와 戌의 藏干 辛, 丁, 戊는 서로 세력다툼으로 몸살을 앓지만 죽지는 않는다. 다시 말하면 싸운 뒤에 더 친해지니 失보다 得이 많은 沖이다.

◆ 重한 것은 白虎가 行運에서 오는 시점이다. 명조에 白虎大殺이 있는데 運에서 오면 그 시점의 六親이나 六神은 큰 피해를 보기 십상이니 잘 살펴야 한다. 甲辰, 戊辰, 丙戌, 壬戌의 경우가 그것이다.

예. (男命)

○	乙	甲	○
○	○	辰	○
		(乙癸戊)	

* 戊 운이 오면, 辰 財가 의미심상하다.

* 正財는 正妻라 아내궁을 살펴야 한다. 불의의 사고, 부부간의 불화, 특히 교통사고를 주의해야 한다.

* 六親으로는 아버지에 해당하니 부모의 갑작스러운 사고나, 사망, 사업의 장애를 살펴야 한다.

◆ 특히 辰 중 戊, 癸 合으로 부부궁 離別, 死別수가 강하니 이는 行運

의 戌藏干 辛, 丁, 戊 중 戊가 새로운 여자로 등장함이다. 이러한 必命技는 후술한다.

(6) 巳亥 沖

이 沖은 子午 沖과 같은 水, 火 偏沖이다. 亥는 巳를 制剋하고 巳는 受剋이다. 따라서 巳 藏干 戊, 庚, 丙은 작살나고 亥 藏干 戊, 甲, 壬은 요동만 칠 뿐 죽지 않는다. 그러니 특별한 경우가 아니면 죽은 藏干은 모두 버리게 되나 살아있는 亥의 藏干 戊, 甲, 壬은 취하게 된다. 이러한 必命技法도 후술한다.

◈ 포인트

이상 沖에 대하여 살펴보았다. 그런데... 다른沖과 달리 子午, 卯酉, 巳亥 沖에서 子, 酉, 亥는 특별하다는 것이다. 즉, 偏沖은 受剋의 藏干은 깨어지나 制剋의 藏干은 요동만 치고 깨어지지 않는다. 偏沖에서 子, 酉, 亥의 藏干은 살아남는다.

다만 2午, 2卯, 2巳는 협공하여 子, 酉, 亥의 藏干을 모두 깨어버린다. 즉, 運에서 偏沖이 되는 경우가 아니고 명조에 그러한 沖이 성립되어 있는데 다시금 運에서 온다면 두 午, 卯, 巳는 子, 酉, 亥를 협공하여 깨어버린다.

이는 제1편 기본이론의 制剋과 受剋에 관한 이해를 분명히 해두었다면 충분히 이해할 사항이다.

3. 刑

刑의 易學的 지위와 역할에 대하여는 이론이 분분하다. 실제로 三刑은

刑의 명칭을 갖고 있지만 일반의 刑과 전혀 다른 양상을 보인다. 그러므로 일반적인 단순한 刑, 再刑, 三刑은 그 효과가 다르고 沖과도 중복하여 성립하기도 한다.

(1) 刑 : 丑戌, 戌未, 寅巳, 巳申

刑은 같은 기운이 중첩되어 그 기운이 넘쳐서 요동치는 형태다. 丑戌, 戌未 刑은 庫가 서로 부딪혀 기운이 넘치고, 寅巳 刑은 寅午戌 火局의 生地에 巳火가 와서 부딪히니 그 기운이 유여되어서, 巳申 刑도 巳酉丑 金局의 生地에 申金이 와서 그러하다. 刑은 三刑殺 중 沖을 제외한 조합이다.

예. (男命)

○	丙	○	○
○	丑	巳	○

行運에서 戌 운이 오면 命의 日支와 刑한다. 日支 丑과 戌 운의 藏干은 진동으로 모두 열린다. 중요한 것은 開庫된 藏干 癸, 辛, 己와 辛, 丁, 戊는 刑의 충돌로 인하여 요동만 칠 뿐, 죽어 사라지지는 않는다는 것이다.

◆ 그리고 죽지 않은 藏干은 모두 日干의 몫이 된다. 이것은 앞에서 설명한 子午, 卯酉, 巳亥 沖의 子, 酉, 亥의 경우와 일맥상통한다. 다른 刑의 경우도 위와 다름이 없다.

(2) 再刑

명조에서 刑이 성립되어 있는데 行運에서 刑 運이 오는 것이다. 이때는 어떠한 효력이 있는가?

예. (男命)

○	丙	○	○
○	丑	戌	○

丑 運이 오면 두 개의 丑이 한 개의 戌을 공격하면 협공 받은 戌은 요동치다가 깨어진다. 이러한 경우 丑은 단순한 진동만 느끼지만 戌은 깨어져 사라지고 만다.

◆ 즉, 丑은 刑의 효과가, 戌은 沖의 효과가 있다. 戌이 丑을 협공하는 경우에도 동일하다

(3) 三刑 : 丑戌未, 寅巳申이 그것이다.

1) 丑戌未

명조에 丑戌 刑이 성립되어있는데 未 運이 오면 완전한 三刑殺이 성립된다. 이는 丑에 未가 와서 沖이 되고 또 刑殺이 되는 상태이다. 다시 말하면 丑은 未가 와서 沖이 되고 戌은 丑과 刑이 되어있는데 未가 와서 다시 刑을 하니 再刑이 된다. 그러니 刑 + 沖 + 再刑의 현상으로 그 피해가 심각하다.

예. (男命)

○	丙	○	○
○	丑	戌	○

未 運에 丑未 沖, 戌未 再刑이 되어 모두 沖의 효과가 발생한다. 丑, 戌, 未의 모든 藏干은 開庫되어 깨어진다.

◆ 開庫란 단순히 창고(藏干)가 열린다는 것이고, 깨어진다는 것은 창고가 박살나서 아무것도 얻을 것이 없어지는 상황이다. 開庫되면 所得이요 깨어지면 失인 것이다. 그리고 이때 간과해서는 안 될 것은 庫와 庫가

부딪힐 때의 白虎의 향방이다.

예. (男命)

○	丙	○	○
○	丑	戌	未

a) 戌 運이 오면 丑에 대하여 2개의 戌이 丑을 再刑하여 沖의 효과가 생기고, 未에 대하여는 2개의 戌이 未를 협공하여 沖과 같이 未의 藏干은 깨어지며, 戌 자신은 2戌이 모여 협공하니 힘이 有餘하여 刑의 효과로 남을 것 같지만 沖과 再刑으로 戌의 藏干도 깨어진다.

b) 未 운이 오면 丑과는 沖하고, 戌과는 再刑하고, 未 자신은 2未라서 힘이 남을 것 같지만 丑과 沖하고 戌과 刑하여 깨어진다.

2) 寅巳申

이 三刑殺은 앞의 丑戌未 三刑과 같은 설명이 가능하나 그 구체적 효과는 좀 다르다. 寅巳 刑이 되어있는데 申 운이 오거나 巳申 刑이 되어있는데 寅 운이 오거나 寅申 沖刑이 되어있는데 巳 운이 오는 것 뿐 만 아니라 三刑殺이 성립되어있는데 다시금 運에서 오는 것이다.

예. (男命)

○	丙	○	○
巳	寅	申	○

巳 운이 오면, 三刑殺이 발동하니 巳는 寅, 申을 再刑하고 巳는 협공으로 인한 힘의 분배로 약한 刑의 기운으로 남는다. 특히 2巳가 申을 刑하는 경우에 刑과 合이 동시에 이루어져 巳의 기운은 有餘하여 寅과 申의 藏干은 깨어지고 巳의 藏干은 살아남는다. 그러니 모든 경우에 깨어지는 丑戌未 三刑보다 내용에서 순화적인 면이 존재한다.

예. (男命)

○	丙	○	○
○	寅	巳	○

위 경우 申 운이 오면, 寅申 沖하고 巳申은 再刑한다. 그러니 寅, 巳, 申 모든 藏干이 깨어진다.

* 寅은 명조에 刑이 성립되어 있으니 刑에 沖하여 刑 + 沖의 형태가 되어 모두 깨어지고, 巳는 刑이 되어있는데 또다시 刑이 오니 再刑이 되어 깨어진다. 그러니 寅申은 偏沖이 아니다.

◇ 刑에 대한 이론은 분분하나 徐樂吾는 이렇게 정리하였다. 「寅卯辰 東方局은 申子辰 水局을을 만나면 기운이 넘쳐서 중용을 잃으니 申은 寅을 沖刑하고, 子는 卯를, 辰은 辰을 刑한다. 巳午未 南方局은 寅午戌의 火局을 만나면 그 힘이 넘쳐서 중용을 잃으니 寅은 巳를 刑하고, 午는 午를, 戌은 未를 刑한다.

申酉戌 西方局은 巳酉丑의 金局을 만나면 그 기운이 넘쳐서 중용을 잃으니 申은 巳를 刑하고, 酉는 酉를, 戌은 丑과 刑한다. 亥子丑 北方局은 亥卯未 木局을 만나면 木이 중용을 잃으니 亥는 亥를 刑하고, 子는 卯를, 丑은 未를 刑沖한다.」 刑에 대한 가장 합리적 견해라고 생각된다. (李修 八字術 必殺技 318p참조)

4. 合, 沖의 應用

기초편의 干合에서는 明合, 半明(半暗)合, 暗合 등 干合의 종류를 알아보았다. 여기에서는 그 각 干合의 역할과 명조에 미치는 효과를 알아야 한다. 그러기 위해서는 我인 日干과 다른 干支와의 관계를 먼저 조명하여야 한다.

(1) 日干과 命造의 관계

命造에서 我인 日干 외는 我를 生助하거나 剋하는 등 生剋制化를 할 뿐, 나 자신은 아니다. 行運도 마찬가지다. 즉, 日干 외는 모두가 나의 것 또는 주변은 될지언정 나 자신은 아니며 오로지 日干만이 나인 것이다. 그러니 그 중에는 좋은 것도 나쁜 것도 있으니 여기에 삶의 喜怒哀樂이 있는 것이다.

1) 나(我)의 것

명조의 地支의 正氣, 日干의 合, 行運 등은 기본적으로 나의 것이다. 그 외에도 會合을 이루어 생성되는 五行이 있다.

예. 乾命

木 : 1	印	主	正	傷
火 : 2	丁	戊	癸	辛
土 : 2	官	正	偏	劫
金 : 1	卯	子	巳	丑
水 : 2	(甲乙)	(壬癸)	(戊庚丙)	(癸辛己)

戊 土가 巳월에 태어나고 日干과 干合하고 火가 강하여 身强 命이다. (火 化格은 水가 있어 불성립) 酉 운이 와서 金局이 성립되면 어떻게 되는가?

첫째, 巳酉丑 金局이 성립되어 地支의 巳와 丑 日干의 根, 令이 모두 묶이어 身弱命이 된다.

둘째, 日干은 巳火가 묶이니 인덕과 명예가 실추된다.

셋째, 丑土도 묶이어 동기를 잃거나 동기간의 불화가 생긴다.

넷째, 생성된 金 하나를 얻으니 진로가 트인다.

그러니 巳, 丑을 잃고 金 하나를 얻었다. 평상시에는 내 것이라도 行運의 흐름에 따라 命이 움직이니 얻는 것과 묶이는 것이 생기는 것이다. 따라서 合, 局이 든다하여 반드시 좋은 것도 나쁜 것도 아니며 그 상황의 物象變化에 따른다.

◈ 이것이 物象論이다.

2) 잃는 것과 정체되는 것

合, 會局이 명조의 地支에서 성립되어 있으면 서로 묶어서 본래의 역할을 할 수 없다는 것을 알았다. 물론 運에서 와서 그렇게 되어도 묶이지만 會局의 경우는 生成된 五行 하나는 얻는다. 이 경우 合, 會된 地支는 잃는 것이 아니라 묶이거나 死藏되어 있을 뿐이다. 그런데 완전히 잃어버리는 경우가 있으니 日干을 제외한 다른 干과의 合이 그러하다.

예. 坤命

木 : 1	印	主	正	傷
火 : 2	丁	戊	癸	辛
土 : 2	官	正	偏	劫
金 : 1	卯	子	巳	丑
水 : 2	(甲,乙)	(壬,癸)	(戊,庚,丙)	(癸,辛,己)

壬戌년은 어떻게 되는가?

* 우선 運干 壬 운을 살펴보면 壬 水는 時干 丁과 干合 한다.

行運 壬은 時干과 干合하니 日干과는 전혀 義가 없고 오로지 둘만의 사랑에 빠져 日干의 입장에서는 丁의 失이다. 그러니 내 명조의 時干을 잃는 것이며 六神으로 印星이 날아간다. 즉, 부모의 도움을 못 받거나, 주위로부터 외면당하거나, 특히 명예의 실추가 따른다. 결국 合이 되었음에도 내 命造의 丁火를 잃는 것이다.

* 運支 戌 운은 卯戌 支合이 되어 묶여 버리니 명조의 유일한 正氣인 官이 제 역할을 못한다. 따라서 남편이나 애인과의 별거나 요원함이요. 직장인은 정직이나 좌천이다. 여기서 주의할 바는 위의 干合처럼 喪失이 아니라 일시적 제동이 걸린다는 것이다.

◆ 따라서 <u>상실(깨어지다)과 묶임(제동)의 구별을 하여야 한다</u>.

3) 소멸하는 것

a) 日干 외에 行運과 他 干과의 合. (明合)

b) 日干 외에 行運과 地藏干과의 合. (半明合)

c) 日干 외에 他干과 地藏干과의 合. (半明合)

d) 藏干 끼리의 合. (暗合)

a의 예. (乾命)

○	丙	○	辛
○	○	○	○

丙 운이 오면?

* 명조의 年干 辛金과 干合하여 財를 잃는다. 즉, 재물의 상실, 여자와의 이별 또는 부모의 喪을 생각할 수 있고 어떤 것이냐는 다른 상황을 살펴서 판단할 일이다.

* 특히 行運의 丙은 일간과 比肩으로 친구나 동기로 부터의 失을 생각할 수 있다. 상속재산의 불평등, 친구로 부터의 사랑의 배신 등을 생각할 수 있다.

b와 d의 예.

○	甲	○	○
○	○	午	○

甲子년의 운은?

* 子午 沖하여 午 藏干 丙, 己, 丁. 子의 藏干 壬, 癸가 각 열린다. 이때 日干이 午의 藏干 중 己를 얻어 得財를 할 것 같지만 그럴 수 없다. 運干의 甲이 먼저 合하여 낚아채 가버리기 때문이다.

日干은 오히려 暗藏되어있던 자신의 財를 날린 샘이다. 그러니 沖하여 藏干을 열어 財를 도둑맞은 꼴이다.

* 그러나 甲 외의 運에서는 日干이 취하여 得財할 수 있다. 즉, 미혼은 결혼이요 기혼은 재물 운이다.

* 午 중 己 외에 나머지 藏干 丙, 丁, 壬, 癸의 운명은?

먼저 藏干의 丁과 壬은 合하여 사라진다. 따라서 각종 사고와 구설과 진로가 막히고(丁 : 傷官), 명예가 실추된다.(壬 : 正印) 지막으로 藏干 丙은 사라지고, 藏干 癸는 얻는다.

따라서 진로의 장애가 오고, 명예는 얻는다. 왜 이러한 현상이 오는가는 相沖과 偏沖의 차이를 상기하라. 즉, 子午, 卯酉, 巳亥 沖의 경우 午, 卯, 巳의 藏干은 모두 깨어지나 子, 酉, 亥의 藏干은 요동만 칠 뿐 깨어지지는 않는다. 그러니 午의 藏干 丙은 깨어져 사라지고, 子의 藏干 癸는 깨어지지 않아 地支가 沖이 되어 열릴 때 내가 취할 수 있는 것이다.

c의 예. (他干과 地藏干의 合)

丁	甲	戊	甲
○	○	午	子

午 운이 오면 藏干 丙, 己, 丁, 壬, 癸가 나온다.

＊ 年干 甲은 月支 午 중 己와 合하여 사라지니 동기(比肩)와 사이가 나빠지고 가까운 동기로부터의 배신으로 이혼이나 별거 또는 애인과의 이별이나 재산적 손실(正財) 등 財의 失이다.

＊ 月干 戊는 年支 子 중 癸와 合하여 사라지니 財의 失(偏財)과 명예의 실추나 부모의 失(正印)이다.

＊ 時干 丁은 壬과 合하여 사라지니 진로(食神)가 막히고 명예(偏印)가 실추된다.

＊ 나머지 丙과 丁은 어떻게 되는가? 두 개의 午가 子와 沖 한 경우인데 이때에는 午, 子 모두가 충격이 심대하여 깨어진다. 그러니 午 중 丙과 丁은 깨어져 사라지고 子 중 壬, 癸는 合으로 모두 사라졌다.

즉, <u>2개의 卯, 午, 巳는 1개의 酉, 子, 亥를 충분히 沖殺하여 제거할 수 있다.</u>

◆ 이 命에서 日干은 午 운으로 거의 대부분을 잃는다. 天干을 모두 잃고 沖된 地支도 모두 잃으니 참으로 암담한 해가 되겠다.

(2) 合의 서열

1) 歲運과 日干을 제외한 他干과의 合(明合). 他干과는 年, 月, 時의 순
2) 歲運과 地藏干 과의 合. (半 明合)
3) 他干과 地藏干과의 合. (半 明合)
4) 地藏干 끼리의 合. (暗合)
5) 마지막으로 日干과의 合. (내 것)

이상과 같은 순으로 合이 이루어진다.

◈ 포인트 : 같은 藏干이 열려도 항상 運에서 오는 地支의 藏干보다 命造의 藏干이 먼저 적용된다. 즉, 運에서 午가 와서 子와 沖하여 藏干이 열리면 午보다 子의 藏干이 合이 먼저 이루어진다. 그것은 내가 가진

것이 運의 것보다 적용의 서열이 먼저이기 때문이다.

◆ 대운은 10년간의 큰 환경으로 각 歲運의 변화에 둔감하나 大運이 바뀔 시점은 잘 살펴야 한다. 다시 말하면 봄에도 겨울보다 추운 날이 있지만 결국 먼 산의 눈은 녹고 마는 것이니 겨울 대운은 겨울 운이, 봄의 대운은 봄의 운이 종합적으로 지배한다.

<u>이상이 物象論의 골자이다</u>.

그 구체적 실증은 임상에서 체험하기로 한다.

5. 十干論 (命造 干의 喜, 忌)

十干論은 명조의 구체적 내용과 행운은 불문하고 天干의 조직만으로 命의 秀, 醜(추할 추)를 파악한 이론이다. 명조의 天干은 하늘의 기운이고 地支는 땅의 기운으로 선천적 기운인 命의 天干 조직을 들여다보고 당 명조의 喜, 忌를 파악하는 첫 단추가 된다. 十干論의 선두 字는 日干을 나타낸다.

(1) 喜

甲 + 甲 : 雙林爲木(쌍림위목)은 누구에게도 지지 않는 강한 경쟁력이 있다. 팔방미인이라 어디에 가든 제 몫을 한다.

甲 + 丙 : 飛鳥趺穴(비조부혈)은 강남 간 제비가 박씨를 물어오니 인덕과 의외의 횡재가 있다. 天乙 命.

甲 + 丁, 丁 + 甲 : 有薪有火(유신유화)라 섶나무로 불을 붙이니 지식의 흡수가 빠르고 순발력이 있다. 예술, 연예, 학업에 뛰어나다.

甲 + 丁 + 戊, 丁 + 甲 + 戊 : 有薪有火有爐(유신유화유로)라 불씨를 지켜주는 화로까지 있으니 인덕이 있으며 속도전에 강하고 학술, 예술, 연예계통에 뛰어나다. 天乙 命.

甲 + 己 : 壤土育木(양토육목)은 좋은 토양에 자라는 나무니 그 열매가 실하다. 기업, 사업, 경영, 등 재적 능력에 뛰어나다.

甲 + 庚 : 欣木爲材(흔목위재)라 좋은 재목으로 공하니 조직생활과 공직에 적합하다.

甲 + 壬 : 橫塘柳影(횡당유영)은 연못에 드리워진 버드나무 그림자니 자태가 아름답고 그 아름다움을 마음껏 펼쳐야 한다. 따라서 연예, 예술, 방송, 다중 상대업에 탁월하다.

甲 + 癸 : 樹根露水(수근로수)라 비를 맞은 나무니 그 푸르름을 뽐낸다. 모든 일에 자신감이 넘치고 박력이 있다. 대인관계가 좋고 사업이나 기업경영에 뛰어나다.

乙 + 甲 : 藤蘿繫甲(등라계갑)은 소나무에 넝쿨이 휘감은 격이니 그 자태가 아름답다. 근본적으로 甲木은 乙木이 오히려 해가 되나(劫財) 乙木은 甲木이 큰 힘이 된다. 天乙 命. 인덕과 귀인의 도움이 따르고 대인관계와 사업의 수완이 좋다.

乙 + 甲 + 戊 : 藤蘿繫甲下庫(등라계갑하고)라 앞의 藤蘿繫甲에 庫가 더하여 버팀목이 되니 인덕과 財의 축적이 보장된 命이다. 대인관계가 좋고 사업과 경영에 뛰어나다. 天乙 命.

乙 + 丙, 丙 + 乙 : 艶陽麗花(염양려화)라 아름다운 꽃이 찬란하게 빛난다. 인덕과 표현력이 뛰어나고 처세술이 탁월하다. 화류계, 연예, 방송, 대인상대업에 유리하다. 天乙 命.

乙 + 戊 : 鮮花甁名(선화병명)은 아름다운 꽃병으로 理財적 능력이 뛰어나다. 기업, 사업, 부동산업 등에 유리하다.

乙 + 壬, 壬 + 乙 : 出水芙蓉(출수부용)이라 물위에 핀 연꽃으로 그 자

태가 빼어나다. 그 아름다움으로 평생 사랑을 받고 귀인의 도움이 따른다. 가히 天乙貴命이다. 연예, 방송, 예술, 화류계에 경쟁력이 뛰어나다.

乙 + 壬 + 丙, 壬 +乙 + 丙, 丙 +乙 + 壬 : 江輝相暎浮柳影(강휘상영부유영)은 인덕과 귀인의 도움으로 진로에 막힘이 없다. 공직, 기업, 연예, 방송 등 특히 유통업에 강하다. 天乙 命.

丙 + 己, 己 + 丙 : 大地普照(대지보조)라 땅위에 널리 비추는 빛이니 마음이 넓고 포용력이 있다. 종교인, 사회사업, 학술, 교수, 예술 등에 탁월하다.

丙 + 壬, 壬 + 丙 : 江輝相暎(강휘상영)은 물위에 비취는 밝은 빛으로 조직에서의 탁월한 능력을 발휘한다. 공무원, 조직의 우두머리, 기업가 등 富貴의 命이다.

丁 + 甲 + 庚 : 劈甲引丁(벽갑인정)이라 땔감으로 불을 지펴 쇠를 단련하니 理財적 능력이 뛰어나다. 사업, 기업, 직장 운이 좋고 남자는 女福도 있다.

丁 + 丙 : 姮娥奔月(항아분월)은 달 속의 항아가 달리는 격이라 예쁘고 아름답다. 절대 좌절하지 않고 역경을 이기고 성공하며 여성은 미모가 빼어나다. 연예, 방송, 화류계, 유통업에 유리하다.

丁 + 戊, 戊 + 丁 : 有火有爐, 有爐有火(유화유로, 유로유화)라 화로에 담긴 불이니 베푸는 덕이 크고 교재력이 있다. 참모격, 유통, 연설가, 서비스업에 유리하다.

戊 + 丙 : 日出東山(일출동산)은 동산에 해가 뜨니 열심히 하면 뜻 한 바를 이룬다. 고생 끝에 성공한다, 姮娥奔月이 女命에 喜하다면 日出東山은 男命에 喜 하다.

戊 + 壬, 壬 + 戊 : 山明水秀(산명수수)라 강산이 수려하니 바탕이 확

실하다. 두뇌가 명석하고 계산이 빠르다. 재산적 수완과 조직에도 적합하여 기업, 사업, 경영, 공직, 정치 등 재능이 다양한 큰 그릇이다.

戊 + 壬 + 庚 : 山明水秀 江輝相暎(산명수수 강휘상영)이라 실로 아름다운 命이다. 江輝相映과 山明秀水를 합친 것과 같다. 명석한 두뇌와 조직 장악력으로 公과 私에 모두 적합하다. 기업가, 경영인, 재력가, 공무원, 정치인 등

己 + 戊 : 硬軟相配(경련상배)라 강온이 공존하니 매사 대처에 능하고 대인관계가 좋다. 부동산중개업, 중개인, 건축, 교육자, 종교인 등에 유리하다.

己 + 癸 : 玉土爲生(옥토위생)은 생육에 좋은 토양이니 부모의 음덕이 강하고 기반이 든든하다. 농림업, 교육자, 사회사업 등에 유리하다.

庚 + 丁 : 火煉眞金(화련진금)은 잘 제련된 금속이니 강함은 유해져서 사회에 공한다. 공직, 기업, 조직 등에서 두각을 나타낸다.

庚 + 壬, 壬 + 庚 : 得水而淸, 庚發水源(득수이청, 경발수원) 맑은 물의 근원이니 생존의 근본이다. 天乙 命으로 타고난 福이 강하고 조직, 공직, 기업 등에서 탁월한 재능을 발휘한다.

辛 + 壬 : 淘洗珠玉(도세주옥)은 정성들여 빚은 珠玉이니 아름답다. 최선을 다하여 매진하니 자신의 재능을 충분히 발휘한다. 금속가공업, 도금업, 귀금속, 차량관련업 등에 유리하다.

壬 + 甲 : 水中柳影(수중유영)은 물속에 드리워진 버드나무 그림자라 그 자태가 아름답다. 橫塘柳影(甲+壬)과 유사하니 예술계, 인기인, 연예, 방송, 화류계 등에서 실력을 발휘한다.

壬 + 癸 : 天津之洋(천진지양)은 대양에 펼쳐진 하늘의 포구니 天乙 命이고 모든 면에서 경쟁력이 있다. 해양업, 선박업, 무역

업, 유통업 등에 강하다.

癸 + 己 : 濕潤玉土(습윤옥토)라 玉土爲生(己+癸)과 같이 기름진 땅에서 무엇이든 잘 자란다. 인덕과 조상의 음덕이 있다. 농림업, 사회사업, 교육자, 수산업 등에 유리하다.

◇ 이상 좋은 干의 조합을 살펴보았다.

(2) 忌

甲 + 戊 : 禿山孤木(독산고목)은 민둥산의 외로운 고목으로 주위에 아무도 없으니 외롭고 고독하다. 인덕이 없고 혼자서 고군분투하며 아무리 하여도 주머니가 빈다. 돈이 모이지 않는 명이다.

甲 + 辛 : 木棍碎片(목곤쇄편)은 잘게 부서진 조각이니 큰 제목이 못된다. 그러니 큰 인물이 못되고 현실유지에 급급하다.

乙 + 乙 : 伏吟雜草(복음잡초)라 잡초만 우거져 있는 격이니 쓸만한 제목은 하나도 없고 오히려 땅의 기운만 축낸다. 그러니 인덕이 없고 과실이 없다.

乙 + 丁 : 火燒草原(화소초원)이라 불타는 초원이니 자신의 재량을 드러내지 못하고 항상 의기소침하다. 특히 건강을 주의하여야 한다. 혈압, 심장, 혈관에 관한 질환에 주의

乙 + 庚 : 白虎猖狂(백호창광)은 백호가 난폭하게 날뛰니 주위가 살벌하다. 불의의 사고나 재앙을 주의하여야 한다.

乙 + 辛 : 利剪崔花(이전최화)라 가위로 꽃을 자르니 인덕이 없고 날카롭고 까다로워 일이 막히고 직장생활이 어렵다.

丙 + 丙 : 伏吟洪光(복음홍광)은 빛이 너무 밝아 눈을 떨 수가 없으니 주위에 사람이 없다. 인덕이 없고 혼지 헤맨다.

丙 + 癸, 癸 + 丙 : 黑雲遮日(흑운차일)은 안개가 태양을 가리니 앞이

보이지 않는다. 전진이 어렵고 조직에서 존재감이 없다.

丁 + 乙 : 乾柴烈火(건시열화)라 마른 섶나무에 불이 붙은 격이니 자기 꾀에 속는다. 요령을 앞세우나 이루기 힘들고 나무에서 떨어지는 원숭이 꼴이다. 혈압, 심장병, 혈액질환 등 주의.

戊 + 甲 : 巨石壓木(거석압목)은 바위틈에 자란 나무라 분재라면 모르나 재목은 못된다. 자신의 주관을 펴지 못하고 매사 자신이 없어 의타심이 많다.

戊 + 庚 : 助紂爲虐(조주위학)은 서로가 묶이어 힘을 못 쓴다. 그러니 남의 일에 참견이 많고 일의 성사가 어렵다.

己 + 甲 : 木强土山(목강토산)은 큰 나무가 흙의 진기를 모두 앗아간다. 취업이 어렵고 직장이 자주 바뀌며, 건강 특히 위장, 비장 등 위장계통이 약하여 일의 추진이 벅차다.

己 + 乙 : 野草亂生(야초란생)은 잡초만 무성하니 거둘 것이 없고 일을 벌려놓고 마무리를 못하니 용두사미 격이다.

己 + 壬 : 己土濁壬(기토탁임)은 오염된 물이 쓰며드니 그 과실이 실하지 못하다. 노력에 비해 흉작이니 비경제적이다.

庚 + 丙 : 火烈金熔(화열금용)은 쇠가 용광로에 녹는 격이니 하는 일마다 장애가 생긴다. 조직이나 직장에 뒤로 밀려 재능을 발휘하지 못하고 존재감이 없다.

庚 + 戊 : 土多金埋(토다금매)라 흙속에 묻힌 바위라 제 기능을 펴지 못한다. 인덕이 없고 열심히 노력해도 빛을 바랜다.

庚 + 庚 : 庚庚相殺(경경상살)이라 날카롭고 강하며 쇠와 쇠가 부딪히니 살벌하다. 생에 한번은 큰 사고를 예고한다.

庚 + 辛 : 鐵錐碎玉(철추쇄옥)은 쇳소리가 살벌하다. 어쩌다 화를 내면 성질을 못이겨 큰 사고로 이어진다. (鬼門 운에 주의)

庚 + 界 : 寶刀巳老(보도사노)라 보검이 녹스니 재능을 발휘하지 못한

다. 매사에 참견하고 절재력이 없다.

辛 + 甲 : 月下松影(월하송영)은 달빛아래 소나무 그림자니 고독과 외로움이다.

辛 + 丁 : 火燒珠玉(화소주옥)이라 珠玉이 불에 녹는구나. 원래는 고상한 귀품을 지녔으나 세상물정을 모르니 남자는 세상사에 여자는 남자에게 속는다.

壬 + 壬 : 汪洋大海(왕양대해)라 망망대해에 파도가 치니 모든 것이 물에 잠긴다. 절재하지 못함이 病이다.

제 2장. 臨床

1. 서

臨床을 함에 중요한 사항과 순서를 정리하면 다음과 같다.

(1) 명조의 기본 조직

1) 命의 身强, 身弱

2) 命의 格

3) 命의 用神

4) 十干論의 이해

5) 吉神과 凶神의 정리

a) 吉神 : 天乙, 文昌, 十干祿 등

b) 凶神 : 白虎, 離死別, 鬼門, 羊刃 등

(2) 合, 會, 沖, 刑 등의 정리

1) 命造에 성립된 경우

2) 行運에서 오는 경우 등이다.

◆ 가장 중요한 것은 行運과의 관계이다. 이는 곧 命이 行運에 의해서 運命으로 흐르는 과정이며 한 사람의 각각의 삶을 나타내는 그래프와 같

으니 命은 運에 의하지 않고는 그 실체를 드러낼 수 없고 運은 命이 아니면 사색 없는 명상에 지나지 않는다.

易의 가장 중요한 핵심은 한 사람의 命造가 어느 시기에 어떠한 방향으로 흐르며 그 구체적 내용은 무엇인가 하는 것이다. 命은 태어나면서 얻어지는 고정된 것이지만 運命은 글자가 말하듯 命이 運에 따라 움직이는 살아있는 生命이다.

이 움직임의 시기와 내용을 분석하여 현실세계에 정확하게 나타내는 것이 物象論이다. 그러므로 物象論을 잘 파악하면 인생사의 喜怒哀樂이 다 드러나 顯象化 되는 것이다.

◆ 아름다운 명조는 運의 흐름이 좋다. 좋은 명조는 평상시에는 무탈하고 복덕이 쌓인다.

◆ 나쁜 명조는 평상시에도 내리막길로 달린다.

◆ 合, 會, 沖, 刑의 運이 오면 명조가 움직인다. 언제 어떻게 움직이고 그 내용은 무엇이며 그것이 사람의 삶에 어떻게 나타나는가를 物象論이 적나라하게 펼쳐 보인다.

2. 臨床의 기본

男命

木 : 3	財	主	官	傷
火 : 2	壬	戊	乙	辛
土 : 1	殺	印	官	偏
金 : 1	寅	午	卯	巳
水 : 1	(戊丙甲)	(丙己丁)	(甲乙)	(戊庚丙)

(1) 日干의 强, 弱을 본다.

우선 이 명조를 보면 戊 土가 卯月에 태어나 失令하고 木 官殺이 강하다. 그래서 身弱 命으로 판단하기 쉽다.

1) 陽干은 氣를 따르고 勢力을 따르지 않는다. (陽干從氣 不從勢) 戊土는 年支에서 建祿하고 日支와 時支도 火 合하여 강하다. 身弱이 아니다.

◆ 身强이다.

2) 官殺도 약하지 않다. 月干 乙 木도 當令, 當祿하여 그 세력이 약하지 아니하다. 그러니 절대로 五行의 숫자로 强, 弱을 판단해서는 않된다. 時支 寅 木은 月干 乙 木의 帝旺으로 乙 木을 도울 것 같지만 日支와 合을 이루어 그렇지 못하다.

◆ 따라서 此命은 身强 殺强이다.

(2) 格을 본다.

格은 月支에서 정한다.

1) 月支 藏干에서 透出한 干으로 정한다.

2) 月支가 子, 卯, 酉이면 月支의 正氣를 格으로 한다.

◆ 月支 藏干 乙 木이 月干에 透出하였다. 正官格이다.

◆ 月支의 卯는 그대로 格으로 한다.

正官格이다.

(3) 用神

기초편의 用神法을 간단히 정리하면,

1) 身强命의 用神

a) 財가 當令, 通根하였으면 財를 用 한다.

b) 財가 힘이 없고 官, 殺이 그러하면 官, 殺로 用 한다.

c) 財 또는 官이 모두 강한 명조는 食, 傷을 用 한다.

2) 身弱命의 用神

a) 財가 강한 身弱命은 比, 劫을 用 한다.

b) 官, 殺이 강한 身弱命은 원칙적으로 印星을 用하고 부차적으로 食, 傷을 用 한다.

3) 別格, 雜格의 用神

別格, 雜格은 그 명조의 성격대로 用하지만 중요한 것은 그 성립을 최소화 하여 가급적 內格의 범주로 흡수함이 옳다. 子平의 원래의 뜻은 삶이 평탄한 물의 흐름처럼 기복 없는 태평화합을 제일의 目德으로 하여 扶抑이 用의 원칙이라 하였다.

특히 중요한 것은 別格, 雜格의 경우 火焰土燥나 焰上格처럼 土, 火, 木의 집단으로 구성된 명조는 아무리 格이 잘 구성되어도 喜 할 수는 없다. 이때에는 주저 없이 調和로 水를 用함이 옳다. 神枯한 命은 건강과 연결되니 부귀영화가 뜬구름 이다. 此命의 경우 身强 殺强으로 食傷을 用한다.

◆ 食傷 즉 金을 用한다.

(4) 天干의 喜, 忌

1) 戊 + 壬 (壬 + 戊) : 山明水秀의 秀 命이다. 산은 푸르고 물은 맑아 지혜와 자원이 풍부하다. 근본적으로 富貴가 보장된 命이다. 삶에 장애가 있어도 회복력이 빨라서 곧 극복하고 재물복과 처복, 직장운도 든든하다.

2) 직업으로는 사업, 경영, 공무원, 교수, 정치인, 종교인 등 富함과 貴함을 모두 가졌다.

(5) 殺의 정리

◆ 吉神 : 年支 十干祿

◆ 凶神 : 月柱 白虎, 年柱 十惡大敗, 日柱 離死別

1) 十干祿 : 이 吉神은 正官과 같다. 年柱는 초년 운이며 더구나 戊日干에는 祿地에 해당하니 어려서부터 명석하고 학문에 정진한다.

2) 月柱의 白虎는 간과해서는 안 된다. 月干 乙木이 月支에 든든히 뿌리를 박고 있으나 酉運이 들면 沖하여 根이 되지 못한다. 이때에는 일시적으로 四柱의 파란이 일어나니 파직이나 좌천을 염려한다. 아니면 자식궁도 살펴보아야 한다.

◆ 여기서 눈여겨 볼 것은 酉運에 年支 와의 合의 성립이다. 근본적으로 半合, 合은 沖을 막지 못하지만 충격은 완화시킬 수 있다. 다행으로 완전한 백수나 자식의 요절은 면할 수 있다.

3) 日柱 부부궁의 離死別은 중년의 위기를 예고하는데 이 命造처럼 五行이 周流하는 俱足格은 지혜롭게 잘 넘길 수 있다.

4) 年柱의 大敗도 초년기의 조상 운으로 조부모의 사업실패나 사별을 뜻하는바 당사자에게 미치는 영향은 크지 않다.

(6) 物象 분석

이제까지는 명조의 기본분석이었다면 지금부터는 본격적인 物象분석이다. 위와 같이 잘 조합된 秀 命은 평상시에는 吉運으로 잘 흐른다. 그러나 運에서 合, 會, 沖, 刑 運이 오면 命은 움직인다. 언제, 어떻게 움직이며 대체 어떤 현상들이 일어나는가? 이러한 것을 파악하는 것이 易의 가장 중요한 역할이다.

◈ 예측과 대비야 말로 易의 시작과 끝이요 알파와 오메가다.

언제 어느 때 어떤 운이 오는가를 무시한다면 지나간 과거를 조명하는 역사나 기존의 현상을 파악하는 과학은 될지언정 易은 아니다.

◆ 易은 미래를 조명하는 四次元的 학문이다. 易 외는 모든 학문을 통틀어 미래를 논하는 것은 없다. 종교는 미래가 아니라 祈福과 來世觀을 말한다. 그러니 易을 옳게 이해한다면 얼마나 앞서 가는가!

易이 학문이 되기 위해서는 단순한 術法을 뛰어 넘어야 한다. 그것은 검증된 실증과 이론적 체계를 정립하여야 가능하다. 이러한 사실에 착안하여 易의 학문적 체계에 심혈을 기울인 사람이 있으니 필자와는 일면식도 없지만 진정한 영감을 주입한 애스크퓨쳐닷컴의 李修 대표다. 그는 易에 있어 진정한 이시대의 리더라고 생각한다.

◈ 命運을 감정함에 필히 염두에 두어야 할 것이 있다. 이것은 아주 실증적이다.

첫째, 명조의 財, 官의 存否다. 감정에서 財, 官의 상태를 정확하게 파악한다면 고급易士다. 그것은 곧 돈, 직장, 이성, 자식이니 그러하다.

둘째, 그 當年의 吉, 凶과 得失을 정확하게 파악해야 한다. 術士가 當年의 得失變更을 명확하게 조명한다면 그는 高級 易士라 자부해도 좋다. 易士는 모름지기 사람을 보고 판단하지 말고 오로지 子平命理로 해답을 구해야 한다. 그 속에 모두가 다 있다.

1) 위 예시 命에 亥 운이 오면 어떻게 되는가? 巳亥 沖이 성립된다. 時支와의 合은 어떻게 되는가? 沖과 동시에 성립되는 半合의 의미는?

◆ 특히 주목할 것은 年干 巳는 日干의 든든한 根이었는데 弱命으로 추락한다. 時支 寅도 日支와 合하여 평시에 든든한 根은 되지 못하고 있기 때문이다. 그래서 沖은 아프다.

◆ 한마디로 合, 半合은 沖의 성립에 영향을 미치지 못한다.

다만 寅과 合하려는 강한 끌림은 있다. 巳의 藏干 戊, 庚, 丙. 亥의 藏干 戊, 甲, 壬은 開庫된다.

a) 年干 辛이 巳 중 丙과 合하여 사라진다. 그래서 진로에 장애가 오

고, 명예에 금이 간다.

b) 月干 乙이 巳 중 庚과 合하여 사라진다. 직장에서 파직 또는 좌천되고, 진로가 막힌다.

c) 巳 중 戊는 깨어져 없어지니 동기간이나 친구관계에서 배신이나 요원해 진다.

d) 亥 중 戊, 甲, 壬은 요동만 치는 刑의 효과로 동기나 친구의 도움이 따르고(戊), 새로운 직장에 취업하고(甲), 그래서 돈의 유입(壬)이 예상된다. 이 경우 甲과 壬은 자식의 得과 결혼도 생각할 수 있으며 감정시의 상황을 봐가면서 變通할 줄 알아야 한다.

e) 亥 운은 寅, 午 半合은 해소한다고 본다. 그래서 日支의 묶였던 午가 풀리니 잃었던 명예가 회복된다.

◆ 결론은 亥 運에 명예가 실추되고 친구의 배신과 직장의 변동으로 어려움이 따르나 새로운 직장과 財의 유입 및 명예가 회복되는 변화가 많은 得失變更이 교차하는 한해가 된다.

2) 未 運이 오면 어떻게 되는가? 日支 午와 合이 성립한다. 年支, 日支와 合하여 方局이 성립되지는 않는다. 方局은 그 특성상 越柱를 허용치 않는다.

a) 日支와 合을 이루니 時支 寅은 자유로워져 日干은 자신이 가지고 있는 완전한 官을 얻는다. 취업하거나 자식을 얻는다. 아니면 직장에서의 영전이나 지위가 더욱 공고해지고 또는 자식에게 좋은 일이 생기든지 그 구체적 내용은 피 감정인의 상황에 따라 變通하여 감명한다.

b) 午는 다시금 未와 合으로 묶이어 자신의 사명을 다하지 못한다. 인덕과 명예는 사장된다.

c) 寅, 未 鬼門은 午, 未 合으로 그 凶意를 드러내지 못한다.

3) 子 운이 오면? 子, 午 沖하여 子의 壬, 癸. 午의 丙, 己, 丁 모두 열린다.

a) 年干 辛과 午 중 丙이 合하여 사라진다. 하던 일의 진로가 막히거나 장애가 생기고, 명예가 실추되거나 부모궁에 문제가 생긴다.

b) 壬 時干은 午 중 丁과 合하여 사라진다.

財의 손실이나 失戀의 아픔이 있고, 그로 인한 명예의 실추가 따른다.

c) 日干은 子 중 癸를 취하여 得財한다. 이때 子 중 壬은 偏沖 효과로 부수입을 올린다. 즉, 여자와 재물을 얻는다.

d) 地藏干 끼리의 丁, 壬은 合하지만 時干 壬이 丁과 먼저 合하니 暗合은 성립하지 않는다.

◆ 子年의 경우도 많은 것을 놓쳤지만 財는 확실히 얻었다.

◇ 의문이 들면 돌아가 物象理論을 확실히 숙지하여야 한다. 物象論이 合, 會, 沖, 刑 운에 어떻게 반응하는가를...

3. 臨床 實證

예. 1 (女) 陰. 1955年 9月 27日 21 : 50 生 大數 9

陽. 1955年 11月 11日 亥時 (金요일)

木 : 1	傷	主	劫	印
火 : 2	己	丙	丁	乙
土 : 2	殺	官	殺	傷
金 : 0	亥	子	亥	未
水 : 3	(戊甲壬)	(壬癸)	(戊甲壬)	(丁乙己)

(1) 命의 强, 弱. 格. 用神

1) 丙 日干은 뿌리가 없고 官, 殺이 重重하니 身弱命

2) 月支 藏干에 透한 干이 없어 강한 세력으로 偏官格

3) 강한 官, 殺을 順用하니 用神은 木, 火 喜神群. 金, 水는 忌神群. 土는 閑神은 弱命이라 忌神 즉, 土, 金, 水 忌神群

◆ 이를 殺中 用印이라 한다.

4) 十干論에서 丙 + 己 大地普照라 표현력과 연예, 화류, 예술계통에 유리하다.

5) 乙未 : 白虎, 丁亥 : 十惡大敗. 天乙, 華蓋, 金輿

6) 大運 : 8기둥

乙	甲	癸	壬	辛	庚	己	戊
未	午	巳	辰	卯	寅	丑	子
79	69	59	49	39	29	19	9

(2) 기본 분석

◆ 官을 위주로 喜, 忌 분석한다.

1) 초년운

十干論의 大地普照와 華蓋는 미모가 빼어나고 예술적 재능이 있으나 초년에 運이 忌神으로 흐르니 부모의 덕이 없어 학업은 일찍 중단되고 未 金輿(금여)는 조혼을 예고한다.

2) 청년운

丙 日干에 亥는 天乙貴人이나 官, 殺이 중첩되어 身弱 하고 또한 명조에서 이를 막아줄 방어막이 전혀 없다. 그러니 官의 출입이 너무나 빈번하다. 절대 一夫從死는 논할 수 없는 命이다. 더구나 子, 未 鬼門은 未運에 돌출행동에 따른 官의 상실을 강하게 예고한다.

3) 중년운

역시 官의 출입을 예고한다.

4) 말년운

말년운은 자녀운이라 하지만 官으로 인한 번뇌는 벗어나지 못한다.

◇ 한마디로 이 命은 평생을 통하여 官의 출입을 통제하지 못한다. 官이 빠져나가기도 전에 들어올 官이 준비하고 있다. 남이 보면 불행하지만 본인으로서는 官에 관한 한 여한이 없으니 주관적으로는 정당하고 불행하지만은 않다.

◇ 예능이나 연예, 화류계통은 남다른 재능이 있으나 돈이 모이지 않는다. 官이 바뀔 때 금전적 손익은 따지지 않음이 在 鬼門 命의 특징이기 때문이다.

(3) 歲運 (癸巳年)

명조를 감정함에 當年을 기준으로 그 해의 吉, 凶을 분석하는 것은 참으로 중요하다. 男命은 財를, 女命은 官을 중점으로 파악한다. 當年의 天干과 地支가 명조에 어떻게 작용하는지를 정확하게 알아야 한다. 올해의 運이 어떤지가 감정의 가장 중요한 명제이다. 무엇을 얻고 잃으며 어떤 변화가 있는지?

즉, 當年의 得失變更이다. 그러기 위해서는 명조의 기본분석 외에 當年의 運이 명조에 어떠한 영향을 미치는가에 대한 분석이 있어야 한다.

첫째, 올해의 運이 명조에 合, 會, 沖, 刑 등에 해당되는가?

둘째, 있다면 그것의 得失變更은?

셋째, 앞으로의 예측은? 등에 대하여 판단하여야 한다.

推命에 있어 命의 吉, 凶, 禍, 福에 대한 시기와 그 대처방안을 제시하는 것은 핵심적 중요사항이기 때문이다.

◆ 癸巳年의 天干 癸 水는 忌神이다.

◆ 癸巳年의 地支 巳 火는 喜神이나 月支, 時支와 沖하여 喜神이 되지 못한다. 이제 그 구체적 내용을 살펴본다.

1) 잃는 것

巳 火가 2개의 亥와 沖하여 巳, 亥의 藏干이 열린다.

巳 : 戊, 庚, 丙.　亥, 亥 : 戊, 甲, 壬. 戊, 甲, 壬

a) 歲運 天干 癸는 巳 중 戊(印)와 合하여 사라진다. 따라서 나의 조력자인 친구가 진로를 방해한다. 癸(官) 水는 忌神이라 戊와 合하여 남자의 진입을 막아준다.

b) 年干 乙(印)이 巳 중 庚(財)과 合하여 사라진다. 인덕, 명예와 재산적 손실을 본다(印, 財의 失). 그런데 이 경우 巳 중 庚 財는 원래의 내가 가지고 있던 것이 아니라 運에서 들어오던 것으로 직접적 상실감은 없고 내가 얻을 재적 기회가 사라진 것이다. 내가 가졌던 것을 잃는 것은 아니다.

c) 月干 丁(劫)은 亥 중 壬(官)과 合하여 사라진다. 동기나 옛 친구를 잃고 남자와 이별한다. 또는 친구에게 사랑을 빼앗기는 배신감을 맛본다. 이 경우는 내가 가지고 있던 것을 잃으니 위 b)의 경우와 달리 상당한 상실감을 느낀다.

◆ 즉, 내 命造의 것을 잃는 것은 運에서 오는 것을 취하지 못하는 것보다 훨씬 상실감이 크다.

d) 時干의 己(傷)는 亥 중 甲(偏)과 合하여 사라진다. 진로가 막히고

명예가 실추된다.

e) 巳 중 丙(比)은 2개의 協沖으로 깨어져 날아간다. 이는 運에서 오는 것으로 동기나 친구의 조력을 받을 수 있는 기회가 상실된다.

◆ 이상이 沖으로 인한 失이다.

2) 얻는 것

巳, 亥는 偏沖으로 亥는 藏干이 열리나 깨어지지는 않는다. 그런데 이 경우 運의 巳가 2개의 亥를 沖하니 亥는 충격이 매우 적고 藏干이 약간의 진동으로 열릴 뿐 깨어져 날아가지는 않는다. 이때 열려서 진열된 사라지지 않은 藏干을 취할 수가 있다.

a) 日干을 제외한 모든 干을 포함한 많은 것을 잃은 암울한 상태에서 새롭게 진로를 찾는다.(戊 食神)

b) 약간의 명예를 회복하고(甲 印星)

c) 새로운 남자도 생긴다.(壬 官星)

3) 정리

癸巳年의 天干 忌神 운과 地支의 兩沖으로 많은 것을 잃고 방황하였으나 후반부에 의외의 도움으로 새롭게 진로를 개척하고 새로운 남자를 만나게 되는 몸살 뒤에 오는 新舊交叉의 시기이다.

◈ 포인트 : 위 命에서 그 시기를 반드시 癸巳年을 중심으로만 한정하여서는 않된다. 滴天髓도 '火未焰而先煙, 水既往而有濕' (화미염이선연, 수기왕이유습)이라 하였다.

직역하면, 불이 붙기 전에 연기가 더 맵고, 비 그친 바로 뒤가 더 습하다. 는 말인데 推命에서 吉, 凶운의 시기에 바로 즉시 吉, 凶意가 나타나기 보다는 그 시기가 좀 더 당겨질 수도 늦추어 질 수도 있다는 의미로 다만 그 시기를 중심으로 하여 吉, 凶이 움직인다는 것을 인식하고 상황에 따른 감정의 유연성을 가져야 한다.

(4) 實證

◇ 예시의 女命은 경북 영덕이 고향으로 유복한 가정에서 자라다가 忌神과 白虎가 沖하던 癸丑년 18세에 아버지의 갑작스러운 사망과 함께 가산이 기울어 학업을 중단하고 대구로 와서 직장생활을 하던 중 23세가 되던 戊午년에 결혼하였다.

29세가 되던 甲子年에 배우자가 집을 판 돈을 가지고 가출하고 두 딸과 임신 중인 몸으로 가계를 꾸려가는 어려운 생활을 하였으니 반드시 鬼門의 凶意를 짚고 가야 한다. 그 다음해 乙丑년 沖의 해 30세에 이혼하고(丑 중 癸의 失) 3녀는 낳은 즉시 프랑스로 입양 시켰다.

그 이후 생계를 위하여 華流界로 진출하고 2번의 혼인을 더 하였으나 모두 이별하고 또한 더 많은 官의 출입이 있었다. 키 165cm에 미모는 수려하고 歌舞에도 능숙하며 30대 중반에 진출한 遊興業은 성패를 거듭했으며 요염한 기운이 흘러 주위에 항상 官이 대기하는 實在의 命이다.

예. 2 (男) 陰. 1952. 6. 19. 16 : 30 生. 大數 : 10

陽. 1952. 8. 9. 申時 生 (土요일)

木 : 0	傷	主	傷	官
火 : 1	戊	丁	戊	壬
土 : 3	正	官	正	傷
金 : 2	申	亥	申	辰
水 : 2	(戊壬庚)	(戊甲壬)	(戊壬庚)	(乙癸戊)

(1) 기본 분석

1) 丁 日干은 뿌리가 없고 印星도 없으며 戊土, 壬水가 모두 강하여 食傷財官太過 身弱命이다. 食, 財, 官이 모두 강하여 어느 곳으로도 不從하고 부득이 行運의 木을 用하지만 用神 운에 발복도 기대할 수 없는 賤命이다. 土, 金, 水 즉, 食, 財, 官이 모두 忌神이다.

2) 丁 日干에 兩 戊라 有火有爐의 다재다능한 秀命일 듯 보이지만 太弱인 此命은 그 가진 재주를 펼칠 수가 없다. 굳게 잠긴 창고속의 淸明은 밖을 비추지 못한다. 行運에서 창고가 열리더라도 金, 水의 암흑은 바람 앞의 등불이라 그 뜻을 펼치지 못할 뿐 아니라 항상 삶의 유지에 급급하다.

3) 日支 丁은 天乙이나 귀함과 복록을 담지 못한다. 오히려 日柱의 大敗는 중년에 그 흉의를 피하기 어렵다.

◆ 이 命에서 간과해서는 안 될 것은 魁罡과 四柱殺이다. 魁罡은 명조가 아름다우면 그 방향으로 남다른 발전을 보이지만 賤命, 濁命은 그 반대로 흐른다. 此命의 四柱殺(月柱, 時柱)은 매우 강하다. 아무리 부정해도 종교나 철학, 정신문화 방면으로의 인연은 무시할 수 없다.

4) 大運

80	70	60	50	40	30	20	10	大 數
丙 辰	乙 卯	甲 寅	癸 丑	壬 子	辛 亥	庚 戌	己 酉	戊 月 申 柱
△	△	△	×	×	×	×	×	吉·凶

運의 흐름도 忌神으로 흐른다. 이 命은 정신은 고귀함과 재능도 있었으나 강한 食, 傷은 太弱한 日干을 洩剋하고 官殺을 制하여 아무것도 이

루지 못한다. 그래서 制殺太過太弱 命이다.

(2) 歲運 (癸巳年)

1) 天干 癸 : 天沖이다. 太弱命에 歲運에서 忌神이 沖하니 흉하다.

2) 運支 巳 : 日支와 沖한다. 이런 경우를 天沖地沖이라 한다. 運의 巳 : 戊, 庚, 丙. 亥의 戊, 甲, 壬 藏干이 열린다.

a) 運의 癸는 亥 중 戊와 合하여 사라진다. 진로가 막히고 의식주에도 어려움이 온다. (傷官)

◆ 이 경우 주의할 것은 특성상 行運은 같은 藏干이라도 들어와서 열리는 藏干보다 命造에 있는 藏干과 먼저 合한다.

b) 巳 중 戊, 庚, 丙은 偏沖으로 모두 잃는다. 이는 運에서 들어오는 것으로 원래의 내 것이 아니라서 상실의 체감은 없다.

c) 亥 중 壬(官)은 日干과 合하여 직업의 변동이 있으니 새로운 직장이나 사업의 확장이 따른다.

d) 戊(傷官) 새로운 진로와 갑(印) 인덕과 명예도 얻는다. (偏沖. 子, 酉, 亥 효과)

3) 정리

a) 天沖地沖으로 피해가 막심할 것 같았지만 다행히 忌神 癸가 亥 중 戊와 干合하여 피해를 줄였다.

b) 巳 중의 戊, 庚, 丙(傷官, 財, 친구)을 득할 기회는 잃었지만 약간의 인덕과 직장의 활기를 얻었다.

◆ 삶의 得失變更과 그 顯象을 物象은 적나라하게 보여 주었다. 반드시 沖이라서 나쁘고 合이라서 좋은 것이 아니라 物象變化에 따라 그 喜, 忌가 달라진다는 점을 확실히 알아야 한다.

◈ 命造 感情의 기준은 어디까지나 歲運이다. 大運은 태양이 우주를 회전하는 天體의 변화라면, 歲運은 지구가 태양을 공전하면서 생기는 변

화이고, 月運은 달이 지구를 돌면서, 日運(日辰)은 지구가 스스로 한 바퀴 구르는 현상으로 결국 天體 全體의 움직임에 따른 변화를 인간사의 삶에 대입시켜 顯象으로 나타낸 이론이 物象論이다.

이러한 현상을 命造에 대입하면,

a) 年柱는 큰 그릇이라 삶 전체의 그림으로 우주로 비유되어 명조의 뿌리가 되니 조상운에 해당된다.

b) 月柱는 내가 태어난 곳(宅地)으로 인식의 뿌리가 되어 내 삶의 의지처가 되니 태양에 비유되어 부모의 運에 해당한다.

c) 日柱는 내가 머무는 삶의 바탕이라 지구가 되니 나와 배우자가 머무는 부부궁에 해당된다.

d) 時柱는 내가 생성시킨 달이니 뿌리가 나에게 있고 내 삶의 증거가 되니 자식운에 해당한다.

그러니 運이란 움직이는 것이고 運命은 움직이는 生命이다. 이것이 運命이 아니고 무엇인가! 여기에 더 이상을 주입하면 그것은 易이 아니고 宗敎다. 즉, 현재를 헤아리는 것이 과학이라면 그것을 뛰어넘어 헤아리는 것이 易이다. 易을 뛰어넘으려는 것은 宗敎이고 그 순리를 벗어나면 迷信이다.

(3) 月 運

月	1	2	3	4	5	6	7	8	9	10	11	12
月建	甲寅	乙卯	丙辰	丁巳	戊午	己未	庚申	辛酉	壬戌	癸亥	甲子	乙丑

大運이 일생의 큰 그림이라면 한 해의 吉, 凶, 禍, 福은 歲運이 좌우한

다. 月運은 當年의 정해진 喜, 忌의 흐름이다. 다시 말하면, 한 해의 喜, 忌는 歲運에서 정해지나 그 정해진 해의 喜, 忌의 흐름은 한 해의 月運의 흐름에 의한다는 것이다. 癸巳年의 月運을 살펴보면,

1) 상반기는 대체로 喜神運으로 흐른다. 그러나 太弱 賤命인 此命은 運의 흐름이 좋다 하더라도 기대할 바는 못 된다.

2) 天沖地沖의 當年은 상반기는 그럭저럭 넘기나 중, 하반기부터는 흉살의 피해가 확실히 나타난다. 그 구체적 내용은 物象代入을 하면 된다.

(4) 日 運

日運은 日辰이라 하여 그날의 일이 안 풀리면 흔히 '오늘 운수가 나쁘다' 또는 '오늘 日辰이 안 좋다'라고 할 때의 그것이다. 감정방법은 日干에 그날의 日辰(干支)을 대입하여 物象變化를 읽어보면 그날의 喜, 忌가 나온다. 사람은 하루에도 수차례 감정의 기복과 吉, 凶이 교차한다.

◇ 혹자는 이런 말을 한다. 몇 년 또는 몇 개월 수행 또는 수감되어 있는 사람에게는 무슨 月運, 日運이 작용하겠느냐고? 그렇다고 하더라도 運은 잠자고 있지 않다. 하루하루의 수행생활에도 분명 그날의 喜, 忌와 감정의 기복은 있으며 이는 大運이나 歲運의 큰 흐름의 기운과는 별개로 한 모둘 패턴(Module Pattern)의 형태로 그 가운데서도 분명 喜, 忌가 존재한다.

◇ 또한 중요한 것은 피 감정인의 프라이버시를 존중해야한다. 감정할 때는 피 감정인 외는 배석을 하지 않음이 원칙이다. 아무리 허물없는 친구사이라도 본인에게만 할 말이 있으며 부부간에도 그러하다. 가령 여자의 명조가 官, 殺이 혼잡하고 氣가 濁한 경우 부부가 같이 배석한 경우 명조 감정에 의한 정확한 설명을 해 줄 수가 없는 경우도 많을 것이다. 그 반대의 경우도 마찬가지이다.

그러니 가능하면 '일대 일' 감정이 원칙이다.

예. 3 (男) 陰 : 1988. 2. 12. 12 : 30 (大數 2)

陽 : 1988. 3. 29. 午時 (火요일)

木 : 2	官	主	食	官
火 : 1	戊	癸	乙	戊
土 : 4	正	殺	食	官
金 : 0	午	未	卯	辰
水 : 1	(丙己丁)	(丁乙己)	(甲乙)	(乙癸戊)

1) 기본 분석

① 癸水 日干이 卯月에 태어나고 官과 財가 강하며 印星도 찾아 볼 수 없어 太弱 命造다. 그래서 癸 我를 버리고 강한 官을 從하고 싶으나 食神도 강하여 從官하지 못한다.

② 月支 食神과 官도 강하여 食神, 正官格이다. 이처럼 한 명조에 格은 여러 개 성립될 수 있으니 재능이 한가지에만 주력하라는 법은 없다.

③ 太弱하여 金, 水를 喜한다.

④ 戊辰 : 白虎, 離死別. 空亡 : 辛酉 조상의 덕이 박하고, 결혼은 조금 늦춤이 좋다. 白虎가 沖하는 戌 해에는 朋沖으로 잘 살펴야 한다.

⑤ 大 運

72	62	52	42	32	22	12	2
癸 亥	壬 戌	辛 酉	庚 申	己 未	戊 午	丁 巳	丙 辰

a) 초, 중반에는 運이 忌神으로 흐른다. 40대 이후 중년부터 運이 喜神으로 흐르나 太弱한 此命은 喜神 運에도 큰 발복은 힘들다.

b) 명조는 太弱하면 아무리 좋은 부귀영화의 運도 담기 어렵다. 그나마 삶의 후반 절반은 喜神群으로 다행인 샘이다.

c) 空亡은 대운에 적용하지 않는다.

2) 歲運 (癸巳年)

地支에 南方局이 성립된다. 焰上이나 火 化格을 생각할 정도로 火 기운이 강하다. 그러나 月支의 강한 食神이 이를 막고 있으며 假格은 그 성립의 여지가 없으므로 불성한다.

① 歲運 癸는 年柱 戊와 合하여 사라진다. 취업이 여의치 않아 정상적인 직장은 기대하기 어렵다.

② 南方局은 그 결속력이 매우 강하여 午, 未 合으로 묶인 官, 財를 더욱 결속시키고 日干, 時干의 合 火는 올해의 기운을 火의 기운으로 달리게 한다. 결과적으로 財는 더욱 묶이는 현상으로 나타나니 當年에는 財, 官의 得은 없다.

3) 月 運

月	1	2	3	4	5	6	7	8	9	10	11	12
月建	甲寅	乙卯	丙辰	丁巳	戊午	己未	庚申	辛酉	壬戌	癸亥	甲子	乙丑

1월 (甲寅) : 寅卯辰 東方局은 진로에 장애가 온다.

2월 (乙卯) : 막혔던 진로가 트인다.

3월 (丙辰) : 취업이나 직장에서의 영전 운이다.

4월 (丁巳) : 巳, 午, 未 方局의 성립으로 午와 未는 더욱 묶이고 運의

巳 (正財)도 취하지 못한다.

5월 (戊午) : 日干이 취한다. 戊 干運은 得官이라 취업에 확실한 길조다.

6월 (己未) : 運支 未가 時支와 合하고 日支 未를 풀어주어 직장은 더욱 든든해진다.

7월 (庚申) : 별다른 변화 없이 지나간다.

8월 (辛酉) : 月支와 沖하여 변화가 많은 달이다. 진로가 막혀 암울하고, 酉 중 庚은 月干 乙과 合하여 사라지니 내 명조의 月柱가 모두 작살난다.

◆ 그러나 이는 정상적인 경우이고 酉가 空亡이라 이러한 沖의 효과가 나타나지 않으니 空亡殺이 나쁜 것만은 아닌 좋은 예다.

9월 (壬戌) : 辰, 戌 朋沖이 되어 그에 따른 변화가 있다. 辰 : 乙, 癸, 戊. 戌 : 辛, 丁, 戊의 藏干이 열린다. 우선 月干 戊가 辰 중 癸와 合하여 사라지고,(내 것을 失) 나머지는 내가 취할 수 있다. (朋沖) 그러니 크게 財의 손실 외는 失보다 얻는 것이 많다. 하지만 財보다 重한 것이 없으니....

10월 (癸亥) : 亥, 卯, 未 木局이 성립되어 食傷 運이 강해진다. 月干 乙은 木局을 만나 기고만장해지고 時支 午는 자유로워졌으나 日干은 강한 洩運으로 더욱 약해졌다. 여기서 財를 취할 입장이 아니다. 2년여를 사귀던 여자 친구와는 헤어졌다.

11월 (甲子) : 子, 午 偏沖이니 物象變化하기 바란다.

12월 (乙丑) : 丑, 未 相沖의 物象變化를 하면 된다.

◆ 月運의 변화를 한해 전체의 運으로 규정짓지 말아야 한다. 그 이유에 대해서는 앞의 명조 해설에서 밝혔었다.

◇ 此命은 대학을 졸업하고 수차례 임시직을 전전하다가전공과 무관한 조선소에서 비정규직으로 2년차 근무하고 있으면서 정규직으로의 전환을 기대하고 있는 사람의 命이다.

◈ 이러한 실습은 적어도 100 命造 이상 연습하여 완전히 자신의 것으로 정형화 시켜야 한다.

4. 기타 참고사항

(1) 富 命

何知其人富, 財氣通門戶

滴天髓는 사람의 富함은 명조에 財星이 通門戶 하여야 한다고 하고 있다. 「財星 通門戶」라 함은 財星이 힘이 있고 또한 명조에 理會 되어야 한다는 것이다. 財星이 힘이 있기 위해서는 當令하거나 通根 또는 通源하여야 하며 財星이 理會 되기 위해서는 財星이 命造에서 合이되어 그것이 喜神이 되어야 한다는 것을 말한다.

1) 어떠한 吉함도 命造가 身强 이거나 抑扶策(用神, 喜神) 등으로 中强은 되어야 한다. 體가 强하지 못하면 모든 부귀영화가 부질없다.

◆ 日干이 弱하면 財運이 좋게 흘러도 큰 富는 얻지 못한다. 身强 命의 조건에 대하여는 설명하였으며 최소한 中强은 되어야 한다. 이러한 명조를 身强 財强의 명조라 한다.

2) 大富의 요건

a) 財星이 强하고 日干에 喜 하며

b) 命造에 魁强이 있어야 한다.

財星이 魁罡이고 힘이 있고 日干에 理會하면 大富의 命이다. 재벌들의 命造는 대체로 神强財强에 魁罡이 同柱한다. 그 중 최고는 身强命造에 財星이 魁罡인 경우이다.

* 財星이 위와 같은 조건에 해당하고 命造에서 驛馬殺과 同柱 하면 무역이나 해외에서 성공하거나 유통업으로 크게 성공한다.

* 예전에는 驛馬를 凶殺로 보았으나 현대 사회에서는 남녀를 불문하고 타고난 기동력으로 인식되어 기회 포착이 빠르고 유행과 물류에서 남보다 앞선다.

* 위의 조건과 運路의 흐름이 좋으면 그 시기에 많은 돈을 벌 수 있으니 현명한 자는 이러한 기회를 놓치지 말아야 한다.

* 위의 조건을 갖추고 天乙, 暗綠 등이 있으며 이를 沖去하는 凶殺이 없으면 큰 부자의 명조다.

* 아무리 좋은 조건들도 大運의 흐름이 나쁘면 큰 부자는 되기 힘들다. 다시 말하면 龍도 때를 만나지 못하면 하나의 벌레에 지나지 않는다. 즉, 龍卽失時 一個蟲이다.

(2) 貴 命

何知其人貴, 官星有理會

사람의 貴함은 官星이 힘이 있고 命造에 理會 되어야 한다. (滴天髓 用神論)

1) 富者의 運이 그러하였듯 官運도 身强 하거나 用, 喜神 운으로 中强 정도는 되어야 한다. 命造의 身强은 모든 복록의 근본이 건강에 있음과 같다.

◆ 모든 運이 그러하지만 官運은 특히 身强 이어야 한다. 재물과 자식운 등은 신체가 좀 약하여도 가질 수가 있지만 직장 운은 허약하면 있을 수 없다. 특히 官星은 日干을 剋하기 때문에 더욱 그러하다. 이러한 명

조를 身强殺强이라 하고 身殺 兩正의 命이다.

2) 身强 命造에 官星이 通根이나 通源하고 官星에 合이 되어 喜神이 되며 天乙이나 十干祿이 있으면 大貴 하다. 이러한 명조는 적어도 단체의 장이나 기업체의 대표 이상이다.

* 時干에 正官이나 偏官이 1위만 있고 正印이 있으며 官星이 뿌리가 있으면 大貴한 命이다. 이러한 명조를 時上 1位 正, 偏官格으로 貴格이라 한다.

* 身弱 命은 어떤 吉神 이라도 喜 하지 못하지만 특히 官殺이 강하면 더욱 흉하니 이는 日干을 剋害하기 때문이다.

* 食傷운이 들어오면 淸해지며 만약 배우자가 자기의 命에 引從하여 食傷운이 강한 여자로 들어오면 부인 덕에 대성한다.

* 命造에는 官殺이 없으나 地藏干에 官殺과 財星이 있으면 暗祿理會라 官祿의 운이 있다.

* 官, 印이 天干에 노출되고 뿌리가 있으면 大貴의 命이다.

(3) 아내 운

1) 身强하고 財星이 食傷의 도움을 받고 있으면 부인 덕과 재물 운이 있다. 재물 가는데 여자도 따라간다. 命造에서 財星은 있으나 食傷이 없으면 바람 끼가 많고 여자도 많으나 올바른 배필이 없으니 장마 중 가뭄이라 여자 속에 있으나 항상 외롭다.

2) 身弱에 官星이 약하고 食傷이 강한 명조는 아내로 인하여 폐가망신 수이며 무엇을 하여도 되는 것이 없다.

* 日干이 약하지 아니하고 官星도 강한 명조에서 食傷과 財星이 同柱하면 부인 덕으로 인하여 자수성가할 運이다.

* 財星이 濁하고 驛馬와 동주 하면 부인은 항상 밖으로 돌고 가정은 조용한 날이 없다.

* 比劫이 旺한 身强 命造에 財星이 약하면 소위 群比爭財의 命이라 가난하고 처덕이 없으며 또한 이때 行運에서 財星 운이 들면 약한 財를 두고 比劫이 서로 쟁탈이 일어나니 그 凶剋은 夭折을 의미하므로 주의할 일이다.

(4) 남편 운

1) 女命이 身殺 兩正이면 남편 덕이 있고 직업 운도 있다.

* 女命에 官星이 命造에 理會 하면 남편 복이 있다.

* 女命에 時上 1位 正, 偏官格은 결혼은 늦지만 남편복과 직장운이 있는 귀한 命이다.

2) 女命에 偏官과 羊刃이 동주 하면 평생 남편에게 기가 죽어 꼼짝 못하고 살아가는 살벌한 命造다.

* 女命이 身弱에 官殺이 혼잡하고 氣가 濁하며 羊刃이 동주하면 一夫從事와는 거리가 멀고 淫賤하기 짝이 없다.

3) 女命이 약하지 않고 官殺이 강하나 食傷도 약하지 않으면 본인도 貴해지지만 남편도 출세시킨다. 이를 食傷制殺格이라 한다.

(5) 부모 운 (조상 운)

1) 身强의 조상덕은 年柱와 月柱에 印星과 財星이 命造에 理會되느냐 다시 말하면 年柱와 月柱에 正印과 偏財가 있어 명조에 좋은 작용을 하고 大運에서 초년 運이 좋아야 한다.

* 명조의 年柱와 月柱는 조상과 부모 자리이니 이 자리에 있는 六神이 吉神이고 日干에 喜하면 조상과 부모덕이 있으니 年, 月柱에 官星이 있고 命造에 理會 하면 아버지가(혹은 조부) 貴하였으며, 財星이 있고 理會 하면 부모가 부자이고, 印星이 그러하면 어머니가 현모양처였다.

2) 身弱하고 官星과 印星이 많으면 부모덕이 없다. 月柱 특히 月干은

부모자리의 핵심으로 부모를 가리키는 六神과 月干이 日干에 理會 하거나 合이 되면 부모덕이 있다. 반대로 月干과 刑, 沖하면 부모덕이 없다.

* 月柱에 印星이나 財星이 있고 이것이 忌神 또는 仇神으로 작용하면 물려받은 재산을 탕진하는 破財의 運이다.

* 月柱가 忌神 이면 부모덕이 없고 時柱나 日支에 喜神이 들면 중년이후에 자수성가로 성공하는 運이다.

* 月柱에 白虎大殺이 있거나 忌神으로 들어와 있고 명조에 印星이 없으면 早失父母의 命으로 부모덕이 없다.

* 六親으로 日柱전의 財星이 아버지이고 印星이 어머니이나 命造에서 印星이 없거나 沖, 刑을 하면 어머니의 덕이 없으므로 부모덕이 없다.

(6) 자식 운

男命은 官이, 女命은 食傷이 자식이다.

1) 男命

身强 殺强(身殺 兩正)의 命造가 자식 運이 있다. 자식을 두는 運과 자식運이 있는 경우는 구별 할 수 있다.

* 명조에 官星이 理會 하면 자식運이 있고 효자자식을 두며 자식에게 官祿운이 있다.

* 명조에 時柱는 자식의 자리이니 時干이 명조에 喜하고 힘이 있으면 자식運이 있다. 時柱의 喜, 忌는 자식 運을 판단하는 가장 중요한 척도이다.

* 男命에 官星이 전혀 보이지 않고 財星도 약하면 자식을 두기가 어렵다. 이때 부인이 食傷이 강하면 자식을 두니 기혼의 경우는 부부간의 서로의 命造를 함께 감정함이 중요하나 여하튼 일방의 命造에 자식運이 박하면 그만큼 자식을 두기가 어려운 것은 사실이다.

* 명조에 전혀 水氣가 보이지 아니하는 神枯한 四柱도 자식을 두기 어

려우니 자식은 나무(木)와 같아 기르는 것이니 水氣가 없으면 木은 생성되지 못하기에 그러하다. 그러나 배우자가 水氣를 가지고 들어오면 그러하지 아니하니 자식은 혼자 생성시키는 것이 아니기 때문이다.

* 男命에 官이 弱한데 食傷이 沖去하면 자식을 두기 어렵고 두더라도 三刑殺이 들거나 官星을 直沖하면 성장이 어렵다.

2) 女命

食傷이 자식이다. 時柱는 자식의 자리이니 食傷과 時柱가 理會 하면 자식 運이 있고 효자를 둔다.

* 女命에 비록 食傷이 없어도 身强 하고 時柱가 吉神으로 喜 하면 자식을 둘 수 있고 남편이 자식 運이 强하거나 女命에 引從하여 食傷이 有하면 자식 運이 있다.

* 食傷이 약한 명조에서 印星이 旺하고 명조가 神枯하거나 水氣가 너무 强하면 자식을 두기가 어렵고 잉태를 하더라도 유산의 가능성과 출산 후에도 夭折의 運質이니 너무 조열하거나 한습하면 자식 運이 흉한 까닭이다.

* 女命에 食傷이 理會 하면 생식기가 깨끗하여 잉태가 용이하고 순산하며 성장이 좋고 효자를 둔다.

* 食傷이 너무 많아 旺하면 자식 運은 있으나 인덕과 부모덕이 박하고 특히 官星을 剋하여 남편을 害 하니 남편 덕이 없고 水氣가 없거나 너무 많으면 陰賤한 命이다.

(7) 결혼 운

결혼 運은 결국 남, 녀의 배우자 運이므로 앞에서의 설명과 중복이 된다. 여기서는 언제 결혼하는 것이 서로에게 가장 좋은가 하는 결혼의 시기와 어떤 사람을 만나게 될 것인가에 대한 것을 설명한다.

1) 결혼 시기

滴天髓에 결혼의 시기에 대하여 꼭 이렇다 할 시기가 있는 것이 아니나 다음의 경우가 가장 좋을 때다.

a) 物象에서 命造가 動하고 運에서 배우자가 드는 時期다. 命造에서 財星이 온전하고 食傷이 生助하는 해가 된다.

b) 歲運에서 正財가 日干과 合이 드는 해가 좋다.

c) 女命은 歲運에서 正官과 日干이 合이 드는 해 또는 地支의 合이 풀리는 해.

◇ 神殺論에 의하면,

첫째, 月柱에 大殺이 있거나 離死別이 있으면 가급적 결혼을 늦게 한다. 그 구체적 나이는 일률적으로 말하기 어려우나 각각 30세 이후에 혼인하는 것이 가하다.

둘째, 명조에 婚姻殺(고진과숙살, 원진살)이 있는 경우에도 결혼을 늦춘다.

셋째, 남, 여가 天合으로 만나고 명조에 서로 干의 조합이 좋으면 위의 경우에도 이를 무시하고 혼인할 수 있다.

2) 어떤 사람을 만날 것인가 !

男, 女를 불문하고 日支가 배우자 궁이니 배우자를 판단함에 日支를 기준으로 그 喜, 忌함을 가장 잘 알 수가 있다.

* 日支가 食神이고 印星이 없거나 약하여 뿌리가 없으면 신체가 풍만한 배우자를 만날 명조이다.

* 日支가 正財이고 명조에 理會 하면 男命은 미모에 현모양처이며 처가의 덕과 재물 덕이 있는 최고의 아내를 얻는다. 그러나 女命이 그러하면 '여자의 正財는 남자의 밥' 이라 여자에게 재물은 있으나 남자가 여자의 돈을 보고 달려드는 형국이다.

* 日支가 正官이고 理會 하면 女命은 최고의 남편감이고 官祿이나 튼

튼한 직장을 보장받고 점잖으며 무게있고 모든 것을 맡길만한 남편이다.

* 그러나 男命이 그러하면 부부간에 서로가 뒤바뀐 형국이라 아내의 주장이 너무 강한다. 이 경우 남자의 기세가 강하면 파탄까지 올 수 있다.

* 日支가 正印이고 명조에 理會 하면 남, 여 모두 돈 보다는 속 궁합이 맞고 화합과 덕목으로 가정을 꾸리는 부부 궁이다.

* 日支가 傷官이고 명조에 흉하면 男命은 부인의 불륜과 구설이 따르고, 女命의 경우는 남편으로 인하여 그러하다.

* 日支가 偏官이고 명조에 흉하면 男命은 부인에게 기가 죽어 꼼짝 못하는 공처가이고 아내가 남편 역할 한다. 女命은 가장 흉한 배우자 궁이니 부인을 집에 두고 꼼짝 못하게 하니 부인은 삶이 고달프다.

* 日支가 偏印이고 명조에 흉하면 男, 女 모두가 자기팔 자기가 흔드니 가정의 안정됨이 없다. 부부 서로 날카롭고 까다로우니 偏官처럼 폭력은 없으나 싸늘하기 짝이 없다.

* 日支가 劫財이고 명조에 흉하면 男, 女 모두 서로가 기 싸움이 강하다. 걸핏하면 잘 다투는 케이스다.

* 日支가 比肩이고 명조에 흉하면 男, 女命 모두 친구 같으니 서로가 존중하고, 특히 부인이 직업이 있으면 좋다.

(8) 短命의 運

何知其人夭, 氣濁神枯了

사람의 夭折함은 명조에 氣가 濁하거나 水氣가 없기 때문이다. 그러면 반대로 長壽할 命은 五行이 周流하여 氣가 막힘이 없고 운로의 흐름도 좋다면 평생 큰 파란 없이 장수를 할 수 있다.

1) 長壽의 運

命造에 五行이 모두 周流하고(五行 俱足格)균형을 갖출 것. 五行을 모두 갖추었다고 하여도 균형을 이루지 못하고 편향된 명조는 흉함에 변함이 없다.

예.

木 : 1				
火 : 1	辛	甲	庚	壬
土 : 2				
金 : 3	巳	戌	申	辰
水 : 1				

此命은 五行이 모두 갖추어 졌으나 甲 일간은 失令하고, 財星의 生함을 받은 官星이 창궐하여 약하기 짝이 없는 太弱命이다. 이러한 命造는 겉보기에는 건강하나 내용을 들여다보면 실속이 없는 命으로 凶하다. 地支 西方局의 酉運에 특히 조심하여야 한다.

2) 夭折의 運

a) 命이 太弱하고 大運, 歲運에서 日干을 直沖 하거나 三刑殺이 들 때.

b) 명조에 전혀 水氣가 없고 日干을 直沖 하거나 三刑殺이 들 때.

예.

木 : 2				
火 : 2	戊	丙	甲	丁
土 : 3				
金 : 1	申	寅	戌	丑
水 : 0				

此命에서 日干도 약하지 않으나 食傷은 더욱 강하다. 神枯한 명조다. 그리고 地支는 모두 沖·刑殺로 구성되어 있으며 이때 대운, 세운에서 未, 巳가 들어 三刑殺을 완전히 구성하고 日干을 直沖 하면 夭折의 가능성이 짙은 命이다.

◆ 이 四柱는 行運에서 巳와 未運에서 오는 凶함을 주의하고 특히 未運은 더욱 그러하니 이는 이미 刑殺이 되어있는데 沖殺이 추가되니 그러하다.

c) 木 日干에 水氣가 너무 濁하고 명조에 火나 土가 없을 때. 명조에 水氣가 전혀 없어도 夭折의 運이지만 너무 水氣가 강하여도 氣濁 이 되어 夭折의 命이다. 가뭄에 말라 죽으나 水氣가 지나쳐 홍수 또는 冷寒濕으로 뿌리가 석어 죽으나 같은 이치다.

예.

木 : 1				
火 : 0	辛	乙	壬	癸
土 : 1				
金 : 3	丑	亥	申	酉
水 : 3				

此命은 金의 도움을 받은 印星 水가 강하여 日干 乙木을 生하니 從强 명조이다.

* 일견 官星 金의 흉함을 印星 水가 차단하여 通關用神 역할을 하는 것 같고 또한 土가 있어 水氣를 막아 주는 것 같기도 하지 만 명조를 자세히 분석 해 보면 官星 金은 약한 日干을 剋하기 보다는 印星 水에게 모든 힘을 다하여 生하니 水氣가 태왕하고 丑은 濕土라서 水氣를 막을 마음이 전혀 없으니 이 命造는 水氣의 흐름을 따르지 않을 방도가 없어 印

星에 從强 하였다.

* 從强 명조는 그 運의 방향은 발전이 빠르나 나머지의 다른 運은 박하고 이 명조의 경우는 水氣가 너무 창궐하니 行運에서 食傷이나 財星운이 들어오면 명조의 파란이 일고 잘못하면 夭折할 運質이다.

* 여기서 食傷 運은 강한 印星 運을 剋하여 印星에 引從하면 財星이 되므로 群比爭財의 파란이 일고 이는 夭折의 運質이 짙다함은 설명 하였다. 이러한 명조를 金寒 水冷(금한 수냉)의 명조라 하여 短命의 命造로 본다.

(9) 예. (滴天髓 중에서)

다음은 滴天髓에서 고른 男, 女의 命이다.

예1. 男 命. 대수 : 5

五行	時	日	月	年
木 : 1 火 : 1	丁	庚	乙	辛
土 : 4	官	主	正	劫
金 : 2	丑	辰	未	丑
水 : 0	印	偏	印	印

75	65	55	45	35	25	15	5
丁	戊	己	庚	辛	壬	癸	甲
亥	子	丑	寅	卯	辰	巳	午

1) 기본 분석

a) 印星이 중중한 身强 命이다.

b) 土를 剋하는 木이 있어 從强格은 불성하고, 月支에 透出된 乙木은 日干과 合하니 가장 강한 기운인 正印格이다.

c) 다행히 時干 丁火는 月支에 當令, 當根하여 그 뿌리가 든든하다.

그래서 官 火를 用하고 財 木을 喜한다.

◆ 此命처럼 强命造라고 무조건 印, 比를 喜해서는 않된다.

문제는 月支 未가 年支, 時支와 沖이 성립되어 있는데 丁의 根이 될 수가 있느냐 이다. 此命이 가장 두려워 하는바는 완전한 三刑이 성립되는 戌 운과 沖이 되는 丑, 未운이다. 그 외에는 根이 된다. 三刑, 沖 운에서의 喜, 忌는 物象論에 따르나 그 凶意가 심대하다. 그 구체적 得失變更은 物象變化에 있다.

d) 庚 + 丁은 火煉眞金이라 기본적으로 공직과 조직에서 강한 命이다. 그러나 地支의 구성은 많은 파란이 예고되는 평탄치 않은 삶을 가리키고 있다.

◆ 月支 藏干을 보니 丁과 乙이 透出 하였다.

丁, 乙 중에 格을 정하고 싶으나 丁은 이미 用神으로 정하여 졌고 乙木은 日干과 合하여 그 성격이 희석되었다. 그래서 此命의 가장 강한 기운인 印星으로 正印格이다.

格이란 그 命造의 性格을 말하므로 대표적으로 강하여야 하고(흔히 用神을 강한 五行으로 삼아야 한다고 적술하고 있으나 用神은 명조의 균형 즉, 抑扶에 기본적 사명이 있으므로 用神으로 명조의 균형에 供하면 되는 것이므로 用神이 힘이 강하여 명조가 기울면 오히려 凶하므로 반드시 用神은 강한 역량을 가진 五行으로 用하여야 하는 것이 아님에도 이를 고집함은 用神과 格의 구별을 혼돈한 이제까지의 이론에서 유래된 것이라 생각된다.) 또한 日干과도 구별하여야 하므로 庚金과 合이되고 뿌리가 없는 乙木을 格으로 할 수는 없으므로 이 명조에서 가장 강한 세력인 土를 格으로 하여 正印格이다.

稼穡格과 四庫格도 같은 이유로 불성한다.

◈ 體, 用, 格에 대한 확실한 입장을 다시 한 번 정리해 둔다.

2) 滴天髓闡微의 此命에 대한 해석이다.

◆ 沖, 刑에 대한 물상해석과 비교해 볼 좋은 예이다.

支中逢沖, 固非美事(지중봉충, 고비미사)

地支의 沖은 반드시 좋거나 나쁘지 않다.

然八字缺陷者多, 停勻者小(연팔자결함자다, 정균자소)

八字에 결함이 있으면 沖이 많고 균형된 자는 적다.

木火旺, 金水必之矣, 金水旺, 木火必之矣(목화왕, 금수필지의, 금수왕, 목화필지의)

木, 火가 旺하면 金水가 반드시 부족하고 金, 水가 旺하면 木火가 반드시 부족하다.

若旺而有餘者, 沖去之(약왕이유여자, 충거지)

만약 旺하여 넘치면 沖하여 제거하고

衰而不足者, 會助之爲美(쇠이부족자, 회조지위미,)

쇠약하여 부족하면 합하여 도와주면 아름답다.

如四柱無沖會之神, 得歲運暗來沖會尤爲喜也(여사주무충회지신, 득세운암래충회우위희야,)

또한 명조에 沖이나 會(合)이 없을 때에는 歲運에서 와서 沖하거나 合하면 기쁘다.

蓋有病得良劑以生也(개유병득양제이생야)

대체로 病을 얻으면 좋은 藥으로 生하지만

然沖有彼我之分, 會有去來之理(연충유피아지분, 회유거래지리)

그러므로 명조에 沖이 있으면 彼我(너와나)를 구분하게 되고, 合에는 서로가 거래하면서 정리를 하게 된다.

彼我者, 不必分年時爲彼, 日月爲我(피아자, 불필분년시위피, 일월위아)

너와 나는 반드시 年, 時는 저쪽이고, 日, 月은 이쪽이라고 구분해서는 안 된다.

亦不必分四柱爲我, 世運爲彼也(역불필분사주위아, 세운위피야)

또한 四柱는 나이고 行運은 저쪽이라고 구분하여서도 않된다.

總之喜神是我, 忌神爲彼可也(총지희신시아, 기신위피가야)

총체적으로 喜神은 我고 忌神은 저쪽이다.

如喜神是午, 逢子沖, 是彼沖我, 寅戌會爲吉(여희신시오, 봉자충, 시피충아, 인술회위길)

또한 喜神이 午이고 子가 이를 沖할 때 이는 저쪽(彼)이 나(我)를 沖하는 것이니 寅과 戌이 合會하면 吉한 것이다.

喜神是子逢午沖, 是我沖彼, 忌寅與戌會爲凶(희신시자봉오충, 시아충피, 기인여술회위흉)

반대로 喜神이 子水인데 午火를 沖하면 이는 내가 저쪽을 沖함이니 寅과 戌이 合會하면 싫어하는 것이다.

如喜神是子有申, 得辰會而來之爲吉(여희신시자유신, 득진회이래지위길)

또한 喜神이 子이고 申金이 있을 때 辰을 얻으면 合을 이루면 길한 것이며

喜神是亥, 有未, 得卯會而去之則凶(희신시해, 유미, 득묘회이거지즉흉)

喜神이 亥水이고 未가 있을 때 卯를 얻어 合을 이루면 水氣를 洩하니 凶한 것이다.

寧可我去沖彼, 不可彼來沖我(녕가아거충피, 불가피래충아)

오히려 내가(喜神) 저쪽(忌神)을 沖하여 제거함이 평안하고 저쪽(忌神)이 나를(喜神) 沖하여 제거하면 凶하다.

我去沖彼, 爲之沖起, 彼來沖我, 謂之不起(아거충피, 위지충기, 피래충아, 위지불기)

내가 저쪽을 沖去하는 것을 '沖起 '라 하고 저쪽이 나를 沖하는 것은 '不起 '라 한다.

水火之沖會如此, 如可例推(수화지충회여차, 여가예추)

水와 火의 沖, 合도 이와 같으니 다른 여하한 것도 이와 같이 유추하

여 설명할 수 있다.

(滴天髓闡微 45p-47p 제16명조)

◇ 유백온의 적천수 원문은 적천수 천미와 달리 暗沖暗會尤爲喜, 彼沖我兮皆沖起 (암충암회우위희, 피충아혜개충기)라 하여 暗沖, 暗會는 더욱 기쁘고, 저쪽이 나를 沖하든지 (不起), 또는 내가 저쪽을 沖하는 것(沖起) 모두를 沖起라 한다.

그러나 沖起와 不起를 구별하여 그 喜忌를 설명한 임철초의 적천수 천미가 이선종 교수의 말처럼 유백온 이후 수많은 검증과 증주를 거친 바 좀 더 정확하다고 생각한다.

◇ 적천수의 원저자 유백온은 1311년 -1375년 원말 明初의 유학자이며 정치가로 이름은 劉基이며 자는 伯溫 이고 시호는 文成公이다.

예2. 女命. (滴天髓) 대수 : 5

木 : 2 火 : 2	丙 傷	乙 主	辛 殺	乙 比
土 : 2 金 : 1	戌	亥	巳	未
水 : 1	正	印	傷	財

75	65	55	45	35	25	15	5
己	戊	丁	丙	乙	甲	癸	壬
丑	子	亥	戌	酉	申	未	午

1) 기본 분석

a) 乙 木은 온실의 꽃으로 예쁘고 아름다우며 여성스럽다. 그러나 연약하여 신약하면 결단력이 없으며 적응력이 약하고 다정다감하며 남의 꾐에 잘 빠져 속임수에 넘어가 원하지 않는 결혼을 하기가 쉽고 여성스러우며 요조숙녀 형이다.

水가 약하면 여자는 물 찾아 헤매는 옥녀 형이니 수신하는 몸가짐이 요구되며 직업으로는 교사, 예술, 원예, 유치원 교사, 소매점, 등 소규모 형태의 직업이 가하다.

b) 乙木이 巳月에 生하고 火氣가 강하여 약간 신약이다.

c) 月支 藏干의 丙火가 透出하니 傷官格이다.

d) 水를 用하고 金을 喜한다. 閑神 木은 身弱하니 이 명조에서는 凶하지 아니하다. 이처럼 신약한 명조는 閑神은 대체로 喜神으로 작용한다.

e) 乙 + 辛은 利剪催花라 가위로 꽃을 자르는 형국이라 凶하나 金이 강하지 않고 喜神이라 此命은 나쁘지 않다.

f) 白虎 : 年柱, 時柱. 大敗 : 月柱

2) 단식 판단

a) 초년 운 : 초년은 運干의 行運이 喜神으로 흐르나 運支는 忌神이라 그 길함이 반감된다. 丑年에 白虎와 沖하여 丑 중 辛(官)과 時干 丙(傷)이 合으로 사라지고, 나머지 丁(食), 乙(比), 己(財)도 沖去되니 조상덕과 동기간의 義도 박해지고 무엇보다 家勢가 기운다. (구체적으로는 조부모 및 아버지가 사고 등으로 일찍 여의고 가정의 빈곤 物象變化를 추단 한다.)

b) 청년운 : 行運은 喜神이 忌神을 머리에 이고 있는 蓋頭 현상이나 다행이 運支가 忌神을 충분히 制할 수 있어 발전한다.

* 天干이 乙 + 辛 + 乙로 형성되어 짓밟힌 잡초(伏吟雜草)에 利剪催花(가위로 아름다운 꽃을 자르는 격)라 이는 비빌 언덕이 없는 소와 같아 조상이나 부모형제의 덕이 없다.

* 다행히 月干 辛은 年干, 日干의 兩 乙을 沖하기에는 힘이 부치고 時干과 干合하여 沖去에는 마음이 없어 日干은 안전하다.

* 亥 沖운에 巳 중 庚(官)을 취하여 좋은 배필을 만나 결혼하니 亥 중 戊(財), 甲(劫), 壬(印)도 함께 얻는다.

＊ 물론 巳 중 戊(財),를 잃고, 丙(傷)과 月干 辛(官)이 合하여 잃음도 많은 시기이나(物象變化) 무엇보다 귀한 庚을 얻었다.

c) 중년 운 : 후덕한 남편을 맞이하나 行運의 흐름은 喜, 忌를 반복하니 어느 정도의 성공도 하였으나 시련은 끊이지 않았다.

＊ 이 命에 간과할 수 없는 것은 白虎와 元嗔(鬼門)이니 辰운에 冲하여 時干 丙이 戌 중 辛(官)을 취해 중년 말에 이별 운이다.

이는 白虎와 元嗔이 冲하여 만나니 그 凶함을 표출한 것이며 戊(財)와 癸(印)의 暗合으로 재물의 손실과 명예의 실추도 따른다. 元嗔이 冲하는 시기에는 보편적 가치관을 무시하는 이상한 思考와 行動을 추단하여야 한다.

＊ 나머지 藏干 乙(比), 丁(食)은 얻을 수 있으니 동기간의 동정과 자식의 위안이다.

d) 말년 운 : 行運은 그다지 喜하게 흐르지 않는다. 특히 時柱가 白虎라 冲된 시기에 凶함을 예고하고, 많은 財星이 범람하니 女命에 財星이 넘치면 남자에게 돈 잃고 마음 상하며, 食傷운을 害하여 자식에게 해가 된다.

＊ 그에 따른 각 物象論을 전개해 보기를 바란다.

3) 종합

此命은 크게 두 가지 喜, 忌로 설명할 수 있다.

＊ 이 명조는 서로가 剋하나 이를 和하고 또한 서로 生하는 것 같으나 이를 制하는 것 같은 점이 이 명조의 특징이다. 그러므로 일생동안 흥망성쇠가 반복하는 가운데 청, 중년은 行運의 흐름이 무난하나 초년과 말년은 변화가 많다.

◇ 다음은 滴天髓 원문의 해설이다.

年月日六字觀之, 乙木生于巳月, 傷官當令(년월일육자관지, 을목생, 우사월, 상관당령)

年柱, 月柱, 日柱 등 여섯 자를 보건데 乙木 日干이 巳月에 출생하고 傷官이 當令하였다.

最喜坐下亥印, 沖巳制傷(최희좌하해인, 충사제상)

최고로 기쁜 것은 日支에 印星 亥水가 坐하여 月支 巳火 傷官 을 沖하여 制하여준다.

不特日主喜其滋扶, 抑且辛金得其衛養(불특일주희기자부, 억차신금득기위양)

특이한 것은 日柱를 북돋워 주며 또한 辛金은 亥水를 양위하여 日干을 沖하는 것을 억제한다는 것이다.

正所謂傷官用印(정소위상관용인)

이러한 명조를 傷官格에 印星을 用한다 하여 소위 傷官用印格 이라 한다.

獨殺留淸, 不但貌美, 而且才高, 書書皆精(독살유청, 불단모미, 이차재고, 서서개정)

月干의 偏官 殺은 홀로남아 청천하니 부질없이 아름답지만은 아니하며 또한 재능은 있었으니 서책은 두루 섭렵하였다.

所嫌成時緊剋亥水, 暴陽一透, 辛金受傷(소혐성시긴극해수, 폭양일투, 신금수상)

싫은 것은 時支의 戌土이니 印星 亥水를 緊剋하는 것이며 巳火는 時干에 透하여 辛金을 傷하게 한다.

旣不利于夫子之宮, 兼損壞乎生平之性矣(기불리우부자지궁, 겸손괴호생평지성의)

불리한 것은 지아비와 자식궁이라 이것이 함께 손상을 입으며 성격은 평온하였으며 말년은 평탄하게 보냈다.

(적천수천미 제284명조)

제 3장. 疾病論

1. 서

易과 疾病에 관하여는 陰陽五行과 人體의 문제로서 그 상세는 한의학의 분야에 속하는 사항이다. 그러나 陰陽五行이 원래가 세상사의 모든 것에 적용되는 광범위한 것으로 그것이 人體에 적용시키면 韓醫學이고 人生事에 적용하면 易學이며 自然에 적용하면 自然科學과 風水地理가 되므로 五行과 질병의 대개를 파악하는 것도 易의 범주를 벗어날 수는 없다하겠다.

그리하여 자고로 名醫는 易의 大家가 아니었음이 없었고 오히려 한의학의 대가는 그 기초를 五行에 두었음은 당연하다. 그러나 세분화된 현대 산업사회는 陰陽五行의 인체에의 적용은 한의사 고시에 합격한 전문의료인에게 일임하여 그 분야를 독립시켰고 얼마 전부터는 한의학 역시 다시금 분야별 전문의 제도를 채택하고 있는 실정으로 인생사 일반에 적용하여 삶의 지침을 계도하는 易學과는 분명한 구별을 하여야 하고 선불리 易術人이 한의사를 빙자하는 어리석음의 우를 범하지는 말아야 할 것이다.

여기서는 다만 五行과 人體의 大要와 그 根本 지침을 깨우치자 함이며 이는 서양의학의 기초적 생물이론과 해부학에 지나지 않는다 함을 알아야 한다.

2. 四象體質과 五行

사람은 태어나면서 五臟六腑로 구성되어 있으며 그 어느 것도 균등하게 반듯하기보다는 虛와 實이 있다. 이것은 四象에 따른 體質로서 五行의 虛와 實로 표현된다. 四象에 따른 체질분류를 四象醫學이라고 하고 이를 체계화 한 사람은 舊韓末의 한의학자 東武 李齊馬(1837~1900) 선생이다.

그 후 이러한 四象 體質論은 한의학자인 권도원(1923~) 박사에 의해 五行이 陰陽으로 세분되듯 八象 體質論으로 분류되어 정립되었으니 膽·胃·大腸·膀胱 등 4腑를 추가하고 각 그것의 虛와 實을 구분하였다.(이명복 박사의 '체질을 알면 건강이 보인다.' 참고. 서울대 의대 명예교수이며 한의학자임.)

3. 四象 體質論

(1) 太陽人

太陽人은 肺의 기능은 강하고 肝의 기능은 약하다. 특징은 오래 앉아 있거나 오래 걷지 못한다. 물을 많이 마시고 소변이 많으며 땀을 많이 흘린다. 청각이 특히 발달하고 몸이 너무 뜨거워 여자 중에는 몸에 아무 이상이 없고 건강해도 아이를 잘 낳지 못하는 경우가 많다.

(2) 太陰人

太陰人은 肝의 기능이 좋으나 폐, 심장, 대장, 피부의 기능은 약하다. 특징은 땀을 많이 흘리고 후각이 발달했다. 여자는 겨울에 손발이 잘 트고 건성 피부가 많다.

(3) 小陽人

少陽人은 脾臟과 胃의 기능이 좋으나 신장의 기능이 약하다. 특징은 몸에 열이 많고 소화력이 왕성하다. 시각이 발달하고 남자는 정력이 약하고 여자는 다산이 어렵다.

(4) 小陰人

少陰人은 腎臟의 기능이 좋으나 비장과 위의 기능이 약하다. 특징은 전반적으로 허약한 체질이고 냉정한 성격으로 침착하다. 신체에 땀이 별로 없으며 많이 흘리지 않는 것이 좋다. 미각이 발달했고 피부는 부드럽고 여자는 겨울에 손발이 잘 트지 않으며 무의식중에 한숨을 잘 쉰다.

◇ 이상이 四象 體質의 대표적 특징이며 주의 할 것은 어떤 사람이라도 반듯하게 사상 체질로 나누어지지는 아니하고 다만 어느 쪽의 성질을 더 많이 가지고 있느냐 하는 것이니 이는 전문가라도 식별이 용이하지 않으니 지나친 속단을 하여서는 아니 되며 섣부른 판단을 할 것도 아니고 다만 기초적 참고를 함에 그쳐야 할 것이다.

4. 四象 체질 진단법

◆ 오링 테스트 : 한 손에 對象物을 잡고(종이에 대상물을 표기하여 쥐도록 하여도 무방함.) 한 손은 엄지와 검지를 둥글게 원을 그리듯 힘껏 쥐고 상대방이 힘껏 당기는 것이다.

① 오이를 쥐고 오링을 하여 힘이 약하면 小陰人이다. 오이는 소음인에게만 해롭다.

② 당근을 쥐고 오링을 하여 강하면 太陰人이다. 당근은 태음인에게만 이롭다.

③ 감자를 쥐고 오링을 하여 힘이 약하면 小陽人이다. 감자는 소양인에게만 해롭다.

④ 무우를 쥐고 오링을 하여 힘이 약하면 太陽人이다. 무우는 태양인에게만 해롭다.

◆ 오링 테스트를 할 때에 신체에 부착한 모든 부장품 시계, 반지, 목걸이 등은 이를 제거한다.

5. 五行과 身體

(1) 甲 : 膽

1) 實症 : 담석, 담농, 좌골 신경통, 뒷 머리통, 빈혈 등

2) 虛症 : 현기증, 편두통, 눈 황색 등

(2) 乙 : 肝

) 實症 : 기미, 얼굴창백, 전두통, 눈 충열, 간 경화, 간염, 근육통, 소화불량, 위산과다 등

2) 虛症 : 각종 눈 질환, 뇌 혈전, 근육 경련, 간질, 생리불순, 빈혈 등

(3) 丙 : 小陽·三焦

1) 實症 : 생리통, 생리불순, 소화불량, 인후염, 편두염 등

2) 虛症 : 견갑골 통증, 열, 협심증, 동맥경화 등

(4) 丁 : 心臟, 心包

1) 實症 : 열 많다, 혈액순환 장애, 갈증, 변비, 동맥경화, 협심증, 고혈압, 심장 판막증, 호흡곤란 등

2) 虛症 : 저혈압, 냉증, 어혈, 잘 놀람, 불안, 가슴 두근두근, 몽정, 야뇨, 꿈 많다, 난시청 등

(5) 戊 : 胃腸

1) 實症 : 위 계양, 위암, 잘 체함, 잇몸 약함, 치통 등

2) 虛症 : 위경련, 소화불량, 위염, 복통, 곽란, 과음 과식 등

(6) 己 : 脾臟

1) 實症 : 맹장염, 위경련, 다식과 포식, 췌장염, 배가 차다, 피부병 등

2) 虛症 : 식욕부진, 소화불량, 위산과다, 이질, 설사, 변비

(7) 庚 : 大腸

1) 實症 : 견갑통, 치통, 전두통, 변비, 장염, 축농증, 만성감기, 신경과민, 불면증 등

2) 虛症 : 치질, 하열, 혈변(이질), 복부무력 등

(8) 辛 : 肺

1) 實症 : 기관지 천식, 인후염, 편두성염, 각종 콧병, 빈혈, 신경통 등

2) 虛症 : 결핵, 갑상선, 두통, 연주창, 신경과민, 의욕감퇴, 얼굴창백 등

(9) 壬 : 膀胱

1) 實症 : 방광염, 요도염, 임질, 매독, 디스크, 눈 질환, 화농성 질 등

2) 虛症 : 야뇨증, 자궁 내막염, 생식기 질환, 빈뇨증, 고환염, 치질 등

(10) 癸 : 腎臟

1) 實症 : 신장염, 결석증, 신결핵, 냉대하, 불임증, 냉증, 자궁냉증 등

2) 虛症 : 관절염, 골수염, 두통, 치통, 뇌졸증(중풍), 정력감퇴, 불감증, 눈, 귀, 코, 요통 등

6. 五行과 營養學

(1) 서

현대의학은 복제 인간을 만들고 영원한 삶을 추구하여 냉동 인간을 다시금 재생시키려 하고 있다. 이러한 의학의 발달은 인간의 평균 수명을 십여 년 이상 연장시켜 놓은 것도 사실이다. 이것은 의학의 발달은 그 절대치만 본다면 상당히 발전을 하였고 이제는 신의 창조의 권위에까지 도전하고 있다. 그러나 그 내면을 보면 반드시 順기능만이 있는 것이 아니라 逆기능도 만만치가 아니하다.

평균 수명의 연장이라는 측면도 따지고 보면 기초적인 의학의 체계화로 신생아의 사망률 격감과 외과 의학의 응급 처치술의 공로이고 30대 이후 50대까지의 인생의 황금기에는 각종 현대의 성인병과 불치병으로 사망률은 오히려 더욱 많은 것이 현실이다. 더구나 극복하는 질병에 비례하여 새로운 질병들의 출현은 훨씬 더 심각하다.

외과 의학도 내용적 측면보다는 기술적 측면이 더욱 우대되고 그리하여 외과 부분의 가장 찌꺼기 잡술인 성형부분이 가장 득세를 하고 있음도 부인할 수 없고 고전적인 질병이나 성인병은 극복되기보다는 체질병이라는 이름하에 거의 극복하지 못하고 있음은 고혈압, 저혈압, 당뇨, 통풍, 뇌졸중, 각종 암, 에이즈, 치매 등 가장 인간의 심층에 와 닿는 질병은 소리만 요란하였지 전혀 극복하지 못하고 오히려 그를 빌미로 의학이 최고의 밥벌이를 제공하고 있는 것 같은 느낌이다.

이러한 의학의 딜레마는 현대 의학이 보이는 측면만 중시하여 무성한 잎은 보았으나 뿌리는 보지 못한 까닭이라 생각한다. 진실로 말하건대 질병의 예방과 근본을 치유하는 영양학을 무시한 현대 의학은 절름발이 의학이거나 경제적 이익추구의 진실외면 처방이었음을 지적하고 싶다. 이러한 점을 들어 1977년 '미 상원 영양문제 보고서는 '20세기는 인류 역사상 의학의 가장 암흑의 세기로 기록될 것이다' 라고 지적하였다.

한마디로 현대 의학은 19세기의 궁핍을 뛰어넘어 20세기로 들어와 급격히 풍성해진 식생활의 체계화를 정립시키지 못한 까닭에 이러한 비판에 봉착했다고 본다.

19세기의 가난했던 시절은 채식이나 자연식이 대부분이었기에 지금처럼 성인병은 문제가 되지 않았다. 그러나 현대의 복잡한 산업사회에서는 기름진 육류와 인스턴트 식품은 인간의 체질을 근본적으로 바꾸어 놓기에 이르렀고 그것에 따른 내성이 결여된 우리 몸은 비틀어지기 시작하였으니 이것을 어찌 영양학과 의학도의 책임이 아니라고 할 수 있겠는가!

바꿔 말하면 현대사회는 궁핍이 아니라 과부하로 인하여 그것도 겉은 달콤하나 기름진 육식으로 인하여 지방질은 축적되고 상대적으로 육체노동은 줄었으니 이것이 각종 성인 질환으로 나타난 것이다. 여기에 인체가 일찍이 경험하지 못하였던 각종 화학식품과 인공식품 및 환경 공해는 이를 더욱 부채질하였음은 말할 것도 없다.

영양소에는 우리의 몸에서 소화되어 직접 소비되어 소멸하는 유기질인 탄수화물과 지방질 및 단백질의 3요소와 이러한 영양소를 소화시키는 작용을 하는 즉 타는 영양소가 아니라 태우는 영양소인 각종 무기질 영양소인 칼슘·칼륨· 염소·철분 및 소량의 유기질인 비타민류 등과 적당한 운동이 균형을 잃으면 체내에는 각종 영양분이 축적되니 이는 마치 불연소 찌꺼기가 쌓이면 내연기관이 옳은 기능을 잃음과 같다.

◆ 다시 말하면 각종 성인병과 과체중은 무절제한 과식과 포식도 문제지만 무엇보다 타는 영양소와 태워주는 영양소의 불균형이 가장 문제라는 것이다. 좀 무리한 연료의 공급도 연소를 100% 시킨다면 별문제는 없

는 것이다.

그러므로 현대인의 과체중과 성인병은 영양의 균형된 섭취와 적당한 운동이 문제의 해결이라 할 수 있고 이러한 불균형을 바로잡는 것은 급부 임상의 최 일선에 임하는 의학도와 보건당국의 계도가 가장 큰 역할을 하니 책임도 당연히 느껴야 한다고 생각한다. 이러한 점에 중점을 두어 각 체질에 맞는 식품을 정리하였다.

(2) 四象體質에 따른 식품

1) 太陽人

a) 유익한 음식 : 쌀, 보리, 통 밀가루, 검은 콩, 검은 깨, 들 깨, 메밀, 황설탕, 천일염, 배추, 푸른 채소, 오이, 가지, 김, 다시마, 미역 등 해초류와 새우, 조개 등 해조류, 포도, 귤, 복숭아, 딸기, 바나나, 파인애플, 구연산, 비타민C 등 수용성 비타민, 녹차, 소주 등

b) 해로운 음식 : 찹쌀, 흰 밀가루, 흰 콩, 흰 설탕, 땅콩, 무우, 모든 육류, 우유, 계란, 기름진 음식, 흰 소금, 사과, 밤, 대추, 호두, 은행, 참외, 꿀, 인삼, 녹용, 영지, 커피, 비타민 A, B, D, 및 모든 지용성 비타민, 모든 술, 모든 약 등

◇ 비타민은 몸에 축적되느냐 필요한 부분만 섭취하고 모두 배설되느냐에 따라서 지용성과 수용성으로 구별되고 비타민C는 과일 등을 아무리 많이 먹어도 필요한 량만 몸에서 섭취하고 나머지는 모두 체외로 배설되고 저장이 되지 않으므로 한꺼번에 과일 등 비타민C를 많이 먹어도 소용이 없고 자주자주 섭취하여야 한다. 그러나 지용성은 축적되므로 그렇지 않다.

2) 太陰人

a) 유익한 음식 : 쌀, 현미, 찹쌀, 수수, 콩, 땅콩, 율무, 감자, 고구

마, 무우, 당근, 도라지, 시금치, 양배추, 상추, 파, 마늘, 양파, 두부, 생강, 미역, 다시마 등 해초류, 소기, 닭고기, 개고기, 생선류, 사과, 수박, 귤, 인삼, 녹용, 꿀, 지용성 비타민 류, 소주 등

b) 해로운 음식 : 보리쌀 메밀, 흰 밀가루, 검은 콩, 검은 팥, 들 깨, 검은 깨, 흰 설탕, 흰 소금, 배추, 케일, 미나리, 각종 조개 류, 새우, 굴, 오징어, 낙지, 고등어, 꽁치, 청어, 감, 포도, 대추, 참외, 영지, 결명자, 오미자, 비타민E, 술 등

3) 小陽人

a) 유익한 음식 : 쌀, 녹두, 보리, 검은 콩, 통 밀가루, 검은 깨, 들깨, 땅콩, 황설탕, 천일염, 배추, 시금치, 푸른 야채, 미나리, 취나물, 오이, 무우, 우엉, 가지, 돼지고기, 소고기, 호박, 계란, 감, 포도, 연근, 수박, 딸기, 결명자, 오미자, 구연산, 소주 등

b) 해로운 음식 : 찹쌀, 차조, 흰 밀가루, 흰 콩, 흰 소금, 흰 설탕, 파, 양파, 당근, 도라지, 생강, 후추, 겨자, 유색상추, 미역, 김, 다시마, 닭고기, 개고기, 양고기, 사과, 귤, 오랜지, 밤, 대추, 호두, 인삼, 녹용, 꿀, 현미, 옥수수, 술 등

4) 小陰人

a) 유익한 음식 : 쌀, 현미, 찹쌀, 수수, 흰 콩, 옥수수, 감자, 고구마, 황설탕, 푸른 채소, 파, 양파, 마늘, 고추, 후추, 카레, 무우, 연근, 미역, 김, 다시마 등 해초류, 호박, 소고기, 개고기, 닭고기, 양고기, 생선류, 사과, 귤, 토마토, 복숭아, 인삼, 녹용, 꿀, 구연산, 소주, 비타민 B, C 등

b) 해로운 음식 : 보리, 팥, 흰 밀가루, 메밀, 수수, 검은 콩, 녹두, 율무, 땅콩, 검은 깨, 들 깨, 흰 소금, 흰 설탕, 배추, 미나리, 도라지, 더덕, 당근, 오이, 참외, 수박, 멜론, 돼지고기, 조개류, 새우, 게, 굴, 오징어, 낙자, 고등어, 청어, 감, 포도, 밤, 배, 바나나, 결명자, 구기

자, 오미자, 찬 음식, 맥주, 얼음, 비타민E 등

◇ 이상의 음식과 체질 및 오행과의 관계를 살펴보았으니 적절히 활용하기를 바라며 다시 한 번 주지하지만 易術人이 五行論으로 한의학의 영역을 넘지 않고 상식선을 유지함이 易術에 부합한다는 점을 명심해야 한다.

제4장. 方位論

1. 서

易에 있어서 방위는 필요 불가결한 요소이다. 지구는 西에서 東으로 자전하면서 태양의 둘레를 공전하고 있다. 이러한 공전과 자전의 이치를 시간별로 분류하고 이를 五行에 대입한 것을 易이라 한다. 그러므로 방위를 규정짓는다 함은 변화를 부호로 표시한다는 것이며 易은 변화를 알고자 함의 被目的體 이다.

아프리카 케냐의 수도 나이로비에서 조금만 북방으로 가면 적도가 지나고 있다. 이곳 적도에서 양동이에 물을 담아 성냥개비를 띄우고 북쪽으로 1킬로미터만 가면 성냥개비는 왼쪽으로 팽그르 돌다가 다시 적도에서 남쪽으로 1킬로미터 오면 반대로 돈다고 하니 다른 것은 모두 논외로 하고라도 방위 자체만의 기운이 없다고 할 수 없다.

그리고 易에서의 方位論은 五行의 氣運에 숨어 있는 四象은 불문하고라도 직접적 방위를 지칭하는 대상이 있으니 大將軍 方, 三殺 方, 損 方位 및 移徙方位 등이 있다.

2. 大將軍 方

大將軍 方은 이사나 수리를 하면 병, 사고, 집안 흉사 등에 대한 나쁜 의미를 가지고 있으며 아무리 과학 운운하여도 運氣가 좋지 않은 방향의 의미는 무시할 수 없다. 다만 사방 500 미터 이내는 무방하다.

大將軍 方은 1년에 30도씩 3년마다 1방위씩 바뀌며 左에서 右로 즉, 시계방향으로 움직인다. 方合을 기준으로 하여 그 당해 년의 方合의 전 方合에 大將軍이 존재한다. 가령 2013년 癸巳년의 경우 巳의 해가 속한 巳午未 方合의 전 방향인 寅卯辰 東 방향에 大將軍이 있다.

* 대장군 방위 *

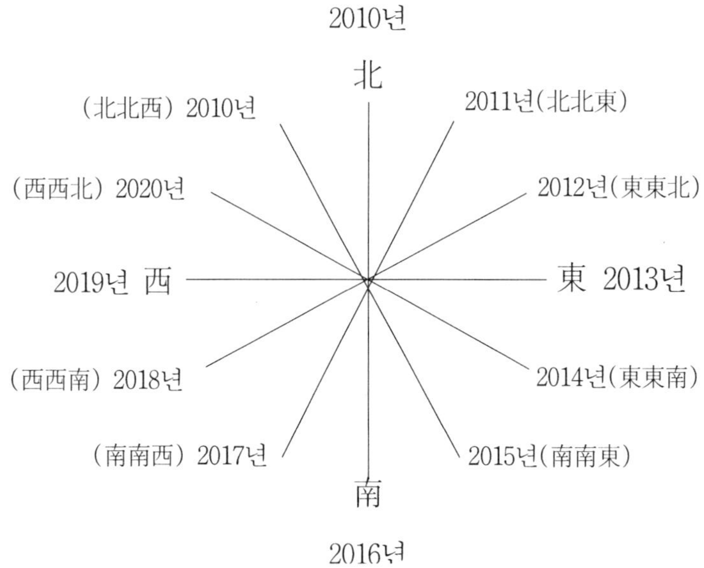

* 2013 년도에는 대장군이 正東에 있다.

* 흔히 3 년씩을 묶어 2015년까지 대장군이 東쪽에 있다고 하나 정확한 표현은 아니다. 방위를 12 등분하여 이를 세분할 줄 알아야 한다.

따라서 대장군이 3년 단위로 한 방위를 변경한 것이고 3년 만에 한 방위를 순간적으로 이동하는 것은 아니다.

3. 三殺 方

三殺方은 이사, 토목은 불리하고, 건축, 묘, 좌관 금지. 三殺方은 1년에 한번 씩 움직이고 大將軍方과는 반대로 右에서 左로 즉, 시계의 반대 방향으로 움직인다.

◆ 三殺 方은 매년마다 움직이므로 3년마다 大將軍 方과 만날 때에는 특히 주의하여야 한다. 2013년 癸巳년이 그러하다. 이를 雙殺方의 해라 한다.

* 三殺方 *

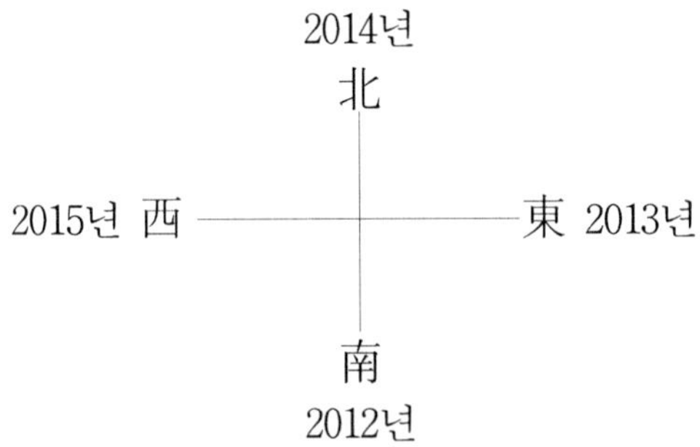

4. 損 方位

損 방위는 매일매일 그 날의 방위로서 가급적 損方位로는 변동과 이동을 삼가 하는 것이 좋다. 사고, 병, 우환, 하는 일의 장애 등. 특히 日辰이 좋지 않은 날은 더욱 그러하다.

東 : 1, 2, 11, 12, 21, 22 일이 損 방위다.

남 : 3, 4, 13, 14, 23, 24 일이 損 방위다.

서 : 5, 6, 15, 16, 25, 26 일이 損 방위다.

북 : 7, 8, 17, 18, 27, 28 일이 損 방위다.

◆ 9, 10, 19, 20, 29, 30, 31 일은 무 방수일 이다.

* 방위의 흉은 그 내용이 조금씩은 다르나 그 정도는 大將軍 方, 三殺方, 損方位 등의 순으로 그 흉을 차별화 할 수 있다.

* 만약 凶방위가 겹쳐지면 그 겹쳐지는 만큼 더 흉한 의미가 있으니 각별히 더 주의하여야 할 것이다.

* 손 방위 *

날자 / 방위	해당 일	비고
正 東	1. 11. 21.	
東 南	2. 12. 22.	
正 南	3. 13. 23.	
南 西	4. 14. 24.	
正 西	5. 15. 25.	
西 北	6. 16. 26.	
正 北	7. 17. 27.	
北 東	8. 18. 28.	
無方日	9. 19. 29. 0. 31.	무방수 일

5. 개인별 이사 방위

이사, 개업, 여행 등 변동과 이동에 적용된다.

1) 天祿方 : 하늘이 도우니 하는 일이 잘 풀린다. 합격, 당선, 승진, 재물, 영전과 입신양명하는 방위.

2) 食神方 : 의식주 복록과 교재 원만하고 매사 순조롭다. 개업, 잉태, 의식주 풍부, 화목, 재물, 형통 운.

3) 合食方 : 食神方과 비슷하고 주위의 도움이 따른다. 복록, 사업 번창, 화합, 매사형통 등

4) 官印方 : 귀인을 만나고 자식 운과 존경과 귀함을 얻는다. 승진, 영전, 합격, 취업, 당선, 자식 운 등 正官과 같다.

5) 五鬼方 : 호사다마의 방으로 좋은 일 뒤에는 항상 구설수와 우환과 근심걱정이 따른다. 구설수, 질병, 스트레스, 가출, 바람 등

6) 進鬼方 : 일이 지연되고 구설수와 시빗거리가 발생하고 질병과 손재수가 따른다. 질병, 액운, 손재, 구설수 등

7) 眼損方 : 손재수와 질병 특히 안과 계통의 질환과 집안에 우환이 따른다. 질환, 특히 안질환, 근심걱정 등

8) 徵破方 : 손재와 구설수 및 가정에 풍파가 일어나고 하는 일 마다 장애가 따른다. 손재, 가정우환, 퇴직, 실패 등

9) 退食方 : 우환, 관재구설, 손재, 가정의 파괴 등 모든 일이 막힌다. 징파방과 유사하다.

◇ 몸진방 : 이사방의 魁罡이라 이사 방위가 좋은 곳이면 더욱 좋고, 나쁜 곳은 더욱 나쁘다. 마치 魁罡殺과 같다.

◇ 나이는 만으로 본다.

◇ 피감정인이 이미 이사할 집을 마련하였을 경우에는 지나치게 흉함을 부각시켜 불안을 조성하기보다는 방부 책을 마련해 주고 이사의 날짜를 선택하여 黃道時를 정하여 줌이 옳다.

* 남자 이사 방위 *

나이 \ 구분	天祿 ○	食神 ○	合食 ○	官印 ○	五鬼 △	進鬼 △	眼損 ×	徵破 ×	退食 ×
1. 10. 19. 28. 37. 46. 55. 64. 73	**동**	중앙	동북	북	서	남	동남	서북	서남
2. 11. 20. 29. 38. 47. 56. 65. 74. 83	서남	**동남**	서	남	서북	동북	동	중	북
3. 12. 21. 30. 39. 48. 57. 66. 75. 84.	북	동	서북	동북	중앙	서	서남	동남	남
4. 13. 22. 31. 40. 49. 58. 67. 76. 85.	남	서남	중앙	서	동남	**서북**	북	동	동북
5. 14. 23. 32. 41. 50. 59. 68. 77. 86.	동북	북	동남	서북	동	중	남	서남	**서**
6. 15. 24. 33. 42. 51. 60. 69. 78. 87.	서	남	동	중앙	서남	동남	**동북**	북	서북
7. 16. 25. 34. 43. 52. 61.70. 79. 88.	서북	동북	서남	동남	북	동	서	**남**	중앙
8. 17. 26. 35. 44. 53. 62. 72. 80. 89.	중앙	서	**북**	동	남	서남	서북	동북	동남
9. 18. 27. 36. 45. 54. 63. 72. 81. 90.	동남	서북	남	**서남**	동북	북	중앙	서	동

* **몸진방**

* 여자 이사 방위 *

구분 / 나이	天祿 ○	食神 ○	合食 ○	官印 ○	五鬼 △	進鬼 △	眼損 x	徵破 ×	退食 ×
1.10.19.28.37.46. 55. 64. 73	동남	서북	남	**서북**	동북	북	중앙	서	동
2.11.20.29.38. 47. 56. 65. 74. 83	**동**	중앙	동북	북	서	남	동남	서북	서남
3.12.21.30.39. 48. 57. 66. 75. 84.	서남	**동남**	서	남	서북	동북	동	중앙	북
4.13.22.31.40.49. 58. 67. 76. 85.	북	동	서북	동북	중앙	서	서남	동남	남
5.14.23.32.41.50. 59. 68. 77. 86.	남	서남	중앙	서	동남	**서남**	북	동	동북
6.15.24.33.42. 51. 60. 69. 78. 87.	동북	북	동남	서북	동	중앙	남	서북	**서**
7. 16. 25. 34. 43. 52. 61. 70. 79. 88.	서	남	동	중앙	서남	동남	**동북**	북	서북
8.17.26.35.44.53. 62. 71. 80. 89.	서북	동북	서남	동남	북	동	서	**남**	중앙
9. 18. 27. 36. 45. 54. 63. 72. 81. 90.	중앙	서	**북**	동	남	서남	서북	동북	동남

* **몸진방**

* 개인별 이사 방위는 당 사주론 에서는 매우 중요하게 여긴다.

제5장. 吉日 택일법

일진과 나이를 보아서 결혼, 개업, 회갑, 연회일, 기타 중요한 날 을 정한다. 이는 唐 사주론 이기는 하나 다른 어떤 택일 법 보다 간명하고 의의도 있다고 본다.

1. 生氣·福德 해설

1) 生氣 : 결혼, 시험, 개업, 매매, 계약, 여행, 투자, 변동 등에 길하다.

2) 福德 : 결혼, 시험, 모임, 교제, 여행, 개업 등에 길하다.

3) 天義 : 진료, 수술, 결혼, 시험, 계약, 수금, 매매, 투자 등에 길하다.

4) 絶體 : 우환과 걱정, 사고, 피로 등에 주의하여야 한다.

5) 遊魂 : 근심걱정, 우환, 구설, 방황, 가출 등 과같다.

6) 鬼魂 : 실패와 실수, 장애, 좌절, 불안, 허망 등을 나타낸다.

7) 禍害 : 도난과 강도, 관재와 구설, 시비, 사고, 낙상 등 傷官 + 羊刃으로 불리하다.

8) 絶命 : 사고, 부상, 실패, 좌절 등 偏官 七殺이다.

◇ 禍害와 絶命은 아주 나쁘다.

2. 男子 生氣 福德日

나이 구분	生氣 ○	福德 ○	天義 ○	絶切 △	遊魂 △	鬼魂 △	禍害 ×	絶命 ×
1. 8. 16. 24. 32. 40. 48. 56. 64. 72. 80.	卯	辰 巳	酉	子	未 申	午	丑 寅	戌 亥
9. 17. 25. 33. 41. 49. 57. 65. 73.	丑 ·寅	酉	辰 巳	戌 亥	午	未 申	卯	子
2. 10. 18. 26. 34. 42. 50. 58. 66. 74.	戌 亥	未 申	午	丑 寅	辰 巳	酉	子	卯
3. 11. 19. 27. 35. 43. 51. 59. 67. 75.	酉	丑 寅	卯	未 申	子	戌 亥	辰 巳	午
4. 12. 20. 28. 36. 44. 52. 60. 68. 76.	辰 巳	卯	丑 寅	午	戌 亥	子	酉	未 申
5. 13. 21. 29. 37. 45. 53. 61. 69. 77.	未 申	戌 亥	子	酉	卯	丑 寅	午	辰 巳
6. 14. 22. 30. 38.46. 54. 62. 70. 78.	午	子	戌 亥	辰 巳	丑 寅	卯	未 申	酉
7. 15. 23. 31. 39. 47 .55. 63. 71. 79.	子	午	未 申	卯	酉	辰 巳	戌 亥	丑 寅

3. 女子 生氣 福德日

나이 구분	生氣 ○	福德 ○	天義 ○	絶體 △	遊魂 △	鬼魂 △	禍害 ×	絶命 ×
1.8.16.24.32.40.48. 56. 64. 72. 80.	辰 巳	卯	丑 寅	午	戌 亥	子	酉	未 申
9.17.25.33.41.49. 57. 65. 73.	酉	丑 寅	卯	未 申	子	戌 亥	辰 巳	午
2.10.18.26.34.42. 50. 58. 66. 74.	戌 亥	未 申	午	丑 寅	辰 巳	酉	子	卯
3.11.19.27.35.43. 51. 59. 67. 75.	丑 寅	酉	辰 巳	戌 亥	午	未 申	卯	子
4.12.20.28.36.44. 52. 60. 68. 76.	卯	辰 巳	酉	子	未 申	午	丑 寅	戌 亥
5.13.21.29.37.45. 53.61. 69. 77.	子	午	未 申	卯	酉	辰 巳	戌 亥	丑 寅
6.14.22.30.38.46. 54. 62. 70. 78.	午	子	戌 亥	辰 巳	丑 寅	卯	未 申	酉
7.15.23.31.39.47. 55. 63. 71. 79.	未 申	戌 亥	子	酉	卯	丑 寅	午	辰 巳

1) 결혼일은 生氣, 福德일이 가장 좋다.

2) 회갑, 개업 등은 福德일이 가장 좋다.

3) 수술은 天義일이 가장 좋다.

4) 禍害, 絶命일은 수술을 피한다. (위급한 수술은 제외)

5) 絶體, 遊魂, 鬼魂은 중간운 이라고는 하나 그 내용이 어떤 부분은 상당히 나쁘므로 가급적 피하고 부득이 한 경우에는 방부책이 필요하다.

* 공히 그 날의 日辰을 보아서 六神으로 좋은 날이어야 한다.

* 부득이 정해진 당해 일에 행사를 하여야 하는 경우에는 방부책이 필요함은 물론이다.

4. 이사·개업 택일

이사·개업 택일				
1案 : (양력). 20 년 월 일 시				
2案 : (양력). 20 년 월 일 시				
이사·개업 방위				
1. 방위 : 쪽		2. 방위 : 쪽		
주의 사항				
구분(가족별)	연령	방소	길, 흉	처방
	세			
	세			
	세			
	세			
	세			
역학술의 원리에 의거 위와 같이 택일합니다.				
20 년 월 일				

代主(家長)를 위주로 보고 그 외 가족들의 吉, 凶도 본다.

아래 한 가족의 예를 들어 표기하였다.

2013년 癸巳年

代主(남) : 1952년 6월 19일 14 : 30 생.

부인(여) : 1958년 10월 5일 08 : 30 생.

자(남) : 1983년 2월 10일 08 : 50 생.

자(여) : 1985년 12월 20일 19 : 25 생.

方位를 본다. (나이는 만)

1) 大將軍 方 : 東

2) 三殺 方 : 東

◆ 癸巳년은 大將軍, 三殺이 東에 치우친 東雙殺方의 해다.

* 부득이 東방향으로 이사를 하여야 하는 경우에는 방부책을 강구하여 준다.

* 이사는 代主 위주로 본다. 그 외의 가족은 길, 흉에 따라 방부책을 마련한다.

* 만약 이미 이사할 집이 정하여 졌다면 가족 순서별로 길, 흉을 보아야 한다.

이사가 아니고 개업의 경우는 영업명의당사자 위주로 본다.

* 연령별, 남녀별 이사 방위를 본다.(조견표 참조.)

* 남녀별 日辰 吉, 凶을 본다.(조견표 참조.)

* 代主 위주로 日干과 예정일의 六神의 吉凶을 본다.

* 이사, 개업의 吉時에 대하여는 黃道時라 하여 이사, 개업, 결혼, 下棺 등에 적용하고 이 황도시를 적용하면 모든 나쁜 凶運을 감싸준다고 한다.

黃道 時

* 子·午 日은 子·丑·卯·午·申·酉 시

* 丑·未 日은 寅·卯·巳·申·戌·亥 시

* 寅·申 日은 子·丑·辰·巳·未·戌 시
* 卯·酉 日은 子·寅·卯·午·未·酉 시
* 辰·戌 日은 寅·辰·巳·申·酉·亥 시
* 巳·亥 日은 丑·辰·午·未·戌·亥 시
* 代主의 日干과 그 날의 日辰이 六神으로 吉日이어야 한다.
* 나머지 사람은 방부책을 강구할 것.
* 이사나 개업 택일의 경우 집이 정하여져 있지 않다면

첫째, 방향과 날짜와 시를 정해 주어야 한다. (이때에도 피 감정인의 희망 방향을 참고하여야 한다.)

둘째, 이미 이사 등의 집이 정하여 졌고 택일만 정할 경우에는 이사 등의 방향의 길, 흉에 대하여 기분이 나쁘지 않게 참고하여 설명하고 택일과 황도시를 정하여 주어야 한다.

* 결혼 택일(초례 택일)의 경우에는 예식장소의 방향 선정은 불필요하고 길일과 黃道時 만을 정하여 준다.

5. 醮禮 擇日

醮 礼 択 日	
新郎(陰曆) : 19○○ 年 ○月 ○日 ○○ : ○○ 時 生	
新婦(陰曆) : 19○○ 年 ○月 ○日 ○○ : ○○ 時 生	
結 婚 日	
一案	陽曆 : 20 ○○ 年 月 日 時 曜日
	陰曆 : 20 ○○ 年 月 日 時 曜日
二案	陽曆 : 20 ○○ 年 月 日 時 曜日
	陰曆 : 20 ○○ 年 月 日 時 曜日
作成日 : 20○○ 年 月 日 ○○ 哲学馆 (인)	

* 신랑, 신부의 日干과 결혼 예정일 예상하여 택일한다.

* 결혼일의 時는 黃道時를 대입한다.

* 결혼일은 미리 예정일을 충분히 여유 있게 잡아야 한다.

* 토요일, 일요일, 국, 공휴일 중 길일 택일은 쉽지 않다.

* 초례 택일은 뒤의 혼례에 관한 택일 즉 涓吉(연길)과 같은 것으로 四星(四柱)을 받은 신부집에서 절차에 의한 인사와 함께 택일을 정하여 통보하는 것을 涓吉이라 하고 당사자 간 간략하게 생략하여 결혼 택일만 하는 것을 초례 택일이라 한다.

따라서 涓吉 작성시에는 당연히 초례 택일처럼 혼례일을 정함은 물론 인사말도 함께 작성하여 후술하는 예를 갖추어야 한다.

* 우리나라에서는 대체로 신부측에서 택일을 한다.

이러한 이유는 여러 가지가 있겠지만 사성에 대한 답례는 물론 특히 신부의 건강문제나 생리일 등을 감안하여 신부측에 일임한 것이라 여겨진다.

* 요즈음은 절차를 간단히 하여 연길 서식의 올바른 절차를 거치지 아니하고 단순히 결혼날짜만 택일하는 방법으로 생략하여 간단히 하기도 한다.

* 더 상세한 것은 혼례서식 작성의 예에서 하기로 한다.

제6장. 기타

1. 宮合

(1) 서

男·女의 宮合은 서로의 命造의 五行조합을 보아 喜, 忌를 판별하여야 한다. 唐 四柱論에 의하면 같은 띠 끼리 만나면 궁합을 볼 필요도 없을 정도로 좋다고 하는 등 명조의 年支(띠)로 보아 좋으면 된다고 하였으나 이는 어디까지나 겉 궁합으로 日干을 我로 하기 전인 唐나라시대의 궁합법이다.

宋代의 徐子平이 日干을 기준으로 명조의 체계를 정립한 이후로는 띠 끼리의 배합은 궁합을 보는 일부의 참고사항일 뿐이고 서로간의 명조 전체의 조합과 抑扶를 보아야 하고 특히 서로간의 日干끼리의 喜, 忌를 중요시 하여야 한다.

그 외 각종 六神의 吉, 凶이나 合, 沖, 刑의 喜忌와 神殺 등을 보아야 할 것이다. 宮合이란 각자의 개인별 命造가 아무리 좋아도 배우자를 잘 못 만나면 四柱八字는 엉망이 되는가 하면 반대로 개인적으로는 命造가 나빠도 배우자를 잘 만나면 또한 좋아지는 것이니 이는 命造 서로간의 抑扶의 역할에 근거한다. 따라서 宮合이란 서로의 過, 不及을 生·洩·剋해

주는 것으로 어느 것으로도 균형을 이루지 못함을 가장 나쁘게 본다.

(2) 궁합 감정

1) 五行의 분포를 비교 분석한다.

명조의 분석은 일간의 喜·忌함도 중요하지만 무엇보다 서로간에 균형이 맞아 過, 不及이 없음이 가장 좋다.

예.

男 命 女 命

<table>
<tr><td>木 : 3</td><td>時 柱</td><td>日 柱</td><td>月 柱</td><td>年 柱</td><td>木 : 0</td><td>時 柱</td><td>日 柱</td><td>月 柱</td><td>年 柱</td></tr>
<tr><td>火 : 2</td><td rowspan="2">戊</td><td rowspan="2">乙</td><td rowspan="2">庚</td><td rowspan="2">甲</td><td>火 : 1</td><td rowspan="2">壬</td><td rowspan="2">丙</td><td rowspan="2">壬</td><td rowspan="2">己</td></tr>
<tr><td>土 : 2</td><td>土 : 2</td></tr>
<tr><td>金 : 1</td><td rowspan="2">寅</td><td rowspan="2">巳</td><td rowspan="2">午</td><td rowspan="2">辰</td><td>金 : 2</td><td rowspan="2">戌</td><td rowspan="2">子</td><td rowspan="2">申</td><td rowspan="2">酉</td></tr>
<tr><td>水 : 0</td><td>水 : 3</td></tr>
</table>

위의 예를 비교 해 보면 각자 五行이 한쪽으로 치우치거나 없는 五行도 있어 각자 개별적으로 보면 凶한 명조이다. 그러나 두 명조를 합하여 분석하면 서로가 모자라는 五行을 보충하여주고 있다. 이를 각자별로 상세히 분석하여 보면,

a) 남자는 比, 劫이 강하여 일견 身强 命造처럼 보이나 月令을 얻지 못하였고 休地에 좌 하였으며 天干은 좌우에서 剋洩 하며 印星마저 보이지 않으니 약간 身弱命이다. 傷官은 日干을 無情의 剋洩을 하며 傷官의 生助를 받은 財運은 어느 정도 있으나 강한 傷官은 官星을 剋害 하니 약한 官星은 더욱 衰하여 관록과 직업운 및 자식운이 없는 명조이므로 이 명조는 印星 水가 없음이 病이다.

b) 여자의 명조는 반대로 食傷의 생조를 받은 財星이 강하고 강한 財星의 도움을 받은 官星은 太强한 가운데 官殺이 혼잡하여 太弱한 命이다. 이 명조는 官星 水가 강하여 이를 順洩할 印星 木이 없어 귀하지 못한 命이다.

* 그러나 두 명조가 합하면 남자의 有餘 한 木은 여자의 印星이 되어 인덕과 직업운 및 남자운을 다스리고 여자의 지나친 水氣는 남자의 많은 木을 강하게 세우니 목마름에 저수지 역할을 하며 인덕과 직업운 및 자식운을 세운다. (남자의 명조가 身强이 아님은 比, 劫 木이 적어서가 아니라 뿌리가 없어 약하기 때문이고 그 양은 적지가 아니하다.) 이처럼 각자는 나쁘나 합하여 이로운 대표적 예라 하겠다.

2) 속궁합(日干)을 본다.

속궁합은 日柱 끼리의 六神의 길, 흉이다.

a) 남자 日干 : 여자 日柱 = 傷官·偏印 해설

傷官 : 傷官의 특성은 無情의 剋洩로 사정없이 자신의 기운을 洩하니 자신의 힘이 나약해져 부인은 날카롭고 까다로우며 사고와 다툼과 구설수의 운질이다. 부인으로 인하여 중년에 傷官의 나쁜 기운이 발동하여 망신살을 예고하는 六神이니 주의 할 일이다.

偏印 : 倒神이라 하여 날카롭고 까다로우며 근심, 걱정, 불안, 스트레스 등 마음의 병을 몰고 다니는 神이며 중년의 바람을 예고하고 무엇을 하더라도 인내가 약하다.

◆ 여기서 중요한 것은 傷官의 흉함은 偏印이 다스려 주니 傷官은 순화되고 偏印도 힘이 빠져서 서로의 흉함이 상쇄된다는 것이다. 이를 두고 利剋制剋이라 할 것이다.

b) 여자 日干 : 남자 日柱 = 正印·比肩 해설

正印 : 正印은 명예이고 인덕이며 화합이다. 財, 官이 아무리 소중하더라도 그것을 뒷받침 할 덕과 그릇이 없으면 뜬구름이니 부부간에 덕목

과 화합이 없다면 무의미하다.

比肩 : 서로가 기세가 대단하여 부부가 친구같이 지내면 吉 하나 남편이 아내를 억누르면 파탄까지 예고한다. 正印이 比肩을 도우니 부부는 돈 보다 서로 속궁합이 맞고 화합하니 가정은 화목하다.

◆ 정리 : 부인이 남편을 剋하는 것 같으나 이를 制하여 주고 남편은 아내에게 화합으로 와 닿으니 좋은 조합이다.

3) 각 분야별 喜·忌

a) 겉 궁합을 본다.

이는 唐 四柱로 年支인 띠끼리의 吉, 凶을 보는 것이다. 현재는 겉궁합을 중요시하지 않으나 孤辰 寡宿殺, 怨嗔殺 등은 婚姻殺이라 하여 혼인을 기피하는 등 아주 중요시한다. 서로간의 명조의 조합이 좋고 속궁합이 좋으면 겉궁합의 喜, 忌는 뛰어 넘을 수 있다.

b) 자녀운을 본다.

남자의 명조에 官星이 자식이고 여자의 경우는 食傷이다. 따라서 남자는 명조에 官星이 有하면 자식 운이요 또한 理會 하면 자식이 효자이며 출세한다. 여자는 명조에 食傷이 有하고 명조에 理會 하면 자식운이 있다.

c) 재물운을 본다.

남, 여를 불문하고 財星이 재물이다. 명조에 食傷이 있어 재성을 生 하면 재성운이 강하나 氣가 濁하 고 理會 하지 못하면 큰 재물 운은 없으며 또한 재성은 남자에게 는 여자운이니 가정에 소홀하고 女難이 심하다.

d) 직업운을 본다.

명조의 官星은 남, 여를 불문하고 직업 운이다. 명조가 强하고 官星도 강하며 印星과 동주 하면 관록과 기타 직 장운이 좋은 사주이다. 또한 官星은 여자에게는 남자 운이니 부부궁을 주의하여야 하며 남자에게는 자식 운이니 자식 운이 좋다.

e) 명예와 인덕 운을 본다.

印星이 명예와 인덕이다. 어떠한 복록도 印星이 없으면 한낱 뜬구름에 지나지 않으니 印星 은 모든 복록의 근원이다. 그 중에서도 부부궁과 官星운은 특히 그러하니 부부궁은 印星이 없으면 화합이 없고 官星은 印星이 없으면 柔함을 잃으니 관록이 없다.

f) 건강과 수명을 본다.

사람의 수명은 흔히 大運 數를 보고 판단하는 경우가 있으나 이 는 어디까지나 형식에 지나지 않는다.

첫째, 명조의 氣가 濁하거나 명조가 神枯하여 水氣가 보이지 않으면 夭折의 운질이다.

둘째, 比劫이 旺한 命造에 行運에서 財星이 들어오고 日干을 直沖하면 십중팔구 夭折의 운이다. (三刑殺의 경우도 주의)

셋째, 官星이 강한 太身弱한 명조에 行運에서 日干을 直沖 하거 나 三刑殺이 들면 특히 주의하여야 한다.

g) 大殺의 有, 無를 본다.

命造에 白虎, 夫婦 殺夫殺, 三刑殺 등이 있는가 본다.

h) 婚姻殺의 有, 無를 본다.

唐 四柱이기는 하지만 현실 감정에 매우 중요하고 통계적으로도 상당히 높은 확율을 가지고 있다. 孤辰寡宿殺, 元嗔殺(鬼門)이 그것이다.

I) 기타 참고할만한 사항을 본다.

궁합 감정에서 주의할 것을 다시 한 번 상술하면, 각자의 명조를 종합적으로 감정하여야 한다는 것이다. 가령 남자의 명조에 官星이 없을 경우 무조건 자식이 귀하다고 감정하여서는 아니 된다.

여자의 명조를 보아 食傷이 있고 남자의 명조에 財星이 강하여 충분히 官星을 生 해 줄만하면 자식 운이 있는 것이니 각자의 명 조만 보고 판단할 것이 아니라 서로를 조합해서 喜, 忌를 논함이 궁합감정의 요체이다. 그러므로 각자별로는 凶하여도 서로 조합하면 吉할 수 있다. 기타 모든 운을 이와 같이 판단하여야 한다.

* 宮合 감정 조견표 *

<table>
<tr><td colspan="5">男命</td><td colspan="5">女命</td></tr>
<tr><td>木 : 0</td><td>時柱</td><td>日柱</td><td>月柱</td><td>年柱</td><td>木 : 3</td><td>時柱</td><td>日柱</td><td>月柱</td><td>年柱</td></tr>
<tr><td>火 : 1</td><td rowspan="2">辛</td><td rowspan="2">戊</td><td rowspan="2">戊</td><td rowspan="2">癸</td><td>火 : 3</td><td rowspan="2">乙</td><td rowspan="2">癸</td><td rowspan="2">甲</td><td rowspan="2">丙</td></tr>
<tr><td>土 : 3</td><td>土 : 1</td></tr>
<tr><td>金 : 2</td><td rowspan="2">酉</td><td rowspan="2">子</td><td rowspan="2">午</td><td rowspan="2">丑</td><td>金 : 0</td><td rowspan="2">卯</td><td rowspan="2">巳</td><td rowspan="2">午</td><td rowspan="2">辰</td></tr>
<tr><td>水 : 2</td><td>水 : 1</td></tr>
</table>

구분 / 비고	신랑	신부	길·흉	비 고
오행 분포	△	△	△	
속궁합(日干)	正財	正官	○	天 合
겉 궁합	○	△	△	고진과숙
자녀 운	△	○	△	
재물 운	○	○	○	
직업 운	△	△	△	
명예와 인덕	△	△	△	
건강과 수명			△	
大殺의 유무	○	△	△	
婚姻殺 유무	×	○	△	
기타 참고	개인별로는 나쁜 사주이나 만나서 좋은 인연의 예.			

총평 : (65 %) 日干이 天合이며 서로 과부족을 잘 보충해줌. 본 궁합은 개인별로는 좋지 않으나 합하여 보니 서로 보완하여 좋음.

易學術의 원리에 의거 위와 같이 감정 합니다.

2. 婚禮 서식

(1) 서

婚姻에 대한 풍습은 나라와 지방에 따라 다르나 婚姻이 단순히 한 쌍의 男과 女의 결합만이 아니라 한 집안과 또 다른 한 집안의 결합이기도 하므로 이를 '人倫之 大事'라 하였다. 그러한 관계로 지방과 집안에 따라 혼인절차에 대한 격식이 약간씩 차이가 있으나 우리나라에서는 예로부터 대체로 다섯 가지의 절차를 밟았다.

1) 議婚

혼사가 성립되기 전에 먼저 중매인이 양쪽 집을 왕래하며 媒介 역할을 한 후 양가에서 상대방 가(家)에 사람을 보내어 서로를 조사하게 되는데 그리하여 서로가 마음이 있으면 합의가 되어 許婚을 하게 된다. 이를 「의혼(議婚)」 또는 「면약(面約)」이라 한다.

a) 혼인 당사자나 主婚者가 朞年(기년 : 1년) 이상의 상(喪)이 없어야 한다. (현대사회는 이를 약 3개월의 기간유예가 적당)

b) 혼례를 정했을 때 폐백(幣帛)을 드리고 택일을 한 후에는 신부의 부모가 사망하면 신랑 될 사람은 조상하여야 한다. 신랑의 부모가 죽어도 신부집에서 사람을 보내어 조상 한다.

c) 신랑의 아비가 죽으면 신부집에서 신부의 아비 이름으로 조상하고, 어미가 죽으면 어미의 이름으로 조상한다. 그러나 신랑의 부모가 멀리가 있으면 伯 父母의 이름으로 조상한다.

d) 신부가 親迎(친영 : 신랑이 친히 신부를 맞이해 오는 것) 도중 신랑

의 부모가 죽으면 신부는 흰색 베(布)로 옷을 갈아입고 상차(喪次)에 나가며, 신부가 친영 도중에 신부 부모가 죽으면 그냥 친정으로 돌아온다. (전통의식으로 현대에 맞게 적용한다.)

2). 納采 : 인사말과 四星

신랑측 主婚者(婚主)가 인사말을 갖추어야 한다. 이는 신부집에 婚姻을 請하는 편지이다.

a) 인사말과 함께 다른 지면에 신랑의 四星(四柱 : 生年·生月·生日·生時)을 적어 보낸다. 신부 될 사람과의 궁합 및 인적 사항을 알리는 것이다.

b) 신부댁으로 納采(四星)를 보낼 때에는 아침 일찍 일어나 사당에서 반(盤)에 글을 담아 향안 위에 두고 고(告)해야 한다.

c) 자제(子弟)를 使者로 삼아 신부의 집으로 보낸다. 중매인이 신부집에 알리면 신부댁 婚主가 使者를 맞이한다.

d) 신부집 婚主는 納采를 사당에 告한다.

3). 涓吉 : 인사말과 婚姻擇日

신부측 主婚者가 신랑측의 納采를 받은 뒤 복서(復書 : 납채를 받잡는 인사말)와 함께 혼례 날을 택한 것을 祠堂에 告하고 使者에게 준다. 이는 四星에 대한 승낙과 婚禮 擇日을 정하여 신랑측에 통보하는 것이다.

a) 인사말 중에는 신랑의 의복의 치수를 알려줄 것을 청한다. 이를 章製回示(장제회시)라고 한다.

b) 使者가 돌아오면 主婚者는 이를 祠堂에 告한다. 醮禮擇日은 원래 신부의 신체상(생리문제 등)의 문제 등으로 인하여 신부측에서 결정하였었다.

4). 納幣 : 物目과 婚書紙

幣帛(폐백)은 물들인 비단으로 하는데 형편에 따라서 적당히 한 다.

이를 物目이라 하고 다른 지면에 婚書를 작성하여 함께 함에 담아 보낸다.

a) 函은 보통 두개를 마련하여 하나는 禮狀(예장)을 담고 하나 는 婚需를 담는다. 그러나 요즈음은 한개로 간소화 되었다. 함을 하나 쓸 경우에는 고운 종이를 깔고 禮狀을 넣는다. 혼수는 색실을 사용하여 매 가지마다 두 끝을 묶어 접어서 넣고 홍단을 먼저 담고 그 위에 청단을 담는다. 그런 다음 종이로 덮고 혼수감이 흔들리지 않게 싸리나무가지나 수느리 대로 통개를 하여 푸꽂이를 감고 函을 닫는다.

b) 담폐자(擔弊者)란 函을 지고 가는 함진아비를 말한다.

c) 신부집에서는 그 함을 받고 복서(復書 : 인사말)를 써 주어 禮를 갖추고 使者가 복명(復命)한다.

5) 親迎 : 신랑이 친히 신부를 맞이해 온다.

a) 신랑집에서는 날이 밝을 무렵 자리를 방 가운데 편다. 술과 음식을 장만하여 같이 온 손님들에게 대접한다.

b) 主婚者가 신랑을 祠堂으로 인도하여 告하고 신부를 맞이해 오기를 명한다.

c) 신랑이 신부집에 이르러 처소에 기다리고 신부 아버지는 사당에 告하고 딸을 醮禮 시키고 사위를 맞아 奠雁(전안)의 禮를 행한다. 이렇게 간단한 禮를 치르고 신부를 데리고 와서 잔치를 한다.

◆ 이것이 전통 혼인절차이나 요즈음은 많이 간소화 하였다.

1) 議婚과 四星을 묶어 행하고,

2) 涓吉은 상의하여 택일하며,

3) 函 속에 物目紙, 婚書紙를 넣어 보내면 절차가 완료된다.

◆다음은 사성, 연길(택일), 물목(혼서)의 작성 방법이다. 작성 방법과 규격은 특별히 규정된 것은 없으며 정중한 예를 갖추어 편지를 쓰면 된다. 보통 가로 40센티미터, 세로 30센티미터 정도로 하여 일곱 번 접

어 봉투에 넣는다. (9 번 접기도 한다.)

◆ 四星 등의 인사말에 사용되는 계절의 별칭(월별)정리한다.

1月 : 太簇(태족)

正月, 元春, 月正, 泰月, 始春, 上春, 春首 등

2月 : 夾鐘(협종)

如月, 仲陽, 令月, 仲春, 春中, 中和月,媒月, 婚月 등

3月 : 姑洗(고세)

禊(계)月, 嘉月, 季春, 花月 등

4月 : 仲呂(중여)

余月·陽月, 乾月, 夏首, 始月, 畏月, 梅月 등

5月 : 蕤賓(유빈)

皐(고)月, 蒲(포)月, 暑月, 午月, 仲夏, 端陽月 등

6月 : 林鐘(임종)

且(차)月, 焦月, 伏月, 未月, 晚夏(만하) 등

7月 : 夷則(이칙)

相月, 瓜月, 申月, 蘭月, 涼月, 孟秋, 孟商 등

8月 : 南宮(남궁)

桂月, 酉月, 淸秋, 中律, 仲秋, 仲商, 雁來(안래)月 등

9月 : 無射(무사)

玄月, 素秋, 菊月, 霜月, 戌月, 季商, 秒秋 등

10月 : 應鐘(응종)

陽月, 吉月, 亥月, 孟冬, 上冬, 小春, 亥冬 등

11月 : 黃鐘(황종)

暢(창)月, 復月, 子月, 仲冬, 天正月, 紙月 등

12月 : 大呂(대여)

涂月(도월), 嘉平, 餘月, 嚴月, 氷月 등

각월의 앞은 낙관에 주로사용하며 악기의 음률에서 따온 것으로 가장 흔히 사용된다. 그 외는 적당한 것을 골라 사용한다.

(2) 四星 서식

1) 인사말

신랑측의 정중한 請婚 인사말로 혼주가 신부측에 결혼을 허락해 주어 감사하다는 것과 혼인날을 정하여 보내 줄 것을 청하고 신랑의 四柱를 적어 보낸다.

해설 :

○ ○ 계절을 맞이하여 존체도 만중 하십니까?

저희 자식의 혼사는 이미 허락을 받자와 가문의 경사이옵니다.

여기 사주단자를 보내오니 혼인 날짜를 정하여 회신하여 주심이 어떠하오리까 !

예를 다 갖추지 못하고 이만 줄입니다.

婚主 ○本 ○貫 后人 ○혼 ○주 ○명 再拜

伏惟 ○제 ○절

尊体候以時万重仰溸区区之至

弟 ○子 ○姪 等 兒親事既蒙契許寒門

慶事柱単録呈涓吉回示

如何余不備 伏惟

尊

照謹拜 上状

보내는 날

○○○○○○○○○

2) 四星 : (신랑의 四柱)

신랑 ○本 ○貫 后人 ○신○랑○명 再拜

一心

생년 생월 생일 생시

甲子年 甲子月 甲子日 甲子時生

除

보내는 날

○○○○○○○○○

＊ 인사말과 함께 각기 다른 봉투에 넣어 '謹封' 하고, 종이 띠로 봉투 두 개를 같이 묶고 종이 띠에 역시 '謹封' 한다.

(3) 涓吉 서식 : 醮禮擇日(신부측에서 보냄)

1) 涓吉 인사 말 : (신부 아버지 등 혼주 명의)

伏承 ○계 ○절 感荷無量

謹来審茲時

尊体万重仰慰区区之至

弟女児親事既承柱単寒門

慶事涓吉録呈章製回示

如何余不備伏惟

尊照謹拝上状

○보 ○내 ○는 ○날

신부 ○○ 后人 ○○○ 再拝

해설 :

편지를 받자오니 감사한 마음 이루 말할 수 없습니다.

근래에 존체도 만중 하십니까 ?

저희 여식의 혼사는 이미 사주단자를 받자오니 저희가문의 경사이옵니다.

혼인 날짜를 정하여 보내드리오니 신랑의 의복치수를 알려 주심이 어떠하오리까!

예를 다 갖추지 못하고 이만 줄이옵니다.

2) 涓吉 서식 : (신부 측에서 인사말과 함께 보냄)

涓吉

신부本貫后人○○○

一心

甲子年三月二十日午時

尊雁

除

보내는 날

甲子年二月十五日

* 봉투 두 개를 '謹封' 하는 것은 사주 단자와 동일하다.

(4) 婚書 서식 : 婚書와 物目(신부측에 보냄)

1) 婚書紙 서식 : (일부종사를 의미함)

해설 :

존체 안녕 하십니까 ?

저희(○)째 아들(또는 姪, 弟 등) ○ ○가 이미 나이가 차도 배필이 없사온데 높으신 사랑으로 소중한 따님을 아내로 삼게하여 주시니 조상의 예에 따라 삼가 납폐의 의식을 행하오니 받아 주시옵소서.

안녕히 계십시오.

신랑 ○本○貫 后人 ○혼○주○명 再拜

伏承

令愛貺室于僕之弟嘉命許以長次子

신랑 ○이○름 茲有先人之礼謹行

納幣之儀不備

伏惟

尊照謹拜上状

○○○○보○내○는○날○○

2) 物目 서식 : (신부측에 보냄)

物目

玄壹段

纁壹段

除

○○○보○내○는○○날○

신랑 ○본○관 后人 ○혼○주○명 再拜

* 四星은 인사말과 신랑의 사주가 한조로 각각 다른 봉투에 넣어 봉하고 종이 띠로 묶어 깨끗한 종이로 정성스럽게 포장한다.

* 묶는 끈은 주단 점에 가면 청, 홍색으로 만들어 놓은 것이 있으며 방법을 가리켜 준다.

* 각 서식을 넣는 봉투는 아래 그림과 같다.

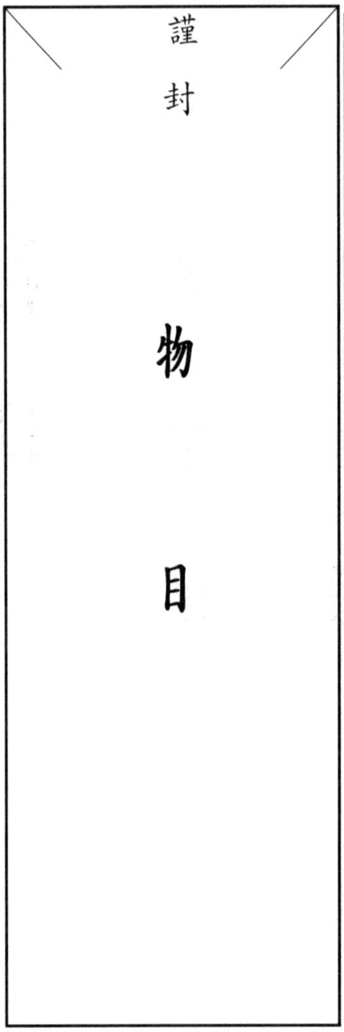

〈물목 등 봉투 앞면〉

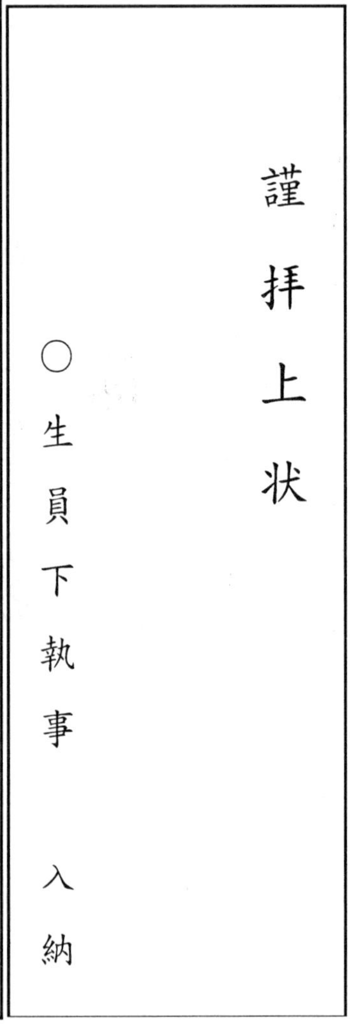

〈봉투 뒤면〉

四星, 涓吉, 物目 서식을 넣고 앞면에 謹封 함.

위 봉투 각 두 개를 글씨가 나타나도록 포개어 종이 띠 세 개로 나누어 묶고 그 종이 띠 위에 각 다른 글씨체로 '謹封' 한다.

3. 쌍둥이 · 삼둥이 감정법

(1) 쌍둥이 命造 세우기

1) 동일한 명조로 태어난 경우

쌍둥이의 감정은 주의하지 않으면 안 된다. 易學的으로 동일한 시각에 태어난 경우에는 명조가 같다. 이때에는 二合으로 각자 감정한다.

예. 형 : 음. 2003. 6. 11. 17 : 50 생 (양. 7. 10. 酉시 목요일)

동생 : 형보다 5분 뒤에 출생

이 경우 형·동생의 命造가 동일하다.

* 형의 命造 *

癸	甲	己	癸
酉	申	未	未

* 동생의 命造 *

戊	己	甲	戊
辰	巳	午	午

* 二合의 다른 표현이나 그 내용은 동일하다. 이 경우는 일란성 쌍둥이의 경우로 다른 것 같지만 내용을 살펴보면 서로의 성격이나 행동이 매우 흡사하다.

2) 易學的으로 태어난 시각을 달리한 경우

예. 형 : 陰. 2003. 12. 20. 23 : 55 生

동생 : 陰. 2003. 12. 21. 00 : 30 生

이 경우는 같은 子時에 태어나고 동생이 비록 35분 뒤에 태어났지만 易學的으로 태어난 날을 달리하므로 명조도 다르다. 특히 日干이 다르므로 모든 판단 기준이 다르다.

* 형의 命造 *

丙	己	乙	癸
子	丑	丑	未

* 동생의 命造 *

丙	庚	乙	癸
子	寅	丑	未

* 형의 명조를 분석해 보면 己土 日干으로 月支와 日支 및 年支를 얻고 時干이 도우니 身强 명조이다. 陰 日干으로 겉보기는 온순하나 속심은 깊고 의지도 강하다.

* 동생의 명조를 보면 月支와 年支를 얻었으나 그 외는 모두가 日干을 剋洩하는 五行으로 이루어 졌다. 더구나 옆의 時干은 殺이 剋하고 있어 身弱한 명조 같으나 月干과 干合 하고, 月支가 根이 되어 中强의 명조이다. 그러나 日干은 庚金으로 남자답고 의리가 있으며 강직하여 형보다

훨씬 성격이 강하다.

* 이러한 경우는 이란성 쌍둥이로 형은 內柔外剛하고 동생은 外剛內柔하다.

* 형은 여자로 동생은 남자로 태어난 경우이다.

* 기타 年建이나 月建 및 時建을 달리하여 태어난 경우에도 이와 같이 판단하면 된다.

* 주위에서 같은 쌍둥이인데도 모든 것이 너무도 닮아서 구분을 잘 못하는 경우가 있는가 하면, 외형이나 성격이 너무나 다른 경우도 볼 수가 있는 것이다.

(2) 세쌍둥이 命造 세우기

쌍둥이와 같이 三合으로 각자의 命造를 세운다. 세쌍둥이의 경우에도 형의 명조를 기준으로 하여 쌍둥이의 경우와 같이 명조를 분석한다.

* 같이 있으면 하나지만 분리되면 각각의 삶이 있다.

* 출생 시각이 다른 경우는 시간은 각각 다른 시각으로 정한다. 그러므로 같은 경우도 다른 경우의 명조도 나올 수 있다. 이때 주의할 사항은 년, 월, 일의 한계 시각이다. 각 建의 한계를 잘 살펴 세워야 한다.

4. 符籍

(1) 서

符籍에 대하여는 그 효력을 두고 여러 견해가 있다. 대표적인 것은 과학적으로 증명할 수 없는 迷信에 지나지 않는다는 견해와 증명할 수 없다고 믿지 못한다면 보이는 實體만을 인정하는 唯物論과 다름이 없다고 하여 오히려 보이지 아니하는 것이 實體를 지배한다는 觀念論的 사고로 대별할 수 있으나 모두 극단적 논리라고 생각된다.

'至誠이면 感天' 이라는 격언이 있다. 사람은 누구나 행복을 추구하지만 그 행복의 척도는 다분히 주관적이기도 하다. 財貨로서 그 척도를 가늠한다면 그것 또한 노력과 비례하지 만은 아니 한다. 욕망이란 지평선과 같아서 도달했나 싶으면 그만큼 멀리가 있고 아무리 달아나도 또 그만큼 다가와 있으니 그 경계가 수시로 변경되는 미지의 유형으로 불고정적 개념이지만 분명히 존재하는 관념이다.

훌륭한 야구선수가 언제부터인가 삼진 아니면 병살타다. 이러한 시기가 어느 정도 연속적으로 이어지는 것을 슬럼프라고 하지만 선수 자신은 최선을 다하고 있다. 잘 하던 선수가 갑자기 실력이 줄어든 것은 물론 아니다. 그러다가 언제부터인지 다시금 실력이 살아난다. 갑자기 실력이 늘었냐고 물으면 運이 좋았을 뿐이라고 한다.

이처럼 運을 迷信視 하고 있을지 라도 자신이 인식하든 않든 運을 일상화 하다시피 적용하고 있으며 인간이 할 수 있는 것은 다만 매사에 매순간을 최선을 다 할 뿐 그 결과를 확정할 수 있는 것은 극히 소수이다.

그리하여 이를 '盡人事 待天命'이라 하니 이는 최선을 다하고 나머지는 하늘에 맡겨라 는 의미이지만 하늘에 맡긴다는 것은 運에 맡긴다는 의미가 아니고 대체 무엇이란 말인가. 누구에게나 다가오고 있는 죽음이라는 것도 확실한 것이지만 대체 어떻게 확인 할 수 있다는 말인가.....

따라서 우리는 주어진 삶에 매순간 최선을 다하고 그러한 정성의 한 방편으로 符籍을 이해한다면 무리가 없을 것이라고 본다. 그리고 그것이 위안이 된다면 조그마한 행복이며 결코 행운이 아니다. 幸運은 僥倖의 산물이지만 幸福은 그래도 자신의 의지와 노력으로 어느 정도는 주어지는 것이기 때문이다.

運命에 불길한 사고가 예지되면 평소보다 주의하여 무단횡단도 금하고 음주운전도 삼가하며 어지간한 불만은 화해를 한다면 두 번 날 사고와 사건은 한 번으로, 중상은 경상으로, 다툼은 평안으로 이어질 수 있고 이러함에 符籍까지 소지하고 이를 항상 주지한다면 符籍의 의미는 충분히 그 역할을 다하리라고 생각한다.

그러므로 부적을 단순히 미신적 의미로만 이해할 것이 아니라 옛날부터 우리 선조들은 동지에는 붉은 팥죽으로 서양에서는 기독교적 의식으로 양의 피를 사용하여 불길한 액땜의 방책을 삼아왔고 부적 또한 그러한 맥락에서 이해하면 족하다. 다만 여기서 경계하는 것은 符籍이 마치 萬事亨通의 신비물인 양 선량한 피 감정인을 惑世誣民함이다. 易術人과 被感情人의 정성을 符籍이 결합시켜준다면 至誠이면 感天이 아니겠는가.

(2) 효력기간

符籍은 작성 방법과 용도에 따라 다소 그 효력기간을 달리할 수 있지만 凶 防止符의 경우에는 대체로 6개월에서 1년 정도의 효력이 있다. 왜야하면 사람의 정신적 긴장 패턴(pattern)은 1년 정도를 주기로 하고 있으며 만물의 순환도 그러하다.

그러나 吉함을 바라는 부적은 어느 정도 연장이 가능하다.(凶符의 배정도) 이는 惡夢은 짧을수록 좋고 吉은 오래가기를 바라는 마음과 상통한다. 그리고 符籍의 제작은 정성과 열을 다하여야 할 것이다. 그 구체적인 내용은 符籍 전문서적에 미루고 여기서는 재료와 그 사용방법에 대하여서만 설명한다.

(3) 符籍의 재료

1) 종이와 붓

* 符籍을 작성하는 종이는 한지를 계피와 감초를 달인 물에 담겨서 말

리어 노란색이 나게 하여 사용하였으나 이는 시각적 효과를 노린 것 외는 별다른 의미가 없다.

* 흰 백색 창호지나 한지를 사용하면 무난하다.

* 붓은 일반적인 서예용 붓이면 족하다.

2) 물감 재료

* 사용 물감은 鏡面朱砂와 紅靈砂가 있다. 붉은 싸인펜으로 작성하기도 하나 권할만한 것은 아니다. 경면주사는 한약재로서 값이 비싸다.

* 경면주사는 東醫寶鑑의 本草綱目에 의하면 辰砂 또는 丹砂라고 하여 맛이 달고 惡疾과 邪氣를 다스린다고 하여 경면주사를 사용하여 왔다. 원래는 쌔기 손톱 크기의 작은 놀 모양으로 되어있으나(형태가 클수록 상품이다.) 이것을 빻아서 붉은 분말로 만들어서 사용한다.

* 물은 청정수를 사용한다.

* 보다 저렴한 홍영사를 사용하기도 한다.

3) 기타

* 300년 이상 된 임금이나 정승 또는 장군의 墓地에 가서 墳峯 土를 한 웅큼 파 가지고 오면서 그때 무덤의 주인에게 무릎 꿇고 '어리석은 인간의 부족함을 무궁하신 법력으로 부축하여 꼭 소원을 이루게 하여 주옵소서'라고 세 번 말한다.

* 符籍을 쓸 때는 日干이 甲·庚의 날을 선택하여 목욕제개 하고 청결한 심신으로 子時(밤 11시에서 새벽 1시 사이) 사이에 작성하여야 한다. 그리고 향불을 붙이고 촛불을 켜고 청포를 깔고 정성을 다하여 작성한다.

* 부적 제작시 남이 보지 않게 혼자서 하여야 한다.

자신의 정성과 복록이 세어 나가기 때문이다.

* 부적의 크기는 손바닥을 덮지 않을 정도의 크기로 한다. 그러나 複數 符의 경우는 그렇지 않다.(복수 부라 함은 여러 개의 의미가 담긴 부적을 하나의 종이에 작성하는 것을 말한다.)

* 부적의 영험에 대하여 절대 의심치 말아야 한다. 삶을 좌우하는 것은 지식과 능력 보다는 운명이 더 큰 영향을 끼친다는 것을 알아야 한다.

◇ 요즈음은 위와 같은 미신적 의미의 절차를 밟지 아니하고 깨끗한 한지나 창호지에 안정된 심신으로 혼자서 작성한다.

제三편. 作名論

1. 서

(1) 作名의 虛와 實

「좋은 이름」어떻게 지을 것인가에 대해서는 말도 많고 책도 많다. 필자도 이름에 관하여는 별도로 한 권의 책으로 엮고 싶었으나「마스터 易」이 易의 종합 입문서임을 감안하여 여기에서 정리하여 기술하였다. 여기의 내용만 충실히 숙지한다면 올바른 작명을 충분히 할 수 있으리라 여겨진다. 우선 기존의 작명서 들을 검토해 보면,

1) 소리 五行을 중점으로 구성한 책.

2) 劃數와 陰影五行 및 播字 側子를 중심으로 한 책.

3) 推命學을 근거로 작명한다면서 相生相剋論에만 치중한 책.

4) 위의 경우를 복합적으로 적용한 책 등 다양하다.

생각건대 이름을 둘러싸고 일어나는 논쟁은 하나같이 이름이 運命에 미치는 영향을 옳게 파악하지 못한 데에서 기인하는 것이라고 여겨진다. 이름이 사람의 運命을 좌우하고 생사여탈권을 가진 것처럼 호도하기 보다는 이름이 運命에 미치는 영향과 그 사람의 命造를 파악하여 가급적 生扶의 相生관계로 하고 또한 더하여 부르기 좋고 쓰기도 편리한 데로 작명하는 것이야말로 좋은 이름으로 잘 짓는 것이다.

이러한 작명법을 '用神分析的 作名'이라고 하나 用神論에서 밝혔듯 현재의 易學界가 用神의 유용함을 알고는 있으나 그 개념과 지위는 아직 정립하지 못하였으므로 我田引水 식으로 作名을 하고 각자 최고임을 자처하는 것일 뿐이다. 이러한 점을 감안하여 여기서는 철저한 用神분석에

의한 작명 을 기술한다.

(2) 이름이 運命에 미치는 영향

이름이 運命에 어느 정도 영향을 미치느냐 하는 것은 이름의 推名에의 地位를 논하는 것이다.

혹자에 따라서는 10~20% 정도이고 관상과 수상이 또한 그러하며 풍수지리도 비슷한 비율을 차지한다고 한다. 그러면 四柱가 차지하는 비율은 약 50% 미만이 되는데 이는 마치 기초 없는 기둥을 거론하듯 근거 없는 무책임한 망설이다.

推命의 모든 근원은 命造에 있다. 그 외 모든 사항은 命造에의 유익함에 供하는데 있는 것이다. 그리고 당연히 作名論도 이러한 범주를 벗어나지는 못한다. 이러한 모든 것들은 命造를 둘러싼 외부적, 환경적 요인으로 넓은 의미로는 推命의 범위에 속하는 것으로 보아야 한다. 그러니 당연히 運命을 분석하고 그 喜함에 작명도 供하여야 하니 **用神 分析을 통한 作名이야말로 좋은 이름을 짓는 근본이다.**

그러므로 명조를 철저히 분석하여 喜, 忌함을 파악할 수 있어야 비로소 좋은 이름을 지을 수 있는 것이다. 따라서 단순히 소리 五行이나 陰影五行 등으로 이름 자체만의 고유한 작명법이 있는 것처럼 호도하는 것은 바람직하지 못하다. 이러한 작명은 뒤에 밝혀지지만 오히려 아무렇게 짓는 것보다 더욱 나쁘다.

여기에 더하여 生扶하고 듣기 좋고 소리 五行과 陰影五行 및 획수도 보아야 할 것이니 좋은 이름을 짓는다는 것은 이처럼 쉬운 것이 아니다. 이처럼 命造의 吉運에 供하는 作名의 地位를 인정하면 이름이 命運에 몇 %를 차지하는 등의 운운은 없을 것으로 생각된다. 命造가 吉하면 더욱 좋게, 五行이 어긋나면 보충하는 등 抑扶의 역할이 作名學의 地位이고 使命이기 때문이다.

2. 作名의 順序

(1) 부모의 함자를 알아야 한다.

1) 흔히 姓과 本貫만을 묻고 作名을 하는데 이는 바람직하지 않다. 그리고 한국인의 姓譜를 찾아 그 원류도 보아야 한다.

2) 다음에 行列順序로 作名할 것인지도 물어 보아야 한다. 行列(항열)의 연혁을 보면 원래 초기 씨족사회에서 자신들의 씨족을 타 씨족과 구별하기 위하여 순서별로 五行의 부수를 넣어 같은 씨족과 또한 서로의 상, 하를 구별하여 서열을 정하고 나중에 부족사회와 국가의 모습을 갖추어 인구가 증가한 삼국시대를 지나 고려조 초기부터는 姓씨의 체계화가 이루어져 어디서 살든 같은 씨족임과 族外婚을 명확히 하기 위하여서 同姓 同本의 婚姻은 이를 금하는데서 유래하고 있다.

그러나 다양한 현대 산업사회에서는 行列 상의 부적합함과 命造와 비교하여 그 當·否를 설명해 주어야 함이 이름을 짓기 전의 전제이다. 이때, 行列을 고집하면 좋은 이름이 지어지기 어려운 경우에는 상대를 잘 설득하여야 할 것이고 만약 그렇게 하여도 여의치 아니할 경우에는 부득이 行列 작명에 따른 최선의 작명을 하여야 할 것이다.

(2) 三元 五行 (用神 분석)

命造의 用神 分析을 하여야 한다.

1) 명조의 분석이 작명을 함에 가장 중요한 부분이다.

命造 전체의 命運을 보아 用神, 喜神을 이름에 적용하는 것으로 좋은 이름이냐 아니냐의 근본은 여기에서 기초한다. 왜 이름에 用神 분석을 하여야 하느냐하면 命運에 喜 함이 모든 易의 사명이고 작명학 역시 명조의 喜 함에 그 목적이 있으며 주어진 命인 四柱八字에 후천적으로 지속적으로 영향을 미치는 것은 오로지 이름 뿐 이라고 생각한다.

명조에 영향을 미치는 요인이야 여러 가지가 있으나 작명, 특히 그 사람의 이름은 한번 지어지면 죽을 때까지 사용되는 것이 보통이고 잘못된 이름을 개명하려 하면 법원의 허가를 얻어야 하는 등 改名이 여간 어려운 것이 아니기 때문이다.

그런데 이름 속에 五行이 들어있으니 명조의 약함은 보충하고 過하면 洩하거나 剋·制 하여 균형을 이룸이 抑扶 用神의 마땅한 사명이거늘 八字를 고친다 함이 항속적인 것으로는 이름을 잘 짓는 것이 최선임에 이름을 명조에 맞게 짓는 것이 얼마나 중요한지를 알 수가 있다.

命造의 用神분석은 앞에서 이미 기술하였다. 그러니 좋은 이름을 짓는다는 것은 명조의 철저한 분석이 없이는 불가능 한 일이다.

◇ 그럼에도 시중에 출판된 거의 모든 작명서 들이 이와 같은 중요한 사실은 등한시 한 체 작명 자체의 고유한 이론이 있는 것처럼 '相生의 원칙만을 중요시한 책, 소리오행에 치우친 책 등이 마치 작명의 寶刀처럼 호도하고 있음은 안타까운 일이다.

2) 相生에도 受生과 洩生이 있다.

身强 命造에 무조건 相生으로 이름을 짓는다 하여 受生으로 작명하면 다시금 강함을 받으니 강함이 도가 지나쳐 과함은 오히려 부족함만 못하니 아무렇게나 지은 이름보다 더 해로 것이다.

반대로 身弱 命造에 相生으로 작명한다면서 다시금 洩生으로 이름을 지으면 相生이긴 하지만 약한 명조가 더욱 힘이 빠지니 더 흉할 것이다.

그러니 명조의 철저한 분석 후에 명조에 맞는 用神과 喜神을 대입하여 이름을 짓는 것이 얼마나 중요한가는 아무리 강조하여도 부족함이 없다 하겠다.

◆ 그러므로 명조의 用神 분석에 관한 학습을 완전히 숙지한 이후에 작명함이 옳고, 이 책의 用神분석을 철저히 할 줄 알아야 좋은 이름을 지을 수 있는 것이다. 用神의 개념을 이해하였다면 사람의 일생에 이바지하지 못하는 이름은 결코 좋은 이름이 될 수 없다는 사실을 알았을 것이다. 명조의 用神 분석이 작명에 어떻게 대입하느냐를 살펴본다.

예. 男. 陰. 2003. 12. 25. 14 : 20(未時) 生

陽. 2004. 1. 16. 14 : 20 (金요일) 生

姓 : 金 (金海) 行列은 무시함

＊四 柱＊

木 : 2					用神 : 水
火 : 1	辛	甲	乙	癸	喜神 : 金
土 : 3					忌神 : 土
金 : 1	未	午	丑	未	仇神 : 火
水 : 1					閑神 : 木

此命을 보면 어떻게 이름을 지어야 하는가에 대한 답이 나온다.

a) 日干이 丑月에 태어났고 年, 時支가 甲木의 뿌리가 되어 신강명 으로 보인다. 그러나 서로가 沖하여 根이 약하고 印星 마저 약하여 약 간 身强命이다.

b) 따라서 약한 木 日干을 生 해주는 印星 水를 用하고, 강한 財星을 洩하고 用神을 生하는 金을 喜한다.

◆ 此命처럼 財多身弱 命造는 원래가 比肩이 用神이나 體가 많이는 弱하지 않아 水, 金을 喜하면 日干이 강하여 충분히 財 를 다스릴 수 있다. 여기서의 閑神 木은 약한 日干의 힘이 되어 凶하지 아니 하다.

이제 이름을 어떤 五行으로 지어야 하는가는 답이 나왔다.

用神 : 水

喜神 : 金

閑神 : 木

이것을 三元五行이라 한다.

위의 五行의 범위로 이름을 지어야 하며 그 범위 내에서 相生으로 작명을 하여야 한다. 또한 신약 명조이니 水·金의 受生의 순으로 작명을 하여야 올바른 것이다. 다른 어떤 특수한 이론도 이 원칙을 벗어나면 오류이고 이단이다 함을 명심 하고 또 명심하여야 한다.

(3) 한글과 五行

한글의 音과 五行을 접목시켜 해당 音(소리)을 五行으로 분류하는 것이다.

1) 子音과 五行

여기서 중요한 것은 子音만을 五行별 분류를 하고 母音은 중간 음으로 五行 별로 분류하지 않는다. 중요하므로 필히 숙지하여야 한다.

a) 木 : ㄱ·ㅋ

b) 火 : ㄴ·ㄷ·ㄹ·ㅌ

c) 土 : ㅇ·ㅎ

d) 金 : ㅅ·ㅈ·ㅊ

e) 水 : ㅁ·ㅂ·ㅍ

2) 母音과 五行

모음 : 아·야·어·여·오·요·우·유·으·이

母音은 作名에서 五行의 중립이니 따지지 않는다.

3) 받침과 五行

받침까지 五行의 相生相剋 순화에 연결하여 글자 한자 한자의 相剋制化를 따지기도 하나 가급적 받침까지 五行 順和的이면 좋으나 그러한 경우는 많지가 않으므로 너무 민감할 필요는 없다.

예를 들어 '김'자의 경우 木과 水의 조합으로 된 글자이나 이를 木과 水는 相生의 관계이니 좋은 글자로 사용에 可하고 '민'자는 水와 火의 조합으로 相剋이니 사용을 不可한다는 것이다.

생각하건데 글자의 근본이 '민'자의 경우 '미'에 'ㄴ'은 단순히 供하는 것이고 독립된 문자가 아니므로 지나치게 예민할 필요가 없다. 그렇지 않다면 작명에 사용될 문자는 극도로 제한될 것이다.

그리하여 혹자는 가 나 다 순으로 사용 불가한 글자를 강, 경, 공, 남, 겸 등 사용 가능한 수많은 글자를 받침이 본 글자에 相剋이라 하여 이를 배제 하 고 있으나 이는 단순히 소리 五行을 문자의 매 받침과 五行을 결부시킨 결과이고 글자 자체의 근본 발음의 뜻은 이해하지 못하고 철저한 자음의 받침소리五行에만 치중한 것이며 命造전체의 명확한 用神분석은 도외시한 결론이다.

◆ 이제 위의 명조표에서 한글로 이름을 지을 수 있을 것이다.

우선 성씨는 고정되어 있다.

김 = 木 : 日干, 閑神 과도 동일하여 나쁘지 않다. (이 命의 比肩은 喜神 작용을 한다.)

다음 중간자는 用神인 水 五行 중에서 고른다.

∴ ㅁ·ㅂ·ㅍ 자로 시작되는 글자 중에 선택한다.

마지막 끝 자는 喜神 으로 金 五行 중에 선택한다.

∴ 사·자·차 의 자로 시작되는 글자 중에 선택한다.

그러면 다음과 같은 도식이 성립한다.

김(성)	○(중간자)	○(끝자)
木	水	金

閑神　　　　　　用神　　　　　　喜神

이것이 최고의 좋은 이름을 짓는 도식이다. 어떠한 미사여구를 사용하여도 명조에 가장 충실한 작명보다 좋은 방법은 없다는 것을 명심하여야 한다. 이제 위의 도식에 따라 한글로 이름을 지어본다.

이때 부르기 좋고 부모나 윗대의 친척 등과 이름이 중복되지 않게 한다. 가급적 너무 어려운 글자나 혐오감이나 놀림감이 되지 않도록 짓는다.

子音 五行에 맞추어 적당한 글자를 나열해 본다.

◆ 姓(木) : 김

중간자(水) : ㅁ = 마, 막, 만, 맹, 면, 명, 모, 목, 몽, 무, 묵, 문, 미, 민 등

ㅂ = 발, 방, 배, 백, 번, 범, 법, 벽, 병, 보, 복, 본, 봉, 부, 분, 비 등

ㅍ = 판, 팽, 평, 포, 표, 풍, 필 등이 중간자의 선택 범위다.

끝자(金) : ㅅ = 삭, 산, 삼, 상, 생, 서, 석, 선, 설, 섭, 성, 세, 소, 솔, 송, 수, 숙, 순, 술, 숭, 승, 시, 식, 신, 실, 심 등

ㅈ = 자, 작, 장, 재, 저, 전, 점, 정, 제, 조, 존, 종, 주,준, 중, 지, 직, 진, 집 등

ㅊ = 차, 착, 찬, 창, 채, 천, 철, 청, 초, 추, 축, 춘, 충, 치, 칠 등이 끝자의 선택 범위이고 보다 더 다수 있으나 발음상 적당치 못한 경우(예 : 살, 불, 놈 등)는 선정 범위에서 제외하였다.

위 글자 가운데 보통 2개정도 선택하여 의뢰인의 의사를 물어보아 최종 선명하며 가급적 다음의 한문 선택에도 무난한 한글 이름으로 선정한

다.

선택 1. 범 수 = 김 범 수

a) 성은 김. 木 閑神으로 日干과 동일하니 신약 명조에 比劫은 吉하다.

b) 중간 자 : 범. 用神 水 신약하므로 用神 운이 강하게 드는 것은 바람직하다.

c) 끝 자 : 수. 喜神으로 用神이 약하므로 用神을 生하고 강한 토를 설극하는 의미가 있다.

선택 2. 병 재 = 김 병 재

a) 성은 김. 이하 동일

b) 중간 자 : 병. 用神 水 받침이 土로 들어 일견 사용 불가할 것 같으나 앞에서 밝혔듯 사용할 수 있는 글자이다.

c) 끝 자 : 재. 喜神 金으로 명조에 길하다.

이하 위와 같다.

이상으로 한글의 이름이 완성되었다. 이제 한글 이름을 한자로 바꾸어야 한다. 그러기 위하여 는 다음의 절차가 필요하다.

4) 사용 漢字

인명에 사용하는 한자는 모든 한자가 아니라 호적법에 의거 대법원이 발표한 인명용 한자 4,879자(2001. 1. 4. 시행. 호적법 시행규칙) 중에서 선택하여야 한다.

◆ 대법원 선정 인명용 한자 (근거 법령 : 호적법 제 37조 3항)

a) 한문 교육용 기초한자 : 1,800 자 + 동의어 등 62 자 = 1,862 자

b) 1차 추가 인명용 한자 : 1,239 자 + 동의어 등 23 자 = 1,262 자

c) 2차 추가 인명용 한자 : 1,755 자 등 총 4,879 자에 이르는 한자를

가·나·다 순에 의해 오행별 · 부수별 · 획수별 뜻풀이와 한자의 본래의 획수「( )표시」와 현재 대법원에서 인정하는 획수를 구분하여 수록하였으므로 누구든지 옥편이 필요 없이 이 책의 부록만으로도 충분히 작명을

할 수 있도록 하였다.

* 예를 들면 위 명조의 1선택 범수의 중간자 범 자의 경우

범 = 한글

凡 = 한문 (한문 중 굵은체는 기초 한자)

几 = 부

3 = 획수 '( )' 표시는 한자의 원래 획수

무릇, 다, 함께, 모두 = 한자의 뜻. 大凡(대범) = 대표적 사용 예

위와 같이 표기되어 있다.

5) 漢字의 선택

부록에 수록된 인명용 한자색인부에서 찾는다.

위 1선택 김 범 수의 경우

a) 성. 김 = 金 : 8획 (확정)

b) 중간자. 범 = 凡3, 範15.

c) 끝 자. 수 = 受8, 授11(12), 首9, 守6, 收6, 洙9(10), 壽14, 修10, 秀7, 隨16, 粹14, 綬14, 綏13, 銖14.

이제 한자의 범위도 정하여 졌다. 이 한자 중에서 다음에 설명하는 수리오행과 획수 길·흉을 보아 한자를 선택한다.

◆ 다음사항을 참고하여 선정한다.

① 총 획수가 가급적 50획을 넘지 않을 것.

② 오행과 발음이 순화적인 글자로 정한다.

③ 획수 오행과 획수의 길·흉을 잘 살펴서 선정한다.

6) 數理五行과 劃數의 吉, 凶

획수에 따른 길흉은 이름의 각자의 서로간의 조합에 따른 획수별로 구분하여 그 길·흉을 판별하는 이론으로 이에는 글자의 위치조합에 따라 격을 정 하는 數理五行과 획수에 따라 판단하는 획수의 길·흉으로 나누어진다. 數理五行에 대하여는 오래 전부터 상당히 중요시 여겨 왔으나 너무

구속될 필요는 없다고 생각한다.

한자의 복잡함은 현대의 산업사회에서는 중국의 문명을 퇴보시키는 낭비의 측면이 없지 아니하여 중국에서조차도 한자를 간편하게 줄여서 사용하는바 예를 들면 擇一 = 択一 이 그것이다. 그러나 정작 우리나라에서는 중국에서 일반화된 약자도 일부만 제한적으로 사용되고 있을 뿐이다. 다만 근래에는 복잡한 것을 피하여 일부 사용하고 있으며 이러한 경우 한자의 획수기준을 어디에 두어야 할지가 애매하다.

앞으로 점점 더 한자는 간략화 될 것임에 획수에 따른 격의 의미는 더욱 모호하고 현재 대법원 인명용 한자의 경우도 원래의 획수와 상당히 다르게 되어 있다. 따라서 중요한 것은 어디까지나 명조의 用神 분석을 바르게 하여 올바른 抑扶策에 의한 작명이 무엇보다 중요하다.

이 책에서는 획수에 따른 격은 한자의 본래의 획수에 따라 정리하기로 하며 이를 인정 획수와 혼돈하지 않도록 주의하여야 한다.

◇ 七의 경우 한자 본래의 획수는 7획이나 대법원 인정 획수는 2획이다. 이때에는 작명의 원래 획수대로 7획으로 격을 정하되 호적에 등재시에는 2획으로 하여야 한다는 것을 주의 할 일이다.

a) 數理와 格

元格 : 초년 운으로 이름의 姓을 제외한 중간자와 끝 자의 합산 획수이다. 이를 地格이라고도한다.

범 + 수

亨格 : 청년 운으로 성과 중간자를 합산한 획수이다. 이를 人格이라고도 한다.

김 + 범

利格 : 중년 운으로 姓과 끝 자를 합산한 획수이고 이를 天格이라고도 하며 亨格을 生하는 運으로 副運格이라고도 한다.

김 + 수

貞格 : 말년 운으로 姓과 이름을 모두 합산한 획수이며 總格이라고도 한다.

김 + 범 + 수

정리하면,

예 : 李　永　洙 (이　영　수)

7획　5획　10획

元格 : 이름 중간자 + 끝 자 = 15획 (永 + 洙)

亨格 : 姓 + 중간자 = 12획 (李 + 永)

利格 : 姓 + 끝 자 = 17획 (李 + 洙)

貞格 : 모든 자의 획수 합계 = 22획 (李 + 永 + 洙)

여기서 주의할 것은 洙 자의 경우 氵변은 원래 水변으로 4획으로 계산하여야 한다.

◆ 그러나 대법원은 3획으로 산정하여 洙를 9획으로 하고 있다.

b) 劃數의 吉, 凶

획수의 길, 흉은 앞의 수리오행에 따른 격의 한자 획수 합산의 길, 흉을 판단하는 것이다. 이에 대하여는 뒤에 별표 획수별 길·흉을 참고하기 바란다.

c) 劃數 五行

홀수는 陽, 짝수는 陰이다.

① 男 命은 陽 획수가 2, 陰 획수가 1의 배합이 이상적이다. 陽의 數는 진취성을 가지고 있기 때문이다.

② 女 命은 陰 획수가 2, 陽 획수가 1이 이상적이다. 그러나 너무 여기에 집착할 필요는 없으며 다만 陰, 陽이 석이어야 한다.

7) 이름의 선정

이제 최종적으로 이름을 선정할 조건이 마련되었다. 지금까지의 작명에 관한 모든 설명은 바로 이 이름을 선택하기 위한 것이다. 특히 漢字의 선택은 한자 한자의 선택으로는 불가능하고 姓과 함께 修理 五行을 보아 선정하여야 하므로 여러 번 대상 글자를 맞추어 보는 등 많은 정성을 들여야 한다.

성 : 김 = 金 8획

중간 자 : 범 = 凡 3획. 뜻 : 모두, 다, 무릇

끝 자 : 수 = 洙 10획(9획 : 인명용 한자). 물가, 강 이름

* 元格 : 13획(길) : 예능과 지모격. 이지발달, 문학성취

* 亨格 : 11획(길) : 화평과 다복운. 온건착실, 부귀안락

* 利格 : 18획(길) : 성창 부귀운. 의지견고, 부귀영달

* 貞格 : 21획(길) : 견실과 영도자격. 지모탁월, 부귀공

◆ 별표 획수 길·흉 조견표 참고할 것.

洙의 경우 漢字 원래의 획수는 10획이나 인명용 한자에서는 9획으로 인정하므로 작명 시에는 10획으로 산정하나 호적에 등재 때에는 9획으로 신고하여야 함을 주의할 것. 이제 이름이 완성되었다.

◈ 金 凡 洙 (김 범 수)

◇ 위와 같은 작명연습을 수차례 하여 완전 숙지하여야 한다.

(4) 外字 이름과 複姓의 경우

1) 이름을 外 字로 지을 경우

a) 元格 : 이름(外 字 획수)

b) 亨格 : 姓 + 이름(총 획수)

c) 利格 : 姓 획수

d) 貞格 : 姓 + 이름(총 획수)

예 : 이름이 金(성) 建(이름)인 경우

金	建
8획	9획

元格 : 9획

亨格 : 17획

利格 : 8획

貞格 : 17획

2) 複姓의 경우에는

a) 元格 : 이름 획수

b) 亨格 : 姓(復姓 모두) + 중간자

c) 利格 : 姓(復姓 모두) + 끝 자

d) 貞格 : 姓 + 중간자 + 끝 자(총 획수)

예 : 皇甫 重 吉

9+7=16 9 6

元格 : 15획

亨格 : 25획

利格 : 22획

貞格 : 31획

3. 作名 실습

(1) 기본형 (외 성 + 이름 2자)

예. 男. : 陰. 2003. 5. 11. 10 : 20 생.

陽. 2003. 6. 10. 10 : 20 생. (화요일)

* 父 : 金 鐘 日 (金海)

* 母 : 朴 民 子 (密陽)

* 行列 무시함.

* 명조 *

木 : 2					用神: 水
火 : 2	庚	甲	戊	癸	喜神: 金
土 : 2					忌神: 土
金 : 1	午	寅	午	未	仇神: 火
水 : 1					閑神: 木

食傷과 財星이 强한 身弱 命造다. 水를 用하여 日干을 돕고 財星을 生하는 食傷을 다스린다. 用神 水가 약하니 金을 喜한다. 此命은 五行이 고루 분포되어 있어 (五行 周流格) 命造의 풍파가 적고 평탄한 吉命처럼 보인다. 그러나 이 命을 분석해보면 日支의 建祿은 時支와 合하고, 月支와 年支도 合하여 地支가 日干에 아무런 힘이 되지 못한다.

木 (姓)

水 (중간 자) : 用神

金 (끝 자) : 喜神

日干을 生扶하는 五行으로 三元 五行이 정해졌다. 이제 위 五行의 순서 데로 글자의 선택이 남았다.

◆ 此命처럼 命造가 身弱인 경우는 命造를 生助하는 相生의 五行으로 작명을 하여야 하며 만약 身强하다면 洩生하는 五行으로 작명하여야 한다. 이것이 作名의 핵심임을 잊지 말아야 한다. 이러한 점을 무시한 기존의 작명론은 어떠한 미사여구를 사용 하더라도 허구에 지나지 않는다.

* 위 예의 경우 身弱을 生扶하는 用神인 水와 金으로 作名하지 아니하고 相生만을 따져서 木·火·土로 洩氣相生으로 이름을 짓는 경우에는 비록 相生으로 이름을 지었다 하더라도 弱한 命造를 더욱 洩氣 剋하는 결과를 초래하므로 오히려 命造에 나쁜 영향을 미치게 되는 것이다.

그러므로 단순히 이름 자체의 相生만을 따져 소리오행으로 作名을 하는 것이 얼마나 잘못된 것인가를 알 수 있다. 따라서 철저한 用神분석을 도외시한 대부분의 기존의 작명서 들의 무책임하고 잘못된 것이었는가를 또한 알 수가 있다.

1) 姓 : 金 = 木 8획

2) 중간자 = 水 즉, ㅁ · ㅂ · ㅍ 중 택한다.

만, 맹, 명, 모, 목, 몽, 무, 묵, 문, 민, 방, 배, 범, 병, 보, 복, 본, 봉, 부, 빈, 평, 표, 풍, 필 등에서 중간자를 택한다.

3) 끝 자 = 金 즉, ㅅ · ㅈ · ㅊ 중 택한다.

삭, 산, 삼, 상, 서, 석, 선, 설, 섭, 성, 세, 송, 수, 숙, 순, 술, 숭, 승, 식, 신, 실, 장, 재, 전, 점, 정, 제, 조, 종, 주, 준, 중, 지, 직, 진, 집, 찬, 창, 채, 천, 철, 청, 체, 추, 춘, 충, 치, 칠 등

이 정도가 이름 선별의 한계이며 이 가운데 발음 순화 적이고 획수가 吉한 것 중 2~3개정도 선택한다. 물론 수리 오행과 획수의 길 · 흉 등도 보아야 한다.

4) 이 중 중간자 민·부를 선택했다.

5) 끝 자는 수·성이 선택되었다.

∴ 민 수

부 성 이 선택되었다.

* 이름을 相生으로 짓더라도 身弱 命의 경우에는 반드시 日干을 生扶하는 五行으로 작명하고 身強 명조인 경우에는 洩氣 生하는 오행으로 작명해야 함을 다시 한 번 강조 한다. 그 외 사항은 모두가 부수적인 것에 지나지 않는다.

6) 인명용 한자 색인사전을 찾아서 그 범위 내에서 획수의 吉 · 凶을 가려 선별한다.

a) 민 : 民(5획. 백성), 敏(11획. 민첩할), 玟(9획. 옥돌), 旼(8획. 화할), 珉(10획. 옥돌), 旻(8획. 가을하늘), 岷(8획. 봉우리).

b) 수 : 秀(7획. 빼어날), 收(6획. 모을), 洙(10획. 물가), 壽(14획. 목숨), 修(10획. 닦을), 守(6획. 지킬), 銖(14획. 저울눈), 樹(16획. 나무), 粹(14획. 순수할), 穗(17획. 이삭).

이 가운데서 수리와 획 오행에 부합하는 글자를 선택한다.

중간 자 : 民

끝 자 : 洙를 선택하여 정리한다.

金 (姓) : 木 = 8획(陰)

民 (백성 민) : 水 = 5획(陽)

洙 (물가 수) : 金 = 10획(陽)

修理五行을 정리한다.

元格 : 15획(길) = 리더쉽(영도자격)과 재물 운이 있다.

亨格 : 13획(길) = 智와 藝를 겸비했다.

利格 : 18획(길) = 성창운과 부귀함이 있다.

貞格 : 23획(길) = 지도자적 재질과 성공 운이다.

選名 1. : 金 民 洙 (김 민 수)

* 예비 이름 선명 : 김 부 성

중간자 : 부 = 水

* 부 : 扶(8획. 도울), 富(12획. 많을, 부자), 芙(10획. 연꽃), 復(12획. 다시).

끝 자 : 성 = 金

* 성 : 成(7획. 이룰), 星(9획. 별), 聖(13획. 성인), 盛(12획. 성할), 晟 (11획. 밝을), 誠(14획. 공경할), 聲(17획. 소리)

* 위 글자 중 부·성을 선정했다.

金 (姓) : 木 = 8획(陰)

芙 (연꽃) : 水 = 10획(陰)

聖 (성인) : 金 = 13획(陽)

* 修理 五行을 본다.

元格 : 23획(길) = 영도자적 자질과 성공 운.

亨格 : 18획(길) = 번창 운과 부귀함.

利格 : 21획(길) = 견실함과 지도자격.

貞格 : 31획(길) = 학문과 덕을 겸비하고 화평한 운.

선명 2.(예비) : 金 芙 聖

(2) 復姓의 경우 (姓 2자 + 이름 2자)

예. 女. 陽. 2003. 7. 1. 14 : 35 生.

陰. 2003. 6. 2. 未時(화요일) 生.

父 : 南宮 吉

母 : 李 秀 蓮

行列 무시함.

＊ 命造 ＊

木 : 1	辛	乙	戊	癸	用神: 木
火 : 1	未	亥	午	未	喜神: 水
土 : 3					忌神: 金
金 : 1					仇神: 土
水 : 2					閑神: 火

1) 財星이 많은 財多 身弱 命造이다. 이때에는 日干 乙木을 돕는 인성 水를 害 하는 土가 病이다. 病인 土를 다스리는 木을 用하고 水를 喜 한다. 財多身弱 명조는 대체로 比劫이 用神이다.

◇ 此命에서 눈여겨 볼 것은 日支 외는 모두가 日干과 合하거나 沖하여 일생을 통하여 변화가 많은 命이다. 어떠한 변화가 예견되는지는 物象變化로 유추해 보기 바란다.

南宮(姓) = 火, 木

중간자 = 木(用神)

끝 자 = 水(喜神)

◆ 이상 用神 분석에 의한 작명의 도식이 성립하였다.

2) 글자선택

a) 姓 : 南(9획) + 宮(10획) = 19획

b) 중간자 = 木 : 인명용 한자 중 木에서 선택한다.

c) 끝 자 = 水 : 인명용 한자 중 水에서 선택한다.

이때 가급적 발음 순화적이고 약한 日干을 受生하는 방향으로 정하고 수리오행도 보아야 한다.

＊ 중간자 선택 : 木 중 가. 可(5획. 옳을), 加(5획. 더할), 價(15획. 가치), 佳(8획. 아름다울), 嘉(14. 착할), 稼(15획. 심을), 珂10획. 옥이름), 賈(13획. 가치).

＊ 끝 자 선택 : 水 중 빈. 彬(11획. 빛날), 斌(12획. 빛날), 賓(14획.

손님), 嬪(17획. 복종할), 濱(18획. 물가), 玭(10획. 옥구슬).

위 가운데 다음과 같이 선정되었다.

姓 南宮 = 19획(陽)

중간 자 : 嘉 = 14획(陰) 아름다울 가

끝 자 : 斌 = 12획(陰) 빛날 빈

3) 수리오행을 본다.

元格 : 26획(중) = 무엇이든 열심히 하여 성취함.

亨格 : 33획(길) = 재물과 덕망이 겸비되다.

利格 : 31획(길) = 학문과 덕을 겸비하니 화평하다.

貞格 : 45획(길) = 지혜와 총명함으로 참모로서 최고격.

選名 : 南宮 嘉 斌

이상 모두 위와 같은 예로 작명한다. 그리고 複姓 + 外 字 이름의 경우에는 앞의 外 字 이름의 경우와 같이 작명한다.

(3) 身强 命造의 작명

예. 男. 陰. 2003. 5. 23. 12 : 40 生

陽. 2003. 6. 21. 午時 (日 요일) 生

父 : 李 正 基 (本貫 : 全州)

母 : 崔 淑 姬 (本貫 : 慶州)

行列 : 무시함

* 명조 *

木 : 2	甲	丙	戊	癸	用神 : 水
火 : 3	午	寅	午	未	喜神 : 金
土 : 2					忌神 : 土
金 : 0					仇神 : 火
水 : 1					閑神 : 木

1) 명조의 분석

a) 丙이 午月 여름에 태어나서 月令을 득 하였다.

b) 地支가 合이 되어도 모두 日干의 根이 되고, 天干도 火合으로 火가 太强한 强旺命이다.

c) 强旺命이라 火, 木을 喜하여야 함이 원칙이나 此命처럼 調熱한 四柱는 喜, 忌를 불문하고 水氣를 用하여야 한다. 火氣나 水氣로 이루어진 명조는 그쪽 방면으로 喜用하면 그 방면의 발전은 크지만 건강 등 삶의 질은 반비례하므로 아무리 좋은 명조라도 火焰土燥나 寒濕冷한 명조는 바람직하지 않다. 그래서 水를 用하고 金을 喜한다. 그 외 木, 火, 土는 모두 忌하다.

2) 三元 五行

이제 명조의 분석이 완료되었으면 三元五行에 의한 작명의 도식을 정리한다.

李(姓) = 土

중간 字 = 金 (喜神) : 명조에 없으니 假用함

끝 字 = 水 (用神) : 燥熱 하므로 水를 用함

3) 한글 선택

부록 인명용 한자에서 색인한다.

a) 중간 자 金 : ㅅ · ㅈ · ㅊ

ㅅ : 사, 삭, 산, 삼, 상, 서, 석, 선, 설, 섭, 성, 세, 소, 손, 솔, 송, 수, 숙, 순, 술, 숭, 승, 시, 식, 신, 실, 심,

ㅈ : 자, 작, 잠, 장, 재, 전, 절, 점, 정, 제, 조, 종, 주, 준, 중, 증, 지, 직, 진, 질, 집, 징,

ㅊ : 차, 찬, 찰, 참, 창, 채, 책, 척, 천, 철, 첨, 청, 체, 초, 총, 추, 축, 춘, 출, 충, 측, 치, 칙, 칠,

b) 끝 자 水 : ㅁ · ㅂ · ㅍ

ㅁ : 만, 말, 면, 명, 모, 목, 몽, 무, 묵, 문, 미, 민

ㅂ : 박, 반, 발, 방, 배, 백, 번, 범, 법, 벽, 변, 병, 보, 복, 봉, 부, 붕, 빈

ㅍ : 판, 팔, 팽, 편, 평, 포, 표, 풍, 필

이상이 한자 발음의 한계이니 이 가운데 가장 듣기 좋고 발음 순화 적인 것으로 작명 도식의 土·金·水 순서대로 선택한다.

제1 선정 : 이 재 범

제2 선정 : 이 수 봉

4) 漢字로의 전환

제1 선정의 한글이름 한자 선택

a) 중간 자. 재(金) : 材(7. 재료, 재목), 財(10. 재물), 在(6. 있을), 栽(10. 심을, 가꿀), 哉(9. 어조사, 처음), 裁(12. 심을, 기재할), 宰(10. 재상), 齋(17. 재계할, 공경할), 渽(12(13). 맑을)

b) 끝 자. 범(水) : 凡(3. 무릇, 다), 範(15. 법, 본), 梵(11. 범어, 인도의 고대문자), 范(9(11). 풀이름)

이상이 제1 선정의 한자 선택의 한계이며 이 글자들 중에서 한자의 뜻과 수리오행 및 획수의 길흉 등을 보아 선택한다. 여기서 유의할 사항은 작명에 있어 중요한 것은 어디까지나 用神분석에 의한 三元五行이므로 획수의 길흉에 의한 數理五行에 너무 민감할 필요가 없다는 것이다.

◆ 성 : 이(土). 李 = 7 획

◆ 중간 자 : 재(金). 栽 = 10 획

뜻 : 심을

◆ 끝 자 : 범(水). 範 = 15 획

뜻 : 법, 본보기

정리 : 이 재 범. 李 栽 範

5) 數理五行과 획수

元格 : 25 획. ○ 건창과 수복운. 자수성가 및 안강다복

亨格 : 17 획. ○ 용맹하고 건창운. 박력수행 강직완고

利格 : 22 획. △ 풍파와 시련운. 중년에 약간 시련

貞格 : 32 획. ○ 매사형통 순풍격. 중년 시련 후 말년 평안

◇ 물론 가급적 수리오행도 적합한 것이 더욱 좋겠지만 그기에 모두 길한 획수는 좀처럼 나오기 어려우므로 수리오행의 4개의 격 중에서 말년의 운이 좋고 2~3개의 경우만 길하면 무난하다.

이번의 작명이 그러한 경우이다. 그러니 위의 利格의 경우 흉하다고 하여 그대로 표기할 것이 아니라 가급적 우회적으로 순화시켜 나타내어야 하여 用神 분석만 잘 하였다면 획수의 중간 길한 것 같은 세세한 것은 부수적으로 무리가 없다.

6) 제2의 선명 (예비 명)

이 수 봉

a) 중간 자. 수 : 受(8. 받을), 洙(9(10). 물가), 授(11(12). 줄), 首(9. 머리), 守(6. 지킬), 收(6. 거둘), 須(12. 모름지기, 수염), 壽(14. 목숨), 修(10. 닦을), 秀(7. 빼어날), 綬(14. 인끈, 실), 粹(14. 순수), 穗(17. 이삭), 銖(14. 무게단위), 綏(13. 편안할), 隋(12(17). 수나라), 琇(11(12). 옥돌이름)

b) 끝 자. 봉 : 逢(11(14). 만날), 奉(8. 받들), 峯(10. 봉우리), 峰(10. 峯과 동일), 鳳(14. 새), 捧(11(12). 봉공할), 琫(12(13). 장식), 烽(11. 봉화), 鋒(15(17). 칼집), 夆(10. 봉우리, 뫼)

이상이 제2 선정의 한자 선택의 한계이며 이 중에서 한자의 뜻과 수리

오행 및 획수의 길흉 등을 보아 최종적으로 선택한다.

李(姓) : 7 획

중간 자. 수 : 修 = 10 획

뜻 : 닦을, 고칠

끝 자. 봉 : 奉 = 8 획

뜻 : 받들, 봉사할

정리 : 이 수 봉. 李 修 奉

획수 길흉

元格 : 18 획. ○ 성창과 부귀운. 의지견고, 부귀영달

亨格 : 17 획. ○ 용맹과 건창운. 박력수행, 강직완고

利格 : 15 획. ○ 부와 귀함의 겸전운. 자립성공, 부귀영화

貞格 : 25 획. ○ 건창과 수복운. 자립성가, 안강다복

(4) 身弱 命造의 작명

예. 女. 陰. 2008. 3. 6. 12 : 40 生

陽. 2008. 4. 11. 午時 (金 요일) 生

父 : 朴 成 旭 (本貫 : 密陽)

母 : 金 英 淑 (本貫 : 金海)

行列 : 무시함

* 명조 *

木 : 1	甲 辛 丙 戊 午 巳 辰 子	用神 : 土
火 : 3		喜神 : 金
土 : 2		忌神 : 木
金 : 1		仇神 : 火
水 : 1		閑神 : 水

1) 命造의 분석

a) 辛金이 辰月에 출생하고 官殺이 중중하니 신약이다.

b) 殺 丙火는 日支, 時支에 通根하여 日干과의 合에는 뜻이 별로 없다.

c) 官殺이 강한 신약 명조는 食傷을 用하기보다는 印星을 用하여 官殺의 강함을 洩하고 日干을 生造함이 順用의 상책이다. 이를 殺中 用印格이라 하고 약한 金을 喜한다.

d) 그래서 土, 金이 喜神이고 木, 火가 忌神이며 水가 閑神. 閑神 水는 忌神을 剋하니 결국 土, 金, 水 喜神群이다.

2) 三元 五行 : 土, 金, 水

水 : 박. (姓)

金 : 중간 자

土 : 끝 자

이렇게 작명의 핵심인 三元 五行이 정해 졌다.

3) 한글 五行 선택

a) 중간 자 : 채

b) 끝 자 : 민

4) 漢字로의 전환

본서의 작명용 한자 색인사전에서 수리와 획수를 참고하여 漢字를 선택한다.

a) 성 : 朴 6획

b) 중간 자 : 溨 12획 (水 변 13획). 뜻 : 맑을

c) 끝 자 : 民 5획. 뜻 : 백성, 사람

5) 數理와 劃數

a) 元格 (17 획) : 대업 성취의 운

b) 亨格 (18 획) : 번창과 부귀 운

c) 利格 (11 획) : 가정의 화평과 다복 운

d) 貞格 (23 획) : 일장월취와 지도자 운

선명 : 박 재 민

漢文 : 朴 渽 民

◇ 좋은 이름을 잘 짓는 방법에 대하여 알아보았다. 여러 번 연습하여 숙지하여야 한다.

* 상호나 회사명을 지을 때에도 위와 같은 방법으로 대표자의 명조를 분석하여 用神과 喜神으로 지어야 함은 물론이다. 왜 작명을 用·喜神으로 하여야 하는가 하면 「用神」이란 그 사람의 '性情과 富貴名利를 調律하는 無形의 氣運'이라는 정의를 생각해 보면 자명한 일이다.

* 그러므로 이름만의 작명 비법이 따로 있는 것이 아니라 좋은 이름을 잘 짓는다는 것은 명조의 철저한 분석이 없이는 불가능하다는 것을 확실히 이해했으리라 믿으며 이러한 점을 알았다면 세간의 작명서 들이 얼마나 무지한 소치이며 惑世誣民의 유혹이었는지도 깨달았으리라 생각한다.

* 작명 표준 조건표 *

<table>
<tr><td colspan="7">選 名 証</td></tr>
<tr><td colspan="7">男. 陽曆 : 2003年 6月 10日 10時 20分 出生(火曜日)</td></tr>
<tr><td colspan="7">陰曆 : 2003年 5月 11日 10時 20分 巳時 生</td></tr>
<tr><td>木 : 2</td><td>時柱</td><td>日柱</td><td>月柱</td><td>年柱</td><td colspan="2">姓 : 中弱 命에 喜 하다.</td></tr>
<tr><td>火 : 2</td><td rowspan="2">庚</td><td rowspan="2">甲</td><td rowspan="2">戊</td><td rowspan="2">癸</td><td colspan="2"></td></tr>
<tr><td>土 : 2</td><td colspan="2"></td></tr>
<tr><td>金 : 1</td><td rowspan="2">午</td><td rowspan="2">寅</td><td rowspan="2">午</td><td rowspan="2">未</td><td colspan="2">用神을 돕는 金(喜神)을 補充함.</td></tr>
<tr><td>水 : 1</td><td colspan="2">日干을 돕는 水(用神)를 補充함.</td></tr>
<tr><td colspan="5">選名 : 김 민 수</td><td colspan="2">漢字 : 金 民 洙</td></tr>
<tr><td colspan="2">三元 五行</td><td>木</td><td>水</td><td>金</td><td rowspan="3">뜻</td><td>김 : 성 김. 8획</td></tr>
<tr><td colspan="2" rowspan="2">陰陽 五行</td><td rowspan="2">陰</td><td rowspan="2">陽</td><td rowspan="2">陰</td><td>민 : 백성 민. 5획</td></tr>
<tr><td>수 : 물가, 강이름 9(10)획</td></tr>
<tr><td colspan="2">元格(초년) : 15</td><td colspan="5">領導者 格 : 指導者 格이고 財物運도 있다.</td></tr>
<tr><td colspan="2">亨格(青年) : 13</td><td colspan="5">芸智格 : 智, 芸를 겸비하였다.</td></tr>
<tr><td colspan="2">利格(中年) : 18</td><td colspan="5">富盛運 : 盛昌運과 富貴함이 있다.</td></tr>
<tr><td colspan="2">貞格(末年) : 23</td><td colspan="5">成就運 : 指導者的 才質과 成就運이 있다.</td></tr>
<tr><td colspan="7">予備 選名 : 金 芙 聖(연꽃 부 = 10획. 성인 성 = 13획)</td></tr>
<tr><td colspan="7">위의 者는 易学 및 作名学術 原理에 依拠하여 選名함.
20 年 月 日
작명인 : ○○○ (인)</td></tr>
</table>

* 작명시 주의할 한자 획수 *

부	원래 부	바른 획	부	원래 부	바른 획
一	1	1	忄	心	4
二	2	2	犭	犬	4
三	3	3	氵, 氺	水	4
四	5	4	王, 玊	玉	5
五	4	5	礻	示	5
六	4	6	月	肉	6
七	2	7	艹, 艹	艸	6
八	2	8	罒, 㓁	网	6
九	2	9	衤	衣	6
十	2	10	辶	辵	7
尣	尢	3	阝(우)	邑	7
扌, 才	手	4	阝(좌)	阜	8
* 숫자는 十 이후는 한자의 획수에 의한다.					

* 부수 획수별 명칭 색인표 *

一 획	土 : 흙 토	支 : 버틸 지	瓦 : 기와 와
一 : 한 일	士 : 선비 사	攴, 攵 : 등글 월 문	甘 : 달 감
丨 : 뚫을 곤	夂 : 뒤져올 치	文 : 글월 문	生 : 날 생
丶 : 점 주	夊 : 쇠발 발	斗 : 말 두	用, 甩 : 쓸 용
丿 : 삐침	夕 : 저녁 석	斤 : 날 근	田, 甲, 申, 由 : 밭 전
乙 : 새 을	大 : 큰 대	方 : 모 방	疋 : 짝 필
亅 : 갈고리 궐	女 : 계집 녀	无, 旡 : 없을 무	疒 : 병 질 엄
二 획	子 : 아들 자	日 : 날 일	癶 : 필 발 머리
二 : 두 이	宀 : 갓 머리	曰 : 가로 왈	白 : 흰 백
亠 : 돼지머리 해	寸 : 마디 촌	月 : 달 월	皮 : 가죽 피
人, 亻 : 사람 인	小 : 작을 소	木 : 나무 목	皿 : 그릇 명
儿 : 어진 인 발	尢 : 절름발이 왕	欠 : 하품 흠 방	目 : 눈 목
入 : 들 입	尸 : 주검 시 엄	止 : 그칠 지	矛 : 창 모
八 : 여덟 팔	屮 : 왼손 좌	歹, 歺 : 죽을 사 변	矢 : 화살 시
冂 : 멀 경 몸	山 : 매 산	殳 : 갖은 둥글 월 문	石 : 돌 석
冖 : 민갓머리	巛 : 개미허리	毋, 毌 : 말무(어미모)	示, 礻 : 보일 시
冫 : 이수 변	工 : 장인 공	比 : 견줄 비	禸 : 짐승발자국 유
几 : 안석 궤	己 : 몸 기	毛 : 터럭 모	禾 : 벼 화
凵 : 위튼 입구 몸	巾 : 수건 건	氏 : 각시 씨	穴 : 구멍 혈
刀, 刂 : 칼 도	干 : 방패 간	气 : 기운 기 엄	立 : 설 립
力 : 힘 력	幺 : 작을 요	水, 氵, 氺 : 물 수	**六 획**
勹 : 쌀 포 몸	广 : 음 호 밑	火, 灬 : 불 화	竹 : 대죽, 대죽머리
匕 : 비수 비	廴 : 민 책받침	爪, 爫 : 손톱 조머리	米 : 쌀 미
구 : 튼 입구 변	廾 : 스물 입 발	父 : 아비 부	糸 : 실 사
匸 : 감출 혜 몸	弋 : 주살 익	爻 : 점괘 효	缶 : 장군 부
十 : 열 십	弓 : 활 궁 변	爿 : 장수 장	网, ⺳, ⺲, 四, 罒 :그물 망
卜 : 점 복	彐 : 튼 가로 왈	片 : 조각 편	羊 : 양 양
卩, 㔾 : 병부 절	彡 : 터럭 삼 변	牙 : 어금니 아	羽 : 기 우
厂 : 민음 호 밑	彳 : 두인 변	牛 : 소우 변	老, 耂 : 늙을 노
厶 : 마늘모	**四 획**	犬, 犭 : 개 견	而 : 말 이을 이
又 : 또 우	心, 忄, 㣺 : 심 방	玄 : 검을 현	耒 : 장기 뢰
三 획	戈 : 창 과	**五 획**	耳 : 귀 이
口 : 입구 밑	戶 : 지게 호	玉, 王, 王 : 구슬 옥	聿 : 오직 율
囗 : 큰 입구 몸	手, 扌 : 손 수	瓜 : 오이 과	肉, 月 : 고기 육

臣 : 신하 신	貝 : 조개 패	面 : 낯 면	鹿 : 사슴 록
自 : 스스로 자	赤 : 붉을 적	革 : 가죽 혁	麥 : 보리 맥
至 : 이를 지	走 : 달릴 주	韋 : 가죽 위	麻 : 삼 마
臼 : 절구 구	足 : 발 족	韭 : 부추 구	**十二 획**
舌 : 혀 설	身 : 몸 신	音 : 소리 음	黃 : 누를 황
舛 : 어길 천	車 : 수레 거	頁 : 머리 혈	黍 : 기장 서
舟 : 배 주	辛 : 매울 신	風 : 바람 풍	黑 : 검을 흑
艮 : 괘 이름 간	辰 : 별 신	飛 : 날 비	黹 : 바느질할 치
色 : 빛 색	辵,, 辶 : 책 받침	食 : 밥 식	**十三 획**
艸, 艹, 艹 : 초두머리	邑, 阝(우) : 고을 읍	首 : 머리 수	黽 : 맹꽁이 맹
虍 : 범 호 엄	酉 : 닭 유	香 : 향기 향 변	鼎 : 솥 성
虫 : 벌레 훼(충)	釆 : 분별할 변	**十 획**	鼓 : 북 고
血 : 피 혈	里 : 마을 리	馬 : 말 마	鼠 : 쥐 서
行 : 다닐 행	**八 획**	骨 : 뼈 골	**十四 획**
衣, 衤 : 옷 의	金 : 쇠 금	高 : 높을 고	鼻 : 코 비
襾, 西 : 덮을 아	長, 镸 : 길 장	髟 : 터럭 발 엄	齊 : 가지런할 제
七 획	門 : 문 문	鬥 : 싸울 투	**十五 획**
見 : 볼 견	阜, 阝(좌) : 언덕 부	鬯 : 울창 주 창	齒 : 이 치
角 : 뿔 각	隶 : 미칠 이	鬲 : 솥 력	**十六 획**
言 : 말씀 언	隹 : 새 추	鬼 : 귀신 귀	龍 : 용 룡
谷 : 골 곡	雨 : 비 우	**十一 획**	龜 : 거북 귀
豆 : 콩 두	靑 : 푸를 청	魚 : 물고기 어	**十七 획**
豕 : 돼지 시	非 : 아닐 비	鳥 : 새 조	龠 : 피리 약
豸 : 갖은 돼지 시	**九 획**	鹵 : 소금밭 로	

* 기본 부 수 : 214
* 동의 부 수 : 35
* 계 : 249 부

* 획수별 길흉 일람표 *

범례 : ○ = 길 운, △ = 보통 운, × = 흉 운

획수	길, 흉	내 용	획수	길, 흉	내 용
1획	○	우두머리격	19획	×	질병과 고난운
2획	×	장애와 재난운	20획	×	허망과 중도실패
3획	○	부귀와 명예운	21획	○	견실함과 지도자격
4획	×	파란과 풍운아격	22획	×	이별과 중도하차
5획	○	예지와 성공운	23획	○	일장월취, 지도자격
6획	○	계승 발전격	24획	○	착실성공, 자손번영
7획	○	자립 성공운	25획	○	자수성가, 안간다복
8획	○	수복 겸전운	26획	△	괴강격, 과잉충성
9획	×	좌절과 고독운	27획	△	야심과 파란만장
10획	×	허망과 요절운	28획	△	풍운아격, 인생역정
11획	○	화평과 다복운	29획	△	희망은 크나 소성운
12획	×	중도 하차운	30획	△	권모술수, 길흉반반
13획	○	예능과 지모격	31획	○	학덕겸비 화평운
14획	×	이별과 좌초운	32획	○	만사형통 순풍격
15획	○	영도자와 재물운	33획	○	재덕겸비 성공운
16획	○	덕과 재물운	34획	×	시련과 도전연속
17획	○	대업 성취운	35획	○	태평과 다복운
18획	○	성창운과 부귀운	36획	×	인생파란만장

37획	○	성실과 안정운	61획	○	안강다복, 자녀운
38획	△	예지발달, 생활고통	62획	×	고독과 불성살운
39획	○	수복과 부귀운	63획	○	순탄한운, 부귀형통
40획	×	인생 허무운	64획	×	신체이상, 무계획성
41획	○	일약출세, 의지견고	65획	○	만사형통, 가내평안
42획	×	지리멸열, 자승자박	66획	×	가세쇠태, 매사손실
43획	×	빛 좋은 개살구격	67획	○	인덕후복, 부귀영화
44획	×	중도좌절, 첩첩산맥	68획	○	예지총명, 가내번창
45획	○	지모탁월, 참모격	69획	×	궁핍과 질병운
46획	×	신체허약, 중도포기	70획	×	허망과 상실운
47획	○	지략성공, 발전격	71획	△	초년고생, 말년평안
48획	○	만인추앙, 학덕겸비	72획	△	길흉상반, 전행후고
49획	△	변화불측, 자수성가	73획	△	초년고생, 후반평안
50획	×	허망성세, 변화무상	74획	×	무지면박, 인생안개
51획	×	인생여정, 파란곡절	75획	△	중반실패, 후반성공
52획	○	용이 때를 만난격	76획	×	중도고생, 후반보통
53획	×	와화내허, 속이허망	77획	△	길흉반반, 노후평안
54획	×	이별고독, 인생허무	78획	△	초년길운, 후반고생
55획	△	불안초조, 좌불안석	79획	×	관재구설, 심신피로
56획	×	인생적자, 신세한탄	80획	×	병액과 고난운
57획	○	자수성가 용진격	81획	○	부귀명리와 안정운
58획	○	고생 끝에 낙이 옴	82획	△	길흉반반, 인내심약
59획	×	좌절과 실망운	83획	×	장애돌출, 실패연속
60획	×	곤고한 삶의 연속	84획	×	길소흉다, 손실재액

대법원 선정 인명용 한자 사전

2001. 1. 4. 시행

근거 : 호적법 제 49조 (출생신고의 기재사항) 3항.

제1항(출생신고) : 출생의 신고는 1월내에 이를 하여야 한다.

제2항(기재사항) : 신고서 에는 다음 사항을 기재하여야 한다.

1. 자의 성명, 본 및 성별
2. 자의 혼인 중 또는 혼인 외의 출생자의 구별
3. 출생의 연월일시 및 장소
4. 부모의 성명·본 및 본적(부 또는 모가 외국인인 때에는 그 성명 및 국적)
5. 자가 입적할 가의 호주의 성명 및 본적
6. 자가 일가를 창립하는 때에는 그 취지 및 그 원인과 장소

(제3항 사용 가능한 문자) 자의 이름에는 한글 또는 통상 사용되는 한자를 사용하여야 한다. 통상 사용되는 한자의 범위는 대법원 규칙으로 정한다.(1990. 12. 31. 신설)

제4항(출생증명서) : 출생 신고서 에는 의사·조산사 기타 분만에 관여한 자가 작성한 출생증명서를 첨부하여야 한다. 다만 부득이한 사유가 있는 경우에는 그러하지 아니하다.

호적법 시행규칙 제37조 : 인명용 한자의 범위

1. 한글.
2. 한문 교육용 기초 한자 (1,800자 + 동일 어 등 62자) 1,862 자
3. 추가 한자 (1,239자 + 동일 어 등 23자) 1,262 자
4. 재추가 한자 1,755 자

계 : 4,879 자

* 인명용 한자 외는 출생신고 접수를 받지 아니하므로 한글로 신고하여야 한다. (호적법 시행규칙 제37조)

* 참고로 일본은 우리보다 적은 2,880 여자이다.

* 색인표에는 대법원 인명용 한자표의 순서에 따라 가, 나, 다 순으로

1). 한글 소리 음(음영 오행 및 소리 오행)

2). 한자

3). 부 및 획수 (한자의 원래 획수 포함)

4). 뜻 순으로 정리하여 옥편이 필요 없게 누구라도 본 색인표만으로 작명을 할 수 있도록 쉽게 찾아 볼 수 있게 정리하였다.

*** 可** : 기본 교육용 한자 (굵은체) 1,800자. (+동일어 등 62자)

可 : 추가 인명용 한자 : 1,239자+1,755자. (+동일어 등 23자)

* 획수 중 “( )” 획수는 한자 본래의 획수이고 표시가 없는 획수는 대법원이 인정하는 획수이다.

다음은 대법원 선정 인명용 한자 색인표다.

총4,879자

오행	한자	부	획수	뜻
가 木 30자	家	宀	10	집, 물건, 집안.
	佳	人	8	아름다울, 좋을.
	街	彳	12	거리, 네거리.
	可	口	5	옳을, 정도, 가히, 쯤.
	歌	欠	14	노래, 노래할.
	加	力	5	더할, 있을, 처할.
	價	人	15	값, 수.
	假	人	11	거짓, 임시.
	架	木	9	시렁, 횃대, 물건을 걸어두는 대.
	暇	日	13	겨를, 틈, 여유.
	稼	禾	15	심을, 농사, 익은 벼.
	伽	人	7	절.
	嘉	口	14	아름다울, 뛰어날, 훌륭한.
	賈	貝	13	(앉은장사 고) 값, 수완, 장사.
	駕	馬	15	멍에, 탈, 오를.
	茄	艸	9(11)	연, 연 줄기, 절.
	苛	艸	9(11)	매울, 사나울, 용맹스러운.
	迦	辵	9(12)	막을, 차단할.
	柯	木	9	자루, 도끼자루, 줄기.
	袈	衣	11(12)	가사(袈裟), 중의 옷.
	嫁	女	13	시집갈, 떠넘길, 보낼.
	哥	口	10	노래, 노래부를, 사람 부르는 소리.
	訶	言	12	꾸짖을, 책망할.
	呵	口	8	꾸짖을, 껄껄 웃을.
	跏	足	12	책상다리하여 앉을.
	軻	車	12	굴대, 굴대가 달린 수레.
	枷	木	9	도리깨, 칼, 곡식 떠는 기구.
	珂	玉	9(10)	옥 이름, 백 노마.
	痂	疒	10	헌데 딱지.
	仮	人	6	빌릴, 거짓, 잠시, 용서할.

음 오행	한 자	부	획 수	뜻
각	各	口	6	각각(各各), 여러 가지로, 서로.
	角	角	7	뿔, 짐승의 뿔.
	脚	肉	11(13)	다리, 정강이.
	閣	門	14	문설주, 세울, 멈출.
	却	卩	7	물리칠, 멎을, 멈출.
木	覺	見	20	깨달을, 터득할.
	刻	刀	8	새길, 벗길.
	珏	玉	9(10)	쌍 옥.
	恪	心	9(10)	삼갈, 공경할.
	殼	殳	12	껍질, 씨.
11자	慤	心	15	성실할.
간	干	干	3	방패, 범할, 막을.
	間	門	12	사이, 틈.
	看	目	9	볼, 살필, 방문할.
	刊	刀	5	책 펴낼, 깎을. 出刊
	肝	肉	7(9)	간, 간장, 정성.
	幹	干	13	줄기, 기둥, 몸매.
	簡	竹	18	대쪽, 옛날 종이대신 사용한 것.
	姦	女	9	간사할, 나쁠.
	侃	人	8	강직할.
	杆	木	7	나무이름, 박달나무, 단 목.
	竿	竹	9	장대, 죽순, 곧은 나무.
	揀	手	12(13)	가릴, 뽑을, 구분할.
	諫	言	16	간할, 간하는 말.
	墾	土	16	개간(開墾)할, 다스릴.
	奸	女	6	범할, 간통할, 요구할.
木	柬	木	9	가릴, 구분할, 편지.
	桿	木	11	杆의 俗字.
	艱	艮	17	어려워할, 괴로워할.
	澗	水	15(16)	산골 물, 계곡.

음 오행	한 자	부	획 수	뜻
	磵	石	17	澗과 同一.
	稈	禾	12	짚, 볏짚.
24자	癎	疒	17	癇의 俗字. 간기, 지랄, 경풍, 간질.
	懇	心	17	정성, 성심.
	艮	艮	6	어긋날, 그르칠.
갈	渴	水	12(13)	목마를, 갈증(渴症), 서두를.
	葛	艸	13(15)	칡, 덩굴, 갈 포, 거친 베.
	乫	乙	6	땅 이름.
	喝	口	12	더위먹을.
	曷	曰	9	어찌, 언제, 누가.
木	갈	石	14	(돌 세울). 비, 선돌, 우뚝 선 돌.
	竭	立	14	다할, 물이 마를.
	褐	衣	15	털옷, 베옷.
	蝎	虫	15	나무좀, 굼벵이, 덕 이름.
10자	鞨	革	18	말갈(靺鞨), 중국 북방민족, 가죽신.
	甘	甘	5	달, 맛있을, 상쾌할.
	減	水	12(13)	덜, 가볍게 할.
	感	心	13(14)	느낄, 움직일(마음을).
감	敢	攴	12	감히, 굳셀, 용감할.
	監	皿	14	볼, 살필. 監督
	鑑	金	22	거울, 볼, 비추어 볼.
	勘	力	11	헤아릴, 따져 물을, 살필.
	堪	土	12	견딜, 나을 뛰어날, 하늘.
	瞰	目	17	볼, 멀리서 볼.
	坎	土	7	구덩이, 험할.
木	嵌	山	12	산이 깊을, 골짜기, 계곡.
	憾	心	16(17)	한할, 서운할, 근심할. 遺憾(유감)
	戡	戈	17	치다, 평정할, 죽일.
	柑	木	9	감자나무, 재갈, 입 다물.
	橄	木	16	감람나무.

음 오행	한 자	부	획 수	뜻
20자	疳	疒	10	감질(疳疾), 어린이의 영양 장애 병.
	紺	糸	11	감색, 반물, 검은빛을 띈 푸른 빛.
	龕	龍	22	감실(龕室), 사당안에 신주 모시는 곳.
	邯	邑	8(12)	(고을이름 한). 땅이름, 고을이름.
	鑒	金	22	鑑과 同一.
갑 木	甲	田	5	갑옷, 첫째 천간.
	鉀	金	13	갑옷.
	匣	匚	7	갑, 작은 상자, 유리 상자.
	岬	山	8	산허리, 골짜기.
	胛	肉	9(11)	어깨뼈.
	閘	門	13	물문, 수문, 닫을.
강 木	江	水	6(7)	강, 큰 내, 별 이름.
	降	阜	9(14)	(내릴 항). 항복할, 굴복할, 내릴.
	講	言	17	익힐, 독서할, 해석할.
	强	弓	12	굳셀, 힘있을.
	康	广	11	편안할, 강녕(康寧)할.
	剛	刀	10	굳셀, 金剛.
	鋼	金	16	강철(鋼鐵)
	綱	糸	14	벼리, 그물을 버티는 줄.
	堈	土	11	언덕, 독, 항아리.
	岡	山	8	산등성이, 언덕.
	姜	女	9	姓, 굳셀.
	彊	弓	16	굳셀, 힘이 센 활.
	慷	心	14(15)	강개 할, 의기가 복받쳐 울.
	畺	田	13	지경, 죽어서 썩지 아니할. 畺屍(강시)
	糠	米	17	겨, 쌀겨, 작은 것의 비유.
	絳	糸	12	진홍색, 땅 이름.
	羌	羊	8	종족이름, 굳셀, 빛날.
	腔	肉	12(14)	속이 빌, 가락, 곡조, 양의 포.
	舡	舟	9	오 나라 배, 船의 俗字.

음 오행	한 자	부	획 수	뜻
24자	薑	艸	17(19)	생강, 새앙.
	襁	衣	16(17)	포대기, 엎을 때 두르는 띠, 업을.
	崗	山	11	岡의 俗字.
	疆	田	19	지경, 끝, 한계, 경계.
	鱇	魚	22	아귀.
개 木 19자	改	攴	7	고칠, 새로, 새삼스럽게.
	皆	白	9	모두, 다, 함께, 두루 미칠.
	個	人	10	낱, 개, 낱으로 된 물건을 세는 단위.
	開	門	12	열, 통할. 開通(개통)
	介	人	4	끼일, 딱지, 갑옷. 介入
	慨	心	14(15)	분개(憤慨)할, 개탄할, 한탄할.
	概	木	15	평 미래, 평목.
	蓋	艸	14(16)	덮개, 덮을, 씌울.
	盖	皿	11	蓋의 속자.
	价	人	6	착할, 클.
	凱	几	12	즐길, 凱歌(개가)할, 승리를 축하할.
	漑	水	14(15)	물댈, 헹굴, 씻을.
	愷	心	13(14)	즐거울, 마음이 편안할.
	塏	土	13	높고 건조할.
	愾	心	13	성낼, 찰, 가득할, 한탄할.
	疥	疒	9	옴, 학질, 말라리아 병.
	芥	艸	8(10)	겨자, 갓.
	豈	豆	10	어찌, 그, 반어의 조사.
	鎧	金	18	갑옷, 무장할.
객 木	客	宀	9	손님, 붙일, 의지할.
	喀	口	12	토할. 喀氣(객기)
갱 木	更	曰	7	다시, 재차 고칠. 更新
	坑	土	7	구덩이(묻을). 坑木
	粳	米	13	갱과 동일. 메벼.
	羹	羊	19	국(마시는), 땅 이름.

음 오행	한 자	부	획 수	뜻
갹	醵	酉	20	(술 추렴할 거). 술 잔치, 술 추렴할.
거 木 17자	去	厶	5	갈, 떠날, 잃을.收去
	巨	工	5	클, 많을. 巨木
	居	尸	8	있을, 살, 거주(居住)할.
	車	車	7	수레, 바퀴, 도르래.
	距	足	12	떨어질, 사이가 뜰, 벌어질. 距離(거리)
	拒	手	8(9)	막을, 지킬, 거부(拒否)할.
	據	手	16(17)	의거할, 근거할.
	擧	手	18	들, 오를, 움직일. 選擧(선거)
	渠	水	12(13)	도랑, 클. 渠溝(거구)
	遽	辵	17(20)	갑자기, 재빠를, 민첩할.
	鉅	金	13	클, 강할, 단단할, 높을, 존귀할.
	炬	火	9	횃불, 사를, 불태울.
	倨	人	10	거만(倨慢)할, 책상다리 할.
	据	手	11(12)	일(하는 모양).
	祛	示	10	떨어 없앨, 보낼, 쫓을.
	踞	足	15	웅크릴, 기댈, 걸터앉을.
	鋸	金	15	톱(질 할).
건 木 12자	建	廴	9	세울, 월건(月建), 북두칠성 의 6개 별.
	乾	乙	11	하늘, 괘 이름, 임금.
	件	人	6	사건, 물건의 개수를 헤아림.
	健	人	11	튼튼할, 교만할.
	巾	巾	3	수건, 두건, 헝겁.
	虔	虍	10	정성, 공경, 단정한 모양.
	楗	木	13	문빗장, 반죽, 둑, 다리가 피로함.
	鍵	金	17	열 쇠, 비장, 손을 들어 올림.
	愆	心	13	허물, 죄, 과실.
	腱	肉	13(15)	힘줄 밑 둥, 큰 힘줄.
	騫	馬	20	이지러질, 손상될.
	蹇	足	17	절다, 64괘의 하나, 멈출.

음 오행	한 자	부	획 수	뜻
걸 木	傑	人	12	뛰어날, 빼어날. 傑出(걸출)
	杰	木	8	傑의 俗字.
	乞	乙	3	빌, 구할, 소원. 求乞(구걸)
	桀	木	10	홰, 닭이 올라가 앉을 막대.
검 木 6자	儉	人	15	검소(儉素)할, 적을, 흉작.
	劍	刀	15	劒과 同一. 칼, 벨, 찌를.
	檢	木	17	봉함, 검사할. 檢事
	瞼	目	18	눈꺼풀, 고을.
	鈐	金	12	비녀장.
	黔	黑	16	검을, 그을, 연하게 검을.
겁 木	劫	力	7	위협할, 빼앗을, 부지런할.
	怯	心	8(9)	겁낼, 무서워 할, 비겁(卑怯)할.
	迲	辵	9(12)	갈. 永劫(영겁)
게 木	憩	心	16	쉴, 숨 돌릴, 휴식할, 휴게실(休憩室)
	揭	手	12(13)	들다, 높이 올릴, 추켜세울. 揭示板(게시판)
	偈	人	11	쉴, 굳센 모양.
격 木 7자	格	木	10	바로잡을, 겨룰, 대적할. 性格
	擊	手	17	부딪힐, 수레 등이 질서 있을. 衝擊
	激	水	16(17)	물결 부딪혀 흐를, 보.
	隔	阜	13(18)	사이 벌어질, 틈이 생길.
	檄	木	17	격문(檄文), 편지 빼어날.
	膈	肉	14(16)	흉격, 횡격막, 종 틀.
	覡	見	14	박수, 남자무당.
견 木	犬	犬	4	개, 하찮은 것의 비유. 犬公
	見	見	7	(볼 현)볼, 눈으로 볼, 생각해 볼.
	堅	土	11	굳을, 튼튼할. 堅實
	肩	肉	8(10)	어깨, 견줄, 比肩할.
	絹	糸	13	명주 생견. 絹織
	遣	辵	14(17)	보낼, 派遣할,
	牽	牛	11	끌, 당길, 만류할, 거느릴.

음 오행	한 자	부	획 수	뜻
11자	鵑	鳥	18	두견이 ,접동새, 진달래.
	甄	瓦	14	질그릇, 록노, 가마.
	繭	糸	19	고치, 누에고치, 이어질.
	譴	言	21	꾸짖을, 나무람. 譴責(견책)
결 木 13자	決	水	7(8)	터질, 제방이 넘쳐흐를. 決定
	結	糸	12	맺을, 이루어 질. 結果
	缺	缶	10	이지러질, 어긋날, 꼬일. 缺如(결여)
	潔	水	15(16)	깨끗할, 품행이 바를. 純潔(순결)
	訣	言	11	이별할, 작별할. 訣別(결별)
	抉	手	7(8)	도려낼, 들추어 낼, 폭로할, 팔.
겸 木	兼	八	8	겸할, 아울러, 쌓을. 兼業
	謙	言	17	겸손할, 공손할. 謙讓(겸양)
	鎌	金	18	낫, 모, 모서리.
	慊	心	13(14)	찐 덥지 않을, 마음에 들지 않을.
	箝	竹	14	재갈먹일, 항 쇄, 칼.
	鉗	金	13	칼, 죄인에게 씌우는 형구.
경 木	京	亠	8	서울, 높을, 클. 京城
	景	日	12	볕, 햇빛, 환할, 빛날. 景致
	輕	車	14	가벼울, 무게가 적게 나감. 輕量
	經	糸	13	날, 실, 세로 글, 길, 조리. 經濟
	庚	广	8	도, 나이, 일곱째 천간. 庚申
	耕	耒	10	밭갈, 고를, 경작(耕作)할.
	敬	支	13	공경(恭敬)할, 정중할.
	驚	馬	23	놀랄, 두려워 할, 겁낼. 驚畏
	慶	心	15	경사(慶事), 축하 할만한 일.
	競	立	20	겨룰, 나아갈. 競爭
	竟	立	11	다할, 끝낼.
	境	土	14	지경, 곳, 장소. 境地
	頃	頁	11	잠깐, 밭 넓이 단위, 요사이 근래.
	傾	人	13	기울, 뒤집을, 누울.

음 오행	한 자	부	획 수	뜻
	硬	石	12	굳을, 단단할, 굳셀. 硬直
	鏡	金	19	거울, 비출, 거울삼아. 鏡臺
경	警	言	20	경계(警戒)할, 타이를, 방비할.
	徑	彳	10	지름길, 빠른, 곧을, 간사할.
	卿	卩	12	벼슬. 樞機卿(추기경)
	俓	人	9	徑과 同一.
	鯨	魚	19	고래, 숫 고래, 쳐 들.
	坰	土	8	들, 서울에서 멀리 떨어진 곳.
	耿	火	10	비출, 빛날.
	炅	火	8	姓, 비출, 빛날, 열.
	更	曰	7	(다시 갱) 고칠, 다시, 재차. 變更
	梗	木	11	대개, 대강, 가시나무.
	憬	心	15(16)	깨달을, 알아차릴.
	暻	日	16	밝을, 환할.
木	瓊	玉	19(20)	옥, 옥의 아름다운 빛깔, 주사위.
	璟	玉	16(17)	暻과 同一.
	擎	手	17(18)	들, 높이 올릴, 치솟을.
	儆	人	15	경계할, 위급할.
	涇	水	10(11)	통할, 흐를, 월경(月涇), 대변.
	莖	艸	11(13)	근본, 작은 가지, 기둥.
	勁	力	9	굳셀, 힘, 예리함.
	逕	辵	11(14)	소로, 좁은길, 지름길.
	脛	肉	11(13)	정강이, 바른 모양.
	勍	力	10	셀, 강할.
	璥	玉	17(18)	경 옥, 옥의 이름.
	痙	疒	12	심줄댕길, 경련 일.
	磬	石	16	경쇠, 빌, 다할.
44자	絅	糸	11	끌어 죌, 잡아당길, 심할, 엄할.
	倞	人	10	굳셀, 다툴, 밝을.
	頸	頁	16	목, 목 줄기, 멱.

음 오행	한 자	부	획 수	뜻
계	癸	癶	9	열 째 천간, 헤아릴. 癸未
	界	田	9	지경, 경계, 이간할. 境界
	計	言	9	꾀, 책략, 계산.
	係	人	9	걸릴, 이을, 분담. 關係
	械	木	11	형틀, 수갑, 차고, 등의 형틀. 機械
	溪	水	13(14)	시내, 시냇물, 골짜기, 텅 빌. 溪川
	系	糸	7	이을, 실마리, 관련될, 걸릴.
	繼	糸	20	이을, 계통을 이을. 繼續
	契	大	9	맺을, 인연을 가질. 契約
	階	阜	12(17)	섬돌, 層階(층계), 사닥다리.
	鷄	鳥	21	닭, 기금. 鷄卵(계란)
	啓	口	11	열을, 가르칠, 인도할. 啓蒙(계몽)
木	桂	木	10	계수나무, 월계수(月桂樹. 달에 있다는)
	戒	戈	7	경계(警戒)할, 조심할, 주의할.
	季	子	8	끝, 막내, 말년. 季節
	稽	禾	15	머무를, 쌓을, 저축할.
	誡	言	14	경계할, 조심할.
	屆	尸	8	이를, 다다를, 지극할.
	繫	糸	19	매달, 죄수.
	谿	谷	17	시내, 마른 시내, 막힌 시내.
	磎	石	15	谿와 同一.
24자	悸	心	11(12)	두근거릴, 두려울.
	堺	土	12	磎와 同一.
	棨	木	12	창, 의장용 창.
고	孤	子	8	외로울, 고독(孤獨)할, 홀로.
	枯	木	9	마를, 물이 없을. 神枯
	高	高	10	높을, 뽐낼. 高層
木	考	老	6	상고할, 생각할. 考試
	告	口	7	알릴, 물을(안부를), 가르칠. 公告
	古	口	5	옛, 오래된, 낡은. 古物

음 오행	한 자	부	획 수	뜻
고 木	固	口	8	굳을, 단단 할, 방비할. 固守
	故	攴	9	옛, 이미 지난, 과거의. 事故
	苦	艸	9(11)	쓴, 쓴 바퀴, 괴로운. 苦痛
	顧	頁	21	돌아볼, 응시할.
	雇	戶	12	(둘새 이름 호). 품살, 새(비기) 雇傭(고용)
	庫	广	10	姓, 곳집, 문 이름.
	稿	禾	15	볏 집, 초고, 原稿.
	鼓	支	13	북, 칠, 두드릴, 맥박. 鼓手(고수)
	攷	攴	6	考의 古字.
	膏	肉	14(16)	살찔, 기름진 땅.
	姑	女	8	시어미, 고모, 여자, 부녀의 총칭.
	皐	白	11	부르는 소리, 늦을, 늪, 물가.
	拷	手	9(10)	칠, 빼앗을, 때릴(자백 받기 위해). 拷問
	錮	金	16	땜질할, 가로막을, 가둘.
	痼	疒	13	고질(또는 어린이의 입병).
	叩	口	5	두드릴, 물을, 잡아당길.
	敲	攴	14	두드릴, 매(가볍게 톡톡 때릴).
	睾	目	14	못, 늪, 불알. 睾丸
	股	肉	8(10)	넓적다리, 정강이 끝.
	袴	衣	11(12)	(바지 과). 바지, 샅, 사타구니.
	呱	口	8	울, 어린아이의 울음소리.
	辜	辛	12	허물, 책형의 하나.
	賈	貝	13	장사, 수업, 상인, 특히 앉아서 하는 장사.
	誥	言	14	고할, 알릴(아랫사람에게).
	蠱	虫	23	독, 벌레, 악기.
	沽	水	8(9)	팔, 살, 매매할, 내 이름, 술 팔.
	槁	木	14	稾와 동일. 마를, 물기 없을.
	尻	尸	5	꽁무니, 자리잡을.
	暠	日	14	(횔 호) 흰, 밝을, 하얀.
	羔	羊	10	새끼 양, 흑 양.

음 오행	한 자	부	획 수	뜻
38자	苽	艸	9(11)	줄, 진고, 산 수국.
	菰	艸	12(14)	산초, 옥 이름, 부추, 풀 이름, 외로울.
곡 木 7자	谷	谷	7	골, 골짜기, 좁은 길. 溪谷
	穀	殳	14	穀의 俗字. 곡식, 낟알, 착할. 糧穀
	曲	曰	6	굽을, 휠, 마음이 바뀔.
	哭	口	10	울, 노래할. 痛哭
	梏	木	11	쇠고랑, 수갑, 붙잡힐.
	鵠	鳥	18	고니, 흰빛, 흰.
	斛	斗	11	휘, 10말 용량 용기.
곤 목 10자	困	囗	7	괴로울, 부족할. 困難
	昆	日	8	형, 맏형, 뒤에, 후예.
	坤	土	8	땅, 대지, 팔괘의 하나.
	梱	木	11	문지방, 칠, 두드릴.
	崑	山	11	산 이름. 崑崙(곤륜)
	棍	木	12	(묶을 혼). 몽둥이, 곤장(棍杖).
	袞	衣	11	곤룡포(袞龍布).
	滾	水	14(15)	흐를, 물이 세차게 흐를, 샘솟을.
	琨	玉	12(13)	옥돌, 패 옥 이름, 붉은 쇠.
	鯤	魚	19	곤이(鯤鮞), 물고기의 뱃속 알.
골 木	骨	骨	10	뼈, 됨됨이, 굳을. 骨格(골격)
	滑	水	13(14)	(미끄러울 활). 어지러울, 부드러울.
	汩	水	7(8)	빠질, 잠길, 강 이름.
공 木	供	人	8	이바지할, 공손할, 말할. 供給
	工	工	3	장인, 물건 만드는 사람. 工巧
	空	穴	8	빌, 없을, 다할. 空氣
	公	八	4	귀할, 공변될, 드러낼, 공적.
	共	八	6	함께, 같이, 모두. 共同
	孔	子	4	구멍, 매우 심히, 姓.
	功	力	5	공, 공로, 공치사. 功績
	攻	攴	7	칠, 공격(攻擊)할, 거세할.

음 오행	한 자	부	획 수	뜻
16자	恭	心	10	공손(恭遜)할, 삼갈, 조심할.
	拱	手	9(10)	두 손 맞잡을, 껴안을, 아름.
	貢	貝	10	바칠, 공물(貢物)바칠.
	恐	心	10	두려워할, 협박할, 으르렁 될.
	控	手	11	당길, 고할, 아뢸.
	珙	玉	10(11)	큰 옥, 옥 이름.
	蚣	虫	10	지네, 여치.
	鞏	革	15	묶을, 굳을, 볶을.
곶木	串	丨	7	(익힐 관, 꿰밀 천, 꼬챙이 찬). 곶, 익힐.
과 木 12자	寡	宀	14	적을, 나. 寡人(과인: 임금이 자신을 지칭)
	過	辵	13(16)	지날, 빠져나갈, 초월할, 낫을. 過去
	科	禾	9	과정, 조목, 품목, 그루. 科目
	果	木	9	실과(實果), 열매, 해낼.
	課	言	15	매길, 부과할(세금).
	菓	艸	12(14)	과일, 과자. 製菓(제과)
	瓜	瓜	5	오이.
	誇	言	13	자랑할, 자만할. 誇示(과시)
	戈	戈	4	창, 싸움, 전쟁.
	顆	頁	17	낟알, 흙덩이.
	跨	足	13	타넘을, 지날, 사타구니.
	鍋	金	17	노구솥, 냄비, 대통.
곽 木	郭	邑	11(15)	성곽(城郭), 둘레, 돈.
	廓	广	14	둘레, 외 성, 성, 요새를 둘러 싼 울타리.
	槨	木	15	덧널, 관을 담는 궤.
	藿	艸	20(22)	콩잎, 쥐 눈이 콩, 향초 이름.
관 木	官	宀	8	벼슬(아치), 관청(官廳).
	館	食	17	객사, 학교, 관청. 館舍
	關	門		빗, 기관(機關), 자동장치.
	觀	見	25	볼, 자세히 볼, 살필. 觀察
	管	竹	14	피리, 대롱, 대로 만든 악기. 管理

음 오행	한 자	부	획 수	뜻
	款	欠	12	정성, 성의 , 두드릴.
	冠	冖	9	갓, 관, 볏, 姓. 冠帶(관대)
관	**寬**	宀	15	너그러울, 넓을. 寬大(관대)
	慣	心	14	버릇, 습관. 慣習(관습)
	貫	貝	11	꿸, 뚫을, 통과할. 貫通(관통)
	灌	水	21	물댈, 따를. 灌漑(관개)
	串	丨	7	(익힐 곶). 익힐, 친압 할, 꿸.
	罐	缶	24	두레박, 양철통, 항아리.
	棺	木	12	널, 관. 下棺(하관)
17자	瓘	玉	22	옥 이름, 서 옥, 홀.
	琯	玉	12	옥 피리, 금 옥빛.
	菅	艸	12	골풀, 등골나무, 난초.

음 오 행	한 자	부	획 수	뜻
광	光	儿	6	빛, 광택. 光明
	廣	广	15	넓다, 넓어지다. 廣場
	鑛	金	23	쇳돌. 鑛山
	狂	犬	7	미칠, 사리 분별 못할. 狂犬
	珖	玉	10(11)	옥 피리, 옥 이름.
	洸	水	10(11)	물 용솟음칠, 성낼.
木	匡	匚	6(7)	바룰, 바로잡을. 大匡
	曠	日	19	밝을, 환할, 공허할.
	壙	土	18	광, 송장 묻을 구덩이.
	胱	肉	10(12)	오줌통, 膀胱(방광).
	筐	竹	12(13)	광주리, 작은 비녀.
13자	侊	人	8	성한 모양.
	炚	火	8	햇빛 뜨거울.
괘	掛	手	11(12)	걸다, 마음에 걸다.
	卦	手	8	걸다, 매달다, 통과하다.
木	罫	网	13	줄, 엇갈린 줄.
괴	壞	土	19	무너질, 땅이름. 崩壞(붕괴)
	愧	心	13(14)	부끄러워할, 창피 줄.
	怪	心	13(14)	기이할, 도깨비. 怪奇(괴기)
	塊	土	13	흙덩이, 덩어리.
	魁	鬼	14	으뜸, 우두머리, 수령. 魁首(괴수)
	傀	人	12	클, 성할.
木	槐	木	14	홰나무, 三公의 자리.
	拐	手	8(9)	속일, 꾀어낼.
9자	乖	ノ	8	어그러질, 배반할.
굉	宏	宀	7	클, 넓을.
	轟	車	21	울릴, 천둥소리, 수레소리 요란할.
	紘	糸	10	갓 끈, 밧줄.
木	肱	肉	8(10)	팔뚝.
	吰	口	9	말 잘할, 언변이 좋을.

음 오 행	한 자	부	획 수	뜻
교	交	亠	6	사귈, 서로. 交流
	校	木	10	학교, 가르칠, 본받을.
	橋	木	16	다리, 교량, 시렁. 橋梁
	敎	攴	11	가르칠, 하여금. 敎育
	郊	邑	9(13)	성밖, 교외. 郊外
	較	車	13	견줄, 비교할. 比較
	巧	工	5	공교 할, 예쁠, 아름다울. 技巧
	矯	矢	17	바로잡을, 바룰. 矯導(교도)
	僑	人	14	높을, 임시거처
	喬	口	12	높을, 창, 높이 솟은.
	轎	車	19	가마, 작은 수레.
	膠	肉	15(17)	아교, 끈끈할.
木	嬌	女	15	아리따울, 사랑할, 미녀. 嬌態(교태)
	攪	手	23(24)	어지러울, 휘젓다.
	嶠	山	15	뾰족하게 높을, 산길.
	絞	糸	12	목맬, 꼬다. 絞首(교수)
	皎	白	11	달빛, 희다, 밝다.
	咬	口	9	새소리, 음란한 소리, 물다.
	狡	犬	9	교활할, 간교할.
	蕎	艸	16(18)	메밀, 대극 달린 풀이름.
	鮫	魚	17	상어, 蛟龍(교룡).
	餃	食	15	경단.
25자	翹	羽	15	꼬리의 긴 깃털, 날개.
	蛟	虫	12	교룡, 상어.
	驕	馬	22	교만할, 무례한, 버릇없는.
구	九	乙	2	아홉, 수의 끝.
	口	口	3	입, 어귀, 드나드는 구멍. 入口
	求	水	4	구할, 청할, 請求
木	救	攴	11	건질, 도울, 구원할. 救命
	究	穴	7	궁구할, 다할, 끝. 研究

음 오행	한자	부	획수	뜻
구 木	久	丿	3	오랠, 변치 않을. 悠久(유구)
	句	口	5	글귀, 굽다. 句節(구절)
	舊	臼	18(20)	예, 오래(久). 親舊(친구)
	具	八	8	갖출, 설비. 家具(가구)
	俱	人	10	함께, 갖출. 具備(구비)
	區	匸	11	지경, 지역. 區域(구역)
	驅	馬	21	채찍질할, 몰.
	鷗	鳥	22	갈매기. 鴨鷗静(압구정)
	拘	手	8(9)	잡을, 체포할. 拘禁(구금)
	苟	艸	9(11)	진실로, 적어도. 不苟(불구)하고
	狗	犬	8	개, 易에서 艮에 해당.
	丘	一	5	언덕, 모을, 고을.
	懼	手	21(22)	두려워할, 위태로울. 悚懼(송구)
	龜	龜	16	땅이름, 거북(등), 나라이름.
	構	木	14	얽을, 글 지을, 집 지을. 構成(구성)
	球	玉	11(12)	공, 아름다울 옥. 地球(지구)
	垢	土	9	때, 티끌, 수치, 丘의 俗字
	仇	人	4	원수, 원망, 짝. 仇神(구신)
	毆	殳	15	때릴, 치다.
	邱	邑	8(12)	땅이름, 언덕. 大邱市(대구시)
	購	貝	17	살, 화해할. 購入(구입)
	溝	水	13(14)	봇 도랑, 하수도.
	鳩	鳥	13	비둘기, 모을, 안정할.
	嶇	山	14	험할, 평탄치 않을.
	矩	支	10	곱자, 曲尺.
	寇	宀	11	도둑, 떼강도.
	駒	馬	15	망아지, 젊은이.
	歐	欠	15	토할, 뱉을, 노래할.
	軀	身	18	몸, 신체.
	鉤	金	13	갈고리, 낫, 창.

음 오행	한 자	부	획 수	뜻
구	咎	口	8	허물, 재앙, 근심거리.
	絿	糸	13	급박할, 작다, 어리다.
	廐	广	14	廏의 俗字.
	嘔	口	14	노래할, 소리.
	謳	言	18	노래할, 반주 없이 노래할, 읊조릴.
	玖	玉	7(8)	옥돌, 九와 동일
	柩	木	9	널, 시체를 넣는 상자.
	臼	臼	6	절구, 허물.
	枸	木	9	호두나무, 구연, 레몬.
	灸	火	7	뜸, 약쑥으로 뜸을 뜸.
木	舅	臼	13	시아비, 장인, 외삼촌.
	衢	彳	24	네거리, 갈림길.
	勾	勹	4	굽다. 갈고리.
	毬	毛	11	공, 둥근 물체의.
	瞿	目	18	볼, 놀라서볼.
	逑	阜	11(15)	짝, 배우자, 모을.
54자	坵	土	8	丘의 속자.
	耉	口	11	늙을, 늙은이.
	銶	金	15	끌, 나무구멍을 뚫는 기구.
국	國	囗	11	나라, 서울.
	菊	艸	12(14)	국화. 菊香
木	局	尸	7	판, 국, 일이 벌어지는 장면.
	鞠	革	17(19)	공.
6자	麴	麥	19	누룩, 술, 누애 채반.
	鞫	革	18(19)	국문할, 다할.
군	群	羊	13	羣의 俗字. 무리, 떼. 群舞(군무)
	郡	邑	10(14)	마을, 관청. 郡守
	軍	車	9	군사, 진을치다. 軍隊
木	君	口	7	임금, 주권자. 君主
	窘	穴	12	막힐, 궁해질, 생각할.

음 오행	한 자	부	획 수	뜻
6자	裙	衣	12(13)	치마, 속옷.
굴 木	屈	尸	8	굽다. 베다, 자르다. 屈折(굴절)
	窟	穴	13	굴, 움, 사람이 모이는 곳.
	堀	土	11	굴, 땅을 파다.
	掘	手	11(12)	파다, 움푹 패다.
궁 木 6자	宮	宀	10	집, 담, 장원. 宮闕(궁궐)
	弓	弓	3	활, 궁수. 國弓
	窮	穴	15	다할, 그칠. 窮極(궁극)
	躬	身	10	몸, 몸소.
	穹	穴	8	하늘, 크다, 막다른.
	芎	艸	7(9)	궁궁이.
권 木 10자	權	木	22(24)	저울추, 권세, 姓. 權利
	券	刀	8	문서, 확실할, 어음. 證券(증권)
	卷	卩	8	쇠뇌, 놀 쏘아 올릴.
	勸	力	20(22)	권할, 권장할.
	拳	手	10	주먹, 힘.
	圈	口	11	우리, 감방, 일정한 구역.
	捲	手	11(12)	말다, 힘쓰다.
	倦	人	10	게으를, 쉴, 피로할.
	眷	目	11	돌아볼, 그리워할.
	淃	水	11(12)	물이 돌아 흐를.
궐 木	闕	門	18	대궐. 宮闕(궁궐)
	蹶	足	19	넘어질, 탕진할.
	厥	厂	12	그, 그것, 다하다.
	獗	犬	15	날뛸.
	蕨	艸	16(18)	고사리, 수초이름.
궤 木	軌	車	9	길, 궤도, 법도. 軌道(궤도)
	櫃	木	18	함, 궤.
	潰	水	15(16)	무너질, 어지러울.
	机	木	6	책상, 나무이름.

음 오 행	한 자	부	획 수	뜻
6자	詭	言	13	기만할, 속일, 책망할.
	饋	食	21	먹일, 대접할.
귀 木 6자	貴	貝	12	귀할, 소중할. 貴重
	歸	止	18	돌아갈, 반환할. 歸還(귀환)
	鬼	鬼	10	귀신, 멀, 교활. 鬼神(귀신)
	句	口	5	구절, 글, 굽다.
	晷	口	12	그림자, 햇빛, 빛.
	龜	龜	16	거북(등).
규 木 15자	叫	口	5	부르짖을, 울다. 絶叫(절규)
	規	見	11	법, 규정. 法規
	閨	門	14	안방, 도장방, 규방. 閨秀(규수)
	圭	土	6	홀, 서 옥, 모서리.
	奎	大	9	별 이름, 가랑이.
	珪	玉	10(11)	圭의 俗字
	揆	手	12(13)	헤아릴, 도량.
	糾	糸	8	꼬다, 거두다, 합치다.
	硅	石	11	규소, 깨뜨릴.
	逵	辵	12(15)	한길.
	葵	艸	13(15)	해바라기, 접시꽃.
	窺	穴	16	엿볼, 반걸음.
	赳	走	9	헌걸치러울, 용맹스러울.
	槻	木	15	물푸레 나무.
	竅	穴	18	구멍, 통할, 두루미 치다.
균 木 7자	均	土	7	고를, 조화를 이룰. 均衡(균형)
	菌	艸	12(14)	버섯, 하루살이. 殺菌(살균)
	鈞	金	12	서른 끈, 가락, 음조.
	筠	竹	13	대나무 가지, 윤택할.
	匀	勹	4	적을, 두루 미칠.
	畇	田	9	밭 일굴, 밭 개간할.
	龜	龜	16	터질, 트다.

음 오행	한자	부	획수	뜻
귤·木	橘	木	16	귤나무. 柑橘(감귤)
극 木 7자	克	儿	9	이길, 잘할. 相剋
	極	木	13	다할, 끝날. 太極
	劇	刀	15	심할, 演劇(연극)
	剋	刀	7	이길,克과 동일
	戟	戈	12	창, 끝이 두 갈래로 갈라져 있는.
	棘	木	12	멧 대추나무.
	隙	阜	13(18)	틈, 구멍, 여가.
근 木 17자	根	木	10	뿌리, 뿌리박다. 根本
	近	辵	8(11)	가까울, 닮다. 近處
	勤	力	13	부지런할, 일, 근심할.
	斤	斤	4	도끼, 벨, 姓. 斤兩(근량)
	謹	言	18	삼갈, 금지할, 엄하게 할. 謹弔
	僅	人	13	겨우, 조금, 거의.
	槿	木	15	무궁화.
	筋	竹	12	힘줄, 근육, 체력.
	瑾	玉	15(16)	아름다운, 붉은.
	懃	心	17	은근할, 일에 힘쓸.
	饉	食	20	흉년 들, 또 흉년.
	芹	艸	8(10)	미나리.
	菫	艸	12(14)	제비 꽃, 오랑캐 꽃.
	覲	見	18	뵐, 만나볼, 겨우
	劤	力	6	힘, 힘셀.
	伒	人	6	서로.
	圻	土	5	흙벽.
契·木	契	大	9	맺을, 부족이름,
금 木	金	金	8	쇠, 성, 돈, 황금. 金錢
	今	人	4	이제, 막, 이.(사물을 가리킴)
	禁	示	13	금할, 꺼릴, 규칙. 禁止
	錦	金	16	비단, 아름다움의 비유. 錦繡

음 오 행	한 자	부	획 수	뜻
금 木 14자	禽	内	13	날짐승, 짐승. 禽獸(금수)
	琴	玉	12(14)	거문고.
	襟	衣	18(19)	옷깃, 가슴, 마음, 생각.
	擒	手	16(17)	사로잡을, 생포할.
	衾	衣	10	이불, 침구.
	衿	衣	9(10)	옷깃, 옷고름, 잡아매다.
	檎	木	17	능금나무.
	妗	女	7	외숙모, 방정맞을, 기뻐하는 모양.
	昑	日	9	밝을.
	芩	艸	8(10)	풀이름, 속서 근초.
급 木 7자	及	又	4	미칠, 및, 이를.
	給	糸	12	넉넉할, 공급할, 더할. 供給
	級	糸	10	등급, 순서, 층계. 等級
	急	心	9(10)	급할, 빠를.
	扱	手	7(8)	미칠. 及과 同
	汲	水	7(8)	길을, 물긷다, 당길.
	伋	人	6	속일.
긍 木	肯	肉	8(10)	옳이 여길, 바를. 肯定
	兢	儿	14	삼갈, 두려워할, 굳셀.
	矜	矛	9	불쌍히 여길, 아낄.
	亘	曰	6	걸칠, 극하다, 더할 수 없는.
기 木	己	己	3	몸. 自己
	氣	气	10	기운, 공기, 숨. 大氣
	忌	心	7	꺼릴, 미워할, 증오할. 忌神
	棄	木	12	버릴, 포기할, 그만둘. 遺棄
	期	肉	12(14)	기약할, 만날, 정할. 期間
	基	土	11	터, 기초. 基盤(기반)
	技	手	7(8)	재주. 技術
	機	木	16	틀. 機械(기계)
	記	言	10	기록할, 문서, 적을. 記者

음 오 행	한 자	부	획 수	뜻
기 木	企	人	6	꾀할, 바랄, 발돋움할. 企業
	奇	大	8	기이할, 갑자기. 神奇
	旣	无	11	이미, 벌서, 원래. 旣成
	器	口	16	그릇. 用器
	紀	糸	9	벼리, 실마리. 世紀
	起	走	10	일어날, 내 닫을. 發起
	寄	宀	11	부칠, 위탁할. 寄附
	其	八	8	그, 의. 其人
	畿	田	15	경기, 서울을 중심으로 한 둘래.
	箕	竹	14	키, 곡식 까부는 기구.
	旗	方	14	기, 표지. 國旗
	豈	山	10	어찌, 그, 반어의 조사.
	飢	食	11	주릴, 배고플. 飢餓(기아)
	祈	示	9	빌, 기도할, 고할. 祈禱(기도)
	騎	馬	18	말 탈, 걸터앉을. 騎兵(기병)
	琦	玉	12(13)	옥 이름, 기이할.
	岐	山	7	갈림길, 자라는 모양. 岐路(기로)
	汽	水	7(8)	김, 증기.
	妓	女	7	기생, 창녀, 음란한 여자. 妓女
	耆	老	10	늙은이, 70세 이상의.
	琪	玉	12(13)	옥 이름.
	麒	鹿	19	기린, 태평성대에 나타나는 영물.
	淇	水	11(12)	강 이름.
	幾	幺	12	기미, 낌새, 조짐, 위태할.
	棋	木	12	바둑, 장기.
	冀	八	16	바랄, 원하건 데.
	祺	示	13	복, 길조.
	欺	欠	12	속일, 거짓, 업신여길.
	璣	玉	16(17)	구슬, 작은 구슬, 둥글지 않은 구슬.
	綺	糸	14	비단, 무늬.

음 오 행	한 자	부	획 수	뜻
기 木 64자	崎	山	11	험할, 곶, 갑, 바다에서 육지로 내민.
	沂	水	7(8)	물 이름.
	嗜	口	13	즐길, 좋아할. 嗜好(기호)
	圻	土	7	京畿, 왕성을 중심으로 한 부근.
	杞	木	7	나무 가지, 갯버들, 구기자나무,
	饑	食	21	주릴, 기근, 배고플.
	錡	金	16	솥, 끌, 톱.
	朞	肉	12(14)	돌, 만하나.
	穖	耒	18	갈다.
	騏	馬	18	털 총이.
	碁	石	13	棋와 동일.
	畸	田	13	뙈기, 남은 밭 기퉁이.
	夔	夊	20	조심할, 두려워할.
	伎	人	6	재주, 기술, 배우, 광대.
	祇	示	9	토지의 신, 다만, 마침.
	羈	网	24	굴레, 자갈, 고삐.
	譏	言	19	나무랄, 충고할, 원망할.
	磯	石	17	물가, 강가의 자갈.
	肌	肉	6(8)	살, 근육, 몸, 신체.
	埼	土	11	崎와 동일.
	玘	玉	7(8)	패 옥, 노리개.
	璂	玉	15(16)	皮弁 꾸미 개.
	祁	示	8(12)	성할, 크게, 많을, 조용히.
	錤	金	16	호미.
	驥	馬	27	천리마, 준재, 뛰어난 인물.
긴 木	緊	糸	14	굳게 얽을, 감길.
길 木	吉	口	6	길할, 좋을. 吉凶(길흉)
	佶	人	8	건장할, 바를, 막힐.
	桔	木	10	도라지, 姓, 두레박 틀, 높고 험한길.
	拮	手	9(10)	일할, 핍박할. (핍박할 힐)

음 오행	한자	부	획수	뜻
김 木	金	金	8	姓, 쇠. 金屬(금속)
끽 木	喫	口	12	마실, 피울. 喫煙(끽연)
나 火 15자	那	邑	7(11)	어찌, 어떻게.
	羅	网	19	새그물(라), 벌릴, 널어 설.
	裸	衣	13(14)	벗을, 벌거숭이, 사람. 裸身(나신)
	螺	虫	17	소라, 술잔.
	拏	手	9	붙잡을, 비빌, 뒤섞을.
	喇	口	12	나팔, 승려, 중.
	癩	疒	21	약물중독(라, 뢰), 문둥병.
	拿	手	10	붙잡을, 손에 넣을.
	蘿	艸	23(25)	소나무겨우살이, 쑥, 담장이 덩굴.
	懦	心	17(18)	나약할, 무기력할.
	懶	心	19(20)	게으를, 의욕 없을, 미워할.
	儺	人	21	역귀 쫓을, 공손한 모양.
	邏	辵	23(26)	돌, 두를.
	奈	大	8	어찌(내). 奈落(나락)
	娜	女	10	아리따울, 천천히 흔들릴.
낙 火 8자	諾	言	16	대답할, 승낙하는 말. 承諾
	落	艸	13(15)	떨어질, 흩어질. 洛花
	樂	木	15	즐길(락, 풍류 악, 좋을 요), 음악.
	洛	水	9(10)	강 이름, 잇닿다. 洛東江
	酪	酉	13	타락, 죽, 식초.
	駱	馬	16	낙타(락), 가리온.
	珞	玉	10(11)	구슬 목걸이, 조약돌.
	烙	火	10	지질, 火針(화침).
난 火	暖	日	13	따뜻할. 溫暖(온난)
	難	隹	19	어려울, 재앙, 근심. 災難(재난)
	亂	乙	13	어지러울, 간음할, 건널. 淫亂(음란)
	蘭	艸	21(23)	난초, 등골나무. 蘭草(난초)
	卵	卩	7	알, 기를, 굵을. 卵子(난자)

음 오행	한 자	부	획 수	뜻
난 9자	欄	木	21	난간, 우리, 간 막이. 欄干(난간)
	爛	火	21	너무 익을, 문드러질, 다치어 헐.
	鸞	鳥	30	난세(란), 방울.
	煖	火	13	따뜻할. 煖房(난방)
날 火	捺	手	11(12)	누를, 찍을. 捺印(날인)
	捏	手	10(11)	이길, 반죽할.
남 火 9자	南	十	9	남녘, 남쪽의. 南風(남풍)
	男	田	7	사내, 장부. 男子(남자)
	藍	艸	18(20)	(람) 쪽, 남색, 누더기.
	襤	衣	19(20)	(람) 누더기, 가선을 대지않은 옷.
	濫	水	17(18)	(람) 넘칠, 퍼질, 함부로 할.
	嵐	山	12	남기, 산속의 아지랑이 기운, 산바람
	枏	木	8	녹나무.
	楠	木	13	녹나무, 상록 교목.
	湳	水	13	강 이름.
납 火	納	糸	10	바칠, 헌납할, 가질. 納付(납부)
	拉	手	8(9)	(랍) 꺾을, 데려갈. 拉致(납치)
	蠟	虫	21	(랍) 밀, 꿀벌의 집에서 나온 초.
	臘	肉	19(21)	(랍) 납향, 승려의 한해. 僧臘(승랍)
	衲	衣	9(10)	(랍) 깁을, 승려의 옷.
낭 火 7자	娘	女	10	(랑) 아가씨. 娘子(낭자)
	浪	水	10(11)	(랑) 물결, 파도, 물결이 일.
	廊	广	13	(랑) 복도, 행랑.
	囊	口	22	주머니, 불알.
	郞	邑	10(14)	(랑) 사나이, 젊은이, 남의 아들.
	朗	肉	11(13)	(랑) 밝을, 유쾌할.
	狼	犬	10	(랑) 이리, 짐승이름.
내	內	入	4	안, 들일, 어머니. 案內(안내)
	乃	ノ	2	이어, 너, 접때, 姓.
	奈	大	8	어찌, 어찌할.

음 오 행	한 자	부	획 수	뜻
火	來	人	8	(래) 올, 장래, 부를. 未來
	耐	而	9	견딜, 참을, 감수할. 忍耐
	柰	木	9	능금나무, 어찌.
녀 火	女	女	3	계집, 딸, 아가씨. 女子
년 火	年	干	6	해, 365일, 나이. 新年
	秊	禾	8	年의 本字
	撚	手	15(16)	비틀, 골, 실, 노.
념 火	念	心	8(9)	생각할, 욀, 읊다. 念想
	捻	手	11(12)	비틀, 비꼴.
	拈	手	8(9)	집을, 손가락으로 비틀어 집을.
	恬	心	9(10)	편안할, 조용할, 고요할.
녕 火	寧	宀	14	편안할, 문안할. 安寧
	寗	宀	13	甯의 俗字. 차라리, 오히려, 모질.
노 火 9자	努	力	7	힘쓸. 努力
	怒	心	9	성낼, 화, 힘쓸. 憤怒(분노)
	奴	女	5	종, 노예, 포로. 奴婢(노비)
	盧	皿	16	밥그릇, 화로, 창 자루.
	勞	力	12	일할, 힘쓸, 근심할.
	老	老	6	늙을, 쇠할, 썩을. 老衰(노쇠)
	弩	弓	8	쇠뇌.
	瑙	玉	13(14)	마노(瑪瑙).
	駑	馬	15	둔할, 느리고 미련할.
농 火	農	辰	13	농사, 백성. 農夫
	濃	水	16	짙을, 우거질, 무성할. 濃縮(농축)
	膿	肉	17(19)	고름, 짓누름, 국물.
뇨 火	尿	尸	7	오줌, 소변. 放尿(방뇨)
	撓	手	15(16)	(요) 어지러울, 흔들릴.
	鬧	門	15	(료) 시끄러울, 함부로.
눈 火	嫩	女	14	어릴, 예쁠.
눌 火	訥	言	11	말 더듬을.

음 오행	한자	부	획수	뜻
뇌 火	腦	肉	13(15)	뇌, 머리, 마음. 頭腦(두뇌)
	惱	心	12(13)	괴로워 할. 煩惱(번뇌)
뉴 火	紐	糸	10	(유)끈, 인끈.
	杻	木	8	감탕나무, (또는 사철나무)
능 火	能	肉	10(12)	능할, 잘할. 能動(능동)
니 火	泥	水	8(9)	진흙, 진창, 흐림. 泥金(니금)
	尼	尸	5	중, 여승, 비구니.
다 火	多	夕	6	많을, 클, 넓을. 多益(다익)
	茶	艸	10(12)	차, 소녀. 茶道(다도)
단 火 20자	斷	斤	18	끊을, 가를, 분리할. 切斷(절단)
	團	囗	14	둥글, 모일. 團體(단체)
	單	口	12	홑, 하나, 오직, 외로울. 單身(단신)
	段	殳	9	구분, 부분, 조각. 一段(일단)
	端	立	14	바를, 곧을, 진실. 端正(단정)
	短	矢	12	짧을, 숨가쁠. 短命(단명)
	丹	丶	4	붉을. 朱丹(주단)
	壇	土	16	단, 뜰, 흙으로 쌓아올린단.
	檀	木	17	박달나무.
	旦	日	5	아침, 해 돋을 무렵. 元旦(원단)
	但	人	7	다만, 무릇, 부절없이.
	蛋	虫	11	새알, 해녀, 오랑캐이름.
	緞	糸	15	비단, 신 뒤에 붙인 헝겁.
	鍛	金	17	쇠 달릴, 숫돌, 건어, 포.
	鄲	邑	15(19)	조나라 서울, 나리이름.
	湍	水	12(13)	여울, 급류, 소용돌이칠.
	簞	竹	18	대광주리.
	袒	衣	10(11)	웃통 벗을, 소매 걷어올릴.
	亶	亠	13	믿을, 진실로, 도타울.
	彖	彐	9	단, 판단할.
	团	囗	6	團의 俗字

음 오 행	한 자	부	획 수	뜻
달	達	辵	13(16)	다다를, 도착할, 이를. 達成
	撻	手	16(20)	매질할. (바로잡기 위해)
	獺	犬	19	수달. (水獺)
	疸	疒	10	황달, 얼굴이 누렇고 오줌도 누름.
火	澾	水	16(17)	미끄러울.
담	談	言	15	말씀, 이야기. 談笑(담소)
	淡	水	11(12)	묽을, 싱거울. 淡味
	擔	手	16(17)	멜, 짊어질, 책임질. 擔當
	潭	水	15(16)	깊을, 물가.
	膽	肉	17(19)	쓸개, 마음. 熊膽(웅담)
	曇	日	16	흐릴, 구름 낄, 佛法(불법).
	聃	耳	11	耼의 속자.(귀 바퀴 없을 담)
	譚	言	19	이야기, 클, 편안. 詩譚(시담)
火	澹	水	16	담박할, 움직일, 조용할.
	痰	疒	13	가래, 담, 간질, 천식, 지랄병.
	覃	襾	12	미칠, 퍼질.
	啖	口	11	먹을, 참, 姓.
	坍	土	7	무너질.
	憺	心	16(17)	편안할, 결정할, 평온할. 膽憺(담담)
17 자	湛	水	12(13)	즐길, 탐닉할.
	蕁	艸	16(18)	지모(지모과에 달린 여러해살이풀).
	錟	金	16	창, 찌름, 또는 가래.
당	當	田	13	당할, 대적할, 맡을. 擔當
	黨	黑	20	무리, 동아리, 일가. 朋黨(붕당)
	堂	土	11	집, 향의 학교, 평평할. 祠堂(사당)
	糖	米	16	사탕, 엿. 糖分(당분)
火	唐	口	10	당나라, 허풍. 羅唐
	棠	木	12	팥배나무, 해당화, 산앵도 나무.
	塘	土	13	못, 둑, 제방, 저수지.
	撞	手	15(16)	칠, 부딪힐, 두드릴.

음 오 행	한 자	부	획 수	뜻
11 자	幢	巾	15	기, 휘장.
	戇	心	28	어리석을, 외고집의.
	党	儿	10	오랑캐, 무리, 姓.
대 火 16 자	大	大	3	클, 넓을, 두루. 大國
	對	寸	14	대답할, 상대할. 相對
	代	人	5	대신할, 시대. 代理
	帶	巾	11	띠, 허리에 두를.
	臺	至	14	돈, 물건 얹는대. 鏡臺(경대)
	隊	邑	12(16)	대, 동아리, 줄, 무리. 軍隊
	待	彳	9	기다릴, 대비할, 갖출. 期待
	貸	貝	12	빌릴, 베풀. 貸與
	垈	土	8	터, 집터. 垈地
	袋	衣	11(12)	자루, 부대, 주머니. 布袋
	戴	弋	18	일, 머리에 이다, 느낄. 戴冠(대관)
	岱	山	8	대산, 오악의 하나, 클.
	擡	手	17(18)	들, 두 사람이 메다,
	玳	玉	9(10)	대모, 옥 이름.
	黛	黑	17	눈썹 먹, 먹으로 그린 눈썹.
	坮	土	8	대.
댁 火	宅	宀	6	댁, 집.
덕 火	德	彳	15	큰, 어진, 행위. 德行
	悳	心	12	덕, 선행.
도 火	稻	禾	15	벼. 稻米
	道	辵	13(16)	길, 사상, 이치. 道理
	度	广	9	법도, 기량. 制度
	都	邑	12(15)	도읍, 서울. 都市
	導	寸	16(19)	이끌, 충고할. 指導(지도)
	島	山	10	섬. 珍島(진도)
	圖	口	14	그림, 베낄. 圖案(도안)
	途	辵	11(14)	길, 도로.

음 오 행	한 자	부	획 수	뜻
도 火	到	刀	8	이를, 속일, 기만할. 到達
	徒	彳	10	무리, 동아리, 걷다. 徒步
	渡	水	12(13)	(물을)건널, 지나갈.
	陶	阜	11(16)	질그릇, 옹기장이. 陶器
	桃	木	10	복숭아나무. 桃園
	盜	皿	12(13)	훔칠, 도둑질. 竊盜(切盜)
	跳	足	13	뛸, 달아날.
	逃	辵	10(13)	달아날, 숨길. 逃亡
	挑	手	10(13)	휠, 굽을, 심지가 굳은.
	刀	刀	2	칼, 작은 배. 刀劍(
	倒	人	10	넘어질, 죽다, 거꾸로.
	禱	示	10	빌. 祈禱(기도)
	塗	土	13(14)	진흙, 칠하다. 塗色
	鍍	金	17	도금할. 鍍金(도금)
	萄	艸	12(14)	포도, 풀이름.
	燾	火	18	비출, 덮다, 가릴.
	屠	尸	12	잡을, 무찌를. 屠殺(도살)
	悼	心	11(12)	슬퍼할, 두려워 떨. 哀悼(애도)
	濤	水	17(18)	큰 물결, 조수. 波濤(파도)
	搗	手	13(14)	찧을, 두드릴. 搗精(도정)
	棹	木	12	노, 키, 젓다. 卓의 俗字
	淘	水	11(12)	일다, 물에 흔들어 가리다.
	滔	水	13(14)	물 넘칠, 차다.
	蹈	足	17	밟다, 걷다, 춤추다.
	堵	土	12	담, 담장, 이것, 저것.
	睹	目	14	볼, 분별할.
	賭	貝	16	노름, 걸다, 승부를 걸다. 賭博(도박)
	韜	韋	19	감출, 칼집, 활집.
	嶋	山	14	島와 동일
	櫂	木	18	노, 상앗대, 배.

음 오행	한자	부	획수	뜻
39자	覩	見	16	볼.
	掉	手	11(12)	흔들, 요동할.
독 火 10자	獨	犬	16	홀로, 외로울. 獨身
	讀	言	22	읽을, 문장의 구절. 讀書
	督	目	13	살필, 단속할, 바로잡을. 監督
	毒	毋	8	독, 해약. 毒素
	篤	竹	16	도타울, 인정 많을. 敦篤(돈독)
	禿	禾	7	대머리, 민둥산, 벗어지다.
	瀆	水	18(19)	도랑, 하수도, 더러워질.
	犢	牛	19	송아지.
	纛	糸	25	둑, 소꼬리.
	牘	片	19	편지, 나무조각, 책.
돈 火 10자	敦	攴	12	도타울, 힘쓸. 敦篤(돈독)
	豚	肉	11(13)	돼지, 복어, 흙부대. 豚肉
	頓	頁	13	조아릴, 깨질, 넘어질. 頓死(돈사)
	暾	日	16	아침해, 아침해가 솟아오르는 모양.
	燉	火	16	이글거릴, 불빛.
	墩	土	15	돈대, 평지보다 좀 높은 곳.
	沌	水	7(8)	어두울. 混沌(혼돈)
	惇	心	11(12)	도타울, 인정많을, 애쓸.
	盹	日	8	도타울, 친밀할, 정이 많을.
	焞	火	12	귀갑 지지는 불, 어스레할.
돌 火	突	穴	9	갑자기, 볼록하게 할. 突出(돌출)
	乭	乙	6	이름.
동 火	同	口	6	한가지, 같게, 함께, 同一
	東	木	8	동녘, 五行으로 木. 東洋
	洞	水	9	골, 고짜기, 빌. 洞內
	動	力	11	움직일, 살아날. 動力
	童	立	12	아이, 어리석을. 兒童
	銅	金	14	구리, 도장, 돈. 銅鑛(동광)

음 오 행	한 자	부	획 수	뜻
	冬	冫	5	겨울, 동면할. 冬節
	凍	冫	10	얼, 추울. 凍土
	桐	木	10	오동나무, 거문고, 姓.. 梧桐
	棟	木	12	용마루, 마룻대, 중임을 맡을.
	瞳	目	17	눈동자, 어리석은 모양, 무지개.
17자	董	艸	13(15)	동독할, 감독할, 거둘.
	胴	肉	10(12)	큰창자, 대장, 창자.
	憧	心	12(13)	그리워할, 그리움.
	潼	水	15(16)	강이름, 항아리.
	疼	疒	10	아플, 욱신거릴, 귀여워할.
	仝	人	5	同과 同一.
	頭	頁	16	머리, 꼭대기, 시초. 頭領(두령)
두	斗	斗	4	말, 용량단위. 斗麥(두맥)
	豆	豆	7	콩, 또는 팥. 大豆
	杜	木	7	팥 배나무, 막다, 닫다, 姓.
	痘	疒	12	천연두, 마마.
火	荳	艸	11(13)	콩.
	竇	穴	20	구멍, 물길.
	兜	儿	11	투구, 쓰개(여자들이 쓰는).
	枓	木	8	주두, 구기. 물, 술을 푸는 기구.
11자	讀	言	22	(읽을 讀) 구절, 토, 읽을.
	逗	辵	11(14)	머무를, 무덤.
	鈍	金	12	무딜, 어리석을, 완고할. 鈍濁(둔탁)
둔	屯	屮	4	진칠, 수비할. 駐屯(주둔)
	遁	辵	13(16)	달아날, 피할, 숨을. 隱遁(은둔)
火	遯	辵	15(18)	달아날, 숨을.
	臀	肉	17(19)	볼기, 밑, 바닥.
	芚	艸	8(10)	채소이름.
득 火	得	彳	11	얻을, 이익. 利得
등	等	竹	12	가지런할, 등급. 差等

음 오 행	한 자	부	획 수	뜻
등	登	癶	12	오를, 지위에 오를. 登廳(등청)
	燈	火	16	등, 등불, 부처의 가르침. 燈盞(등잔)
火	藤	艸	19(21)	등나무, 참깨.
	騰	肉	20(22)	오름, 값이 비싸짐. 暴騰(폭등)
	鄧	邑	15(18)	나라이름, 姓.
	謄	肉	17(19)	베낄, 등사할. 謄本(등본)
8자	橙	木	16	등자나무, 橙床(등상).
	嶝	山	15	고개(나지막한), 비탈길, 오르막.
	羅	网	19	벌릴, 새그물, 지남철. 網羅(망라)
라	螺	虫	17	소라(나).
	裸	衣	13(14)	벌거벗을. 全裸(전라)
火	喇	口	13(14)	나팔, 승려, 중.
	蘿	艸	23(25)	무, 미나리.
	懶	心	19(20)	게으를, 의욕 없을, 미워할.
	邏	辵	23(26)	순행할, 순라, 둘러막을.
9자	拏	手	9	붙잡을, 비빌.
	癩	疒	21	약물중독, 문둥병, 옴. (원자는 뢰)
	樂	木	15	즐길, 풍류, 음악. 娛樂(오락)
락	落	艸	13(15)	떨어질, 흩어질. 落葉(낙엽)
	洛	水	9(10)	강이름, 잇닿다. 洛東江(낙동강)
火	絡	糸	12	헌솜, 명주, 깁.
	珞	玉	10(11)	구설목걸이, 조약돌.
	酪	酉	13	진한유즙, 초, 술.
	烙	火	10	지질(화형), 화침, 형벌.
9자	駱	馬	16	낙타.
	諾	言	16	(낙) 대답할, 일, 승낙할. 承諾(승낙)
란	亂	乙	13	어지러울, 반역. 混亂(혼란)
	蘭	艸	21(23)	난초, 등나무, 풀이름. 梅蘭
火	卵	卩	7	알, 기르다, 굵다. 鷄卵(계란)
	欄	木	21	난간, 간막이, 울, 경계.

음 오행	한 자	부	획 수	뜻
9자	**爛**	火	21	문더러 질, 너무 익을, 다치어 헐.
	鸞	鳥	30	난새, 방울, 천사가 타는 수레.
	欒	木	23	나무이름, 가름새.
	瀾	水	20(21)	물결, 눈물이 흐르는 모양.
	丹	丶	4	원음는 단. 붉을, 정성, 신약.
랄 火	剌	刀	9	어지러울, 어그러질.
	辣	辛	14	매울, 언행이 매우 엄혹함.
람 火 10자	**覽**	見	21	(남) 볼, 비교하여볼. 閱覽(열람)
	濫	水	17(18)	(남) 퍼질, 함부로 할. 氾濫(범람)
	藍	艸	18(20)	(남) 쪽, 마디풀과의 한해살이 풀.
	嵐	山	12	(남) 남기, 산 속의 아지랑이.
	襤	衣	19(20)	(남) 누더기.
	籃	竹	20	(남) 바구니, 큰 광주리.
	攬	手	24(25)	(남) 잡다, 손에 쥐다, 따다.
	纜	糸	27	(남) 닻줄.
	欖	木	25	(남) 감람나무.
	擥	手	18	(남) 攬과 동일.
랍 火	拉	手	8	(납) 데려갈, 꺾을. 拉致(납치)
	蠟	虫	21	(납) 밀랍, 밀초, 벌집에서 짠 기름.
	臘	肉	19(21)	(납) 납향, 승려의 한해.
랑 火 8자	**郞**	邑	10(14)	(낭) 사나이, 젊은이. 花郞
	浪	水	10(11)	(낭) 물결, 파도. 放浪(방랑)
	廊	广	10	(낭) 복도. 行廊(행랑)
	朗	肉	11(13)	(낭) 밝을, 유쾌할. 明朗
	狼	犬	10	(낭) 이리, 어지러울, 짐승이름.
	琅	玉	11(12)	(낭) 옥이름, 푸른산호.
	瑯	玉	14(15)	(낭) 고을이름, 옥이름.
	螂	虫	16	(낭) 蜋과 동일. 사마귀.
래 火	**來**	木	8	(내) 올, 장래. 未來(미래)
	萊	艸	12(14)	(내) 명아주, 묵정밭.

음 오행	한자	부	획수	뜻
래	崍	山	11	(내) 산이름.
	徠	彳	11	(내) 올, 위로할.
랭 火	冷	冫	7	(냉) 찰, 식힐. 冷水
략 火	略	田	11	(약) 다스릴, 빼앗을. 戰略
	掠	手	11(12)	(약) 노략질할, 빼앗을, 書法의 하나.
량 火 13자	量	里	12	(양) 헤아릴, 길이, 좋을. 適量
	良	艮	7	(양) 좋을, 어질. 良質(양질)
	兩	入	8	(양) 두, 짝, 아울러.
	糧	米	18	(양) 양식, 식량의 총칭. 食糧
	梁	木	11(12)	(양) 들보, 다리, 교량.
	輛	車	15	(양) 수레, 필적, 비슷할.
	亮	亠	9	(양) 밝을, 명석할, 진실.
	凉	冫	10	(양) 涼의 俗字. 서늘할.
	諒	言	15	(양) 믿을, 참, 진실.
	倆	人	10	(양) 재주, 두사람.
	樑	木	15	(양) 들보, 대들보.
	粮	米	13	(양) 糧과 동일.
	粱	木	13(14)	(양) 기장, 옳은 곡식.
려 火	麗	鹿	19	(여) 고울, 우아. 짝지을. 秀麗(수려)
	旅	方	10	(여) 군사, 나그네, 무리. 旅行(여행)
	廬	广	19	(여) 오두막, 여인숙, 주막.
	勵	力	17	(여) 힘쓸, 권장할. 獎勵(장려)
	呂	口	7	(여) 음률, 姓, 나라이름.
	慮	心	15	(여) 생각할, 근심할. 念慮(염려)
	濾	水	18(19)	(여) 그를, 씻을, 맑게할. 濾過(여과)
	侶	人	9	(여) 짝, 벗할.
	閭	門	15	(여) 이문, 문, 마을의 문.
	犁	牛	11	(떨 류, 여) 얼룩소, 떨, 밭 갈다.
	戾	戶	8	(여) 어그러질, 벗어날.
	黎	黍	15	(여) 검을, 무렵, 녘. 黎明(여명)

음 오행	한 자	부	획 수	뜻
려	櫚	木	19	(여) 종려나무, 모과나무.
	礪	石	20	(여) 거친숫돌, 숫돌.
	蠣	虫	21	(여) 굴(조개).
	藜	艸	19	(여) 나라이름.
	驢	馬	26	(여) 나귀, 당나귀.
19자	驪	馬	29	(여) 가라말, 검은, 나라(산)이름.
	儷	人	21	(여) 짝, 한쌍, 부부, 동우리.
력	力	力	2	(역) 힘, 힘쓸. 努力
	歷	止	16	(역) 지낼, 뛰어넘을. 歷史
	曆	曰	16	(역) 冊曆(책력), 수, 역법.
火	轢	車	22	(역) 삐걱거릴, 치다, 부수다.
	礫	石	20	(역) 조약돌. 丹礫(단력)
7자	瀝	水	19(20)	(역) 거를, 받칠.
	靂	雨	24	(역) 벼락, 천둥.
련	聯	耳	17	(연) 잇달, 연결. 聯合(연합)
	蓮	艸	15(17)	(연) 연밥, 연꽃. 木蓮(목련)
	連	辵	11(14)	(연) 잇닿을, 연결. 連絡(연락)
	練	糸	15	(연) 익힐, 경험할. 熟練(숙련)
火	鍊	金	17	(연) 불릴, 정련, 단련. 製鍊(제련)
	漣	水	14(15)	(연) 물놀이, 우는 모양.
	戀	心	23	(연) 사모할, 그리움. 戀情(연정)
	煉	火	13	(연) 불릴, 쇠를 달구어 정련 할.
	憐	心	15(16)	(연) 불쌍할, 가엽을. 可憐(가련)
	攣	手	23	(연) 걸릴, 연관될, 이어질.
12자	輦	車	15	(연) 손수레, 나를.
	璉	玉	15(16)	(연) 瑚璉(호련), 제기, 이을.
렬	烈	火	10	(열) 세찰, 위엄, 매울. 烈女
	列	刀	6	(열) 줄, 벌릴, 반열. 行列(항열)
火	裂	衣	12	(열) 찢을, 무너질. 缺裂(결열)
	劣	力	6	(열) 못할, 미치지 못할. 優劣(우열)

음 오 행	한 자	부	획 수	뜻
6자	洌	水	9(10)	(열) 맑을, 찰, 한랭할, 강 이름.
	冽	冫	8	(열) 찰, 차가운 바람.
렴 火	廉	广	13	(염) 淸廉(청렴)할, 곧을, 검소할.
	濂	水	16(17)	(염) 내 이름.
	斂	攴	17	(염) 거둘, 모을.
	殮	歹	17	(염) 염할, 大殮(대염).
	簾	竹	19	(염) 발, 珠簾(주렴).
렵 火	獵	犬	18	(엽) 사냥, 잡을. 狩獵(수렵)
령 火 18 자	令	人	5	(영) 영, 우두머리, 좋을, 命令
	領	頁	14	(영) 옷깃, 목, 가장 요긴한 곳.
	嶺	山	17	(영) 재, 산봉우리. 秋風嶺(추풍령)
	靈	雨	24	(영) 神靈(신령), 하늘, 영혼.
	玲	玉	9(10)	(영) 옥 소리, 아롱아롱할.
	齡	齒	20	(영) 나이, 年齡(연령).
	零	雨	13	(영) 조용히 오는 비, 이슬비.
	鈴	金	13	(영) 방울, 수레의 양쪽 휘장.
	伶	人	7	(영) 영리할, 사환, 사령.
	怜	心	8(9)	(영) 영리할, 지혜로울, 불쌍히 여길.
	翎	羽	11	(영) 깃, 화살 깃.
	囹	口	8	(영) 옥, 감옥. 囹圄(영어)
	羚	羊	11	(영) 羚羊(영양).
	笭	竹	11	(영) 도꼬마리, 향기로운 풀 이름.
	岺	山	8	(영) 재. 峻岺(준령)
	逞	辵	11(14)	(영) 굳셀, 왕성할, 즐거울.
	寧	宀	14	(녕, 영) 편안할. 康寧(강녕)
	聆	耳	11	(영) 들을, 깨달을, 따를.
례 火	禮	示	18	(예) 예도, 禮節(예절).
	例	人	8	(예) 법식, 보기, 다. 凡例(범례)
	隸	隶	16	(예) 隷와 同一. 붙다, 닿다, 따르다.
	醴	酉	20	(예) 단술, 달다, 맛좋은.

음 오 행	한 자	부	획 수	뜻
5자	澧	水	16(17)	(예) 강이름.(호남성에서 동정호로)
로	**路**	足	13	(노) 길, 겪는 일, 크다. 道路
	魯	魚	15	(노) 노둔 할, 姓, 미련 할.
	勞	力	12	(노) 일할, 힘쓸. 勞力
	老	老	6	(노) 늙은이, 쇠할. 老人
	盧	皿	16	(노) 밥그릇, 姓. 火爐
	露	雨	20	(노) 이슬, 적실. 寒露(한로)
	虜	虍	12	(노) 捕虜(포로), 사로잡을, 하인.
	爐	火	20	(노) 화로, 香爐(향로).
	擄	手	16(17)	(노) 사로잡을, 노략질 할.
火	蘆	艸	20(22)	(노) 갈대, 무, 이삭이 피지 않은.
	瀘	水	19(20)	(노) 강 이름.
	櫓	木	19	(노) 방패, 망루, 노.
	鷺	鳥	19	(노) 해오라기.
	輅	車	13	(노) 수레, 임금의 수레.
	鹵	鹵	11	(노) 소금, 개펄, 염밭, 황무지.
18자	怒	心	9	(노) 성낼, 화, 힘쓰다. 怒濤(노도)
	撈	手	15(16)	(노) 잡을, 건질, 끙게.
	潞	水	15(16)	(노) 강 이름.
록	**祿**	示	13	(녹) 복, 祿俸(녹봉), 행복.
	錄	金	16	(녹) 기록할, 베낄. 錄音(녹음)
	綠	糸	14	(녹) 초록빛. 綠色(녹색)
	鹿	鹿	11	(녹) 사슴, 곳집, 권좌에 비유.
火	麓	鹿	19	(녹) 산 기슭, 산림.
	碌	石	13	(녹) 돌 모양, 자갈 땅, 나무 깎을.
	菉	艸	12(14)	(녹) 조개풀, 적다, 기록할.
론 火	**論**	言	15	(논) 말할, 발표할. 言論(언론)
롱	弄	廾	7	(농) 희롱할, 가지고 놀. 戱弄(희롱)
	籠	竹	22	(농) 대그릇, 삼태기.
	瀧	水	19(20)	(농) 비 올, 강 이름, 여울, 급류.

음 오 행	한 자	부	획 수	뜻
火	朧	肉	20(22)	(농) 흐릿할. 朦朧(몽롱)
	瓏	玉	20(21)	(농) 옥 소리, 바람 소리.
	聾	耳	22	(농) 귀 먹을, 어리석을. 聾啞(농아)
	壟	土	19	(농) 언덕, 밭이랑, 무덤, 뫼.
뢰 火	賴	貝	16	(뇌) 힘 입을, 의지, 依賴(의뢰).
	雷	雨	13	(뇌) 雨雷(우뢰), 천둥, 번개.
	儡	人	17	(뇌) 꼭두각시, 영락할, 피로할.
	賂	貝	13	(뇌) 賂物(뇌물), 재화.
	牢	牛	7	(뇌) 우리, 가축을 기르는 곳.
	磊	石	15	(뇌) 돌무더기.
	瀨	水	19(20)	(뇌) 여울, 급류.
	賚	貝	15	(뇌) 줄, 下賜(하사)할.
료 火 12 자	料	米	10	(요) 헤아릴, 되질할. 料金
	了	亅	2	(요) 마칠, 깨달을, 밝을. 終了
	療	疒	17	(요) 병 고칠, 앓을. 診療(진료)
	僚	人	14	(요) 同僚(동료), 벼슬아치, 예쁠.
	遼	辵	16(19)	(요) 멀, 늦출. 遼遠(요원)
	瞭	目	17	(요) 밝을, 멀, 새 이름.
	蓼	艸	15(17)	(요) 여뀌, 춘추시대 나라이름.
	聊	耳	11	(요) 귀가 울, 의지할, 힘 입을.
	廖	广	14	(요) 공허할, 姓, 나라이름.
	燎	火	16	(요) 화톳불, 비출.
	寮	宀	15	(요) 벼슬아치, 동료, 집.
	鬧	鬥	15	(뇨, 요) 시끄러울, 난만할, 성할.
룡 火	龍	龍	16	(용) 용, 임금. 龍床(용상)
루 火	累	糸	11	(누) 묶을, 동여맬. 累計(누계)
	樓	木	15	(누) 다락, 망루. 樓閣(누각)
	漏	水	14(15)	(누) 샐, 스며들, 비밀이 드러날.
	陋	辵	9(12)	(누) 좁을, 낮을. 陋醜(누추)
	淚	水	11(12)	(누) 눈물, 촛농이 흐를.

음 오 행	한 자	부	획 수	뜻
루	壘	土	18	(누) 진, 姓, 쌓을. 盜壘(도루)
	縷	糸	17	(누) 실, 가닥, 명주.
	屢	尸	14	(누) 창, 씨 뿌리는 수레.
	褸	衣	16(17)	(누) 襤褸(남루)할, 헐벗을.
	婁	女	11	(누) 별 이름, 성길, 거둘.
	瘻	疒	16	(누) 부스럼, 연주창, 혹.
13자	蔞	艸	15(17)	(누) 쑥, 姓, 풀이 자란 모양.
	鏤	金	19	(누) 샛길, 쇠붙이 장식.
류	**流**	水	9(10)	(유) 흐를, 떠내려갈. 流行
	類	頁	19	(유) 무리, 비견, 동류. 種類
	柳	木	9	(유) 버들, 성, 별자리 이름.
	留	田	10	(유) 머물, 기다릴. 停留
	劉	刀	15	(유) 죽일, 姓, 베풀, 이겨낼.
	硫	石	12	(유) 硫黃 (유황)
	瑠	玉	12	(유) 琉와 동일. 유리, 나라이름.
火	琉	玉	10(11)	(유) 瑠와 동일.
	溜	水	13(14)	(유) 방울져 떨어질, 여울.
	榴	木	14	(유) 석류나무.
	謬	言	18	(유) 그릇될, 기만, 속일.
	瘤	疒	15	(유) 혹.
	旒	方	13	(유) 깃발.
14 자	瀏	水	18(19)	(유) 맑을, 숲속에 부는 바람.
륙	六	八	4(6)	(육) 여섯, 죽일.
	陸	邑	11(14)	(육) 뭍, 陸地(육지).
火	戮	戈	15	(육) 죽일, 戮屍(육시)할, 형벌.
	僇	人	13	(육) 욕 보일, 죽일, 느릴
륜	**倫**	人	10	(윤) 人倫, 무리, 순서.
	輪	車	15	(윤) 바퀴, 수레, 수레를 세는 단위.
火	崙	山	11	(윤) 산이름. 崑崙(곤륜)
	綸	14	14	(윤) 낚싯줄, 실, 굵은실.

음 오행	한 자	부	획 수	뜻
6자	淪	水	11(12)	(윤) 물놀이, 잠길, 빠지다.
	侖	人	8	(윤) 둥글, 생각할.
률 火	律	彳	9	(율) 법, 정도, 자리. 法律
	率	玄	11	(율,)헤아릴, (장수 수, 거느릴 솔).
	栗	木	10	(율) 밤(나무), 여물.
	慄	心	11(12)	(율) 두려워할, 오싹할. 戰慄(전율)
隆 火	隆	阜	12(17)	(융) 클, 두터울. 隆盛(융성)
륵 火	勒	力	11	굴레, 억지로 할, 재갈. 彌勒(미륵)
	肋	肉	6(8)	(늑) 갈비, 힘줄. 肋骨(늑골)
름 火	凜	冫	15	(늠) 찰, 늠름할, 의젓한. 稼凜(가늠)
릉 火 6자	陵	阜	11(16)	(능) 언덕, 무덤, 임금의 무덤.
	凌	冫	10	(능) 능가할, 침범할.
	綾	糸	14	(능) 비단, 무늬있는 비단.
	菱	艸	12(14)	(능) 蔆과 동일. 마름, 물풀, 角질
	稜	禾	13	(능) 모, 모서리, 서슬, 논두렁.
	楞	木	13	(능) 모 * 불교에서는 이자를 사용.
리 火	理	玉	11(12)	(이) 다스릴, 옥갈, 통할. 理致
	利	刀	7	(이) 날카로울, 통할. 利益
	里	里	7	(이) 마을, 거리, 주거. 洞里
	李	木	7	(이) 오얏, 성, 열매.
	離	隹	19	(이) 떼어놓을, 나눌. 離別
	吏	口	6	(이) 벼슬아치, 다스릴. 官吏
	履	尸	15	(이) 밟을, 신, 신을. 履歷
	梨	木	11	(이) 배나무, 늙은이. 梨花
	裏	衣	13	(이) 속, 내부, 속마음. 表裏(표리)
	裡	衣	12(13)	(이) 裏와 동일.
	罹	网	16	(이) 근심, 어려움.
	悧	心	10(11)	(이) 영리할.
	籬	竹	25	(이) 울타리.
	鯉	魚	18	(이) 잉어, 서찰, 편지.

음 오행	한 자	부	획 수	뜻
리	痢	疒	12	(이) 설사, 痢疾(이질).
	厘	厂	9	(이) 釐의 속자. 다스릴, 고칠.
	犁	牛	12	(이) 얼룩소, 쟁기, 밭갈, 새벽.
	狸	犬	10	(이) 삵괭이.
	俚	人	9	(이) 속될, 부탁할.
	異	田	12	(이) 다를, 기이할. 異見
	唎	口	10	(이) 가는 소리.
	浬	水	10(11)	(이) 해리, 해상의 거리 단위.
	羸	羊	19	(이) 여윌, 약할, 앓을.
25자	莉	艸	11(13)	(이) 말리, 나무이름.
	璃	玉	15(16)	(이) 유리, 구슬이름.
린	隣	阜	15(20)	(인) 이웃. 隣接(인접)
	麟	鹿	23	(인) 麒麟(기린), 큰사슴 숫컷.
	燐	火	16	(인) 도깨비, 반딧불.
	璘	玉	16(17)	(인) 옥빛.
	躪	足	27	(인) 짓밟을, 蹂躪(유린)할.
火	鱗	魚	23	(인) 비늘, 물고기.
	藺	艸	20(22)	(인) 골풀, 燈心草, 조약돌.
9자	吝	口	7	(인) 아낄, 탐할, 욕심부릴.
	潾	水	15(16)	(인) 맑을, 돌샘, 석간수.
림	臨	臣	17	(임) 일할, 클, 君臨, 괘이름
	林	木	8	(임) 수풀, 같은 동아리. 儒林
	琳	玉	12(13)	(임) 아름다울 옥, 푸른 옥.
火	霖	雨	16	(임) 장마, 비가 그치지 않음.
	淋	水	11(12)	(임) 물 떨어질, 젖을, 방울질.
립	立	立	5	(입) 설, 확고할, 자리. 立地
	笠	艸	11	(입) 삿갓, 우리, 구리 때.
	粒	米	11	(입) 알, 쌀알, 구슬.
火	砬	石	10	(입) 돌 소리.
	粒	米	11	(입) 알, 쌀 알. 粒子(입자)

음 오 행	한 자	부	획 수	뜻
마 水 8자	馬	馬	10	말, 산가지. 牛馬
	痲	广	11	삼, 삼베.
	磨	广	16	갈, 문지를, 숫돌에 갈. 鍊磨
	摩	广	15	갈, 문지를, 磨와 同意語
	魔	广	21	마귀, 악귀, 요술. 惡魔
	瑪	玉	14(15)	瑪瑙(마노). (보석의 일종)
	碼	石	15	마노, 저울추.
	痲	疒	13	저릴, 痲痺(마비), 홍역.
막 水 6자	幕	巾	14(16)	막, 진. 軍幕(군막)
	莫	艸	11(13)	없을, 고요, 저물. 適莫(적막)
	漠	水	14(15)	砂漠(사막), 고요할.
	膜	肉	15(17)	막, 얇은 막, 어루만질.
	寞	宀	14	쓸쓸할, 寂寞(적막)막.
	邈	辵	18(21)	멀, 아득할, 경멸할.
만 水	萬	艸	13(15)	일만, 많은 수, 클. 萬壽
	滿	水	14(15)	찰, 가득할. 滿員
	慢	心	14(15)	게으를, 거만할, 오만할.
	晚	日	11	저물, 해질 무렵, 석양.
	漫	水	14(15)	질펀할, 넘칠.
	蠻	虫	21	오랑캐, 미개의.
	鰻	魚	22	뱀장어.
	灣	水	25(26)	물굽이, 굽이쳐 온곳. 港灣(항만)
	蔓	艸	15(17)	덩굴, 금, 뻗어 자랄.
	饅	食	20	饅頭(만두).
	娩	女	10	해산할, 아양떨. 分娩
	彎	弓	22	굽을, 화살의 시위를 당길.
	挽	手	10(11)	당길, 말릴. 挽留(만류)
	瞞	目	16	속일, 눈감을. 欺瞞(기만)
	巒	山	22	뫼, 산.
	輓	車	14	끌, 죽음을 애도하는 詩歌.

음 오 행	한 자	부	획 수	뜻
19자	万	一	3	일만, 姓.
	卍	十	6	만 자, 부처의 가슴에 있는 길상 표.
	曼	日	11	끌, 아름다울.
말 水 7자	末	木	5	끝, 나무꼭대기. 末尾(말미)
	襪	衣	20(21)	버선, 足衣.
	抹	手	8(9)	바를, 칠할, 문지를.
	沫	水	8(9)	거품, 물방울.
	靺	革	14	버선, 종족이름. 靺鞨族(말갈족)
	唜	口	10	끝.
	茉	艸	9(11)	茉莉(말리), 목서과의 상록 관목
망 水 12 자	亡	亠	3	망할, 죽을. 亡人(망인)
	望	肉	11(13)	바랄, 원할. 希望(희망)
	忙	心	6(7)	바쁠, 조급할. 荒亡(황망)
	忘	心	7(8)	잊을, 끝날. 妄覺. (망각)
	妄	女	6	망령될, 거짓. 虛妄(허망)
	罔	网	8	그물, 어류. 罔赦(망사)
	茫	水	10(11)	아득할. 茫茫(망망)
	莽	艸	12(14)	우거질, 풀, 잡초.
	芒	艸	7(9)	까끄라기, 털, 바늘.
	邙	邑	6(10)	산 이름, 고을이름.
	輞	車	15	바퀴테.
	網	糸	14	그물, 규칙. 投網(투망)
매 水	賣	貝	15	팔, 속일, 내통할. 賣買(매매)
	買	貝	12	살, 姓.
	梅	木	11	매화, 장마. 梅實(매실)
	每	毋	7	매양, 늘, 언제나. 每日(매일)
	埋	土	10	묻을, 메울. 埋葬(매장)
	媒	女	12	仲媒(중매), 매개.
	妹	女	8	누이, 소녀. 男妹(남매)
	魅	鬼	15	도깨비, 홀릴, 미혹할.

음 오 행	한 자	부	획 수	뜻
매	昧	日	9	새벽, 동틀무렵, 어두울.
	邁	辵	17(20)	갈, 떠날.
	枚	木	8	줄기, 가지, 채찍.
	煤	火	13	그을음, 먹, 석탄.
14자	寐	宀	12	잠잘, 죽을, 곤들매기.
	罵	网	15	욕할, 꾸짖을.
맥	脈	肉	10(12)	맥, 血脈(혈맥), 줄기.
	麥	麥	11	보리, 묻을, 매미. 麥酒(맥주)
	貊	豸	13	북방민족이름, 고요, 맹수.
水	驀	馬	21	말탈, 갑자기.
	陌	阜	9(14)	두렁, 길, 경계.
맹	孟	子	8	맏, 처음, 힘쓸, 姓. 孟子
	盟	皿	13	맹세할, 약속. 聯盟(연맹)
	猛	犬	11	사나울, 용감할, 잔혹할. 猛獸(맹수)
水	盲	目	8	소경, 눈멀. 色盲(색맹)
	氓	氏	8	백성, 다른 나라에서 이민 온 백성.
6자	萌	艸	12(14)	싹, 움, 죽순.
멱	覓	見	11	찾을, 곁눈질.
水	冪	冖	16	덮을, 멱, 幕(막).
면	面	面	9	낯, 얼굴, 表面
	綿	糸	14	이어질, 연결될, 솜.
	勉	力	9	힘쓸, 강요할. 勤勉
	免	儿	7	면할, 벗을. 免除(면제)
	眠	目	10	잠잘, 시들. 永眠
	冕	冂	11	冕旒冠(면류관).
水	棉	木	12	목화. 棉類(면류)
	麵	麥	20	麪과 同一. 밀가루, 보릿가루.
	眄	目	9	애꾸눈, 곁눈질.
	緬	糸	15	가는실, 멀다.
11자	沔	水	7(8)	물흐를, 씻을, 빠질.

음 오행	한자	부	획수	뜻
멸 水	滅	水	13(14)	멸망할, 없어질. 滅失(
	蔑	艸	15(17)	업신여길, 없어질. 蔑視(멸시)
명 水 15 자	命	口	8	목숨, 운, 명령할. 運命
	明	日	8(10)	밝을, 환할. 明朗
	名	口	6	이름, 인명상. 人名
	鳴	口	14	울, 새소리. 鳥鳴(조명)
	銘	金	14	새길, 조각할. 刻銘(각명)
	冥	冖	10	어두울, 깊숙한. 冥靜(명정)
	溟	水	13(14)	어두울, 바다, 남북의 극.
	暝	日	14	어둡다, 해가 지다, 姓.
	螟	虫	16	마디, 배추벌레.
	皿	皿	5	그릇.
	茗	艸	10(12)	차의싹, 차, 늦게딴 차.
	酩	酉	13	술 취할.
	榆	木	12	홈통.
	瞑	目	15	눈감을, 소경.
	蓂	艸	14(16)	명협풀, 달력풀.
메 水	袂	衣	9(10)	소매, 옷깃.
모 水	母	毋	5	어미, 암컷. 母情
	毛	毛	4	털, 잎. 毛織
	慕	心	14(16)	그리워할, 원할. 思慕
	某	木	9	아무, 어느, 누구. 某氏
	謀	言	16	꾀할, 꾀, 헤아릴. 圖謀(도모)
	模	木	15	법, 본보기. 模範
	募	艸	13(15)	모을, 뽑을. 募集
	矛	矛	5	창. 矛盾
	貌	豸	14	얼굴, 다스릴.
	暮	日	15(17)	저녁, 해질 무렵, 밤, 늦을.
	謨	言	18	꾀, 책략. 模擬(모의)
	帽	巾	12	모자.

음 오 행	한 자	부	획 수	뜻
모 24자	眸	目	11	눈동자, 눈. 眸孔(모공)
	耗	耒	10	줄, 소비할. 消耗(소모)
	摸	手	14(15)	찾을, 잡을. 摸索(모색)
	冒	冂	9	무릅쓸, 덮을. 冒險(모험)
	侮	人	9	업신여길, 얕볼, 깔볼. 侮辱(모욕)
	牟	牛	6	보리, 소우는 소리, 탐할, 姓.
	茅	艸	9(11)	띠, 띳집.
	牡	牛	11	수컷, 陽, 왼쪽.
	姆	女	8	여 스승, 맏동서, 형님, 어미, 여자.
	摹	手	15(17)	베낄, 본뜰. 摹放(모방)
	瑁	玉	13(14)	書屋(서옥), 대모, 바다거북.
	芼	艸	8,(10)	풀 우거질.
목 水 7자	木	木	4	나무, 오행의 첫째. 木手
	目	目	5	눈, 안구, 눈여겨 볼. 目擊(목격)
	牧	牛	8	칠, 기를. 牧場
	穆	禾	16	화목할, 삼갈, 공경할.
	睦	目	13	和睦(화목)할, 공경할.
	沐	水	7(8)	머리감을, 멱 감을. 沐浴
	鶩	鳥	20	집오리, 달릴.
몰 水	沒	水	7(8)	가라앉을, 숨을. 埋沒(매몰)
	歿	歹	8	죽을, 끝날.
몽 水	夢	夕	14(16)	꿈, 공상. 夢想(몽상)
	蒙	艸	14(16)	입을, 덮을, 쌀. 啓蒙(계몽)
	朦	肉	18(20)	풍부할, 큰모양.
묘 水	卯	卩	5	넷째 地支, 무성할, 토끼.
	妙	女	7	묘할, 젊을(20세 안팎), 妙齡(묘령)
	苗	艸	9(11)	모, 어린, 곡식. 苗木
	廟	广	15	사당, 조상신주 모신곳. 宗廟(종묘)
	墓	土	14(16)	무덤, 墓地.
	昴	日	9	별자리 이름.

음 오 행	한 자	부	획 수	뜻
	杳	木	8	어두울, 멀, 아득할.
묘	描	手	12(13)	그릴. 描寫(묘사)
	猫	犬	12	고양이.
	錨	金	17	닻, 姓.
	渺	水	12(13)	작을, 아득할.
13자	竗	立	9	땅 이름.
	畝	田	10	(무) 이랑, 밭 넓이.
	戊	戈	5	다섯째 천간, 무성할, 창. 戊辰
	茂	艸	8(10)	우거질, 茂盛(무성)할.
무	武	止	8	굳셀, 자만할. 武士
	務	矛	11	일, 힘쓸. 勤務
	無	火	12	없을. 無事
	舞	舛	12	춤출, 춤. 舞姬
	貿	貝	12	바꿀, 교역할, 사다. 貿易
	霧	雨	19	안개, 어두울. 五里霧中
水	巫	工	7	무당, 산이름. 巫女
	畝	田	10	(묘) 이랑, 밭 넓이, 보.
	懋	心	17	힘쓸, 성대할.
	撫	手	15(16)	어루만질, (손으로愛撫) 누를.
	蕪	艸	16(18)	거칠어질, 잡초가 우거질.
	誣	言	14	誣告(무고)할, 깔볼, 사실을 굽힐.
	鵡	鳥	18	앵무새.
	拇	手	8(9)	엄지 손가락.
	毋	毋	4	말, 금지사, 없을(無), 不
	繆	糸	17	삼(麻), 묶을.
	无	儿	5	없을, 불경을 욀 때의 발어사.
	憮	心	15(16)	어루만질, 애무할.
23 자	楙	木	13	무성할, 아름다울.
	珷	玉	11(12)	옥돌.
	莯	艸	11(13)	비 이름, 흰 비름.

음 오행	한 자	부	획 수	뜻
묵 水	默	黑	16	묵묵할, 고요할. 沈默(침묵)
	墨	土	15	먹, 검을, 오대 刑罰의 하나.
문 水 12 자	文	文	4	글월, 무늬. 文章
	問	口	11	물을, 질문, 고할. 問答
	聞	耳	14	들을, 가르침 받을. 新聞
	門	門	8	문, 집안. 鐵門(철문)
	汶	水	7(8)	내 이름, 姓, 수치, 치욕, 더립힐 문.
	紋	糸	10	무늬, 주름살.
	紊	糸	10	어지러울.
	蚊	虫	10	모기.
	刎	刀	6	목벨, 끊을.
	吻	口	7	입술, 입가. 入吻(입문)
	們	人	10	들, 무리.
	雯	雨	12	구름무늬. 雲雯(운문)
물 水	物	牛	8	萬物(만물), 일, 종류, 무리
	勿	勹	4	말, 아닐, 깃발. 勿論
	沕	水	7(8)	아득할, 숨길, 어슴푸레할.
미 水	未	木	5	아닐, 미치지 못할. 未完
	美	羊	9	아름다울, 좋을. 美人
	味	口	8	맛, 의미. 別味
	米	米	6	쌀, 조, 기타 곡식. 米穀
	尾	尸	7	꼬리, 뒤, 흘레할. 後尾(후미)
	迷	辵	10(13)	미혹할, 헤멜. 迷宮(미궁)
	微	彳	13	작을, 숨을, 자질구레. 微示(미시)
	眉	目	9	눈썹, 노인.
	彌	弓	17	두루, 그칠, 빛고을. 彌勒(미륵)
	薇	艸	17	고비, 들완두, 풀이름.
	媚	女	12	아첨부릴, 아양떨.
	嵋	山	12	산이름.
	渼	水	12(13)	물놀이, 못이름.

음 오 행	한 자	부	획 수	뜻
미	靡	广	19	쓰러질, 쏠릴, 연루될.
	謎	言	17	수수께끼, 헛갈릴.
	梶	木	11	나무끝, 우듬지.
	楣	木	13	문미, 처마.
19 자	湄	水	12(13)	물가, 더운물, 湯(탕)
	黴	彳	23	곰팡이, 검다, 썩다.
민	民	氏	5	백성, 易의 坤. 國民(
	敏	攴	11	재빠를, 민첩할, 영리할. 英敏(영민)
	憫	心	15(16)	근심할, 苦憫(고민)할, 가엾을.
	閔	門	12	위문할, 마음 아파할.
	珉	玉	9(10)	옥돌 민.
	旼	日	8	화락할, 하늘.
	玟	玉	8(9)	옥돌, 불 구슬, 지명.
水	旻	日	8	하늘.
	悶	心	12	煩悶(번민), 어두울.
	愍	心	13	번민할, 근심할, 불쌍히 여길.
	泯	水	8(9)	망할, 뒤섞일.
13자	岷	山	8	산이름, 강이름.
	緡	糸	15	낚싯줄, 입힐.
밀	密	山	11	빽빽할, 촘촘할. 情密(정밀)
水	蜜	虫	14	꿀. 蜜蜂(밀봉)
	謐	言	17	고요할, 조용할.
박	迫	辵	9(12)	닥칠, 접근할. 迫頭(박두)
	朴	木	6	순박할, 성, 후박나무.
	博	十	12	넓을, 평탄할. 博識(박식)
	拍	手	8(9)	칠, 어루만질. 拍手(박수)
水	泊	水	8(9)	배댈, 머무를. 碇泊(정박)
	薄	水	17(18)	엷을, 적을, 가벼울. 薄弱(박약)
	舶	舟	11	큰배, 상선. 船舶(선박)
	搏	手	13(14)	잡을, 가질. 捕縛(포박)

음 오 행	한 자	부	획 수	뜻
박	駁	馬	14	얼룩말, 섞일, 그릇될.
	剝	刀	10	벗길, 괘 이름, 상처날. 剝製(박제)
	縛	糸	16	묶을, 束縛(속박)할.
	箔	竹	14(15)	발, 蠶箔(잠박), 금속의 작은 조각.
	撲	手	15(16)	칠, 때려눕힐.
	璞	玉	16(17)	옥돌, 본바탕.
	膊	肉	14(16)	포, 책형, 고기 말린 것.
	珀	玉	9(10)	호박.
19자	粕	米	11	지게미, 술 짠 찌꺼기.
	雹	雨	13	누리, 우박.
	樸	木	16	통나무.
반	反	又	4	되돌릴, 뒤집을. 反對(반대)
	半	十	5	반, 조각. 半牧(반목)
	飯	食	13	밥, 먹을, 기를. 朝飯(조반)
	般	舟	10	돌, 나를, 옮길. 一般
	盤	皿	11	소반, 대야, 밑받침. 錚盤(쟁반)
	班	玉	10(11)	나눌, 반. 班別(반별)
	返	辵	8(11)	돌아올, 바꿀. 返還(반환)
	叛	又	9	배반할. 謀叛(모반)
	伴	人	7	짝. 伴侶(반려)
	搬	手	13(14)	옮길, 나를, 이사갈. 運搬(운반)
	潘	水	15(16)	뜨물, 姓, 소용돌이.
	斑	文	12(14)	얼룩무늬. 斑點(반점)
	畔	田	10	두둑, 논밭의 경계.
水	攀	手	19	더위 잡을, 매달릴.
	礬	石	20	명반, 유황함유의 광물의 일종.
	泮	水	8(9)	학교.
	拌	手	8(9)	버릴, 쪼갤, 가르다.
	蟠	虫	18	서리다, 두르다.
	磻	石	17	강 이름, 주살돌 추.

음 오 행	한 자	부	획 수	뜻
반 25자	槃	木	14	쟁반, 소반, 머뭇거릴.
	頒	頁	13	나눌, 구분할, 분포할.
	絆	糸	11	줄, 얽매는 줄.
	瘢	疒	15	흉터, 자국, 주근깨.
	盼	目	9	눈 예쁠, 볼, 눈 움직이는 모양.
	磐	石	15	너럭바위, 뒤얽힐.
발 水 11자	發	癶	12	쏠, 필, 보낼. 發射(발사)
	拔	手	8(9)	뺄, 공격할, 찾을. 拔萃(발췌)
	髮	髟	15	터럭, 머리카락. 毛髮(모발)
	撥	手	15(16)	다스릴, 덜. 分撥(분발)
	醱	酉	19	술이 괼.
	魃	鬼	15	가물귀신.
	鉢	金	13	바리때, 중의 밥그릇.
	勃	力	9	우쩍 일어날, 갑자기. 勃發(발발)
	跋	足	12	밟을, 넘어갈.
	潑	水	15(16)	뿌릴, 물이 셀, 물이 튀길.
	渤	水	12(13)	바다이름, 물소리. 渤海(발해)
방 水	方	方	4	모, 방향, 각. 方位
	房	戶	8	방. 福德房(복덕방)
	防	阜	7(12)	둑, 막을, 대비할. 防衛(방위)
	放	攴	8	놓을, 추방할. 放免(방면)
	訪	言	11	찾을, 訪問(방문)할.
	芳	艸	8(10)	꽃다울, 향기. 芳年(방년)
	傍	水	12	곁, 성, 의지할. 傍聽(방청)
	妨	女	7	妨害(방해)할, 거리낄.
	倣	人	10	본뜰, 의지할. 模倣(모방)
	邦	邑	7(11)	나라, 서울. 東邦(동방)
	紡	糸	10	잣을, 실 뽑을, 걷다. 紡織(방직)
	肪	肉	8(10)	기름, 비계. 脂肪(지방)
	昉	日	8	마침, 비로소, 처음으로.

음 오 행	한 자	부	획 수	뜻
방	坊	土	7	동네, 저자, 가게.
	彷	彳	7	거닐, 어정거릴. 彷徨(방황)
	榜	木	14	매, 매질, 배 저을.
	蒡	艸	14(16)	인동덩굴, 흰 쑥, 우엉.
	尨	尢	7	삽살개, 섞일.
	龐	龍	19	클, 높을, 姓.
	謗	言	17	헐뜯을, 誹謗(비방)할.
	幇	巾	12	幫과 同一. 도울, 패.
	膀	肉	14(16)	쌍 배, 배.
	舫	舟	10	배, 뗏 목 .膀과 同一.
	旁	方	10	두루, 널리, 다가설.
	蚌	虫	10	방합, 민물조개.
	枋	木	8	다목.
28 자	滂	水	13(14)	비 퍼부을, 물이 질퍽한.
	磅	石	15	돌 떨어지는 소리, 기가 찬 모양.
배	**拜**	手	9	절, 감사할. 伏拜(복배)
	杯	木	8	잔, 그릇. 盃와 同一.
	盃	皿	9	杯와 同一.
	倍	人	10	갑절, 곱, 더할. 倍加(배가)
	配	酉	10	配偶者(배우자), 아내, 짝지워 줄.
	排	手	11(12)	밀칠, 물리칠. 排斥(배척)
	背	肉	9(11)	등, 뒤. 背後(배후)
	輩	車	15	무리, 동아리. 暴力輩(폭력배)
	培	土	11	북돋울, 불릴. 培養(배양)
	裵	衣	14	裴 字의 本字. 옷 치렁치렁할, 姓.
	北	匕	5	달아날, 북녘 북, 배반할.
水	賠	貝	15	물어줄, 賠償(배상)할.
	徘	彳	11	노닐, 徘徊(배회)할.
	俳	人	10	광대, 장난.
	陪	阜	11(16)	쌓아올릴, 더할.

음 오행	한 자	부	획 수	뜻
배 20자	褙	衣	14(15)	속적삼, 褙接(배접)할.
	胚	肉	9(11)	아이밸, 엉길, 시초. 胚胎(배태)
	湃	水	12(13)	물결일.
	裵	衣	14	옷 치렁치렁할, 姓, 裴와 同一
	焙	火	12	불에 쬘, 焙籠(배룡).
백 水 13자	白	白	5	흰, 날이새다. 白色
	百	白	6	일백, 모든. 百貨店
	伯	人	7	맏, 우두머리. 伯父
	栢	木	10	柏의 俗字. 나무이름, 측백나무.
	柏	木	9	나무이름, 측백, 冬柏
	佰	人	10	일백(人), 백사람.
	魄	鬼	15	넋, 형체, 달. 魂魄(혼백)
	帛	巾	8	비단, 풀이름.
번 水 10 자	番	田	12	차례, 갈마들. 番地(번지)
	煩	火	13	괴로워 할, 답답할. 煩惱(번뇌)
	繁	糸	17	많을, 성가실, 자주.
	飜	飛	21	펄럭일, 뒤집을. 飜覆(번복)
	蕃	艸	16(18)	우거질, 많을. 蕃雜(번잡)
	磻	石	17	(반) 강이름, 주살돌 추.
	藩	艸	19(22)	덮을, 지킬.
	樊	木	15	울, 울타리.
	幡	巾	15	기, 표기.
	燔	火	16	굽을, 말리다.
벌 水	罰	网	14	죄, 刑罰(형벌).
	伐	人	6	칠, 베다, 공적.
	閥	門	14	공훈, 공을 쌓다.
	筏	竹	12	뗏목.
범	凡	几	3	무릇, 다, 함께. 大凡(대범)
	犯	犬	5	범할, 어긋날, 욕보일. 犯罪(범죄)
	範	竹	15	법, 본. 模範(모범)

음 오 행	한 자	부	획 수	뜻
水 9자	汎	水	6(7)	뜰, 떠돌다. (汎濫)
	梵	木	11	梵語(범어), 인도의 고대문자.
	范	艸	9(11)	풀이름, 벌, 姓.
	帆	巾	6	돛(단배), 帆船(범선).
	氾	水	5(6)	넘칠, 떠다닐. 氾濫(범람)
	泛	水	8(9)	뜰, 띄울. 泛魚(범어)
법 水	法	水	8(9)	법, 예의, 도리. 法治
	琺	玉	12(13)	琺瑯(법랑), 불투명 유리 물질.
벽 水 11자	壁	土	16	벽, 울타리, 벼랑. 壁報(벽보)
	碧	石	14	푸른(옥). 碧溪(벽계)
	璧	玉	18	둥근, 아름다운.
	闢	門	21	열, 제거할, 피할.
	擘	手	17	엄지손가락, 찢을.
	劈	刀	15	쪼갤, 깨뜨릴.
	癖	疒	18	적취, 버릇.
	僻	人	15	후미질, 치우칠, 피할.
	霹	雨	21	벼락, 천둥, 뇌우.
	檗	木	17	황벽 나무.
	蘗	艸	21	황경 나무, 당귀.
변 水 7자	變	言	23	변할 변, 움직일. 變動(변동)
	辯	辛	21	말 잘할, 다스릴. 辯明(변명)
	辨	辛	16	분별 할, 나눌. 辨濟(변제)
	邊	辵	19(21)	가, 가장자리, 끝, 姓. 江邊(강변)
	卞	卜	4	조급할, 법, 姓.
	便	人	9	문득, 편할, 똥, 오줌. 便利(편리)
	弁	廾	5	고깔, 두려워할.
별 水	別	刀	7	나눌, 헤어질. 離別(이별)
	瞥	目	17	언뜻 볼, 잠깐 볼.
	鱉	魚	23	金鷄(금계), 금빛의 닭.
	鼈	黽	25	자라, 고사리.

음 오행	한자	부	획수	뜻
병	丙	一	5	남녘, 천간의 3째, 밝을. 丙午
	病	疒	10	병, 질환. 病患(병환)
	兵	八	7	군사, 싸움. 兵力
	竝	立	10	아우를, 견줄, 함께 할,姓.
	屛	尸	11	屛風(병풍), 담, 울.
	炳	火	9	밝을, 빛날, 잡을.
	秉	禾	8	잡을, 볏단. 秉權(병권)
	倂	人	10	아우를, 나란할, 겸할.
水	甁	瓦	11	병, 단지, 항아리. 花甁(화병)
	柄	木	9	자루, 손잡이, 권력.
	昞	日	9	밝을, 빛날.
	餠	食	17	떡, 먹을, 떡처럼 연한 먹을 것.
	騈	馬	18	나란히 할.
	幷	干	8	어우를, 함께 할.
17자	昺	曰	9	昞과 同一.
	棅	木	12	柄과 同一.
	軿	車	15	거마, 가벼운 軿車(병거).
보	步	止	7	걸음, 행위. 步兵
	保	人	9	지킬, 도울. 保障(보장)
	報	土	12	갚을, 알릴. 報道(보도)
	普	曰	12	널리, 두루, 중간, 普通(보통).
	譜	言	19	계보, 族譜(족보).
	補	衣	12(13)	기울, 도울, 補修(보수).
	寶	宀	20	보배, 寶物(보물), 神.
	甫	用	7	클, 아무개, 사나이.
	輔	車	14	덧방나무.
	褓	衣	14(15)	포대기.
水	堡	土	12	제방, 작은 성, 둑. 堡壘(보루)
	潽	水	15(16)	끓을.
	洑	水	9(10)	보, 나루, 배를 대는 곳.

음 오행	한자	부	획수	뜻
16 자	湺	水	12(13)	보.
	珤	玉	10(11)	보배.
	菩	艸	12(14)	보리, 보살, 자리, 멍석.
복 水	福	示	14	복, 도울. 幸福(행복)
	伏	人	6	엎드릴, 굴복할. 降伏(항복)
	服	肉	8(10)	옷, 입을. 衣服
	復	彳	12	돌아올, 다시. 復碁(복기)
	腹	肉	12(14)	배, 창자, 앞쪽. 腹部(복부)
	複	衣	14(15)	겹옷, 솜옷, 거듭. 複利(복리)
	卜	卜	2	점, 길흉을 알아볼. 占卜
	覆	襾	18	뒤집힐, 선도될. 顚覆(전복)
	馥	香	18	향기, 향기를 풍길.
	宓	宀	8	姓, 편안할, 몰래.
	輻	車	16	바퀴 살, 모여들.
	僕	人	14	종, 마부. 從僕(종복)
	鰒	魚	20	전복, 오분자기.
	蔔	艸	15	무, 치자 꽃.
	匐	勹	11	길, 엎드려 기어갈.
16 자	茯	艸	10(12)	茯笭(복령).
	輹	車	16	복 토.
본 水	本	木	5	根本(근본), 기초, 토대.
볼 水	乶	乙	8	음역자.
봉 水	奉	大	8	받들, 기댈. 奉公(봉공)
	逢	辵	11(14)	만날, 영합할. 相逢(상봉)
	峯	山	10	봉우리, 뫼. 峰頭(봉두): 峯頭와 同一
	峰	山	10	峯과 同一.
	封	寸	9	봉할, 封紙(봉지)
	鳳	鳥	14	鳳凰(봉황)새.
	捧	手	11(12)	捧供(봉공).
	蜂	虫	13	벌, 창날, 붐빌. 養蜂(양봉)

음 오 행	한 자	부	획 수	뜻
봉 16자	縫	糸	17	꿰 멜, 기울. 縫製(봉제)
	俸	人	10	녹, 급료. 俸給(봉급)
	棒	木	12	몽둥이, 막대기. 棒術(봉술)
	琫	玉	12(13)	칼집장식, 받치다.
	蓬	艸	15(17)	쑥, 흐트러질.
	鋒	金	15(17)	칼집, 첨단, 끝이 뽀쪽한.
	烽	火	11	烽火(봉화)
	熢	火	15	연기 자욱할.
부 水	夫	大	4	지아비, 장부. 夫婦(부부)
	扶	手	7(8)	도울, 붙들. 扶抑(부억)
	父	父	4	아비, 아버지. 父母(부모)
	富	宀	12	넉넉할, 가멸. 富裕(부유)
	部	邑	11(14)	거느릴, 나눌. 部分(부분)
	婦	女	11	며느리, 아내. 婦人(부인)
	否	口	7	(不와 同一) 아닐, 부정할. (否認)
	浮	水	10(11)	뜰, 떠오를. 浮漂(부표)
	付	人	5	줄, 붙일. 給付(급부)
	符	竹	11	부신, 符籍(부적).
	附	邑	8(12)	붙을, 의지할, 기댈. 添附(첨부)
	府	广	8	곳집, 마을, 관청. 官府(관부)
	腐	肉	14,(16)	썩을, 냄새날. 腐敗(부패)
	負	貝	9	질, 책임질, 등에질. 負擔(부담)
	副	刀	11	버금, 다음, 도움. 副長
	簿	竹	19	帳簿(장부), 회계.
	膚	肉	15	살 갗, 皮膚(피부), 껍질.
	赴	走	9	나아갈, 알릴, 訃告(부고)
	賦	貝	14	구실, 조세, 賦役(부역).
	腑	肉	12(14)	藏腑(장부), 마음, 오장육부.
	釜	金	10	가마, 큰솥. 釜山(부산)
	敷	攴	15	펼, 공포할, 나눌. 敷地(부지)

음 오 행	한 자	부	획 수	뜻
부	駙	馬	15	곁, 駙馬(부마), 가까울.
	芙	艸	8(10)	芙蓉(부용).
	復	彳	12	(복) 다시, 돌아올.
	孵	子	14	알 깔, 기를. 孵化(부화)
	賻	貝	17	賻儀(부의).
	斧	斤	8	도끼, 벨. 斧刀(부도)
	剖	刀	10	쪼갤, 가를. 解剖(해부)
	訃	言	9	訃告(부고), 죽음을 알리는 통지.
	缶	缶	6	장군, 액채를 담는 그릇의 일종.
水	傅	人	12	스승, 후견인.
	鳧	鳥	13	오리, 산 이름.
	趺	足	11	책상다리할, 발등.
	俯	人	10	구부릴, 숨을.
	埠	土	11	선창. (埠頭)
	咐	口	8	분부, 할, 숨을 뿜을.
	孚	子	7	미쁠, 참되고 믿음성 있을. 껍질.
	溥	水	13(14)	넓을, 포구.
44자	艀	舟	13	작은배.
	莩	艸	11(13)	풀이름, 갈대.
	阜	阜	8	언덕, 큰 나라.
북 水	北	匕	5	북, 북녘, 도망칠. 南北
분	分	刀	4	나눌, 구별. 分別(분별)
	紛	糸	10	어지러워질, 섞일. 紛失
	粉	米	10	가루, 분, 쌀가루. 粉末(분말)
	奔	大	9	달릴, 패주할. 奔走(분주)
	墳	土	15	무덤, 둑, 제방. 墳墓(분묘)
	憤	心	15(16)	성낼, 결낼. 憤怒(분노)
水	奮	大	16	떨칠, 성낼. 興奮(흥분)
	盆	皿	9	동이, 밥짓는 그릇.
	噴	口	15	뿜을, 꾸짖을.

음 오 행	한 자	부	획 수	뜻
분	芬	艸	8(10)	향기로울, 온화할, 어지러울.
	糞	米	17	똥, 더러운 것, 떨다. 糞尿(분뇨)
	雰	雨	12	안개, 어지러울.
	汾	水	7(8)	클, 성한.
	賁	貝	12	클, 날랠.
水	忿	心	8	성낼, 원망할.
	焚	火	12	불사를, 탈. 焚香(분향)
	扮	手	7(8)	꾸밀, 아우르다. 扮裝
19자	吩	口	7	뿜을, 명령할.
	盼	日	8	햇빛.
불	不	一	4	아닐, 새 이름. 不死鳥(불사조)
	佛	人	7	부처, 어렴풋할. 佛心
	拂	手	8(9)	떨, 추어올릴. 拂下
水	弗	弓	5	(不) 아닐.
	彿	彳	8	비슷할, 구별 못 할.
붕	朋	肉	12	벗, 친구, 무리. 朋友
	崩	山	11	무너질, 앓을. 崩壞(붕괴)
	鵬	鳥	19(23)	대붕 새, 크고 한번에 구만리 나는 새.
水	棚	木	12	시렁, 선반.
6자	硼	石	13(17)	붕산, 硼砂(붕사).
	繃	糸	17	묶을, 포대기. 繃帶(붕대)
비	比	比	4	견줄, 따를. 比肩(비견)
	悲	心	12	슬플, 비애. 悲劇(비극)
	非	非	8	아닐, 배반. 非情(비정)
	飛	飛	9	날, 오를. 飛行(비행)
	鼻	鼻	14	코, 구멍. 鼻炎(비염)
	備	人	12	갖출, 準備(준비).
水	批	手	7(8)	칠, 손으로 때릴. 批判(비판)
	卑	十	8	낮을, 천할. 卑下(비하)
	碑	石	13	(네모)돌기둥. 碑石(비석)

음 오행	한자	부	획수	뜻
비 水	**肥**	肉	8(10)	살찔, 거름. 肥大(비대)
	妃	女	6	王妃, 여신.
	秘	禾	10	숨길, 秘密(비밀).
	費	貝	12	쓸, 消費(소비)할.
	婢	女	11	여자 종, 소첩. 婢妾(비첩)
	泌	水	8(9)	샘물 흐르는 모양.
	緋	糸	14	붉은빛(명주).
	匕	匕	2	匕首(비수),숟가락, 화살의 촉.
	砒	石	9	비상, 원소의 하나.
	庇	广	7	덮을, 그늘, 감싸다. 庇護(비호)
	琵	玉	12(13)	비파(琵琶).
	匪	匚	10	대상자, 폐백용 상자, 아닐.
	沸	水	8(9)	(물)끓을.
	痺	疒	13	암 메추라기.
	榧	木	14	榧子(비자)나무.
	蜚	虫	14	바퀴, 곤충이름.
	誹	言	15	헐뜯을, 誹謗(비방)할.
	扉	戶	12	집, 문짝, 주거.
	毘	比	9	毗와 同一. 도울, 힘을 보탤.
	譬	言	20	譬喩(비유)할, 깨우칠.
	翡	羽	14	물총새.
	鄙	邑	14(17)	다라울, 인색할, 어리석을.
	秕	禾	9	쭉정이, 더러울, 질 나쁜 쌀.
	丕	一	5	클, 으뜸, 받들.
	裨	衣	13(14)	도울, 보좌할.
	憊	心	16	피곤할, 고달플, 앓을.
	臂	肉	17(19)	팔, 희생의 앞발.
	菲	艸	12(14)	엷을, 보잘 것 없을, 채소이름.
	斐	文	12	오락가락할.
	枇	木	8	비파(枇杷)나무, 악기이름.

음 오 행	한 자	부	획 수	뜻
	毖	比	9	삼갈, 근신할.
42자	毗	田	9	도울, 힘 보탤, 쇠태 할. 毘와 同一
	妣	女	7	죽은 어미. 顯妣(현비)
	貧	貝	11	가난할. 貧困(빈곤)
	頻	頁	16	자주, 급박. 頻繁(빈번)
빈	賓	貝	14	손, 손님. 賓客(빈객)
	彬	彡	11	빛날, 밝을.
	斌	文	12	빛날, 뒤범벅 된 모양.
	嬪	女	17	아내, 부인의 높임말.
	濱	水	17(18)	물가, 끝.
	瀕	水	19(20)	물가, 임박할.
水	殯	歹	18	염할, 대렴. 草殯(초빈)
	牝	牛	6	암컷, 음, 꼴자기.
	檳	木	18	빈랑나무.
14 자	嚬	口	19	찡그릴, 누살 찌뿌릴, 웃음.
	浜	水	10(11)	(선거 병) 물가.
	玭	玉	8(9)	구슬이름.
	聘	耳	13	찾아갈, 방문할. 招聘(초빙)
빙	氷	水	5	얼음. 氷河
水	憑	心	16	기댈, 의거, 붙을. 憑依(빙의)
	騁	馬	17	말달릴, 회포를 풀.
	巳	己	3	여섯째 지지, 삼진날. 자식, 태아.
	四	口	5(4)	넉, 넷. 四方
사	士	士	3	선비, 일할. 進士
	仕	人	5	벼슬할, 섬길. 奉仕
	寺	寸	6	절. 寺刹(사찰)
	史	口	5	역사, 기록된 문서. 史觀(사관)
金	使	人	8	하여금, 시킬. 使節(사절)
	舍	舌	8	집, 머무는 곳. 幕舍(막사)
	射	寸	10	쏠, 궁술. 射擊(사격)

음 오행	한 자	부	획 수	뜻
사	謝	言	17	사례(謝禮)할, 용서를 빌.
	師	巾	10	스승. 師父
	死	歹	6	죽을, 죽은자. 死亡
	絲	糸	12	실, 실을 잣을. 連絲(연사)
	私	禾	7	사사로울, 개인. 公私
	思	心	9	생각할, 어조사, 마음. 思想
	事	亅	8	일, 전념할. 萬事
	司	口	5	맡을, 벼슬. 司法
	詞	言	12	말씀, 알릴, 고할. 詞林(사림)
	蛇	虫	11	뱀, 자벌레, 별자리. 毒蛇(독사)
	捨	手	11(12)	버릴, 집착을 버릴. 捨心(사심)
	邪	邑	7(10)	간사할, 치우칠. 邪慾(사욕)
	賜	貝	15	줄, 하사(下賜)할.
	斜	斗	11	비낄, 기울, 굽을. 斜視(사시)
	詐	言	12	속일, 거짓말 할. 詐欺(사기)
	社	示	8	토지의 신, 단체. 社團(사단)
	沙	水	7(8)	모래, 사막(沙漠).
	査	木	9	조사(調査) 할.
	似	人	7	같을, 닮을. 似而非(사이비)
	寫	宀	15	베낄, 옮겨놓을. 複寫(복사)
	辭	辛	19	말, 논술. 送辭(송사)
金	斯	斤	12	이, 어조사, 사물의 대명사.
	祠	示	10	제사(祭祀).
	飼	食	14	먹이, 사료(飼料), 기르다.
	泗	水	8(9)	물 이름, 콧물. 泗川(사천)
	砂	石	9	모래, 약 이름. 砂漠(사막)
	祀	示	8	제사(祭祀), 해(年).
	赦	赤	11	용서할, 사면(赦免), 姓.
	奢	大	12	사치(奢侈)할, 자랑할.
	嗣	口	13	이을, 후임자.

음 오 행	한 자	부	획 수	뜻
사	紗	糸	10	깁, 외올.
	徙	彳	11	옮길, 넘을. 移徙(이사)
	獅	犬	13	사자(獅子).
	瀉	水	18(19)	쏟을, 물을 붇다.
	唆	口	10	부추길, 꼬드길. 唆事(사사)
	娑	女	10(11)	춤출, 범어(梵語).
	些	二	7	적을, 어조사.
	篩	竹	16	체, 치거나 거르는 기구.
	蓑	艸	14(16)	도롱이, 덮을.
	乍	ノ	5	잠깐, 갑자기.
	伺	人	7	엿볼, 찾을.
金	麝	鹿	21	사향(麝香)노루.
	裟	衣	13(14)	가사(袈裟), 승려의 옷.
	渣	水	12(13)	찌끼, 강 이름.
	莎	艸	11(13)	향 부자, 베짱이.
	肆	聿	13	방자할, 거리낌없을.
	僿	人	15	잘게 부술, 상의 없을, 막을.
	梭	木	11	북, 베를 짤 때 쓰는 기구.
	駟	馬	15	사마(四馬), 용 네 마리.
60자	俟	人	9	클, 떼 지을.
	柶	木	9	수저, 윷, 숟가락.
삭	削	刀	9	깎을, 범할. 削髮
	朔	肉	10(12)	초하루, 매월 1일.
金	數	攴	15	(셀 수) 자주, 세다.
	索	糸	10	동아줄, 선택할, 꼴.
산	山	山	3	산, 뫼, 무덤. 泰山
	産	生	11	낳을, 만들. 生産
	散	攴	12	흩뜨릴, 헤어질. 離散(이산)
金	算	竹	14	셀, 수, 대 바구니. 計算
	酸	酉	14	초, 식초(食醋), 시다.

음 오 행	한 자	부	획 수	뜻
산	汕	水	6(7)	오구, 고기 잡는 기구.
	傘	人	12	우산(雨傘).
	珊	玉	9(10)	산호(珊瑚), 패옥.
	蒜	艸	14(16)	달래, 작은 마늘.
	刪	刀	7	깎을.
12자	疝	疒	8	사증, 허리나 아랫배가 아픈 병.
	霰	雨	20	싸라기 눈.
살	殺	殳	11	죽일, 베다. 殺傷(살상)
	薩	艸	18(20)	보살(菩薩).
	撒	手	15(16)	뿌릴, 놓을. (撒布)
金	乷	乙	8(9)	음역자.
	煞	火	13	죽일, 결속할, 단속할.
삼	三	一	3	석, 세 개. 三伏
	森	木	12	나무 빽빽할, 수풀. 森林
	參	厶	11	셋, 간여할. 參與(참여)
	蔘	艸	15(17)	人蔘(인삼), 가지가 치솟다.
	衫	衣	8(9)	적삼, 내의 윗도리, 옷.
金	滲	水	14(15)	스밀, 밸, 새다, 흘러들다.
	杉	木	7	삼나무.
8자	芟	艸	8(10)	벨, 제거할, 큰 낫.
삽	揷	手	12(13)	꽂을, 집어넣을. 揷入(삽입)
	颯	風	14	바람소리.
金	澁	水	15(16)	澀과 同一. 떫을, 껄끄러울.
	鈒	金	12	창, 무기의 일종.
상	上	一	3	위, 하늘, 임금. 上位
	尙	小	8	오히려, 바라건데, 높을.
金	常	巾	11	법, 恒常(항상), 도의.
	償	人	17	갚을, 報償(보상).
	商	口	11	헤아릴, 장사. 商人(상인)
	相	目	9	서로, 볼, 바탕. 相對(상대)

음 오 행	한 자	부	획 수	뜻
상	霜	雨	17	서리, 해, 세월. 星霜(성상)
	想	心	13	생각할, 형상. 想像
	傷	人	13	상처, 이지러질. 傷痕(상흔)
	喪	口	12	죽을, 상제. 喪失
	嘗	口	14	맛볼, 시험할. 嘗試(상시)
	裳	衣	14(15)	치마, 외출복, 화려한 옷.
	詳	言	13	자세할. 詳細(상세)
	床	广	7	牀의 俗字. 상, 밥상, 책상.
金	象	豕	12	코끼리, 상아, 형상(形象), 모양.
	祥	示	11	상서(祥瑞)로울, 복.
	像	人	14	형상, 본뜬 형상, 닮다.
	桑	木	10	뽕나무, 뽕따다. 桑蠶(상잠)
	賞	貝	15	상줄, 기릴. 賞牌(상패)
	狀	犬	8	형상, 문서 장, 모양. 狀況
	箱	竹	15	상자(箱子), 곳집, 곁채.
	翔	羽	12	높이 날, 날개를 펼.
	湘	水	12(13)	강 이름.
	庠	广	9	학교, 殷, 周 나라때의 향교.
	爽	大	11	시원할, 밝을.
	橡	木	16	상수리 나무.
	廂	广	12	행랑, 곁간.
30 자	孀	女	20	과부. 靑孀(청상)과부
	觴	角	18	잔, 잔의 총칭.
	峠	山	9	고개. 峠道(상도)
새	塞	土	13	변방, 성채. 要塞(요새)
	璽	玉	19(20)	도장, 옥새(玉璽)
金	賽	貝	17	굿할, 신풀이로 감사할.
색	色	色	6	빛, 색채(色彩), 형상, 모양.
	索	糸	10	찾을, 동아줄, 노. 檢索(검색)
	塞	土	13	막힐, 변방, 요새.

음 오행	한 자	부	획 수	뜻
金	穡	禾	18	거둘, 농사, 아낄. 稼穡(가색)
	嗇	口	13	아낄, 인색(吝嗇)할.
생 金	生	生	5	날, 태어날. 生命(생명)
	牲	牛	9	희생(犧牲).
	甥	生	12	생질(甥姪), 자매의 아들.
	笙	竹	11	생황, 관악기의 일종.
	省	目	9	(살필 성) 덜, 살필, 명심할.
서 金	西	襾	6	서녘, 깃들일. 西向(서향)
	序	广	7	차례, 담. 序列(서열)
	書	曰	10	글, 기록, 문자. 書冊(서책)
	署	网	14	관청. 官署(관서)
	敍	攴	11	차례, 순서, 베풀. 敍說(서설)
	庶	广	11	여러, 많을. 庶民(서민)
	恕	心	10	용서(容恕)할, 깨닭을.
	暑	曰	13	더울, 여름. 避暑(피서)
	緖	糸	15	실마리, 시초. 端緖(단서)
	徐	彳	10	천천히, 평온, 姓. 徐行(서행)
	瑞	玉	13(14)	상서(祥瑞), 길조.
	誓	言	14	맹세할, 훈계할. 誓約(서약)
	鼠	鼠	13	쥐, 간신배의 비꼬는말. 鼠生(서생)
	棲	木	12	살, 거처를 정할.
	嶼	山	17	섬, 작은섬.
	逝	辵	11(14)	갈, 떠날. 逝去(서거)
	曙	日	18	새벽, 아침, 날이밝을. 曙光
	舒	舌	12	펼, 열.
	抒	手	7(8)	풀, 퍼낼, 토로할. 抒情(서정)
	栖	木	10	깃들일(새가), 살, 묵을.
	犀	尸	12	무소(뿔), 굳다.
	薯	艸	18(20)	참마, 산 약재.
	胥	肉	9(11)	서로, 함께, 게장, 게 젓.

음 오 행	한 자	부	획 수	뜻
서	黍	禾	12	기장, 오곡의 하나.
	墅	土	14	농막, 들, 교외.
	鋤	金	15	호미, 김맬.
	壻	土	12	사위, 사나이, 남편.
	絮	糸	12	솜, 버들개지, 눈송이.
30자	捿	手	11	栖, 捿와 同一.
	筮	竹	13	점 대, 점치다.
석	石	石	5	돌. 石造
	夕	夕	3	저녁, 밤, 쏠릴. 夕陽
	昔	日	8	예, 오랜. (昔昔 : 옛날 옛날에)
	惜	心	11(12)	아낄, 안타까울. 惜別
	席	巾	10	자리, 앉음새. 坐席
	析	木	8	가를, 쪼갤. 分析(분석)
	釋	釆	20	풀, 내버릴. 解釋(해석)
金	錫	金	16	주석, 줄, 하사할.
	碩	石	14	클, 가득할.
	奭	大	15	클, 姓, 붉을.
	晳	曰	12	밝은, 분명한. 明晳(명석)
	淅	水	11(12)	쌀일, 씻은 쌀.
	汐	水	6(7)	조수(潮水).
15자	潟	水	15(16)	개펄.
	蓆	艸	14(16)	자리, 넓고 많음.
선	先	儿	6	먼저, 나아갈, 옛날. 先生
	仙	人	5	神仙(신선), 고상한 사람.
	線	糸	15	줄, 실. 鐵線(철선)
	鮮	魚	17	고을, 깨끗할. 新鮮(신선)
	善	口	12	착할, 정당. 善行
金	船	舟	11	배, 옷깃. 船泊
	選	辵	16(19)	가려 뽑을, 좋을. 選擇
	宣	宀	9	베풀, 공포할. 宣言

음 오 행	한 자	부	획 수	뜻
선	旋	方	11	돌, 회전할, 되돌아 올. 旋回(선회)
	禪	示	17	봉사(封祀), 하늘에 제사지냄.
	腺	肉	13(15)	샘, 생명체 안의 분비기관. 舌腺
	瑄	玉	13(14)	도리 옥, 여섯 치 큰 옥.
	璇	玉	15(16)	아름다운 옥, 북두칠성의 둘째별.
	璿	玉	18(19)	아름다운 옥.
	扇	戶	10	사립문, 부채. 翠扇(취선)
	銑	金	14	끌, 무쇠. 銑鐵(선철)
	繕	糸	18	기울, 고칠. 修繕(수선)
金	詵	言	13	많을, 모일.
	膳	肉	16(18)	반찬, 드릴. 膳飯(선반)
	煽	火	14	부칠, 꼬드길. 風煽(풍선)
	蟬	虫	18	매미, 이을, 연속.
	渲	水	12(13)	바림, 색상이 흐려짐.
	羨	羊	13	부러워 할, 탐낼.
	癬	疒	22	옴, 종기, 옮김.
	蘚	艸	21(23)	이끼.
	僊	人	13	춤출, 仙人.
	跣	足	13	맨발, 돌아다닐.
	嬋	女	15	고울, 잇닿을.
32자	敾	攴	16	글 잘 쓸.
	琁	玉	11(12)	옥, 구슬.
	鐥	金	20	복자, 좋은 쇠.
	饍	食	21	膳과 同一. 반찬, 드릴.
설	雪	雨	11	눈, 씻을. 白雪
	說	言	14	말씀, 말, 도리. 說明
	設	言	11	베풀, 세울. 設立
金	舌	舌	6	혀, 과녁 양쪽의 귀.
	洩	水	9(10)	샐, 姓, 비밀이 누출되다. 洩氣
	卨	卜	11	사람이름.

음 오 행	한 자	부	획 수	뜻
설	薛	艸	17(19)	姓, 향 부자, 맑은 대 쑥.
	楔	木	13	문설주, 쐐기.
	屑	尸	10	가루, 부스러기.
	渫	水	12(13)	칠, 흩어질, 흐를.
	泄	水	8(9)	샐, 흐를, 싸다. 泄瀉(설사)
13자	褻	衣	17(18)	더러울, 속옷, 무람 없을.
	齧	齒	21	물, 뜯을, 갉아먹을, 침식할.
섬	纖	糸	23	가늘, 고운 비단. 纖維(섬유)
	殲	歹	21	다 죽일, 멸할. 殲滅(섬멸)
	閃	門	10	번쩍일, 깜박일. 閃光(섬광)
	蟾	虫	19	두꺼비, 달.
	暹	辵	16(19)	해 돋을, 나라이름. (태국)
金	贍	貝	20	넉넉할, 도울.
	剡	刀	10	땅 이름, 날카로울.
8자	陜	阜	10(15)	고을이름. (陜川: 합천, 협천)
섭	涉	水	10(11)	건널, 거닐. 涉步(섭보)
	燮	火	17	불꽃, 익힐, 삶을. 燮和(섭화)
金	攝	手	21(22)	당길, 쥘. 包攝(포섭)
	葉	艸	13(15)	(잎 엽). 잎, 姓, 풀 성귀.
	姓	女	8	姓(성), 겨레. 姓氏
	性	心	8(9)	性品(성품), 성질, 목숨.
성	成	戈	7	이루어질, 정하여질. 成功
	城	土	10	성, 나라, 도읍. 邑城
	誠	言	14	정성(精誠), 삼갈, 참될.
	盛	皿	12	담을, 채울. 盛儀(성의)
	省	目	9	살필, 깨닭을. 省察(성찰)
	星	日	9	별, 오성(五星).
金	聖	耳	13	성인(聖人), 성 스러울.
	聲	耳	17	소리, 음향. 聲優(성우)
	晟	日	11	밝을, 환할.

음 오 행	한 자	부	획 수	뜻
성 18자	腥	肉	13(15)	비릴, 비린 냄새.
	醒	酉	16	깰(술, 잠 등), 깨닫다.
	惺	心	16	영리할, 슬기로울.
	猩	犬	12	성성이, 붉은빛, 무자비할.
	筬	竹	13	바디, 베틀, 대나무 이름.
	宬	宀	10	서고, 장서실.
	珹	玉	11(12)	옥 이름, 구슬이름.
세 金 9자	世	一	5	대(代), 세상(世上).
	洗	水	9(10)	씻을, 깨끗할. 洗手(세수)
	稅	禾	12	稅金(세금), 구실, 징수할.
	細	糸	11	가늘, 미미할, 작을. 細技(세기)
	勢	力	13	氣勢(기세), 무리, 불알.
	歲	止	13	해, 세월. 過歲(과세)
	貰	貝	12	세낼, 용서할. 傳貰(전세)
	笹	竹	11	조릿대.
	說	言	14	달랠. (말씀 설, 기쁠 열, 벗을 탈)
소 金	所	戶	8	바, 일정한 장소(場所), 위치.
	少	小	4	적을, 약간. 少額(소액)
	小	小	3	작을, 약간. 小貪大失(소탐대실)
	消	水	10(11)	사라질, 쇠퇴할. 消滅(소멸)
	素	糸	10	흴. 흰빛. 要素(요소)
	笑	竹	10	웃을, 꽃필. 一笑(일소)
	召	口	5	부를, 결과를 가져옴. 召喚(소환)
	昭	日	9	밝을, 환할.
	蘇	艸	20(22)	깨어날, 소생(蘇生)할, 풀이름.
	騷	馬	20	떠들, 시끄러울. 騷擾(소요)
	燒	火	16	사를, 불태울. 全燒(전소)
	訴	言	12	하소연 할, 고할. 訴訟(소송)
	掃	手	11	쓸, 버릴. 掃除(소제)
	疏	疋	12	疎와 同一. 트일, 통할. 疏通(소통)

음 오행	한자	부	획수	뜻
소	蔬	艸	15	푸성귀, 채소(菜蔬).
	疎	疋	11	疏와 同一. 트일, 통할.
	紹	糸	11	이을, 알선할, 도울. 紹介(소개)
	沼	水	8(9)	늪, 못.
	巢	巛	11	집, 보금자리.
	韶	音	14	풍류음악, 이을. 韶樂(소악)
	塑	土	13	토우, 흙을 이겨 만든 형상.
	逍	辵	11(14)	거닐, 노닐.
	邵	邑	8(12)	고을(邑)이름.
金	梳	木	11	빗을, 머리 빗다.
	遡	辵	14(17)	(물)거슬러 올라갈.
	蕭	艸	16(18)	맑은 대쑥, 삼갈.
	簫	竹	18	퉁소, 순 임금 음악 이름.
	炤	火	9	밝을, 반딧불.
	溯	水	13(14)	遡와 同一. 물 거슬러 올라갈.
	宵	宀	10	밤, 야간, 작을.
	銷	金	15	녹일, 흩어질.
	嘯	口	15	휘파람 불, 읊조릴.
	搔	手	13(14)	긁을, 마음 움직일.
	瀟	水	19(20)	강 이름.
37자	甦	生	12	穌의 俗字. 긁어모을.
	瘙	疒	15	종기, 부스럼.
	篠	竹	16	(속음 조) 조릿대, 가는 대.
속	俗	人	9	풍속(風俗), 이을.
	速	辵	11(14)	빠를. 過速(과속)
	續	糸	21	이을. 相續(상속)
	屬	尸	21	(이을 촉) 엮을, 맡길.
金	束	木	7	묶을, 포박할. 束縛(속박)
	粟	米	12	조, 오곡의 총칭.
	涑	水	10(11)	헹굴, 다시 빨.

음 오행	한 자	부	획 수	뜻
9자	贖	貝	22	속바칠, 재물로 면죄 받을. 代贖(대속)
	謖	言	17	일어날, 바람이 부는 모양.
손 金 6자	孫	子	10	손자(孫子), 자손, 새싹, 姓.
	損	手	13(14)	덜, 줄일. 損害(손해)
	遜	辵	14(17)	겸손(謙遜)할, 몸 낮출, 양보할.
	巽	己	12	손괘, 동남쪽, 공손할.
	蓀	艸	14(16)	풀 이름, 창포.
	飡	冫	11	저녁밥, 먹을, 지을.
솔 金	率	玄	11	거느릴, 이끌. 統率(통솔)
	帥	巾	9	(거느릴 수) 거느림.
송 金 8자	松	木	8	소나무. 老松(노송)
	送	辵	10(13)	보낼, 쫓을. 送達(송달)
	訟	言	11	송사(訟事)할, 재물로 다툴.
	頌	頁	13	기릴, 칭송(稱頌)할.
	誦	言	14	욀, 암송(暗誦)할.
	悚	心	10(11)	두려워 할, 당황할. 惶悚(황송)
	宋	宀	7	姓, 송나라.
	淞	水	11(12)	강 이름.
쇄 金	刷	刀	8	쓸, 닦을. (쇠사슬 쇄)
	鎖	金	18	쇠사슬, 자물쇠, 잠글.
	碎	石	13	(잘게)부술, 깨뜨릴. 粉碎
	殺	殳	11	(죽일 살). 빠를, 죽일, 지울.
	灑	水	22(23)	뿌릴, 끼얹다. 청소할.
쇠 金	衰	衣	10	쇠할, 약해질.
	釗	金	10	사람이름, 밝을, 힘쓸.
수 金	水	水	4	물, 오행의 하나. 水路(수로)
	手	手	4	손, 사람, 힘. 木手(목수)
	受	又	8	받을, 누릴, (이익) 얻을. 接受(접수)
	授	手	11(12)	줄, 내려질. 授受(수수)
	首	首	9	머리, 앞, 먼저. 首領(수령)

음 오 행	한 자	부	획 수	뜻
수 金	守	宀	6	지킬, 정조, 직책. 守節(수절)
	收	攴	6	거둘, 정제(整齊)할. 收去(수거)
	誰	言	15	누구, 어떤 이, 옛날.
	須	頁	12	모름지기, 수염, 마땅히. 必須(필수)
	洙	水	9(10)	강 이름, 물가 수
	愁	心	13	시름. 憂愁(우수)
	樹	木	16	나무, 담. 樹木(수목)
	壽	士	14	목숨. 壽命(수명)
	數	攴	15	셀, 계산할. 數理(수리)
	修	人	10	닦을, 고칠. 修繕(수선)
	囚	囗	5	가둘, 죄인. 罪囚(죄수)
	秀	禾	7	빼어날, 높이 솟을. 秀麗(수려)
	需	雨	14	구할, 기다릴. 需要(수요)
	帥	巾	9	장수, 거느릴, 통솔할. 元帥(원수)
	殊	歹	10	죽일, 단절할, 결심할.
	隨	阜	16(23)	따를, 수행할, 나라 이름.
	輸	車	16	나를, 옮길. 輸送(수송)
	獸	犬	19	짐승, 말린 고기. 猛獸(맹수)
	睡	目	13	잘, 잠. 睡眠(수면)
	遂	辵	13(16)	이를, 마칠. 完遂(완수)
	雖	隹	17	비록, 그러나, ~하더라도
	綬	糸	14	인끈, 실. 印綬(인수)
	髓	骨	23(26)	골수, 중심의 응고. 滴天髓(적천수)
	搜	手	13(14)	찾을, 고를. 搜査(수사)
	垂	土	8	드리울, 가, 끝. 垂簾(수렴)
	蒐	艸	14(16)	모을, 꼭두서니, 사냥할. 蒐集(수집)
	酬	酉	13	갚을, 배상할. 報酬(보수)
	粹	米	14	순수(純粹), 아름다울.
	穗	禾	17	이삭, 벼. 落穗(낙수)
	繡	糸	18	수, 수놓을, 姓.

음 오 행	한 자	부	획 수	뜻
수 金 60자	銖	金	14	무게단위, 1냥의 24분의1.
	鬚	髟	22	수염, 동물의 입가에 난 털.
	羞	羊	11	바칠, 드릴, 음식물. 羞飯(수반)
	脩	肉	11(13)	포, 고기를 저미어 말린 포.
	燧	火	17	봉화, 부싯돌, 횃불. 烽燧(봉수)
	狩	犬	9	사냥, 군사조련. 狩獵(수렵)
	綏	女	13	편안할, 안심할.
	竪	立	13	豎의 俗字. 비루할, 더벅머리, 천할.
	隋	阜	12(17)	(제사지내고 남은 고기 타)수나라.
	蓚	艸	14(16)	수산.
	邃	辵	18(21)	깊을, 심오할.
	瘦	疒	15	파리할, 여윌. 瘦瘠(수척)
	岫	山	8	산굴, 산꼭대기.
	袖	衣	10(11)	소매, 소매속에 넣다.
	嗽	口	14	기침할, 양치질 할, 빨.
	藪	艸	19(21)	늪, 덤불, 구석진 곳.
	戍	戈	6	지킬, 무기로 국경을 지킬.
	銹	金	15	녹 쓸, 또 녹.
	嫂	女	13	형수, 부인의 老稱.
	漱	水	14(15)	양치질 할, 씻을.
	茱	艸	10(12)	수유(의 열매).
	峀	山	8	산굴.
	琇	玉	11(12)	옥돌이름, 아름다운.
	讐	言	23	원수(怨讐), 갚을.
	璲	玉	17(18)	패옥, 허리에 차는 옥.
	隧	阜	16(21)	길, 도로, 굴, 교외.
숙 金	叔	又	8	아재비, 젊다. 叔父(숙부)
	淑	水	11(12)	맑을, 정숙(貞淑)할.
	宿	宀	11	묵을, 숙박(宿泊)할. 머물.
	肅	聿	12	엄숙(嚴肅)할, 정숙할.

음 오 행	한 자	부	획 수	뜻
숙	**孰**	子	11	어느, 누구, 살필.
	熟	火	15	익을, 익힐, 이룰. 熟知(숙지)
	塾	土	14	글방, 과녁.
	夙	歹	6	일찍, 삼갈, 옛날의.
	菽	艸	12(14)	콩, 대두, 콩잎.
	潚	水	15(16)	빠를, 姓.
	琡	玉	12(13)	옥 이름, 큰 홀.
12자	璹	玉	18(19)	옥 그릇, 옥 이름.
순	**旬**	日	6	열흘, 십년, 一旬
	順	頁	12	순할, 거스르지 않을. 順行
	純	糸	10	생사, 실, 순수(純粹).
	殉	歹	10	따라죽을, 구할. 殉葬(순장)
	盾	厂	9	방패, 피할, 벼슬이름. 矛盾
	循	彳	12	좇을, 돌, 말할. 循環(순환)
	脣	肉	11(13)	입술, 가, 언저리, 꼭 맞을.
	瞬	目	17	눈 깜짝할 사이, 잠깐. 瞬間(순간)
	巡	巛	7(10)	돌, 어루만질. 巡察(순찰)
	淳	水	11(12)	순박할, 인정 도타울. 淳朴(순박)
	舜	舛	12	순임금, 무궁화, 뛰어날.
	洵	水	9(10)	참으로, 진실로. 眞洵(진순)
	筍	竹	12	竹筍(죽순), 악기 다루는 틀.
	珣	玉	10(11)	옥 이름, 옥 그릇.
	恂	心	9(10)	정성, 미쁠, 진실.
金	錞	金	16	악기이름, 물미, 낮을.
	醇	酉	15	진한 술, 醇一, 변하지 않을.
	馴	馬	13	길들, 馴從할.
	荀	艸	10(12)	풀이름, 주의 제후이름.
	詢	言	13	물을, 자문할.
	楯	木	13	난간, 방패.
	徇	彳	9	주창할, 호령할, 군령을 내릴.

음 오행	한자	부	획수	뜻
순	栒	木	10	가름 대나무.
	橓	木	16	무궁화 나무.
	蓴	艸	15(17)	순 채, 수련과의 다년생 풀.
	蕣	艸	16(18)	무궁화.
27자	諄	言	15	타이를, 알뜰할, 도울.
술 金	戌	戈	6	개, 열 한 번째 地支. 戊戌年
	術	彳	11	꾀, 계략, 규칙, 수단. 技術
	述	辵	9(12)	지을, 표현할, 말할. 陳述
	鉥	金	13	돗바늘, 이끌.
숭 金	崇	山	11	높을, 존중할. 崇尙(숭상)
	嵩	山	13	높을, 산 이름. 嵩山(숭산)
	崧	山	11	우뚝 솟을, 산 이름.
슬 金	瑟	玉	13(15)	거문고, 많은 모양, 엄숙할.
	膝	肉	15(17)	무릎.
	蝨	虫	15	이, 반풍자, 참깨.
습 金	濕	水	17(18)	축축할, 습기(濕氣).
	習	羽	11	익힐, 연습(演習)할.
	襲	衣	22	엄습(掩襲)할, 이을, 계승.
	拾	手	9(10)	주울, 칼집, 팔지. 拾得(습득)
	褶	衣	16(17)	주름, 겹옷, 승마복.
승 金	承	手	8	받들, 공경할, 이을. 承服
	昇	日	8	오를, 해가 뜰. 昇天
	勝	肉	12(14)	이길, 뛰어날. 勝利
	僧	人	14	중, 마음 편한. 僧侶
	乘	丿	10	탈, 오를, 업신여길.
	升	十	4	되, 승괘, 주역의 64괘의 하나.
	丞	一	6	도울, 이을.
	繩	糸	19	줄, 捕繩(포승), 법도.
	陞	阜	10(15)	오를, 나아갈.
10 자	蠅	虫	19	파리.

음 오 행	한 자	부	획 수	뜻
시	市	巾	5	저자, 시장(市場), 시가.
	示	示	5	보일, 가르칠, 알릴. 示威(시위)
	是	日	9	옳을, 바를. 是非(시비)
	時	日	10	때. 時期(시기)
	詩	言	13	시, 시경(詩經), 악보.
	視	示	12	볼, 살필. 視覺(시각)
	施	方	12	베풀, 널리 전할. 施行(시행)
	試	言	13	시험(試驗)할, 맛볼.
	始	女	8	처음, 시작(始作), 근본.
	矢	矢	5	화살, 벌려놓을, 맹세할.
	侍	人	8	모실. 侍女(시녀)
	媤	女	12	시가(媤家), 남편의 집.
	柴	木	9	섶, 거칠, 왜소한 잡목.
	屍	尸	9	주검. 屍體(시체)
	猜	犬	11	새암할, 원망할, 싫어할..
	嘶	口	15	울, 흐느낄.
金	弑	弋	12	죽일. 戮屍(육시)
	匙	匕	11	숟가락, 열쇄. 匙鍵(시건)
	尸	尸	3	주검, 시체, 시동.
	翅	羽	10	날개, 나는 모양, 다만~이 아니라.
	蒔	艸	14(16)	모종낼, 옮겨 심을, 풀이름
	蓍	艸	14(16)	시초, 비수리, 점대, 서죽(筮竹).
	恃	心	9(10)	믿을. 恃臣(시신)
	諡	言	16	시호(諡號). (망자에 임금이 내림)
	豺	豸	10	승냥이.
30자	柿	木	9	柹의 俗字. 감나무, 감. 甘柹(감시)
	屎	尸	9	똥, 끙끙거릴, 앓을.
	豕	豕	7	돼지. 豕豚(시돈)
	兕	儿	8	외 뿔 들소, 무소의 암컷.
	偲	人	11	굳셀, 똑똑할.

음 오행	한 자	부	획 수	뜻
씨 金	氏	氏	4	각시. 氏族
식 金 15 자	食	食	9	밥, 먹을거리. 飮食
	式	弋	6	법, 기준, 규칙. 方式
	植	木	12	심을, 뿌리를 박을. 植木
	識	言	19	알, 판별할. 知識(지식)
	息	心	10	숨쉴, 호흡, 자녀. 子息
	飾	食	14	꾸밀, 치장할. 裝飾(장식)
	殖	歹	12	번성할, 자랄. 繁殖(번식)
	湜	水	12(13)	물 맑을, 엄정할.
	軾	車	13	수레난간, 수레 막이 나무.
	寔	宀	12	이, 참으로, 진실로.
	埴	土	11	찰흙, 점토, 진흙.
	拭	手	9(10)	닦을, 챙길.
	蝕	虫	15	좀먹을, 일, 월식, 썩어들.
	熄	火	14	꺼질, 그칠, 망할.
	篒	竹	15	대 밥통.
신 金	身	身	7	몸, 신체(身體), 나 자신.
	申	田	5	원숭이, 아홉째 地支, 납.
	神	示	10	귀신, 정신(精神), 혼, 불가사이.
	臣	臣	6	신하(臣下).
	信	人	9	믿을, 분명히 할. 信義
	辛	辛	7	매울, 고생할. 辛苦(신고. 맵고 씀)
	新	斤	13	새, 처음. 新聞(신문)
	伸	人	7	펼, 기지개 할. 伸鐵(신철)
	晨	日	11	새벽, 아침. 晨光(신광)
	愼	心	13(14)	삼갈, 진실로, 이룰. 愼重(신중)
	迅	辵	7(10)	신속(迅速), 빠른.
	腎	肉	12(14)	콩팥, 오장의 하나. 腎臟(신장)
	娠	女	10	애밸, 잉태할, 하인. 姙娠(임신)
	薪	艸	17(19)	섶나무, 풀, 잡초.

음 오행	한자	부	획수	뜻
신	紳	糸	11	큰 띠, 묶을.
	呻	口	8	끙끙거릴, 웅얼거릴, 읊조릴.
	莘	艸	11(13)	긴 모양, 족도리 풀.
	燼	火	18	깜부기 불, 타다 남은 불.
	蜃	虫	13	무명조개, 이무기.
	訊	言	10	물을, 하문할. 訊問(신문)
	宸	宀	10	집, 처마, 대궐, 하늘, 허공.
	辰	辰	7	(지지 진) 날, 때, 지지(다섯번 째).
24자	侁	人	8	걷는 모양, 말이 앞 다투는 모양.
	藎	艸	18(20)	조개 풀, 나아가다.
실 金	實	宀	14	열매, 찰, 익을. 果實(과실)
	失	大	5	잃을, 잘못. 失手
	室	宀	9	집, 거처, 방, 건물.
	悉	心	11	다, 모두, 남김없이. 悉多(실다)
심 金	心	心	4	마음, 가슴, 심장(心腸).
	甚	甘	9	성할, 지나칠. 極甚(극심)
	深	水	11(12)	깊을, 매우. 深度(심도)
	尋	寸	12	찾을, 보통. 尋訪(심방)
	審	宀	11	살필, 자세히. 審判(심판)
	沈	水	7(8)	가라앉을, 잠길. 深沺(심전)
	芯	艸	8(10)	등심초, 물건의 중심.
	瀋	水	18(19)	즙, 강 이름.
	沁	水	7(8)	스며들, 배어들.
10자	諶	言	16	참, 진실.
십 金	十	十	2	열, 열 배. 十里
	什	人	4	열 사람, 열.
	拾	手	9(10)	(주울 습, 오를 섭) 열, 주울, 팔찌.
아	兒	儿	8	아이, 상대를 얕잡아 이르는 말.
	我	戈	7	나, 우리, 외고집. 我執(아집)
	牙	牙	4	어금니, 이의 총칭, 무기.

음 오 행	한 자	부	획 수	뜻
	芽	艸	8(10)	싹, 조짐보일.
아	亞	二	8	버금, 동서(同壻).
	雅	隹	12`	메 까마귀, 바를, 우아할.
	阿	阜	8(13)	언덕, 구석, 산비탈. 阿媚(아미)
	餓	食	16	주릴, 굶길, 飢餓(기아)
	娥	女	10	예쁠, 미녀.
	訝	言	11	맞을, 위로할.
土	衙	彳	13	마을, 관청.
	蛾	虫	13	나방, 눈썹, 초승달.
	俄	人	9	갑자기, 기울, 러시아의 약칭.
	啞	口	11	벙어리. 聾啞(농아)
	鴉	鳥	15	갈가마귀, 검을.
	鵝	鳥	18	거위, 陳 이름.
18자	峨	山	10	높을.
	莪	艸	11(13)	지칭개, 약초이름.
악	惡	心	12	악할, 추할. 惡魔(악마)
	岳	山	8	큰산. 山岳(산악)
	握	手	12(13)	주먹, 손아귀, 주먹. 把握
	顎	頁	18	얼굴 높을, 근엄할.
土	堊	土	11	백토, 석회, 흰 칠할.
	樂	木	15	풍류, 음악(音樂), 악기.
	渥	水	12(13)	두터울, 젖을, 은혜를 입을.
	愕	心	12	놀랄, 직언 할, 갑자기.
	嶽	山	17	큰산, 오악의 총칭. 山嶽(산악)
	齷	齒	24	악착(齷齪)스러운, 좀스러운.
	幄	巾	12	천막, 휘장.
	鄂	邑	12(16)	땅이름, 경계, 끝.
14자	鍔	金	17	칼날, 칼등.
	鰐	魚	20	악어(鰐魚).
안	安	宀	6	편안할, 즐길. 安寧(안녕)

음 오 행	한 자	부	획 수	뜻
안 土 10 자	案	木	10	책상, 소반. 案件(안건)
	顔	頁	18	얼굴, 낯, 표정, 체면. 童顔(동안)
	眼	目	11	눈, 눈매, 구멍. 眼鏡(안경)
	岸	山	8	언덕, 기슭, 뛰어날. 沿岸(연안)
	雁	厂	12	기러기, 거위, 가짜. 贋雁(존안)
	鞍	革	15	안장(鞍裝).
	按	手	9(10)	누를, 어루만질.
	晏	日	10	늦을, 저물.
	鮟	魚	17	아귀, 메기.
알 土	謁	言	16	아뢸, 고할, 여쭐. 拜謁(배알)
	斡	斗	14	관리할, 돌, 姓. 斡旋(알선)
	閼	門	16	가로막을, 멈출.
	軋	車	8	삐걱거릴, 軋刑(알형)즉, 형벌이름.
암 土 8자	暗	日	13	어두울, 사리에 어두움. 暗室
	巖	山	23	바위, 험할. 巖石(암석)
	癌	疒	17	암. 胃癌(위암)
	庵	广	11	암자, 초 박, 호에 붙이는 자.
	菴	艸	12(14)	풀이름.
	闇	門	17	닫힌 문, 어두울.
	岩	山	8	巖의 俗字.
	唵	口	11	머금을, 범어.
압 土	壓	土	17	누를, 억압, 억울. 壓迫(압박)
	押	手	8(9)	누를, 수결. 押印(압인)
	鴨	鳥	16	오리, 하비, 여종.
	狎	犬	8	익숙할, 업신여길.
앙 土	央	大	5	가운데, 다 될. 中央
	仰	人	6	우러를, 믿을. 仰望(앙망)
	殃	歹	9	재앙(災殃), 해칠.
	昂	日	9	昻의 俗字. 오를, 높을.
	秧	禾	10	모, 심을, 재배. 移秧(이앙)

음오행	한자	부	획수	뜻
7자	鴦	鳥	16	원앙, 원앙의 암컷.
	怏	心	8(9)	원망스러울, 불만스러운. 怏心(앙심)
애 土 11자	愛	心	13	사랑, 친밀하게 대할. 愛情
	涯	水	11(12)	물가, 가, 근처.
	碍	石	13	礙의 俗字. 거리낄, 막을. 障碍
	哀	口	9	슬플, 불쌍히 여길. 哀悼(애도)
	崖	山	11	벼랑, 모, 기슭. 斷崖(단애)
	隘	阜	13(18)	좁을, 험할.
	埃	土	10	티끌, 먼지, 세속.
	艾	艸	6(8)	쑥.
	厓	厂	8	절벽, 낭떠러지, 한계.
	靄	雨	24	아지랑이, 자욱히 낀 안개.
	曖	日	17	가릴, 흐릴.
액 土 7자	額	頁	18	이마, 일정한 액수(額數).
	厄	厂	4	재앙, 불행. 橫厄(횡액)
	液	水	11(12)	진액(津液), 유동체의 총칭, 姓.
	腋	肉	12(14)	겨드랑이. 腋臭(액취)
	掖	手	11	(腋) 겨드랑, 부축, 낄.
	扼	手	12	누를, 잡을.
	縊	糸	16	목맬, 목 졸라 죽일.
앵 土	櫻	木	21	앵두(櫻杜) 나무.
	鶯	鳥	21	꾀꼬리, 새깃을 세운 아름다운 모양.
	鸚	鳥	28	앵무새.
	罌	缶	20	양병, 병의 총칭.
야 土	也	乙	3	어조사, 또, 또한.
	夜	夕	8	밤, 姓. 夜間(야간)
	野	里	11	들, 거칠, 촌스러울. 平野
	耶	耳	9(13)	어조사, 의문조사.
	冶	冫	7	불릴, 대장장이, 꾸밀, 치장.
	倻	人	11(15)	땅이름, 나라이름.

음 오 행	한 자	부	획 수	뜻
야	惹	艸	13(15)	이끌, 당길, 엉킬.
	椰	木	13	야자나무, 무릇.
	爺	父	13	아비, 남자의 존칭.
10자	揶	手	12(13)	擨와 同一. 희롱할.
약	弱	弓	10	약할, 쇠해질. 弱體(약체)
	若	艸	9(11)	같을, 만약(萬若), 너.
	約	糸	9	묶을, 합칠, 약속(約束)할.
	藥	艸	19(21)	약, 독, 치료. 投藥(투약)
土	躍	足	21	뛸, 뛰어넘을. 跳躍(도약)
	略	田	11	다스릴, 빼앗을. 戰略(전략)
	掠	手	11(12)	(략, 원음:량). 노략질할, 빼앗을.
	葯	艸	13(15)	구리때 잎.
9자	蒻	艸	14(16)	부들의 잎.
	羊	羊	6	양, 상서로울. 羊毛(양모)
	洋	水	9(10)	바다, 대해, 넘칠. 大洋(대양)
	養	食	15	기를, 사육, 양성(養成).
	揚	手	12(13)	오를, 하늘. 浮揚(부양)
양	陽	阜	12(17)	볕, 양지(陽地), 밝을.
	讓	言	24	사양할, 양보(讓步)할, 겸손할.
	壤	土	20	흙, 토지. 土壤(토양)
	樣	木	15	모양(模樣), 형태, 본보기.
	楊	木	13	버들, 姓.
	兩	入	8	둘, 짝, 아울러. 兩方(양방)
	梁	木	11(12)	(량) 들보, 다리, 橋梁(교량).
	量	里	12	헤아릴, 길이, 좋을. 量刑(량형)
土	襄	衣	17	도울, 조력할.
	孃	女	20	계집애, 어미.
	佯	人	8	거짓, 체할, 헤맬.
	恙	心	10	근심, 병, 진드기 유충, 독충.
	攘	手	20(21)	물리칠, 제거할.

음 오 행	한 자	부	획 수	뜻
양	敭	攴	13	揚의 古字. 오늘, 하늘.
	暘	日	13	해돋을, 말릴, 밝을.
	瀁	水	18(19)	내 이름, 물 넘칠.
	煬	火	13	쬘, 녹일, 말릴.
	痒	疒	11	앓을, 종기, 헌데, 상처.
	瘍	疒	14	헐, 종기, 상처. 腫瘍(종양)
	禳	示	22	제사이름, 푸닥거리.
27자	穰	禾	22	볏 대, 수숫대, 풀.
	釀	酉	24	(술을)빚을, 술. 釀造(양조)
어	魚	魚	11	물고기. 魚類(어류)
	漁	水	14(15)	고기 잡을, 침략할. 漁夫
	語	言	14	말씀, 문구. 言語
	於	方	8	어조사, -에, -보다.
	御	彳	11	어거할, 다스릴, 길들일.
土	禦	示	16	막을, 대비할. 防禦(방어)
	圄	囗	10	옥, 감옥, 가둘. 囹圄(영어)
	馭	馬	12	말 부릴.
	齬	齒	22	(아래 윗니가) 어긋날.
10 자	瘀	疒	13	병, 瘀血(어혈).
억	抑	手	7(8)	누를, 물리칠. 抑制(억제)
	億	人	15	억, 헤아릴, 편안할. 億臺(억대)
	憶	心	16(17)	생각할, 추억(追憶), 기억, 우울할.
土	檍	木	17	감탕나무.
	臆	肉	17(19)	가슴(뼈), 마음.
언	言	言	7	말씀, 언어(言語).
	焉	火	11	어찌, 이에, 이, 여기.
	彦	彡	9	선비.
土	諺	言	16	상말, 속어, 속담.
	偃	人	11	쓰러질, 드리워질, 넘어질.
6자	堰	土	12	방죽, 막을, 보.

음 오 행	한 자	부	획 수	뜻
얼 土	孼	子	19	서자, 첩의 소생, 꾸밀, 치장.
	蘖	艸	21(23)	그루터기, 움.
엄 土 6자	嚴	口	20	엄할, 급할, 냉혹할. 嚴正(엄정)
	儼	人	22	의젓할, 삼갈, 공손할.
	俺	人	10	나, 자신, 어리석을.
	奄	大	8	가릴, 문득, 덮을, 고자.
	淹	水	11(12)	담글, 적실.
	掩	手	11(12)	가릴, 닫을, 보이지 않게 할.
업 土	業	木	13	업, 사업(事業), 직업.
	嶪	山	16	산이 높고 험할.
엔 토	円	冂	4	일본 돈의 화폐 단위
여 土 13자	余	人	7	나, 자신, 음력4월, 姓.
	餘	食	16	남을, 넉넉할, 여유(餘裕).
	如	女	6	같을, 따를.
	汝	水	6(7)	너, 대등한 사이의 호칭.
	與	臼	14	줄, 베풀, 동아리, 무리.
	予	亅	4	나, 줄, 손으로 건네다.
	輿	車	17	수레, 차상. 金輿(금여)
	歟	欠	18	어조사.
	璵	玉	18(19)	옥.
	礖	石	19	돌 이름.
	艅	舟	13	배이름.
	茹	艸	10(12)	먹을, 기를.
	轝	車	21	수레, 종.
역 土	亦	亠	6	또, 또한, 크게, 대단히. 亦是(역시)
	易	日	8	바꿀, 고칠, 새로이 할. 易書(역서)
	逆	辵	10(13)	거스릴, 배반할, 어길. 反逆(반역)
	譯	言	20	통변, 뜻. 飜譯(번역)
	驛	馬	23	역 참, 驛馬(역마).
	役	彳	7	부역(賦役), 일시킬.

음 오행	한자	부	획수	뜻
13자	疫	疒	9	염병, 돌림병. 防疫
	域	土	11	지경, 땅의 경계, 국토. 地域
	繹	糸	19	찾을, 풀어낼, 다스릴.
연	然	火	12	그러할, 그리하여. 自然
	煙	火	13	연기, 그을음. (煤煙)
	硏	石	11	갈, 문지를. 硏磨(연마)
	硯	石	12	벼루, 매끄러운 돌. 硯石(연석)
	延	廴	7	끌, 인도할. 延世(연세)
	燃	火	16	사를, 탈. 燃燒(연소)
	燕	火	16	제비, 편안할, 잔치.
	沿	水	8(9)	따를, 물 따라 내려 갈.
	鉛	金	13	납, 백분, 따를. 亞鉛(아연)
	宴	宀	10	잔치, 즐길, 연회(宴會).
土	軟	車	11	輭의 俗字. 연할, 부드러울.
	演	水	14(15)	멀리 흐를, 통할. 演習(연습)
	緣	糸	15	가선, 가장자리, 묶음. 因緣(인연)
	衍	彳	9	넘칠, 순행, 갈.
	淵	水	11(12)	못, 소, 깊을.
	姸	女	9	고울, 갈.
	娟	女	10	예쁠, 가볍게 나는 모양.
	涓	水	10(11)	시내, 계천(溪川).
	沇	水	7(8)	강 이름, 유행하는 모양.
	筵	竹	13	대자리, 깔개의 총칭.
	嚥	口	19	삼킬, 마실.
	堧	土	12	빈 터.
	捐	手	12(13)	버릴, 없앨, 줄.
27 자	挻	手	10(11)	늘일, 늦출.
	椽	木	13	서까래, 사닥다리.
	涎	水	10(11)	침, 점액, 끈끈한 액.
	縯	糸	17	길, 당길.

음 오 행	한 자	부	획 수	뜻
열	熱	火	15	더울, 탈. 熱火(열화)
	悅	心	10(11)	기쁠. 喜悅(희열)
土	說	言	14	(말씀 설, 달랠 세) 기꺼울, 말.
	閱	門	15	검열(檢閱), 조사, 뽑을.
5자	咽	口	9	(목구멍 인) 목멜, 삼킬, 목구멍.
	炎	火	8	불탈, 더울. 暴炎(폭염)
염	染	木	9	물들일, 염색(染色)할.
	鹽	鹵	24	소금, 절일. 鹽田(염전)
	琰	玉	12(13)	옥 갈, 홀.
	艶	色	19	고울, 윤, 부러워 할, 紅艶(홍염)
土	厭	厂	14	싫을, 족할. 厭症(염증)
	焰	火	12	燄과 同一. 불 당길, 불붙기 시작.
	苒	艸	9(11)	풀 우거질, 연약한.
10자	閻	門	16	이문, 번화한 거리, 한길.
	髥	髟	14	구룻나룻, 수염이 많은. 鬚髥(수염)
엽	葉	艸	13(15)	잎, 가지. 落葉(낙엽)
	燁	火	16	빛날. 勝燁(승엽)
土	曄	日	16	빛날, 성한 모양.
	永	水	5(6)	길, 오래도록. 永遠(영원)
	英	艸	9(11)	꽃부리, 꽃잎 전체. 英雄(여웅)
영	迎	辵	8(11)	맞이할, 헤아릴. 迎入(영입)
	榮	木	14	꽃, 영화(榮華).
	泳	水	8(9)	헤엄칠. 水泳(수영)
	詠	言	12	읊을, 노래할. 詠歌(영가)
	營	火	12	지을, 경영(經營)할, 다스릴.
	影	彡	15	그림자, 화상. 影像(영상)
	映	日	9	비출, 덮을. 映像(영상)
土	渶	水	12(13)	물 이름.
	煐	火	13	빛날, 사람이름.
	瑛	玉	13(14)	옥빛, 투명한.

음 오 행	한 자	부	획 수	뜻
영 土 27자	暎	日	13	映의 俗字. 비출, 빛날.
	瑩	玉	15	밝을, 옥의 빛.
	瀯	水	20(21)	물이 졸졸 흐를, 물소리.
	盈	皿	9	찰, 넘칠.
	楹	木	13	기둥.
	鍈	金	17	방울소리.
	潁	水	15	강 이름.
	瓔	玉	21(22)	구슬 목걸이, 옥 돌.
	塋	土	13	무덤, 계획, 경영.
	嶸	山	17	가파를.
	穎	禾	16	이삭, 끝이 뾰족한.
	濚	水	17(18)	물 돌아나갈.
	瀛	水	19(20)	바다, 늪 속, 못 속.
	纓	糸	23	새끼, 갓끈, 목걸이, 끈.
	霙	雨	17	진눈깨비, 싸라기 눈, 눈 꽃.
예 土	藝	艸	19(21)	심을, 기예(技藝), 궁극.
	豫	豕	16	미리, 즐길. 豫約(예약)
	譽	言	21	기릴, 칭찬할. 名譽(명예)
	銳	金	15	날카로울, 예민할. 尖銳(첨예)
	叡	又	16	밝을, 임금의 말에 붙이는 예.
	預	頁	13	미리, 간여할, 즐길. 預金
	芮	艸	8(10)	풀 뾰족뾰족 날, 姓.
	乂	丿	2	벨, 다스릴.
	倪	人	10	어린이, 흘겨볼, 가, 끝.
	刈	刀	4	벨, 자를. 刈草(예초)
	曳	曰	6	끌, 고달플. 曳引(예인)
	汭	水	7(8)	물 구비, 물 굽어 흐르는 안쪽,
	濊	水	16(17)	(물 많을 회, 막힐 활) 깊을, 막힐.
	猊	犬	11	사자, 부처가 앉는 자리.
	穢	禾	18	더러울, 거칠.

음 오 행	한 자	부	획 수	뜻
예 19자	蘂	艸	20(22)	蕊의 俗字. 꽃술, 향 초, 초목. (惢)
	裔	衣	13	후손, 옷단. 後裔(후예)
	詣	言	13	이를, 학예가 경지에 다다르다.
	霓	雨	16	무지개, 가.
오 土	五	二	4(5)	다섯, 별자리.
	吾	口	7	나, 자신, 그대.
	悟	心	10(11)	깨달을, 도리를 알. 覺悟(각오)
	午	十	4	낮, 일곱째 地支. 正午(정오)
	誤	言	14	그릇, 어긋날, 실수할. 誤解(오해)
	烏	火	10	까마귀, 검을. 烏石(오석)
	汚	水	6(7)	더러울, 추잡할, 욕. 汚染(오염)
	嗚	口	13	탄식 소리, 흐느낄, 새소리.
	娛	女	10	즐거워 할, 장난칠. 娛樂(오락)
	梧	木	11	벽오동(碧梧桐), 거문고.
	傲	人	13	거만할, 업신여길. 傲慢(오만)
	吳	口	7	나라이름, 姓.
	伍	人	6	대, 썩일, 다섯 사람.
	旿	日	8	밝을.
	奧	大	13	속, 안, 나라안.
	晤	日	11	밝을(사리에), 총명할.
	墺	土	16	물가, 육지.
	蜈	虫	13	지네.
	寤	宀	14	깰, 꿈, 깨닫다. (悟)
	獒	犬	15	큰 개, 길이 잘 든 개.
	惡	心	12	(악할 악, 모질 악) 미워할, 악할.
	俉	人	9	맞이할.
	塢	土	13	둑, 성채, 마을.
	懊	心	16(17)	한할, 괴로워 할, 뱃노래.
	敖	攴	11	놀, 떠들썩할.
	澳	心	16(17)	깊을, 내 이름, 濠洲나라.

음 오행	한자	부	획수	뜻
28자	熬	火	15	볶을, 타다, 눋다.
	篔	竹	13	버들고리, 대 이름.
	鼇	龜	24	자라, 큰 바다거북.
옥 土	玉	玉	5	옥, 귀한 사물의 지칭. 玉音(옥음)
	屋	尸	9	집, 덮개, 지붕. 家屋(가옥)
	獄	犬	14	옥, 감옥, 송사. 獄事(옥사)
	鈺	金	13	보배, 보물, 쇠.
	沃	水	7(8)	물댈, 기름지게 할.
온 土 13자	溫	水	13(14)	따뜻할, 순수할. 溫純(온순)
	穩	禾	19	평온(平穩)할, 곡식을 거둘.
	瑥	玉	13(14)	사람이름. 瑥達(온달)
	蘊	艸	20(22)	쌓을, 저축할.
	瘟	疒	15	염병, 괴로워 할.
	縕	糸	16	헌솜, 풍부, 쌓을.
올 土	兀	儿	3	우뚝할, 머리가 벗겨질.
옹 土 9자	翁	羽	10	늙은이, 노인의 높임말.
	擁	手	16(17)	안을, 손에 쥘. 抱擁(포옹)
	邕	邑	10	화할, 화목 할.
	甕	瓦	18	독, 항아리, 단지. 甕器(옹기)
	雍	隹	13	누그러질, 온화해질.
	瓮	瓦	9	독, 항아리.
	壅	土	16	막을, 북 돋울.
	癰	疒	23	악창, 등창.
	饔	食	22	아침밥, 조반, 음식.
와 土	臥	臣	8	누울, 엎드릴. 起臥(기와)
	瓦	瓦	5	기와, 질그릇. 瓦當(와당)
	渦	水	12(13)	소용돌이, 보조개.
	蝸	虫	15	달팽이, 고둥.
	蛙	虫	12	개구리, 음란할. 蛙女(와녀)
	訛	言	11	그릇될, 거짓말, 속일.

음 오행	한 자	부	획 수	뜻
8자	窩	穴	14	움집, 굴, 별장, 움푹 들어간 집.
	窪	穴	14(15)	웅덩이, 맑은 물.
완 土 18 자	完	宀	7	완전(完全)할, 끝낼.
	緩	糸	15	느릴, 늦출. 緩行(완행)
	玩	玉	8(9)	희롱할, 가지고 놀. 愛玩(애완)
	婉	女	11	순할, 은근할, 예쁠.
	莞	艸	11(13)	왕골, 골 풀, 자리.
	浣	水	11(13)	빨, 세탁할, 씻을.
	豌	豆	15	완두(豌豆)콩.
	宛	宀	8	완연(宛然)히, 굽을, 마치.
	頑	頁	13	완고(頑固)할, 무딜, 우둔할.
	脘	肉	11(13)	밥통, 위.
	琓	玉	11(12)	옥 이름.
	阮	阜	7(12)	관 이름, 나라이름.
	碗	石	13	盌의 俗字. 주발.
	翫	羽	15	가지고 놀, 기뻐 할.
	梡	木	11	도마, 땔감, 장작.
	椀	木	12	주발, 음식 담는 작은 나무그릇.
	腕	肉	12(14)	팔, 수완, 손목.
	琬	玉	12(13)	홀, 아름다울 옥.
왈 土	曰	曰	4	가로, 말하기를, 일컬어.
왕 土	王	玉	4(5)	임금, 제후. 王權
	往	彳	8	갈, 이따금, 옛. 來往
	汪	水	7(8)	넓을, 풍족한, 많을.
	旺	日	8(9)	성할, 세력이 왕성(旺盛)할.
	枉	木	8	굽을, 四曲의 한사람
왜 土	倭	人	10	왜국, 순할.
	歪	止	9	비뚤, 기울. 歪曲(왜곡)
	矮	矢	13	키 작을, 난쟁이. 矮人(왜인)
	娃	女	9	예쁠, 미녀.

음 오 행	한 자	부	획 수	뜻
외 土	外	夕	5	밖, 바깥, 이전. 外部
	畏	田	9	두려워 할, 으를, 협박할. 敬畏(경외)
	猥	犬	12	함부로,적어도, 진실로.
	巍	山	21	높을, 높고 큰.
	嵬	山	13	높을, 허망할.
요 土 25자	要	襾	9	구할, 바랄. 要求
	腰	肉	13(15)	허리, 밑둥, 중요한 곳. 腰帶(요대)
	搖	手	13(14)	흔들, 움직일. 搖動(요동)
	遙	辵	14(17)	멀, 아득할, 길. 遙遠(요원)
	謠	言	17	노래, 풍실, 유언비어. 歌謠(가요)
	夭	大	4	어릴, 젊을, 한창때. 夭折(요절)
	堯	土	12	임금, 높을, 멀. 堯舜(요순)
	饒	食	21	넉넉할, 배불리 먹을. 豊饒(풍요)
	曜	日	18	빛날, 빛. 曜日(요일)
	耀	羽	20	빛날, 빛내다, 빛.
	樂	木	15	(풍류 악, 즐거울 락) 좋아할, 음악.
	瑤	玉	14(15)	아름다운 옥, 사물의 美稱.
	姚	女	9	예쁠, 멀리, 姓.
	僥	人	14	바랄, 긴 모양.
	凹	凵	5	오목할, 가운데 들어갈. 凹凸(요철)
	妖	女	7	아리따울, 괴이할. 妖邪(요사)
	嶢	山	15	높을, 위태로울.
	拗	手	8(9)	꺾을, 비뚤.
	燿	火	18	빛날, 밝을, 비출.
	窈	宀	10	그윽할, 심원(深遠)할.
	窯	穴	15	기와 굽을, 도기. 陶窯(도요)
	繇	糸	17	역사, 부역, 노래.
	蟯	虫	18	요충(蟯虫).
	邀	辵	17(20)	맞을, 초대하여 맞을,
	繞	糸	18	두를, 둘러쌀.

음 오행	한자	부	획수	뜻
욕 土 6자	**欲**	欠	11	하고자 할, 바랄. 욕정(欲情)
	浴	水	10(11)	목욕(沐浴)할, 미역.
	慾	心	11	욕심(慾心), 意慾(의욕)
	辱	辰	10	욕되게 할, 수치. 恥辱(치욕)
	褥	衣	15(16)	요, 침구, 이부자리.
	縟	糸	16	화문, 채색.
용 土 24자	**用**	用	5	쓸, 베풀, 행할. 用度
	容	宀	10	얼굴, 모양, 담을. 美容
	庸	广	11	쓸, 공(功), ~로써.
	勇	力	9	날쌜, 과감할. 勇敢(용감)
	龍	龍	16	용, 임금, 제왕에 비유. 龍床(용상)
	鏞	金	19	종, 큰 종, 西國(서국)의 음악.
	溶	水	13(14)	질펀히 흐를, 성한 모양.
	鎔	金	18	쇠 녹일, 부을. 鎔鑛爐(용광로)
	踊	足	14	뛸, 춤출. 무용(舞踊)
	蓉	艸	14(16)	연꽃, 부용(芙蓉), 목련.
	傭	人	13	품팔이, 임금. 雇傭(고용)
	瑢	玉	14(15)	패옥 소리.
	茸	艸	10(12)	무성할, 부들 꽃.
	熔	火	14	鎔의 俗字.
	俑	人	9	허수아비, 아플.
	榕	木	14	뱅골 보리수, 교목.
	湧	水	12(13)	샘솟을, 성하게 일어날. 湧出(용출)
	聳	耳	17	솟을, 삼갈, 공경 할.
	冗	冖	4	宂과 同一. 쓸데없을, 남아돌.
	埇	土	10	길을 돋울, 골목길.
	慂	心	14(15)	(억지로)권할.
	墉	土	14	담, 벽, 성.
	涌	水	10(11)	湧의 本字. 샘솟을, 일어날.
	甬	用	7	길, 양쪽에 담쌓은 길.

음 오 행	한 자	부	획 수	뜻
우	于	二	3	어조사, 행할.
	右	口	5	오른쪽, 숭상할. 右側
	宇	宀	6	집, 처마, 지붕. 宇宙
	友	又	4	벗, 우애. 友情
	牛	牛	4	소, 별 이름. 牛馬
	雨	雨	8	비, 많은 모양. 雨期
	憂	心	15	근심할. 憂慮(우려)
	又	又	2	또, 다시, 용서할.
	尤	尢	4	더욱, 특히, 그 중에서도.
	遇	辵	13(17)	만날, 합칠. 遭遇
	羽	羽	6	깃, 날개, 새(종류).
	郵	邑	11(15)	역참. 郵便(우편)
	愚	心	13	어리석을. 愚昧(우매)
土	禹	内	9	하우씨, 姓, 벌레.
	偶	人	11	짝, 인형, 우연치 않게.
	優	人	17	넉넉할, 도타울. 優勝(우승)
	祐	示	10	도울, 복, 행복.
	佑	人	7	도울. 祐와 같이 사용함.
	隅	阜	12(18)	모퉁이, 구석, 언덕, 비탈.
	虞	虍	13	헤아릴, 근심할.
	迂	辵	7(10)	멀, 먼길, 물정에 어두울.
	禑	示	14	복.
	盂	皿	8	바리, 사발, 陳 이름.
	雩	雨	11	기우제, 춘추 필법.
	芋	艸	7(9)	토란, 가릴.
	盱	日	7	클, 해 돋을.
30 자	玗	玉	7(8)	옥돌, 地名.
	瑀	玉	13(14)	패옥, 옥 버금 가는 돌.
	釪	金	11	악기이름, 바리때, 중의 밥그릇.
	紆	糸	9	굽을, 굽힐, 두를, 감사다.

음 오행	한 자	부	획 수	뜻
욱 토 13자	旭	日	6	아침해, 돋는 해.
	郁	邑	9(13)	성할, 향기로울.
	昱	日	9	빛날.
	煜	火	13	빛날, 불꽃, 성할.
	頊	玉	13(14)	삼갈, 자숙하여 삼가 함.
	稶	禾	15	稶의 本字. 黍稷(서직)이 무성할.
	勖	力	11	힘쓸.
	彧	彡	10	문채, 무성한 모양.
	栯	木	10	산 앵두.
운 토 13 자	運	辵	13(16)	돌, 움직일. 運命
	雲	雨	12	구름, 습기. 雲霧(운무)
	韻	音	19	운, 音韻(음운), 울림.
	云	二	4	이를, 어조사, 친할.
	耘	耒	10	김맬, 없앨. 耕耘機(경운기)
	隕	阜	13(18)	떨어질, 잃을. 隕星(운성)
	殞	歹	14	죽을, 떨어질. 殞命(운명)
	暈	日	13	(해, 달의) 무리 즉, 테두리.
	芸	艸	8(10)	향초 또는 채소이름.
	橒	木	16	나무 무늬.
	澐	水	15(16)	큰 물결 일.
	熉	火	14	노란 모양.
	蕓	艸	16(18)	평지, 겨자과의 두해살이 풀.
울 土	蔚	艸	15(17)	풀이름, 고을, 성할. 蔚山(울산)
	鬱	鬯	29	막힐, 우거질. 鬱陵島(울릉도)
	乭	乙	4	땅이름.
웅 土	雄	隹	12	수컷, 이길, 승리. 英雄(영웅)
	熊	火	14	공, 姓, 성할. 熊膽(웅담)
원	元	儿	4	으뜸, 근원, 년 호. 元旦
	原	厂	10	근원, 들, 용서할. 原理
	願	頁	19	원할, 바랄, 희망할. 素願(소원)

음 오 행	한 자	부	획 수	뜻
원	**遠**	辶	14(17)	멀, 아득할. **永遠**
	園	口	13	동산, 정원(**庭園**).
	怨	心	9	원망(**怨望**)할, 슬퍼할, 미워할.
	圓	口	13	둥글, 동그라미, 원(**圓**).
	員	口	10	관원, 사람, 수요. **要員**
	源	水	13(14)	근원, 물이 계속흐름. **通源**.(통원
	援	手	12(13)	당길, 취할. **應援**(응원)
	院	阜	10(15)	담, 견고할. **學院**
	媛	女	12	미인, 예쁠, 궁녀. **女媛**(여원)
	瑗	玉	13(14)	도리 옥, 구멍 큰 옥.
土	苑	艸	9(11)	나라동산.
	垣	土	9	담, 별 이름, 나라 이름.
	猿	犬	13	원숭이.
	轅	車	17	끌채, 수레.
	愿	心	14	삼갈, 공손할.
	寃	宀	11	冤의 **俗字**. 원통, 원한.
	袁	衣	10(12)	옷이 길.
	鴛	鳥	16	(수컷의) 원앙.
	爰	爪	9	이에, 발어사, 여기에서.
	嫄	女	13	사람이름.
	沅	水	7(8)	강 이름, 호남성의 큰 강.
27 자	洹	水	9(10)	강 이름, 세차게 흐르다.
	湲	水	12(13)	물 흐르는 소리, 맑다.
	阮	阜	7(12)	(완) 관문이름.
월	**月**	月	4	달. **日月**
	越	走	12	넘을, 앞지를. **追越**(추월)
土	**鉞**	金	13	도끼, 수레 방울.
위	**位**	人	7	자리, 품위. **地位**
	危	卩	6	위태할, 두려워 할.
	爲	爪	12	할, 만들, 베풀. **行爲**

음 오 행	한 자	부	획 수	뜻
위	**偉**	人	11	훌륭할, 클. **偉大**
	威	女	9	위엄(威嚴), 두려워 할, 협박할.
	胃	肉	9(11)	밥통, 위(胃), 마음.
	謂	言	16	이를, 위할, 설명할.
	圍	囗	12	둘레, 사냥할. **範圍**
	緯	糸	15	씨, 가로. **緯度**(위도)
	衛	彳	16	지킬, 막을. **防衛**
	違	辵	13(16)	어길, 틀릴. **違反**
	委	女	8	맡길, 내버려둘. **委員**
	僞	人	14	거짓, 속일, 허위(虛僞)
	慰	心	15	위로할, 울적할. **慰安**(위안)
土	魏	鬼	18	나라이름.
	渭	水	12(13)	강 이름.
	尉	寸	11	벼슬, 위로할, 다리미질. **尉官**
	韋	韋	9	다룸 가죽, 부더러운 가죽.
	瑋	玉	13(14)	옥 이름, 아름다울.
	葦	艸	13(15)	갈대, 작은배.
	萎	艸	12(14)	시들, 마를, 병들, 고민할.
	蝟	虫	15	고슴도치, 운집할.
25자	暐	日	13	햇빛, 햇살, 빛나는 모양.
	蔿	艸	16(18)	애기 풀, 고을 이름, 姓
	褘	衣	14(15)	(蔽膝 휘). 아름다울, 향랑, 폐슬.
유	**由**	田	5	말미암을, 인연. **理由**
	油	水	8(9)	기름. **石油**
	有	肉	6(8)	있을, 존재할. **私有**
	酉	酉	7	닭, 지지의 열번째, 술.
	猶	犬	12	오히려, 마치~와 같이. **猶豫**(유예)
	唯	口	11	오직, 발어사.
土	**遊**	辵	13(16)	놀, 즐길. **外遊**(외유)
	柔	木	9	부더러울, 유순(柔順)할.

음 오 행	한 자	부	획 수	뜻
유 土	遺	辵	16(19)	끼칠, 후세에 전할. 遺言
	幼	幺	5	어릴, 사랑할. 幼兒
	幽	幺	9	그윽할, 숨을, 아득할. 幽靈(유령)
	柳	木	9	버들, 姓. 별자리 이름.
	惟	心	11(12)	생각할, 도모할. 思惟(사유)
	維	糸	14	바, 밧줄, 맬. 纖維(섬유)
	乳	乙	8	젖, 나을. 牛乳
	儒	人	16	선비, 儒學(유학), 부드러울.
	裕	衣	12(13)	넉넉할, 너그러울. 餘裕(여유)
	誘	言	14	꾈, 권할, 인도할. 誘引(유인)
	兪	入	9	점점, 그러할.
	愈	心	13	낫을, 보다 뛰어날. 悠久(유구)
	劉	刀	15	姓, 죽일, 이길, 베풀.
	孺	子	17	젖먹이, 낳을, 사모할, 우러러볼.
	類	頁	19	무리, 동류, 종류(種類), 같은.
	流	水	9(10)	(류) 흐를, 떠내려갈. 周流
	悠	心	11	멀, 걱정할.
	侑	人	8	권할, 보답할.
	洧	水	9(10)	권할, 보답할.
	宥	宀	9	용서할, 도울, 권할. 宥恕(유서)
	庾	广	12	곳집, 노적가리.
	喩	口	12	깨우칠, 고할, 깨달을.
	楡	木	13	느릅나무, 옮길, 흔들다.
	逾	辵	13(16)	넘을, 지날, 낫다.
	猷	犬	13	꾀할, 계략, 꾀.
	揄	手	12(13)	끌, 끌어내다.
	游	水	12(13)	헤엄칠, 뜰, 흐를.
	癒	疒	18	병이 나을.
	臾	臼	9	잠깐, 만류할, 착할.
	萸	艸	13(15)	수유, 풀 이름.

음 오행	한 자	부	획 수	뜻
유 43자	諛	言	16	아첨할, 알랑거릴.
	諭	言	16	깨우칠, 밝힐, 이끌, 인도할.
	踰	足	16	넘을, 건널, 타넘을.
	蹂	足	16	밟을, 짓이길.
	鍮	金	17	놋쇠, 품질 좋은 自然銅.
육 土	**肉**	肉	6	고기, 동물의 살. 肉食
	育	肉	8(10)	기를, 낳을.
	堉	土	11	기름진 땅.
	毓	毋	14	기를. 育과 同一.
윤 土 9자	**閏**	門	12	윤달, 또는 윤년, 정통이 아닌.
	潤	水	15(16)	젖을, 물기. 潤氣(윤기)
	尹	尸	4	다스릴, 姓, 벼슬아치.
	允	儿	4	진실로, 當할, 동의할. 允許(윤허)
	玧	玉	8(9)	붉은 구슬.
	鈗	金	12	병기(槍)의 일종.
	胤	肉	9(11)	이을, 맏아들, 후사.
	奫	大	14	물 깊고 넓을.
	贇	貝	18	예쁠, 아름다울.
율 土	聿	聿	6	붓. (秦 이후 筆(필)로 사용)
융 土	**融**	虫	16	화할, 녹일. 融資(융자)
	戎	戈	6	되, 오랑캐, 병기.
	瀜	水	19(20)	물이 깊고 넓은 모양.
	絨	糸	12	융, 감이 두툼한 모직물.
은 土 7자	**恩**	心	10	은혜(恩惠) 사랑, 인정
	銀	金	14	은, 화폐, 도장. 金銀
	隱	阜	17(22)	숨길, 감출. 隱匿(은익)
	殷	殳	10	姓, 성할, 많을, 클.
	垠	土	9	끝, 벼랑, 모양, 형상.
	慇	心	14	괴로워 할, 은근할.
	誾	言	15	온화할, 평온할.

음 오행	한자	부	획수	뜻
을 土	乙	乙	1	새, 굽을, 천간의 둘째. 甲乙
음 土 6자	陰	阜	11(16)	응달, 음, 축축할. 陰陽
	音	音	9	소리, 음악(音樂), 가락.
	飮	食	13	마실, 주연, 잔치. 飮食
	吟	口	7	읊을, 시, 끙끙 앓다.
	淫	水	11(12)	간사할, 음란(淫亂)할.
	蔭	艸	15(17)	그늘, 그림자, 덕택. 蔭德(음덕)
읍 土	邑	邑	7	고을, 마을, 도시. 邑内
	泣	水	8(9)	울, 눈물, 근심.
	揖	手	12(13)	읍, 상대에게 공경을 표하는 모양.
응 土	應	心	17	응할, 받을. 應答(응답)
	凝	冫	16	엉길, 추울, 심할.
	膺	肉	17(19)	가슴, 안을, 받을.
	鷹	鳥	24	매, 송골매.
의 土	義	羊	13	옳을, 바를. 義務
	意	心	13	뜻, 생각할. 意味
	議	言	20	의논(議論)할, 꾀할.
	依	人	8	의지(依支)할, 힘이 될.
	醫	酉	18	의원(醫員), 치료할.
	疑	疋	14	의심할, 의혹(疑惑)의,
	衣	衣	6	옷, 의복(衣服), 예복.
	宜	宀	8	마땅할, 당연할.
	儀	人	15	거동, 예의, 풍속. 賻儀(부의)
	矣	矢	7	어조사, 단정·결정·의문의 반어.
	倚	儿	10	의지할, 치우칠.
	擬	手	17(18)	헤아릴, 흉내낼, 비길. 擬制(의제)
	懿	心	22	아름다울, 훌륭할, 좋을.
	毅	殳	15	굳셀, 의지가 강할.
	誼	言	15	옳을, 다스릴.
	蟻	虫	19	개미, 검을.

음 오 행	한 자	부	획 수	뜻
	艤	舟	19	배댈. (출항을 위하여)
20 자	椅	木	12	의 나무. 산 유자과의 나무.
	薏	艸	17(19)	(율무 억). 율무, 연밥.
	二	二	2	두, 두마음.
	貳	貝	12	둘, 두 가지.
이	以	人	5	어조사, 써, ～로써, ～부터.
	已	己	3	이미, 그칠, 버릴.
	耳	耳	6	귀, 청각, 오관의 하나.
	而	而	6	말 이음, 접속사, 순접, 역접 모두.
	異	田	12	다른, 딴 것, 기이한. 異見
	移	禾	11	옮길, 딴 데로, 변할. 移徙(이사)
	夷	大	6	오랑캐, 온화할. 東夷(동이)
	珥	玉	10(11)	귀엣 고리, 햇무리.
	伊	人	6	저, 그, 이, 발어사.
	易	日	8	(바꿀 역). 쉬울, 고칠, 바꿀.
	弛	弓	6	늦출, 없앨, 활 시위를 벗길.
土	怡	心	8(9)	기쁠.
	爾	爻	14	너, 그, 이.
	彛	彐	16	彝의 俗字. 떳떳한, 법, 변치 않는.
	姨	女	9	이모(姨母).
	痍	疒	11	상처, 깎을, 벨.
	肄	聿	13	익힐, 노력할, 살펴볼.
	苡	艸	9(11)	질경이, 율무.
	萸	艸	10(12)	벨, 깎을, 싹틀, 움틀.
24 자	貽	貝	12	끼칠, 남길, 증여.
	邇	辵	18	가까울, 가까이.
	飴	食	14	엿, 먹일.
	益	皿	10	더할, 증가, 有益
익	翼	羽	17	날개, 도울.
	翊	羽	11	도울, 다음날, 나는 모양.

음 오 행	한 자	부	획 수	뜻
土	瀷	水	20(21)	강 이름.
	謚	言	17	웃을, 시호.
6자	翌	羽	11	다음날, 이튿날. 翌日(익일)
인	人	人	2	사람, 他人
	寅	宀	11	동방, 클, 셋째 地支.
	仁	人	4	어질, 자애. 仁情
	因	口	6	인할, 원인(原因), 유래.
	忍	心	11	참을, 견딜, 용서할.
土	認	言	14	알, 인정할, 인식(認識)할.
	引	弓	4	끌, 당길, 활 당길. 誘引(유인)
	印	卩	6	도장, 찍을. 印章
	刃	刀	3	칼날, 칼, 벨, 羊刃(양인=劫財)
	姻	女	9	婚姻(혼인).
	咽	口	9	목구멍, 삼킬. 咽喉(인후)
	湮	水	12(13)	잠길, 막힐.
	絪	糸	12	천지(의 기운).
16 자	茵	艸	10(12)	자리, 棺에 까는 자리, 풀이름.
	蚓	虫	10	지렁이.
	靷	革	12	紉과 동일. 새끼, 이을.
일	日	日	4	해, 햇살, 하루, 햇빛. 每日
	一	一	1	한, 처음. 第一
	逸	辵	12(15)	달아날, 없어질, 잃을. 逸脫(일탈)
土	壹	士	12	한, 오로지.
	鎰	金	18	중량, 무게 단위, 스무 냥.
	溢	水	13(14)	넘칠, 찰, 가득할.
	佾	人	8	춤.
9자	馹	馬	14	말, 驛馬.
	佚	人	7	편안할, 숨을, 실수.
임	壬	士	4	아홉째 천간, 짊어질. 壬午
	任	人	6	맡길, 맡은일. 所任

음 오 행	한 자	부	획 수	뜻
土	**賃**	貝	13	품팔이, 고용인. 賃金
	妊	女	7	아이밸. 妊娠(임신)
	姙	女	9	妊과 同一.
	稔	禾	13	곡식 익을, 쌓일.
8자	恁	心	10	생각할, 이같이, 당신.
	荏	艸	10(12)	들깨, 잠두콩.
입	**入**	人	2	들, 수입. 出入
土	卄	卄	4(6)	스물.
잉	**剩**	刀	12	남을, 그 위에. 剩餘(잉여)
	孕	子	5	아이밸, 품을. 孕胎(잉태)
	仍	人	4	인할, 거듭하여.
土	芿	艸	8(10)	새 풀 싹, 잡초.
자	**字**	子	6	글자, 아이밸, 기를. 文字
	子	子	3	아들, 어조사, 첫째 地支. 子女
	自	自	6	스스로, 자기, 어조사. 自然
	者	老	9	놈, 사람, 일. 作者
	姉	女	8	姊의 俗字. 손 윗누이. 姉兄(자형)
	慈	心	13	사랑할, 어머니. 仁慈(인자)
	茲	艸	10(12)	이(에), 검을, 흐릴.
	雌	隹	13	암컷, 패배할, 쇠약할. 雄雌(웅자)
	紫	糸	11	자주 빛. 紫色(자색)
	資	貝	13	재물, 자본(資本), 밑천.
	姿	女	9	맵시, 모양, 풍취, 바탕. 姿態(자태)
	恣	心	10	방자할, 내키는 대로(맏길).
	刺	刀	8	찌를, 침, 가시, 나무람.
金	磁	石	14	자석(磁石), 사기그릇.
	滋	水	12(13)	불을, 번식할, 보탤, 더할.
	仔	人	5	자세할, 견딜, 새끼.
	藉	艸	18(20)	깔개, 꾸밀, 빌다. 憑藉(빙자)
	諮	言	16	물을, 자문(諮問)할.

음 오행	한자	부	획수	뜻
자	炙	火	8	(적). 고기구을, 가까이 할.
	咨	氵	9	물을, 이(것), 탄식할.
	煮	火	13	삶을, 익힐.
	蔗	艸	15(17)	사탕수수, 맛 좋을.
	瓷	瓦	11	오지그릇, 사기그릇.
24자	疵	疒	10	흠, 결점, 병, 사마귀. 瑕疵(하자)
작	作	人	7	지을, 일으킬, 만들. 作品(작품)
	昨	日	9	어제, 지난, 앞서. 昨年(작년)
	酌	酉	10	(액체를)따를, 취향. 對酌(대작)
	爵	爪	18	잔, 벼슬, 신분의 위계. 爵位(작위)
	雀	隹	11	참새. 孔雀(공작)
	綽	糸	14	너그러울, 여유 있을.
金	鵲	鳥	19	까치.
	勺	勹	3	구기, 홉의 십분의 일.
	斫	斤	9	벨, 자를, 어리석을.
	灼	火	7	사를, 구울, 밝을.
13자	芍	艸	7	함박꽃, 작약.
	嚼	口	21	씹을, 맛볼.
	炸	火	9	터질, 폭발할, 기름으로 튀길.
잔	殘	歹	12	해칠, 죽일, 손상할. 殘酷(잔혹)
	盞	皿	13	잔, 술잔, 등잔(燈盞).
	棧	木	12	잔도, 비계, 바닥의 판자.
金	潺	水	15(16)	물 흐르는 소리. 潺潺(잔잔)
	孱	子	12	잔약할, 나약할.
잠	潛	水	15(16)	잠길, 자맥질 할. 潛水(잠수)
	暫	日	15	잠시(暫時), 잠깐, 갑자기.
	蠶	虫	24	누에, 양잠(養蠶).
金	岑	山	7	봉우리, 높을, 클.
	箴	竹	15	바늘, 침, 경계, 시침.
6자	簪	竹	18	비녀, 꽂을, 찌를.

음 오 행	한 자	부	획 수	뜻
잡 金	雜	隹	18	섞일, 번거러울, 흩어질.
장 金	長	長	8	길, 오래. 長壽
	章	立	11	글, 문장(文章).
	場	土	12	마당, 시험장. 場所
	將	寸	11	장차, 막~하려함. 將來
	壯	士	7	씩씩할, 기상이 굳셀. 壯士
	丈	一	3	어른, 길이의 단위.
	張	弓	11	베풀, 넓힐, 클, 姓. 擴張(확장)
	帳	巾	11	휘장, 천막, 군막. 幕舍(막사)
	莊	艸	11(13)	장중할, 풀 무성할. 莊嚴(장엄)庄同
	庄	广	6	농막, 전장.
	裝	衣	13	꾸밀, 치장할, 차릴. 裝飾(장식)
	奬	犬	15	권면할, 도울, 장려(奬勵)할.
	墻	土	16	牆과 同一. 담, 경계.
	葬	艸	13(15)	장사지낼. 葬禮(장례)
	粧	米	12	단장(丹粧)할, ~체 할.
	掌	手	12	손(발)바닥, 일 솜씨. 合掌(합장)
	腸	肉	13	창자, 마음. 大腸(대장)
	障	阜	14(19)	가로막을, 막다. 障碍(장애)
	臟	肉	22(24)	오장(五臟), 내장.
	藏	艸	18(20)	감출, 저장(貯藏)할.
	匠	匚	6	장인(匠人), 기술자, 우두머리.
	醬	酉	18	젓갈, 된장, 간장.
	欌	木	22	장롱, 의장.
	杖	木	7	지팡이, 짚을.
	璋	玉	15(16)	반쪽 홀, 구기.
	薔	艸	17(19)	(물여뀌 색). 장미(薔薇), 姓.
	樟	木	15	녹나무.
	蔣	艸	15(17)	줄, 풀이름, 깔개, 자리.
	漿	水	15	미음, 마실 것, 음료, 풀이름.

음 오행	한 자	부	획 수	뜻
장	獐	犬	14	노루.
	仗	人	5	무기, 호위, 의지할.
	暲	日	15	해 돋을, 밝을.
	檣	木	17	돛대.
	牆	爿	17	墻과 同一. 담, 경계.
37자	狀	犬	8	(상). 형상, 모양, 문서. 訴狀
	臧	臣	14	착할, 두터울, 거둘.
	贓	貝	21	장물(贓物), 숨길, 감출.
재	才	手	3(4)	재주, 기본. 才質
	材	木	7	재목(材木), 원료, 재료.
	財	貝	10	재물(財物), 녹祿, 마를.
	在	土	6	있을, 볼, 살필. 존재(存在)
金	栽	木	10	심을, 가꿀. 栽培(재배)
	再	冂	6	둘, 다시, 거듭. 再審(재심)
	哉	口	9	어조사, 처음, 재난.
	災	火	7	재앙(災殃), 화재.
	裁	衣	12	마를, 마름질, 헝겊.
	載	車	13	실을, 기재(記載)할, 운반할.
	宰	宀	10	재상(宰相), 맡아 다스릴.
	齋	齊	17	(상복 자). 재계할, 상복, 공경할.
	梓	木	11	가래나무, 목수, 목공.
	滓	水	13(14)	찌끼, 앙금, 때, 더러운 것.
	齎	齊	21	가져올, 줄, 보낼.
	渽	水	12(13)	맑을.
17 자	縡	糸	16	일. (事)
쟁	爭	爪	8	다툴, 쟁송(爭訟)할.
	錚	金	16	쇳소리, 징.
金	箏	竹	14	쟁, 풍경.
	諍	言	15	간할, (글로)다툴.
저 金	著	艸	13(15)	나타날, 분명히 할. 著書

음 오 행	한 자	부	획 수	뜻
저	**貯**	貝	12	쌓을, 갈무리. **貯蓄**(저축)
	低	人	7	밑, 안. **高低**(고저)
	底	广	8	밑, 바닥, 어조사. **根底**(근저)
	抵	手	8	거스를, 막을. **抵觸**(저촉)
	沮	水	9(10)	막을, 그칠, 저지(**沮止**).
	邸	邑	8(12)	집, 저택(**邸宅**).
	猪	犬	12	돼지.
	姐	女	8	누이, 계집아이, 교만할.
	箸	竹	15	젓가락, 통.
	咀	口	8	씹을, 저주(**咀呪**)할.
金	楮	木	13	닥나무 종이, 지폐. **楮貨**(저화)
	苧	艸	9(11)	모시.
	渚	水	12(13)	물가, 모래 섬, 삼각주.
	狙	犬	8	원숭이, 교활, 속일.
	疽	疒	10	등창, 악성 종기, 침저.
	躇	足	20	머뭇거릴, 밟을.
	杵	木	8	(절구)공이, 방망이, 달구.
	藷	艸	20(22)	사탕수수, 참 마.
	這	辵	11(14)	이, 맞을, 낱낱.
	佇	人	7	우두커니, 오래 기다릴.
	詛	言	12	저주(**詛呪**)할, 원망할, 맹세.
	儲	人	18	쌓을, 태자, 세자. **儲下**(저하)
	樗	木	15	가죽나무, 소태나무과의 교목.
28자	紵	糸	11	모시(나무).
	菹	艸	12(14)	채소 절임, 젓갈.
	雎	隹	13	물수리, 징경이.
	齟	齒	20	어긋날, 위 아랫니가 맞지 않을.
적	**的**	日	8	과녁, 표준, 요점.
	赤	赤	7	붉을, 벌거숭이. **赤裸裸**(적나라)
	適	辵	15(18)	갈, 이를, 도달할. **適當**(적당)

음 오 행	한 자	부	획 수	뜻
적	**敵**	攴	15	원수, 대등할, 상대방. 敵軍
	笛	竹	11	피리. 笛韶(적소)
	滴	水	14(15)	물방울, 극히 적은 분량.
	摘	手	14(15)	(과일 등을)딸, 중요부분만 남길.
	寂	宀	11	고요, 평온. 寂寞(적막)
	籍	竹	20	서적(書籍), 문서, 책.
	賊	貝	13	도둑, 해칠, 죽일. 盜賊(도적)
	跡	足	13	자취, 흔적, (뒤를)밟을.
金	**蹟**	足	18	자취, 좇을, 따르. 奇蹟(기적)
	積	禾	16	쌓을, 모을. 蓄積(축적)
	績	糸	17	실 낳을, 실쌈, 이을. 紡績(방적)
	迪	辵	9(12)	나아갈, 길, 도덕, 이끌.
	狄	犬	7	(북방의)오랑캐, 낮은 관리.
	嫡	女	14	정실, 본처(의 자식). 嫡子(적자)
	謫	言	18	귀양갈, 유배갈, 견책, 꾸지람.
	迹	辵	10(13)	자취, 행적(行迹), 공적, 발자취.
	勣	力	13	공, 업적, 공적.
	荻	艸	11(13)	물 억새, 쑥.
25자	吊	口	6	弔의 俗字. 弔喪(조상)할, 문안할
	炙	火	8	고기 구을, 가까이 할.
	翟	羽	14	꿩(의 깃), 꽁지가 긴.
	鏑	金	19	살촉, 우는 살.
전	**田**	田	5	밭. 田畓(전답)
	全	入	6	온전할, 전부(全部).
	典	八	8	법, 책, 규정, 가르침. 法典
	前	刀	9	앞, 나아갈. 前進
	展	尸	10	펼, 늘일. 展開(전개)
金	**戰**	戈	16	싸울, (전쟁)戰爭, 두려워 할.
	電	雨	13	번개, 전기(電氣), 빠름의 비유.
	錢	金	16	돈, 가래. 金錢

음 오행	한자	부	획수	뜻
전 金	**傳**	人	13	전할, 보낼. 傳送(전송)
	專	寸	11	오로지, 마음대로. 專門
	轉	車	18	구를, 회전(回轉)할.
	殿	殳	13	집, 대궐, 절. 大殿(대전)
	澱	水	16(17)	앙금, 찌끼, 얕은 물. 沈澱(침전)
	塡	土	13	메울, 채울.
	銓	金	14	저울질 할, 대패.
	奠	大	12	제사지낼. 奠雁(존안)
	煎	火	13	달일, 졸일, 애 태울.
	顚	頁	19	꼭대기, 이마, 정수리. 顚末(전말)
	栓	木	10	나무 못, 빗장.
	箭	竹	15	화살(대), 이대. 箭臺(전대)
	鈿	金	13	비녀, 금장식.
	廛	广	15	가게, 집터.
	剪	刀	11	翦의 俗字. 자를, 가위.
	甸	田	7	경기, 교외, 왕성의 500리 내.
	氈	毛	17	모전(毛氈), 양탄자.
	篆	竹	15	篆字(秦의 이사가 만듬), 도장.
	箋	竹	14	찌끼, 글, 주해(註解).
	纏	糸	21	새끼, 줄, 얽힐, 묶을.
	餞	食	17	전별(餞別), 대접해서 보냄.
	詮	言	13	설명할, 도리, 법칙.
	輾	車	17	구를, 반전(反轉)할.
	悛	心	10(11)	깨달을, 고칠, 중지할.
	顫	頁	22	(손발이)뜰릴, 놀랄.
	癲	疒	24	미칠, 지랄병. 癲病(전병)
	佃	人	7	밭갈, 소작인, 사냥할.
	佺	人	8	신선이름.
	塼	土	14	벽동, 둥글, 지명.
	琠	玉	12(13)	귀막이, 옥 이름.

음 오 행	한 자	부	획 수	뜻
41자	畑	田	9	화전(火畑).
	筌	竹	12	통발, 물고기 잡는 기구.
	鐫	金	21	샛길, 쫄, 끌.
절 金 8자	節	竹	15	마디, 대, 뼈의 마디. 貞節(정절)
	絶	糸	12	끊을, 막을, 그만둘. 絶景(절경)
	切	刀	4	끊을, 자를, 바로잡을. 切斷(절단)
	折	手	7	꺾을, 자를, 부러질. 屈折(굴절)
	竊	穴	22	훔칠, 도둑, 몰래. 竊盜(절도)
	窃	穴	9	竊의 俗字.
	截	戈	14	끊을, 말 잘할, 다스릴. 截脚(절각)
	浙	水	10(11)	강 이름, 지명 이름.
점 金 8자	店	广	8	가게, 여관. 店鋪
	占	卜	5	차지할, 지킬, 점, 점볼. 占術
	點	黑	17	점, 문자의 抹消
	点	火	9	點의 俗字.
	漸	水	14(15)	점점, 차차(나아짐).
	粘	米	11	끈끈할, 차져 달라붙을. 粘液(점액)
	霑	雨	16	젖을, 잠길.
	岾	山	8	땅이름, 재, 절.
접 金	接	手	11(12)	사귈, 교재, 교차할. 接木(접목)
	摺	手	14(15)	접을(겹이 되게), 주름.
	蝶	虫	15	나비. 虎蝶(호접 : 호랑나비)
정 金	丁	一	2	넷째 천간, 곰배, 당할, 姓.
	停	人	11	머무를, 정해질, 밀릴. 停留(정류)
	頂	頁	11	정수리, 꼭대기,머리. 頂上
	井	二	4	우물.
	正	止	5	바를, 갖추어 질. 正道
	政	攴	9	정사(政事), 다스릴, 바룰.
	定	宀	8	정할, 반드시. 定義(정의)
	貞	貝	9	곧을, 인정할, 절개, 貞操.

음 오 행	한 자	부	획 수	뜻
정 金	精	米	15	정할, 쓿은 쌀, 자세히. 精髓(정수)
	情	心	11(12)	뜻, 정, 본성. 人情
	靜	靑	16	고요할, 맑을. 靜寂(정적)
	淨	水	11(12)	깨끗할, 맑을. 淨水(정수)
	庭	广	10	뜰, 마당, 집안. 庭園(정원)
	亭	亠	9	정자, 역 참, 머무를. 亭子(정자)
	訂	言	9	바로잡을, 머무를. 訂正(정정)
	廷	廴	7	조정(朝廷), 관청.
	程	禾	12	길이단위, 법(도).
	征	彳	8	칠, 갈, 취할. 征服(정복)
	整	攴	16	가지런할, 정돈(整頓)할.
	鄭	邑	15(19)	나라, 姓.
	晶	日	12	밝을, 빛날, 水晶(수정)
	정	鼎	13	솥, 기구.
	艇	舟	13	거룻, 작은배. 漕艇(조정)
	禎	示	14	상서, 정, 바를.
	町	田	7	밭두둑, 밭의 경계. 町步(정보)
	偵	人	11	정탐(偵探)할, 염탐군, 물을.
	靖	立	13	편안할, 고요할. 安靖(안정)
	呈	口	7	드릴, 바칠. 呈政(정정)
	汀	水	5(6)	물가, 모래 섬, 뜻을 이루지 못함.
	楨	木	13	광나무, 기둥.
	錠	金	16	제기 이름, 신선로.
	晸	曰	12	해가 뜨는 모양.
	旌	方	11	기 (천자가 사기를 고무할 때 쓰는)
	挺	手	10(11)	뺄, 이탈할.
	幀	巾	12	그림족자, 그림 틀.
	釘	金	10	못.
	霆	雨	15	천둥소리, 번개, 떨다.
	諪	言	16	조정할.

음 오 행	한 자	부	획 수	뜻
정	穽	穴	9	허방다리, 함정(陷穽)
	姃	女	8	단정할.
	碇	石	13	닻, 배를 멈출.
	渟	水	12(13)	물 괼, 멈출.
	鉦	金	13	징.
	酊	酉	9	술 취할. 醉酊(취정)
金	睛	目	13	눈동자, 싫어하는 눈빛.
	柾	木	9	나무 바를.
	檉	木	17	위성류, 교목(낙엽송)
	淀	水	11(12)	(원음 : 전). 얕은 물, 배댈.
	湞	水	12(13)	물 이름.
	瀞	水	19(20)	맑을.
	炡	火	9	빛날, 불이 번쩍 거릴.
55자	玎	玉	6(7)	옥 소리.
	珽	玉	11(12)	옥 홀, 옥 이름.
	綎	糸	13	띠, 패 옥 따위를 차는 끈.
	鋌	金	15	쇳덩이, 판금.
제	弟	弓	7	아우, 나이 어린. 兄弟
	第	竹	11	차례, 위에서 아래로 순서.
	祭	示	11	제사, 사귈.
	帝	巾	9	임금, 오 제(五帝)의 약칭.
	題	頁	18	표제(表題), 맨 앞머리, 이마.
	除	阜	10(15)	섬돌, 길, 뜰.
	諸	言	16	모든, 여럿, 어조사.
金	製	衣	14	지을(옷, 글, 물건 등), 만들.
	提	手	12(13)	끌(고갈), 들. 提高(제고)
	堤	土	12	방죽, 실굽. 堤防(제방)
	制	刀	8	마를, 만들, 지을. 제어(制御)
	際	阜	14(19)	사이(두 물건의 중간). 交際(교제)
	齊	齊	14	가지런할, 갖출.

음 오 행	한 자	부	획 수	뜻
제	濟	水	17(18)	건널, 나루. 經濟
	劑	刀	16	약 지을, 조제(調劑)한 약.
	悌	心	10(11)	공경할.
	梯	木	11	사다리, 층계, 실마리.
	霽	雨	22	갤(비나 눈이), 마음이 개운할.
	蹄	足	16	굽(짐승의), 밟을, 올 매.
	啼	口	12	울(새나 짐승), 울부짖을.
23자	臍	肉	18(20)	배꼽, 과실꼭지의 반대편.
	薺	艸	18(20)	냉이, 두해살이 풀 이름.
	醍	酉	16	맑은 술, 불그레한 술.
조	兆	儿	6	조짐, 점칠, 억조. 徵兆(징조)
	早	日	6	새벽, 이른 아침. 早期
	造	辵	11(14)	지을, 만들, 조작(造作)
	鳥	鳥	11	새, 별 이름. 白鳥(백조)
	調	言	15	고를, 균형 잡을.
	朝	肉	12(14)	아침, 처음, 뵈올. 朝夕
	助	力	7	도울, 구원, 救助(구조).
	祖	示	10	조상(祖上), 사당.
	弔	弓	4	조상(弔喪)할, 문안할.
	燥	火	17	마를. 조열(燥熱)
	操	手	16(17)	잡을, 쥘, 조종할. 貞操
	照	火	13	비출, 햇빛. 照明(조명)
	條	木	11	(나무)가지, 유자나무. 條件
	潮	水	15(16)	조수(潮水), 흘러 들어갈.
金	租	禾	10	구실, 세금. 租稅
	組	糸	11	끈, 짤(베를), 조직(組織)
	趙	走	14	나라이름, 姓.
	曺	曰	10	姓.
	措	手	11(12)	그만 둘, 섞을.
	曹	曰	11	무리, 마을, 관아, 관리.

음 오행	한 자	부	획 수	뜻
	祚	示	10	복, 하늘이 내린 행복. 吉祚(길조)
	彫	彡	11	새길, 꾸밀, 수식할. 彫刻(조각)
	藻	艸	20(23)	말, 바닷말, 무늬.
조	槽	木	15	구유, 가축 먹이 그릇.
	棗	木	12	대추나무, 빨강.
	釣	金	11	낚시, 꾈. 釣友(조우)
	肇	聿	14	칠, 공격할, 비롯할.
	稠	禾	13	빽빽할, 고를, 화할.
	詔	言	12	고할, 알릴.
	漕	水	14(15)	배로 실어 나를, 배, 수레.
	粗	米	11	거칠, 정세(精細)치 못할.
	眺	目	11	바라볼, 살필.
	晁	日	10	朝의 古字.
금	遭	辵	15(18)	만날, 상봉, ~을 당할. 遭難(조난)
	阻	阜	8(13)	험할, 사이가 멀.
	凋	冫	10	슬퍼할, 시들, 새길.
	嘲	口	15	비웃을, 조롱할. 嘲笑(조소)
	躁	足	20	성급할, 떠들, 시끄러울.
	繰	糸	19	(고치켤 소). 야청 통견(通絹).
	俎	人	9	도마, 적대.
	爪	爪	4	손톱, 깍지, 메뚜기.
	窕	穴	11	정숙할, 그윽할.
46자	糟	米	17	전국, 그러지 않은 술, 지게미, 姓
	蚤	虫	10	벼룩, 일찍, 손톱.
	璪	玉	17	면류관 드림, 옥에 새긴 무늬.
	雕	隹	16	독수리, 새길, 시들.
족	足	足	7	발, 근본, 뿌리, 산기슭. 足炙(족적)
	族	方	11	겨레, 무리, 동류. 民族(민족)
	簇	竹	17	조릿대, 모일, 화살촉.
金	鏃	金	19	(촉). 화살촉, 작은 솥, 날카로울.

음 오 행	한 자	부	획 수	뜻
존 金	存	子	5	있을, 가엽게 여길. 存在
	尊	寸	12	높을(지위). 尊重(존중)
졸 金	卒	十	8	군사, 하인, 신하 무리. 卒兵
	拙	手	8(9)	졸할, 서투를. 拙著(졸저)
	猝	犬	11	갑자기, 창졸간에, 빨리. 猝到(졸도)
종 金 17자	宗	宀	8	마루, 근본, 종묘. 宗親(종친)
	種	禾	14	씨(동, 식물의), 근본, 種類
	鐘	金	20	종, 쇠북. 打鐘(타종)
	終	糸	11	마칠, 끝낼, 마무리. 終映(종영)
	從	彳	11	좇을, 순직할, 나아갈. 從事(종사)
	縱	糸	17	늘어질, 용서할, 놓을.
	鍾	金	17	종, 쇠북, 시계.
	綜	糸	14	잉아, 모을. 綜合
	腫	肉	13(15)	부스럼, 부종, 혹. 腫氣(종기)
	琮	玉	12(13)	옥 홀, 서 옥(瑞玉)이름, 부신(符信)
	棕	木	12	椶과 동일. 종려나무.
	淙	水	11(12)	물소리, 물 흐르는 소리.
	踵	足	16	발꿈치, 이을, 계승할.
	倧	人	10	상고, 신인(神人).
	慫	心	15	권할, 놀라 두려워 할. 慫慂(종용)
	悰	心	11(12)	즐길, 생각, 마음.
	蹤	足	15	(발)자취. 蹤跡(종적)
좌 金	座	广	10	자리, 물체를 세는 단위. 座席
	左	工	5	왼(쪽), 어긋날. 左傾(좌경)
	佐	人	7	도울, 권할. 補佐(보좌)
	坐	土	7	앉을, 아무일도 않을. 正坐(정좌)
	挫	手	10(11)	꺾을, 창피줄, 결박. 挫折(좌절)
죄 金	罪	网	13	허물, 죄, 형벌. 犯罪(범죄)
주	主	丶	5	주인(主人), 임금.
	注	水	8(9)	물댈, 부을, 쏟을. 注油(주유)

음 오행	한자	부	획수	뜻
주	**住**	人	7	살, 거처할. 住居.
金	**朱**	木	6	붉을, 붉은빛을 띄는. 朱木.
	宙	宀	8	집, 하늘. 宇宙(
	走	走	7	달릴, 향하여 갈. 逃走(도주)
	酒	酉	10(11)	술, 주연, 잔치. 酒量(주량)
	晝	日	11	낮. 晝夜(주야)
	舟	舟	6	배, 술통 받이, 실을.端舟(단주)
	周	口	8	두루, 골고루, 姓 周流
	株	木	10	그루, 식물의 밑동. 株式
	洲	水	9(10)	섬, 대륙. 六大洲(육대주)
	州	巛	6	고을, 마을. 星州(성주)
	柱	木	9	기둥, 기러기 발.
	鑄	金	22	쇠 부어 만들, 녹. 鑄物(주물)
	珠	玉	10(11)	구슬, 진주(珍珠), 둥근 알.
	註	言	12	주낼, 뜻 밝힐. 註解(주해)
	駐	馬	15	머물, 채류 할. 駐屯(주둔)
	週	辵	12(15)	돌, 회전할. 일요일. 週日
	奏	大	9	아뢸, 상소, 姓, 나라이름.
	胄	冂	9	맏아들, 핏줄, 혈통.
	呪	口	8	빌, 저주(咀呪)할, 주술.
	做	人	11	지을, 만들. 看做(간주)
	疇	田	19	밭두둑, 경계.
	廚	广	15	부엌, 요리사, 상자.
	炷	火	9	심지, 향 피울.
	紬	糸	11	명주, 잣을(실을).
	躊	足	21	머뭇거릴, 주저(躊躇)할.
	綢	糸	14	(쌀 도). 얽힐, 숨길, 묶을.
	籌	竹	20	투호 살, 산 가지, 헤아릴.
	嗾	口	14	(개 부를 촉). 부추길, 개 부를.
	誅	言	13	벨, 죄인을 죽일, 칠.

음 오행	한자	부	획수	뜻
주 金 40자	蛛	虫	12	거미.
	紂	糸	9	끈거리 끈, 밀치 끈.
	輳	車	16	모일(사물이).
	侏	人	8	난장이, 광대.
	酎	酉	10	진한 술. 酒酎(주주)
	姝	女	9	예쁠, 꾸밀, 연약할.
	湊	水	12(13)	모일(물이), 항구.
	澍	水	15(16)	단비, 젖을, 흘러들.
죽 金	竹	竹	6	대, 대나무, 피리. 竹筍
	粥	米	12	죽, 사물의 모양, 姓.
준 金 20 자	埈	土	10	陖과 同一. 높을, 가파를. 峻嶺(준령)
	俊	人	9	준걸(俊傑), 뛰어날, 클.
	遵	辵	16(19)	좇을, 복종할, 순송할. 遵守(준수)
	準	水	13(14)	법, 수준(水準), 평범할.
	濬	水	17(18)	칠, 퍼낼, 깊을, 심오할.
	竣	立	12	마칠, 멈출.
	駿	馬	17	준마, 뛰어난 사람.
	浚	水	10(11)	깊을, (재물을)빼앗을.
	峻	山	10	높을, 엄할, 길.
	晙	日	11	밝을, 이를.
	准	冫	10	승인할, 견줄, 의거할.
	畯	田	12	농부, 권농관(勸農官).
	儁	人	15	준걸, 뛰어날.
	蠢	虫	21	꿈틀거릴, 일어나 움직일.
	逡	辵	11(14)	뒷걸음칠.
	樽	木	16	술통, 그만둘.
	寯	宀	16	준걸.
	焌	火	11	태울, 꺼진불.
	雋	隹	13	영특할, 살찔.
	陖	阜	10(15)	가파를, 험할, 높을.

음 오행	한자	부	획수	뜻
줄 金	茁	艸	9(11)	풀이 처음 나는 모양, 새싹이 돋을.
중 金	中	丨	4	가운데, 中心.
	仲	人	6	버금, 가운데. 仲介
	重	里	9	무거울, 무게, 重要.
	衆	血	12	무리, 많은(사람, 물건).
즉 金	卽	卩	9	곧, 가까울, 나아갈.
즐 金	櫛	木	19	빗, 긁을.
즙 金	汁	水	5(6)	즙, 남의 덕으로 얻은 이익.
	楫	木	13	노, 배 젓는 기구.
	葺	艸	13(15)	기울, 지붕 일 집.
증 金	曾	曰	12	일찍, 곧, 이어.
	增	土	15	불을, 더할. 增額(증액)
	證	言	19	증거(證據), 알릴.
	憎	心	15(16)	미워할. 憎惡(증오)
	贈	貝	19	보낼, 선물할. 贈與(증여)
	症	疒	10	(병)증세. 症狀(증상)
	蒸	艸	14(16)	찔, 더울. 蒸氣(증기)
	甑	瓦	17	시루.
	拯	手	9(10)	건질, 구할, 도울.
	烝	火	10	김 오를, 찔, 임금, 많을.
11자	繒	糸	18	비단, 명주.
지 金	只	口	5	다만, 뿐, 어조사.
	支	支	4	가를, 가지, 지탱할. 地支
	枝	木	8	가지(초목의).
	止	止	4	발, 멎을, 멈출. 停止
	之	丿	4	갈, 이(지시 대명사).
	知	矢	8	알, 깨달을. 知識
	地	土	6	땅, 형편, 처지. 地球
	指	手	9	손(발)가락, 가리킬. 指示
	志	心	7	뜻, 의향, 마음. 意志

음 오행	한자	부	획수	뜻
지 金 34자	**至**	至	6	이를, 도래할. **至精**
	紙	糸	10	종이, 장. **紙面**
	持	手	9(10)	가질, 보존할, 유지(**維持**)할.
	池	水	6(7)	못, 물길.
	誌	言	14	기록할, 적어둘. **雜誌**
	智	日	12	슬기, 지혜(**智慧**), 꾀.
	遲	辵	16(19)	늦을, 더딜. **遲滯**
	脂	肉	10(12)	기름, 비계. **脂肪**(지방)
	祉	示	9	복, 하늘에서 내린 복. **福祉**
	旨	日	6	맛있을, 아름다울.
	芝	艸	8(10)	**芝草**(지초), 신초의 이름.
	肢	肉	8(10)	**四肢**(사지), 팔 다리.
	址	土	7	터.
	摯	手	15(16)	잡을, 이를, 도타울.
	漬	水	14(15)	담글, 적실, 물들일.
	趾	足	11	발, 발자국, 발가락.
	祗	示	11	공경할, 마칠. (**助詞**)
	咫	口	9	길이(짧은 거리).
	識	言	19	(알 식). 표할, 인정할, 판별할.
	砥	石	10	숫돌(결이 고운), 갈.
	蜘	虫	14	거미.
	枳	木	9	탱자나무.
	贄	貝	18	폐백, 면회때 가지고 가는 예물.
	沚	水	7(8)	물가, 강 가운데 조그마한 섬.
	芷	艸	8(10)	구리 때, 지초.
직 金	**直**	目	8	곧을, 바른 행위. **直接**
	職	耳	18	벼슬, 직분(**職分**), 임무.
	織	糸	18	짤, 조직(**組織**)할.
	稷	禾	15	기장, 오곡의 신(**神**).
	稙	禾	13	벼, 이른 벼.

음 오행	한자	부	획수	뜻
진 金	辰	辰	7	지지(다섯째), 별, 지지의 총칭.
	眞	目	10	참, 변치 않을. 眞實(진실)
	進	辵	12(15)	나아갈, 벼슬할. 前進(전진)
	盡	皿	14	다할, 끝날. 消盡(소진)
	振	手	10(11)	떨칠, 떨치고 일어날.
	鎭	金	18	鎭壓(진압)할, 누를.
	陳	阜	11(16)	늘어놓을, 펼, 姓.
	陣	阜	10(15)	줄, 열, 방비. 陣營(진영)
	珍	玉	9(10)	보배, 진귀한. 珍味(진미)
	晉	日	10	나아갈, 억누를, 나라 이름, 姓.
	津	水	9(10)	나루(터), 언덕.
	診	言	9(10)	볼, 진찰(診察)할, 엿볼.
	嗔	口	13	성낼.
	震	雨	15	벼락, 천둥, 떨. 震動(진동)
	秦	禾	10	벼, 나라이름, 姓.
	塵	土	14	티끌, 흙먼지, 속세(俗世).
	軫	車	12	수레의 총칭, 수레 뒤턱 나무.
	璡	玉	16	옥돌.
	瑨	玉	14(15)	아름다운 돌. (璡)
	榛	木	14	개암나무, 덤불, 초목.
	賑	貝	14	구휼할, 기민 먹일.
	縉	糸	16	꽂을, 붉은 비단, 분홍빛.
	溱	水	13(14)	많을, 성할, 이를.
	疹	疒	10	홍역, 두창, 앓을.
	瞋	目	15	눈 부릅뜰, 성낼.
	唇	口	10	놀랄.
	搢	手	13(14)	꽂을, 사이에 끼울.
	晋	日	10	晉의 俗字.
	桭	木	11	평 고대, 대청.
	殄	歹	9	다할, 모조리, 죽을.

음 오 행	한 자	부	획 수	뜻
진	畛	田	10	두렁 길, 경계.
	縝	糸	16	삼실, 촘촘할, 고울.
	臻	至	16	이를, 미칠, 모조리.
	蔯	艸	15(17)	더워지기, 사철 쑥.
35자	袗	衣	10(11)	홑옷, 아름다운(수를 놓은)옷.
질	質	貝	15	바탕, 그대로의 성질(性質).
	秩	禾	10	차례, 秩序.
	疾	疒	10	병, 괴로움, 하자. 疾患
	姪	女	9	조카(딸), 늙은이.
	窒	穴	11	막을, 가득 찰.
	迭	辵	9(12)	갈마들, 지나칠, 달아날.
	跌	足	12	넘어질, 달릴.
金	嫉	女	13	시기할, 미워할. 嫉妬(질투)
	叱	口	5	꾸짖을, 욕할. 叱責(질책)
	膣	肉	15(17)	새살 돋을, 여자 생식기, 陰門.
	桎	木	10	차 꼬질, 족쇄.
	帙	巾	8	책 갑, 책 가위.
	蛭	虫	12	거머리, 개밋 독.
15자	侄	人	8	어리석을, 굳을.
	瓆	玉	19(20)	사람이름.
짐	斟	斗	13	(원음: 침). 술 따를, 술 마실.
金	朕	肉	10(12)	나, 임금의 자칭.
집	執	土	11	잡을, 모을, 지킬. 執行(집행)
	集	隹	12	모일, 모을, 이를. 募集(모집)
	輯	車	16	모일, 화목할. 編輯(편집)
金	緝	糸	15	낳을, 길쌈할, 이을.
	什	人	4	(열사람 십). 세간.
	潗	水	15(16)	샘솟을, 물 끓는 소리.
	鏶	金	20	판금, 금속판.
8자	諿	言	16	화할, 말할, 슬기.

음 오행	한자	부	획수	뜻
징 金	**徵**	彳	15	부를, 구할, 요구할. 象徵(상징)
	懲	心	19	혼날, 벌줄. 懲戒(징계)
	澄	水	15(16)	맑을. 澄水(징수)
차 金 15자	**且**	一	5	또, 잠깐, 장차.
	次	冫	6	버금, 다음, 둘째, 이을. 次子
	此	止	6	이, 가까운 사물. 此岸(차안)
	借	人	10	빌릴, 도울, 가령. 借用
	差	工	10	어긋날, 실수, 상이. 差異
	車	車	7	(거). 수레, 도르래. 車輛(차량)
	茶	艸	10(12)	차, 씀바귀. 茶禮(다례)
	遮	辵	15(18)	막을, 가로지를. 遮斷(차단)
	蹉	足	17	넘어질, 때를 놓칠, 실패할.
	叉	又	3	깍지낄, 엇갈릴. 交叉路
	箚	竹	14	차자, 상소문, 찌를.
	嗟	口	13	탄식할, 감탄할, 발어사.
	嵯	山	13	우뚝 솟을.
	磋	石	15	갈, 연마할.
	侘	人	8	실의할, 뽐낼.
착 金 7자	**着**	目	11	붙을, 입을, 신을. 到着(도착)
	錯	金	16	섞일, 어지러울. 錯誤(착오)
	捉	手	10(11)	잡을. 捕捉(포착)
	搾	手	13(14)	짤. 搾取(착취)
	齪	齒	22	악착(齷齪)할, 도량이 좁은.
	窄	穴	10	좁을, 닥칠.
	鑿	金	28	뚫을, 열, 끊을. 鑿巖(착암)
찬 金	**贊**	貝	19	도울, 뵈올, 이끌. 贊襄(찬양)
	讚	言	26	기릴, 칭찬(稱讚)할.
	燦	火	17	빛날, 번쩍번쩍할. 찬란(燦爛)
	餐	食	16	먹을, 끼니를 이을. 朝餐(조찬)
	瓚	玉	23	재기, 술 그릇, 잔.

음 오 행	한 자	부	획 수	뜻
찬	璨	玉	17	빛날, 옥빛.
	饌	食	21	찬밥, 음식 차릴.
	纂	糸	20	모을, 채색, 붉은 무늬.
	粲	米	13	정미, 밝은, 선명할.
	纘	糸	25	이을.
金	撰	手	15(16)	지을, 품을, 가질. 撰集(찬집)
	鑽	金	27	끌, 뚫을, 구멍 낼.
	澯	水	16(17)	맑을, 물이 출렁거릴.
15자	竄	穴	18	숨을, 달아날.
	篡	竹	16	빼앗을, 주살로 잡을.
찰	察	宀	14	살필, 알, 조사할. 警察(경찰)
	擦	手	17	비빌, 마찰(摩擦)할.
	札	木	5	패, 얇은 조각, 편지. 名札
金	刹	刀	8	절, 사찰(寺刹), 사원.
	紮	糸	11	감을, 묶을, 맬.
참	參	厶	11	간여할, 셋, 석일. 參與
	慘	心	14(15)	참혹(慘酷)할, 비참할, 애통할.
	慙	心	15	부끄러워 할.
	斬	車	11	벨, 끊어질, 심히, 매우. 斬刑
	站	立	10	우두커니 설, 역 마을.
金	懺	心	20(21)	뉘우칠, 참회(懺悔)할.
	塹	土	14	구덩이, 팔. 塹壕(참호)
	讒	言	24	참소(讒訴)할, 중상할,
	僭	人	14	僭濫(참람)할, 범할, 어긋날.
10자	讖	言	24	참서(讖書)할, 비결, 조짐.
창	昌	日	8	창성(昌盛)할, 고울, 아름다울.
	唱	口	11	노래, 말 꺼낼. 歌唱(가창)
	窓	穴	11	창(창), 굴뚝.
金	倉	人	10	곳집, 옥, 내장. 倉庫
	創	刀	12	비롯할, 만들. 創設

음 오행	한자	부	획수	뜻
창 金 22자	**蒼**	艸	14(16)	푸른, 무성할. 蒼空(창공)
	滄	水	13(14)	찰, 싸늘할, 강 이름.
	暢	日	14	펼, 진술할, 실시할.
	彰	彡	14	밝을, 뚜렷할.
	脹	肉	12(14)	배가 부를, 창자. 大脹(대창)
	昶	日	9	밝을, 환할.
	廠	广	15	헛간, 마굿간, 공장.
	槍	木	14	창, 무기, 이를. 槍術(창술)
	娼	女	11	몸 파는 여자. 娼女(창녀)
	敞	攴	12	높을, 드러날.
	菖	艸	12(14)	창포(菖蒲).
	瘡	疒	15	부스럼, 종기.
	艙	舟	16	선창(船艙), 선실.
	漲	水	14(15)	물이 불을, 막을, 물 넘칠.
	猖	犬	11	미쳐 날뛸, 어지러울.
	倡	人	10	여 광대, 가무, 기생, 미치광이.
	愴	心	13(14)	슬퍼할, 마음 아파할, 차가울.
채 金 12자	**菜**	艸	12(14)	나물, 푸성귀. 菜蔬(채소)
	採	手	11(12)	캘, 파낼, 딸, 가릴. 採鑛(채광)
	彩	彡	11	채색(彩色), 고운 빛깔, 무늬.
	債	人	13	빚, 빌림. 債務(채무)
	蔡	艸	15(17)	거북, 티끌. 蔡卜(채복)
	采	爪	8	캘, 딸, 가릴. (採와 同意)
	埰	土	11	영지(나라에서 내린 땅), 무덤.
	釵	金	11	(차)비녀, 인동 덩굴.
	綵	糸	14	비단, 무늬.
	砦	石	10	울타리, 작은 성채.
	寀	宀	11	녹봉, 녹봉으로 지급되는 토지.
	寨	宀	14	울짱, 울타리, 작은 성채.
책 金	**策**	竹	12	꾀, 채찍, 지팡이. 策略(책략)

음 오행	한자	부	획수	뜻
책 金	責	貝	11	꾸짖을, 요구할. 責任
	冊	冂	5	책, 칙서, 권. 書冊
	柵	木	9	울짱, 작은성, 울타리.
처 金	處	虍	11	살, 머물. 居處
	妻	女	8	아내, 시집보낼. 妻家
	悽	心	11(12)	슬퍼할, 차가울. 悽慘(처참)
	凄	冫	10	쓸쓸할, 추울. 凄切(처절)
척 金 15자	尺	尸	4	자, 법도, 거리, 도리. 尺度
	斥	斤	5	물리칠, 가리킬, 지적할. 排斥.
	拓	手	8(9)	열, 주울, 꺾을, 넓힐. 開拓
	戚	戈	11	겨레, 도끼, 슬퍼할. 親戚(친척)
	隻	隹	10	외짝, 새 한 마리, 한사람.
	滌	水	14(15)	씻을, 헹굴, 청소할. 洗滌(세척)
	陟	阜	10(15)	오를, 추천할, 나아갈. 三陟
	脊	肉	10(12)	등성마루, 등(골)뼈. 脊椎(척추)
	瘠	疒	15	파리할, 여윌. 瘦瘠(수척)
	擲	手	18(19)	던질, 버릴, 노름할. 投擲(투척)
	剔	刀	10	바를(빼를), 꺾을.
	慽	心	14(15)	근심할, 슬플.
	刺	刀	8	찌를, 가시, 침. 투척
	倜	人	8	대범할, 뛰어날.
	蹠	足	18	밟을, 나아갈, 도달할.
천 金	千	十	3	일천, 많을. 千壽
	天	大	4	하늘, 天體.
	川	巛	3	내, 물귀신. 溪川(계천)
	泉	水	9(10)	샘, 땅에서 솟는 물. 溫泉
	淺	水	11(12)	얕을, 소견. 淺識(천식)
	賤	貝	15	천할, 신분 낮을, 값쌀. 賤人
	踐	足	15	밟을, 지킬, 부임할. 實踐
	遷	辵	16(19)	옮길, 교환할, 바꿀. 遷都(천도)

음 오행	한자	부	획수	뜻
천	薦	艸	17(19)	천거할, 공물, 거적. 公薦(공천)
	闡	門	20	열릴, 널리 퍼지게 할.
	穿	穴	9	뚫을, 구멍.
	喘	口	12	헐떡거릴, 숨, 기침. 喘息(천식)
	仟	人	5	일천, 두둑에 난 길.
金	阡	阜	6(11)	두렁, 길, 도로.
	擅	手	16(17)	멋대로, 마음대로. 擅方(천방)
	舛	舛	6	어그러질, 상치될.
	釧	金	11	팔찌.
19자	韆	革	24	그네.
	玔	玉	7(8)	옥 고리, 옥 팔지.
철	鐵	金	21	쇠, 검을, 단단할. 鐵線(철선)
	徹	彳	15	통할, 뚫을, 밝을. 徹底(철저)
	哲	口	10	밝을, 총명, 사리에 밝은 사람.
	撤	手	15(16)	거둘, 치울. 撤去(철거)
	喆	口	12	哲과 同一.
金	澈	水	15(16)	물 맑을.
	綴	糸	14	꿰맬, 지을(글), 연 이를.
	轍	車	19	바퀴자국, 흔적, 행적.
	凸	凵	5	볼록할(가운데가).
10자	輟	車	15	그칠, 기울, 하던 일을 멈출.
첨	添	水	11(12)	더할, 보탤, 성. 添附(첨부)
	尖	小	6	뾰족할, 거칠, 끝. 尖端(첨단)
	籤	竹	23	제비, 심지, 예언의 기록.
金	沾	水	8(9)	더할, 첨가할, 강 이름.
	諂	言	15	아첨할, 아양떨.
	瞻	目	18	볼, 쳐다볼. 瞻星臺(첨성대)
	甛	甘	11	달, 만날, 낮잠.
9자	僉	人	13	다, 고를, 가려낼.
	簽	竹	19	농, 찌, 쪽지.

음 오 행	한 자	부	획 수	뜻
첩 金 10자	**妾**	女	8	첩, 계집 종. **蓄妾**(축첩)
	捷	手	11	이길, 전리품. **大捷**(대첩)
	帖	巾	8	표제, 주련. **手帖**
	疊	田	22	겹칠, 접을. **重疊**(중첩)
	牒	片	13	글씨 판, 계보, 공문서.
	諜	言	16	염탐할. **諜者**(첩자)
	貼	貝	12	붙을, 접근하여 닿을.
	輒	車	14	문득, 갑자기, 쉽게, 번번히.
	睫	目	13	속눈썹, 깜작일.
	堞	土	12	성가 퀴.
청 金 8자	**清**	水	11(12)	맑을, 사념이 없을. **清淨**
	青	青	8	푸를, 녹청(**綠青**).
	廳	广	25	관청(**官廳**), 마을, 관아, 마루.
	請	言	15	청할, 고할, 구할. **請求**
	聽	耳	22	들을, 기다릴, 받을. **傾聽**(경청)
	晴	日	12	갤, 비 그칠. **快晴**(쾌청)
	菁	艸	12(14)	(부추 꽃 정). 우거질, 부추 꽃.
	鯖	魚	19	청어(**鯖魚**).
체 金 11자	**替**	日	12	쇠퇴할, 버릴. **對替**(대체)
	體	骨	23	몸, 신체(**身體**), 형상. 体와 同一.
	体	人	7	(용렬할 분). **體**의 약자.
	滯	水	14	막힐, 남을, 빠질. **遲滯**(지체)
	締	糸	15	맺을, 묶을(끈으로). **締結**(체결)
	遞	辵	14(17)	갈마들, 번갈아.
	逮	辵	12(15)	잡을, 미칠, 이를. **逮捕**(체포)
	諦	言	16	살필, 조사할.
	涕	水	10(11)	눈물, 울. **涕淚**(체루)
	切	刀	4	(끊을 절). 온통, 모두, 끊을.
	剃	刀	9	머리 깎을.
초 金	**初**	衣	7(8)	처음, 시작, 비로소. **始初**

음 오 행	한 자	부	획 수	뜻
초 金 27자	**草**	艸	10(12)	풀, 잡초. **草原**
	招	手	8(9)	부를, 구할, 얽어맬. **招請**
	肖	肉	7(9)	닮을, 작을. **肖像**(초상)
	超	走	12	넘을, 지나갈. **超越**(초월)
	抄	手	7(8)	노략질 할, 뜰(숟가락으로).
	礎	石	18	주춧돌. **基礎**
	焦	火	12	그을릴, 애탈. **焦燥**(초조)
	椒	木	12	산초나무.
	秒	禾	9	(까끄라기 묘). 초, 미묘할.
	硝	石	12	초석(硝石: 유리, 화약의 원료).
	楚	木	13	모형, 인삼 목, 기시나무.
	醋	酉	15	(술 권할). 초, 술 권할, 식초(食醋)
	哨	口	10	망볼, 작을, 兵制의 하나. 哨所
	礁	石	17	물에 잠긴 바위, 暗礁
	蕉	艸	16(18)	파초(芭蕉), 눈다, 생 마.
	梢	木	11	나무 끝, 말단, 끝.
	酢	酉	12	신맛, 신맛의 조미료, 잔 돌림.
	樵	木	16	땔나무, 나무꾼, 화목.
	貂	豸	12	담비(족제비과의 동물).
	憔	心	15(16)	수척할, 애석할. 憔悴(초췌)
	炒	火	8	볶을, 떠들, 시끄러울.
	醮	酉	19	초례(醮禮), 제사지낼, 예를 치를.
	稍	禾	12	벼 줄기, 점점(작아짐).
	剿	刀	13	노곤할, 표절할, 괴로워 할.
	艸	艸	6	풀.
	苕	艸	9(11)	능소화, 완두, 갈대 이삭.
촉 金	**促**	人	9	다가올, 재촉할. 독촉(**督促**)
	觸	角	20	닿을, 부딪힐, 범할. **抵觸**(저촉)
	燭	火	17	촛불, 등불. 화촉(**華燭**)
	蜀	虫	13	나라이름.

음 오행	한 자	부	획 수	뜻
6자	囑	口	24	부탁할, 맡길. 촉탁(囑託)
	矗	目	24	우거질, 가지런할, 곧을.
촌 金	村	木	7	마을, 꾸밈없을, 농촌(農村)
	寸	寸	3	마디, 손가락, 한치.
	忖	心	6(7)	헤아릴, 미루어 짐작할.
	邨	邑	7(11)	村과 同一.
총 金	銃	金	14	총, 도끼자루 구멍.
	總	糸	17	거느릴, 통괄할, 모을. 總責(총책)
	聰	耳	17	귀 밝을, 총명(聰明)할, 들을.
	塚	土	13	무덤, 산 꼭대기. 石塚(석총)
	寵	宀	19	괼, 사랑할, 은혜, 첩(임금의)
	叢	又	18	모일, 떨기, 많을. (총서)叢書
	摠	手	14(15)	모두, 총괄.
	悤	心	11	바쁠, 급할, 슬기로울.
10자	憁	心	14	바쁠, 뜻을 얻지 못할.
	蔥	艸	15(17)	파, 푸성귀, 부들.
촬 金	撮	手	15(16)	취할, 모을. 撮影(촬영)
최 金	崔	山	11	높을, 姓.
	最	曰	12	가장, 모두, 제일. 最高(최고)
	催	人	13	재촉할, 막을, 열. 催告(최고)
추 金	秋	禾	9	가을, 결실. 秋收(추수)
	追	辵	10(13)	쫓을, 목적지에 이를. 追憶(추억)
	推	手	11(12)	옮을, 변천할. 推命(추명)
	抽	手	8(9)	뺄, 뽑을, 당길. 抽籤(추첨)
	醜	酉	17	추할, 미워할. 醜女(추녀)
	墜	土	15(20)	떨어질, 잃을. 墜落(추락)
	錐	金	16	송곳, 바늘, 작은 화살.
	趨	走	17	달릴, 쫓을, 빨리 갈.
	樞	木	15	지도리, 고동.
	錘	金	16	저울, 무게단위.

음 오 행	한 자	부	획 수	뜻
추 金 23자	楸	木	13	개오동나무, 호두나무.
	鄒	邑	13(17)	나라이름(周 대의)
	酋	酉	9	묵을, 오래된 술, 성숙할.
	椎	木	12	몽치, 망치, 상투, 칠.
	芻	艸	10	꼴, 말린 풀.
	鰍	魚	20	鰌와 同一. 미꾸라지. 鰍魚湯
	皺	皮	15	주름, 마른 대추.
	萩	艸	13(15)	사철 쑥, 가래나무.
	雛	隹	18	병아리, 큰 새, 사람이름.
	湫	水	12(13)	다할, 늪, 못, 소.
	諏	言	15	꾀할, 모여서 논할.
	鎚	金	18	쇠망치 저울추.
	騶	馬	20	말먹이는 사람, 기사.
축 金 12자	**丑**	一	4	소, 지지의 둘째.
	祝	示	10	빌, 기원할. **祝願**
	畜	田	10	가축, 집에서 기르는 동물. **家畜**
	蓄	艸	14(16)	쌓을, 모을. **備蓄**(비축)
	築	竹	16(18)	지을, 쌓을. **建築**(건축)
	逐	辵	11(14)	쫓을, 물리칠. **逐出**(축출)
	縮	糸	17	다스릴, 곧게 할. **縮小**(축소)
	蹴	足	19	찰(발로), 밟을. **蹴球**(축구)
	軸	車	12	굴대, 북, 베틀기구.
	竺	竹	8	대나무, 나라이름, **姓**. **天竺**(천축)
	筑	竹	12	악기이름.
	蹙	足	18	대지를, 가까이 대들.
춘 金	**春**	日	9	봄, 젊음, 정(주로 여자가 남자를).
	椿	木	13	참나무, 신령스러운 나무.
	瑃	玉	13(14)	옥 이름.
출	**出**	凵	5	날, 나갈. **出入**
	黜	黑	17	물리칠, 내 쫓을. **黜黨**(출당)

음 오 행	한 자	부	획 수	뜻
金	朮	木	5	차조(조의 한가지), 삽 주.
충 金 7자	**沖**	水	7(8)	빌, 공허할, 가운데. **相沖**
	忠	心	8	충심(**忠心**), 정성.
	充	儿	5	찰, 채울, 막을. **補充**
	蟲	虫	18	벌레, 구더기. **蟲齒**(충치)
	衝	彳	15	찌를, 맞부딪칠, 향할.
	衷	衣	10(11)	속마음, 정성, 속옷. **衷心**(충심)
	冲	冫	6	沖의 俗字.
췌 金	萃	艸	12(14)	모일, 이를.
	膵	肉	16(18)	췌장(**膵臟**), 소화기관의 하나.
	悴	心	11(12)	파리할, 근심할. **憔悴**(초췌)
	贅	貝	18	혹, 군더더기, 필요 없는.
취 金 14자	**取**	又	8	취할, 골라 뽑을. **取得**
	吹	口	7	불, 부추길, 바람.
	就	尢	12	이룰, 나아갈. **就職**
	臭	自	10	냄새, 후각을 통한 감각.
	醉	酉	15	취할. **滿醉**(만취)
	趣	走	15	달릴, 미칠. **趣旨**(취지)
	聚	耳	14	모일, 무리. **聚落**(취락)
	翠	羽	14	물총새, 비취색. **翡翠**(비취)
	炊	火	8	불땔, 밥지을. **炊事**(취사)
	脆	肉	10(12)	무를, 약할, 가벼울. **脆弱**(취약)
	鷲	鳥	23	(독)수리.
	嘴	口	15	부리, 주둥이.
	驟	馬	24	달릴, 신속할.
	娶	女	11	장가들, 아내 맞을.
측 金	**側**	人	11	곁, 옆, 가. **側面**(측면)
	測	水	12(13)	잴, 헤아릴. **測定**(측정)
	惻	心	12(13)	슬퍼할. **惻隱**(측은)
	仄	人	4	기울, 우뚝 솟을, 어름풋 할.

음 오행	한자	부	획수	뜻
층 金	層	尸	15	층집, 계단. 高層(고층)
치 金 23자	治	水	8(9)	다스릴, 바로잡을. 政治
	致	至	10	보낼, 돌려보낼. 理致
	齒	齒	15	이, 나이. 蟲齒(충치)
	値	人	10	값, 가질. 價値
	置	网	13	둘, 남길, 용서할. 放置(방치)
	恥	心	10	부끄러워 할. 羞恥(수치)
	稚	禾	13	어릴, 작은 벼. 幼稚(유치)
	熾	火	16	성할, 불길 셀, 기세 셀.
	峙	山	9	우뚝 솟을, 언덕.
	雉	隹	13	꿩, 성장의 척도.
	侈	人	8	사치(奢侈)할, 거만할, 분수에 넘칠.
	緻	糸	15	밸, 기울, 촘촘할. 緻密(치밀)
	馳	馬	13	달릴, 질주할.
	痴	疒	13	癡의 俗字. 어리석을, 미치광이.
	幟	巾	15	기, 표기, 표적.
	淄	水	11	검은빛, 검게 물들.
	梔	木	11	치자나무.
	緇	糸	14	검은 비단, 승복.
	嗤	口	13	웃을, 웃음거리, 냉소.
	痔	疒	11	치질(痔疾).
	輜	車	15	짐수레, 棺을 싣는 수레.
	穉	禾	16	稚와 同一.
	蚩	虫	10	어리석을, 벌레이름, 얕볼, 업신여길.
칙 金	則	刀	9	(곧 즉, 본받을 측). 법칙, 모범.
	勅	力	9	조서, 임금의 명령을 적은 문서.
	飭	食	13,	삼갈, 신칙 할, 경계 할.
친 金	親	見	16	친할, 사랑할, 가까울. 親舊
칠 金	七	一	2(7)	일곱. 七星
	漆	水	14(15)	옻(나무). 柒과 同字.

음 오행	한자	부	획수	뜻
침 金 9자	**針**	金	10	바늘, 재봉할, 침놓을.
	侵	人	9	침노할, 습격할. 侵攻
	浸	水	10(11)	담글, 스며들. 浸水
	寢	宀	14	잠잘, 누울. 寢具
	沈	水	7(8)	가라앉을, 잠길. 沈沒
	枕	木	8	베개, 잠잘 때 머리에 베는 물건.
	鍼	金	17	침(의료용), 찌를. 鍼術(침술)
	砧	石	10	다듬잇돌, 모 탕.
	琛	玉	12(13)	보배, 옥.
칩金	蟄	虫	17	숨을, 틀어박혀 있을. 蟄居(칩거)
쾌 木	**快**	心	7(8)	쾌할, 상쾌(爽快)할, 병세가 호전될.
	夬	大	4	터놓을, 마음을 열.
타 火 14자	**他**	人	5	다른, 그, 저, 누구. 他人
	打	手	5(6)	칠, 때릴, 공격할. 打擊(타격)
	妥	女	7	온당할, 편히 여길.
	墮	土	15(20)	떨어질, 무너질. 墮落(타락)
	陀	阜	8(13)	비탈질, 무너질, 험할. 陀佛
	楕	木	13	橢와 同一. 길쭉할, 가늘고 길.
	唾	口	11	침, 침 뱉을. 唾液(타액)
	駝	馬	15	낙타, 타조, 곱사등이.
	惰	心	12(13)	게으를, 불경스러울. 惰性(타성)
	舵	舟	11	키(배의).
	朶	木	6	늘어질(나뭇가지가).
	咤	口	9	꾸짖을, 혀를 찰, 슬퍼할.
	拖	手	8(9)	끌, 잡아당길.
	馱	馬	13	(태). 실을, 태울.
탁 火	**濁**	水	16(17)	흐릴, 더러울. 清濁
	托	手	6(7)	밀(손으로), 받침대.
	濯	水	17(18)	씻을, 클, 빛날. 洗濯
	琢	玉	12(13)	쫄, 다듬을, 닦을(기량이나 덕을)

음 오 행	한 자	부	획 수	뜻
탁 火 17자	託	言	10	부탁(付託), 당부.
	卓	十	8	높을, 세울, 책상, 卓子.
	鐸	金	21	방울, 풍경. 木鐸
	擢	手	17(18)	뽑을, 제거할, 발탁(拔擢)할.
	倬	人	10	클, 높을, 밝을.
	啄	口	11	쪼을(부리로), 두드릴.
	柝	木	9	열, 펼칠, 갈라질.
	度	广	9	(법도 도), 헤아릴, 법, 制度.
	拓	手	8(9)	(주울 척). 밀칠, 꺾을, 주을.
	坼	土	8	터질, 갈라질, 열릴, 금이 갈.
	晫	日	12	밝을.
	琸	玉	12(13)	사람이름.
	乇	ノ	3	부탁할.
탄 火 10자	炭	火	9	숯, 재, 석탄(石炭).
	歎	欠	15	읊을, 한숨쉴, 노래할, 탄식(歎息)할.
	彈	弓	15	탄알, 열매. 砲彈(포탄)
	灘	水	22(23)	여울, 물가, 소금.
	嘆	口	14	탄식할, 한숨쉴. 悲嘆(비탄)
	誕	言	14	태어날, 속일. 誕生
	綻	糸	14	옷 터질, 봉오리가 벌어질.
	坦	土	8	평탄할, 너그러울, 편안할.
	呑	口	7	삼킬, 감출.
	憚	心	15(16)	꺼릴, 삼갈, 화낼.
탈 火	脫	肉	11(13)	벗을, 여윌. 脫出
	奪	大	14	빼앗을, 잃을. 奪取
탐 火	貪	貝	11	탐할, 더듬어 찾을. 貪慾(탐욕)
	探	手	11	찾을. 探險(탐험)
	耽	耳	11	즐길, 기쁨을 누릴.
	眈	目	9	노려볼.
탑	塔	土	13(15)	탑, 절, 불당.

음 오행	한 자	부	획 수	뜻
火	搭	手	13(14)	탈, 태울. 搭乘(탑승)
	榻	木	14	걸상.
탕 火	湯	水	12(13)	끓일, 넘어질. 湯劑(탕제)
	蕩	艸	16(19)	쓸어버릴, 씻어버릴.
	宕	宀	8	방탕할, 거칠, 지나칠.
	帑	巾	8	(처자 노). 금고, 처자, 자손.
	糖	米	16	(당). 사탕(砂糖), 엿.
태 火 14자	太	大	4	클, 매우, 심히. 太陽
	泰	水	10	클, 편안할. 國泰民安(국태민안)
	怠	心	9	게으를, 업신여길. 怠慢(태만)
	殆	歹	9	위태(危殆)로울, 해칠.
	態	心	14	모양, 형상, 몸짓. 態度(태도)
	胎	肉	9(11)	아이밸, 태아(胎兒).
	兌	儿	8	바꿀, 기뻐할, 모일.
	苔	艸	9(11)	이끼. 黑苔(흑태)
	台	口	5	(이, 나). 별, 기쁠, 기를.
	汰	水	7(8)	사치할, 흐릴.
	颱	風	14	태풍(颱風).
	笞	竹	11	볼기칠, 태형(笞刑), 오형의 하나.
	邰	邑	8(13)	나라이름.
	跆	足	12	밟을, 유린할. 跆拳(태권)
택 火	宅	宀	6	집, 대지, 무덤. 宅地
	澤	水	16(17)	못, 늪, 진 펄, 윤이 날.
	擇	手	16(17)	가릴, 고를. 選擇
탱 火	撐	手	15(16)	버팀목, 배 저을. 撐木(탱목)
터 火	攄	手	18(19)	펼(생각이나 말을).
토 火	土	土	3	흙, 땅, 오행의 하나. 土地
	討	言	10	칠, 징벌할. 討伐(토벌)
	兎	儿	7	免의 俗字. 토끼, 달의 다른 이름.
	吐	口	6	토할. 嘔吐(구토)

음 오 행	한 자	부	획 수	뜻
통 火 7자	通	辶	11(14)	통할, 두루 미칠. 通過
	統	糸	12	큰 줄기, 血統, 실마리.
	痛	疒	12	아플, 앓을. 痛症(통증)
	桶	木	11	통, 물건 담는 통.
	筒	竹	12	대롱, 또는 대롱 같은 물건.
	慟	心	14(15)	서럽게 울. 慟哭(통곡)
	洞	水	9(10)	(마을 동). 꿰뚫을, 동굴.
퇴 火 6자	退	辶	10(13)	물러날, 떠날, 그만둘. 退却(퇴각)
	堆	土	11	언덕, 높이 쌓아둘. 堆積(퇴적)
	頹	頁	16	무너질, 기울.
	褪	衣	15(16)	바랠(색깔이), 벗을.
	腿	肉	14(16)	넓적 다리, 정강이. 大腿(대퇴)
	槌	木	14	(추). 망치, 칠.
투 火 6자	透	辶	11(14)	통할, 뛰어넘을, 지나칠. 透明
	投	手	7(8)	던질, 보낼. 投手
	鬪	鬥	20	싸울, 다툼. 鬪犬(투견)
	妬	女	8	투기할, 시샘할. 嫉妬
	偸	人	11	훔칠, 구차할, 가벼울.
	套	大	10	덮개, 한 벌. 外套(외투)
특 火	特	牛	10	수컷, 특별(特別)한.
	慝	心	15	邪慝(사특)할, 간특할, 못될.
틈 火	闖	門	18	말이 문을 나오는 모양, 머리 내밀.
파 水	破	石	10	깨뜨릴, 망칠. 破壞(파괴)
	波	水	8(9)	물결, 파도(波濤)일, 주름.
	派	水	9(10)	물 갈래, 가닥. 派閥(파벌)
	播	手	15	뿌릴(씨를), 퍼뜨릴.
	罷	网	15	방면할, 그만둘, 그칠. 罷業(파업)
	頗	頁	14	자못, 조금, 매우.
	把	手	7(8)	잡을, 쥘. 把握(파악)
	巴	己	4	땅이름, 大蛇의 한가지.

음 오 행	한 자	부	획 수	뜻
파	婆	女	11	할미, 사물의 형용. 老婆(노파)
	琶	玉	12(13)	비파(琵琶).
	坡	土	8	고개, 언덕, 비탈, 둑.
	芭	艸	8(10)	파초(芭蕉), 향기풀 이름.
	爬	爪	8	긁을, 기어다닐.
16자	跛	足	12	절뚝발이, 기대설.
	杷	木	8	비파나무, 상록 교목.
	擺	手	18(19)	열릴, 벌려놓을.
판	**判**	刀	7	판가름 할, 구별할. 判斷
	板	木	8	널빤지, 판목(板木).
	販	貝	11	팔, 살, 장사 할. 販賣
	版	片	8	널빤지, 얇은 금속. 판자
	瓣	瓜	19	외 씨, 꽃잎.
水	阪	阜	7(12)	비탈, 둑, 제방.
	坂	土	7	비탈, 둑, 제방.
9자	辦	辛	16	힘쓸, 주관할.
	鈑	金	12	금박, 얇팍한 황금.
팔	**八**	八	2(8)	여덟. 八字.
水	叭	口	5	입 벌릴, 나팔(喇叭).
	捌	手	10(11)	깨뜨릴, 쳐부술, 여덟.
패	**貝**	貝	7	조개, 화폐, 옛날의 돈. 貝類(패류)
	敗	攴	11	깨뜨릴, 부술. 敗北
	覇	襾	19	霸 俗字. 으뜸, 우두머리. 覇權(패권)
	牌	片	12	패, 방, 명찰. 牌札(패찰)
	佩	人	8	찰, 지닐, 노리개. 玉佩(옥패)
	狽	犬	10	이리.
水	唄	口	10	찬불(讚佛).
	稗	禾	13	피(일년초).
	沛	水	7(8)	늪, 습지, 성한 모양.
	浿	水	10(11)	강 이름.

음 오행	한자	부	획수	뜻
11자	悖	心	10(11)	어그러질, 벗어날(도리). 悖倫(패륜)
팽 水	彭	彡	12	姓, 나라이름.
	膨	肉	16(18)	부풀. 膨脹(팽창)
	澎	水	15(16)	물결 부딪히는 소리, 파도소리.
	烹	火	11	삶을, 삶아 죽일.
퍅 水	愎	心	12(13)	괴퍅(乖愎)할, 어긋날.
편 水 10자	片	片	4	조각(납작한). 片紙(편지)
	便	人	9	편할, 소식. 便安
	篇	竹	15	책, 시문.
	編	糸	15	엮을, 이을. 編纂(편찬)
	遍	辵	13(16)	두루, 골고루.
	偏	人	11	치우칠, 반, 한쪽. 偏在(편재)
	鞭	革	18	채찍, 매질, 형벌의 일종.
	扁	户	9	넓적할, 액자.
	翩	羽	15	빨리 날, 나부낄.
	騙	馬	19	속일, 기만할, 말에 올라탈.
폄 水	貶	貝	12	떨어뜨릴, 낮출. 貶下(폄하)
평 水	平	干	5	평탄할, 바를, 고를. 平和
	評	言	12	꼶을, 잘 잘못을 가릴. 評價
	坪	土	8	평평할, 땅 면적. 坪數
	萍	艸	12(14)	부평초(浮萍草), 쑥, 개구리 밥.
	枰	木	9	바둑판, 의자, 침상.
폐 水	肺	肉	8(10)	허파, 마음, 충심. 肺腸(폐장)
	廢	广	15	폐할, 그만둘, 부서질.
	閉	門	11	닫을, 잠글. 閉鎖(폐쇄)
	弊	廾	15	해질, 옷이 낡을. 疲弊(피폐)
	幣	巾	15	비단, 예물, 돈. 幣物(폐물)
	陛	阜	10(15)	섬돌, 계단(階段), 순서.
	蔽	艸	16(18)	덮을, 숨길, 쌀.
	吠	口	7	짖을(개가).

음 오행	한 자	부	획 수	뜻
10자	斃	攴	18	넘어질, 쓰러져 죽을. 斃死(폐사)
	嬖	女	16	사랑할, 총애 받을.
포 水 28자	布	巾	5	베, 돈, 화폐. 布木
	抱	手	8(9)	안을(가슴에), 품, 흉부. 抱擁(포옹)
	包	勹	5	쌀, 꾸러미. 包袋(포대)
	胞	肉	9(11)	태보, 삼, 종기. 胞胎(포태)
	飽	食	14	물릴, 싫증날, 배부를. 飽食(포식)
	浦	水	10(11)	물가, 배가 드나드는 곳. 浦口(포구)
	捕	手	10(11)	사로잡을, 구할. 採捕(채포)
	砲	石	10	돌 쇠뇌, 대포(大砲).
	葡	艸	13(15)	포도, 포르투갈의 약칭.
	拋	手	8(9)	던질, 버릴. 拋棄(포기)
	怖	心	8(9)	두려워 할, 떨. 恐怖(공포)
	鋪	金	15	펼, 늘어놓을.
	泡	水	8(9)	거품, 성할.
	圃	囗	10	밭, 들일, 클.
	蒲	艸	14(17)	부들, 창포(菖蒲).
	脯	肉	11(13)	포, 고기 말린 것. 肉脯(육포)
	哺	口	10	먹을.
	咆	口	8	으르렁거릴, 성낼. 咆號(포호)
	袍	衣	10(11)	핫옷, 웃옷, 솜을 둔 겨울옷.
	匏	勹	11	박, 바가지, 악기 이름.
	褒	衣	15	襃의 俗字. 기릴, 칭찬할.
	鮑	魚	16	절인 어물, 갖바치
	佈	人	7	펼.
	暴	日	15	(폭). 사나울, 해칠. 橫暴(횡포)
	匍	勹	9	길, 문지를.
	疱	疒	10	천연두, 마마, 붓는 병.
	逋	辵	11(14)	달아날, 체납한 조세.
	勹	勹	2	쌀.

음 오행	한자	부	획수	뜻
폭 水 6자	暴	日	15	(포). 사나울, 해칠. 暴行
	爆	火	19	터질, 불사를. 爆發(폭발)
	幅	巾	12	너비, 단위, 가. 道路 幅(도로 폭)
	瀑	水	18(19)	폭포(瀑布), 소나기.
	曝	日	19	쬘, 햇빛에 말릴.
	輻	車	16	(바퀴 쌀 복, 몰려들 부). 바퀴쌀 통.
표 水 14자	表	衣	8	겉, 表面.
	票	示	11	표, 불똥튈. 投票
	標	木	15	표, 으뜸지, 물의 끝. 標示
	漂	水	14(15)	(물위에)떠돌. 漂流(표류)
	杓	木	7	자루, 별 이름.
	彪	彡	11	(범 가죽)무늬, 범.
	豹	豸	10	표범.
	慓	心	14(15)	달랠, 재빠를.
	俵	人	10	흩을, 나누어 줄.
	瓢	瓜	16	박, 바가지, 표주박.
	飄	風	21	회오리바람, 질풍.
	剽	刀	13	빠를, 사나울, 위험할.
	飇	風	21	표와 동일. 폭풍, 광풍, 회오리바람.
	驃	馬	21	표절띠 마, 표마.
품 水	品	口	9	물건, 品名.
	稟	禾	13	줄, 녹, 받을.
풍 水	豊	豆	13	禮의 古字, 성할. 豊年
	風	風	9	바람, 불. 風俗
	楓	木	13	단풍나무, 신나무.
	諷	言	16	욀, 풍자(諷刺)할.
	馮	馬	12	(탈 빙). 姓, 탈, 오를, 넘볼.
피	皮	皮	5	가죽, 겉, 껍질. 皮革
	被	衣	10(11)	이불, 잠옷, 미칠.
	避	辵	17(20)	피할, 벗어날, 숨을. 逃避(도피)

음 오 행	한 자	부	획 수	뜻
水 7자	**彼**	彳	8	저, 그, 저 람. 3인칭 대명사.
	疲	疒	10	지치고 피로할, 병들. **疲勞**
	披	手	8(9)	나눌, 열, 개척할, 입을.
	陂	阜	8(13)	비탈, 언덕, 보, 막을.
필 **水** 10자	**必**	心	5	반드시, 꼭, 틀림없이. **必要**
	匹	匚	4	필, 짝, 맞설.
	筆	竹	12	붓, 쓸. **筆體**(필체)
	畢	田	11	마칠, 끝낼, 그물. **畢證**(필증)
	弼	弓	12	도울, 도우미.
	泌	水	8(9)	(비). 샘물 흐르는 모양.
	疋	疋	5	필, 발, 낮은 벼슬아치.
	珌	玉	9(10)	칼 장식 옥.
	苾	艸	9(11)	향기로울, 풀이름, 중(僧).
	馝	香	14	향기로울.
핍 **水**	乏	丿	5	가난할, 고달플, 버릴. **窮乏**
	逼	辵	13(16)	닥칠, 위협할. **逼迫**(핍박)
하 **土** 14자	**何**	人	7	어찌, 무엇.
	夏	夊	10	여름. **夏期**
	賀	貝	12	하례, 경축, 위로. **祝賀**
	下	一	3	아래, 뒤. **上下**
	河	水	8(9)	물, 강 이름. **運河**(운하)
	荷	艸	11(13)	연, 책망할, 규탄할.
	霞	雨	17	놀, 이내, 아득할, 멀.
	廈	广	13	처마, 큰집.
	遐	辵	13(16)	멀, 갈.
	蝦	虫	15	새우, 두꺼비.
	鰕	魚	20	새우, 도롱 뇽, 암 고래.
	瑕	玉	13(14)	흠, 티, 옥의 티. **瑕疵**(하자)
	昰	9	曰	是의 本字. 夏의 古字.
	厦	厂	12	큰집.

음 오행	한 자	부	획 수	뜻
학 土	學	子	16	배울, 學文.
	鶴	鳥	21	학, 두루미. 雲鶴(운학)
	虐	虍	9	사나울, 모질, 해칠. 虐殺(학살)
	謔	言	17	희롱거릴, 농담할. 諧謔(해학)
	壑	土	17	골, 산골자기, 도랑.
한 土 15자	閑	門	12	막을, 문지방. 閑暇(한가)
	寒	宀	12	찰, 얼. 寒波(한파)
	恨	心	9(10)	한할, 원통할. 怨恨(원한)
	限	阜	9(14)	한계(限界), 경계, 끝.
	韓	韋	17	나라이름, 삼한.
	漢	水	14(15)	한 수, 한나라. 漢文
	旱	日	7	가뭄, 뭍, 육지.
	汗	水	6(7)	땀(흘릴). 旱水(한수)
	翰	羽	16	날개, 금계.
	澣	水	16(17)	빨, 씻을.
	邯	邑	8(11)	(고을이름 감). 땅이름.
	閒	門	12	(사이간: 間). 틈, 사이, 들일.
	罕	网	7	그물, 기, 새 그물.
	悍	心	10(11)	사나울, 성급할.
	瀚	水	19(20)	넓고 큰. (고비사막을 이름)
할 土	割	刀	12	나눌, 쪼갤. 割引
	轄	車	17	비녀장, 관장할.
함 土	咸	口	9	다, 모두, 함께.
	含	口	7	머금을, 넣을. 含蓄(함축)
	陷	阜	11(16)	빠질, 추락할. 陷穽(함정)
	艦	舟	20	싸움배, 군함(軍艦).
	函	凵	8	함, 편지, 상자, 잔. 函數
	喊	口	12	소리, 고함, 외칠. 喊聲(함성)
	啣	口	11	嘀의 俗字. 받들, 품을.
	涵	水	11(12)	젖을, 담글, 넣을.

음 오 행	한 자	부	획 수	뜻
함	緘	糸	15	봉할, 새끼, 줄.
	檻	木	18	우리, 감옥, 짐승을 가두는 곳.
12자	銜	金	14	재갈, 머금을.
	鹹	鹵	20	짤, 소금기, 쓴맛.
합	合	口	6	합할, 만날. 合宿(합숙)
	蛤	虫	12	대합조개, 큰 두꺼비. 大蛤(대합)
	盒	皿	11	합, 음식그릇의 하나.
土	閤	門	14	쪽문, 큰문에 딸린 작은 문.
	陜	阜	10(15)	(좁을 협). 땅이름, 산골짜기.
7자	哈	口	9	한 모금, 물고기 많은 모양.
	闔	門	18	문짝, 간직할.
	恒	心	9	항상(恒常), 언제나, 늘.
	港	水	12(13)	항구(港口), 뱃길.
항	巷	己	9	거리, 마을 안의 길.
	項	頁	12	목, 관의 뒤쪽. 項目
	抗	手	7	막을, 저지할. 抗議
	航	舟	10	배, 건널. 航海
土	沆	水	7(8)	넓을, 지수, 물이 괴여 있는 모양.
	降	阜	9(14)	항복(降伏)할, 굴복할.
	亢	亠	4	목(구멍).
	肛	肉	7(9)	똥구멍, 부풀. 肛門(항문)
	杭	木	8	건널, 배.
	姮	女	9	항아(姮娥), 달에 사는 미녀.
	桁	木	10	(도리 형). 차꼬, 도리.
	缸	缶	9	항아리, 한말 들이의 질그릇.
17자	伉	人	6	짝, 굳셀.
	嫦	女	14	항아.
	行	彳	6	(갈 행). 항 열, 갈, 걸을.
해	害	宀	10	해칠, 損害.
	海	水	10(11)	바다, 海産物.

음 오행	한자	부	획수	뜻
해 土 18자	亥	亠	6	돼지, 地支 열두 번째.
	解	角	13	풀, 해부할, 가를. 解釋
	奚	大	10	어찌, 어느, 무엇.
	該	言	13	그, 사물의 지시.
	咳	口	9	어린아이가 웃을, 기침.
	諧	言	16	화합할, 잘 조화할. 해학(諧謔)
	骸	骨	16	뼈, 해골(骸骨).
	駭	馬	16	놀랄, 어지러울, 소란.
	蟹	虫	19	게.
	偕	人	11	함께, 굳셀.
	邂	辵	17(20)	만날, 뜻하지 않게 만날. 邂逅(해후)
	垓	土	9	지경, 국경, 끝. 수의단위(천억).
	孩	子	9	어린아이, 나이가 어린.
	懈	心	16(17)	게으를, 느슨한.
	楷	木	13	나무이름(공자묘에 자공이 심은).
	瀣	水	19	이슬기운.
핵 土	核	木	10	씨, 물건의 중심이 되는 알갱이.
	劾	力	8	캐물을, 신상조서. 彈劾(탄핵)
행 土	行	彳	6	(항열 항). 갈, 걸을. 行步
	幸	干	8	다행, 운이 좋을. 幸運
	杏	木	7	살구나무, 은행나무.
	倖	人	10	요행(僥倖), 간사할, 아첨할.
	荇	艸	10(12)	마름, 바늘곶과의 한해 풀.
향 土	向	口	6	향할, 구할. 方向
	響	音	22	울림, 음향(音響).
	香	香	9	향기(香氣).
	鄕	邑	13(17)	시골, 마을, 성진 외곽. 故鄕
	享	亠	8	누릴, 드릴. 享有(향유)
	饗	食	22	잔치할, 연회. 饗宴(향년)
	嚮	口	19	향응(饗應), 접대, 권할.

음오행	한 자	부	획 수	뜻
9자	珦	玉	10(11)	옥 이름.
	餉	食	15	건량, 도시락, 군자금.
허 土	**虛**	虍	12	빌, 없을, 준비할. **虛空**
	許	言	11	허락(**許諾**)할, 승인할.
	墟	土	15	噓의 俗字. 불, 울.
	噓	口	14	墟와 同一.
헌 土	**憲**	心	16	법, 가르침, **憲法**.
	獻	犬	20	바칠, 어진이. **獻上**(헌상)
	軒	車	10	추녀, 수레, 가옥, 처마. **東軒**
	櫶	木	20	나무이름.
헐 토	歇	欠	13	쉴, 휴식, 없을, 빌.
험 土	**驗**	馬	23	증험(**證驗**)할, 징표.
	險	阜	16(21)	험할, 위태할, 높고 깊을. **危險**
혁 土	**革**	革	9	가죽, 피부, 북. **皮革**
	赫	赤	14	붉을, 빛날. **赫赫**(혁혁)
	爀	火	18	붉을, 불빛이 붉은 모양.
	奕	大	9	클, 아름다울, 근심할.
현 土	**現**	玉	11(12)	나타날, 이제. **現在**
	賢	貝	15	어질, 덕망 있는. **賢母**
	玄	玄	5	검을, 하늘.
	弦	弓	8	시위(활).
	絃	糸	11	악기 줄.
	縣	糸	16	마을, 고을.
	懸	心	20	매달, 걸.
	顯	頁	23	나타날, 영달할, 드러낼. **顯出**
	鉉	金	13	솥귀, **三公**의 지위.
	峴	山	10	재, 고개, 산 이름.
	炫	火	9	빛날, 자랑할.
	眩	目	10	아찔할, 현혹할. **眩氣症**(현기증)
	絢	糸	12	무늬 문채, 노근.

음 오행	한 자	부	획 수	뜻
현 土 21자	舷	舟	11	뱃전.
	衒	彳	11	팔, 발보할.
	見	見	7	(견). 나타날, 드러날, 보일, 있을.
	俔	人	9	염탐할, 두려워하는 모양.
	晛	日	11	햇살, 밝을.
	泫	水	8(9)	빛날, 이슬이 내리는 모양.
	玹	玉	9(10)	옥돌, 옥 이름.
	睍	目	12	불거진 눈, 훔쳐 볼.
혈 土	血	血	6	피, 물들일. 血液
	穴	穴	5	구멍, 구덩이, 움, 동굴.
	頁	頁	9	首의 古字. 머리, 목덜미.
	孑	子	3	외로울, 남을, 짧을.
혐 土	嫌	女	13	싫어할, 의심할. 嫌疑(혐의)
협 土 12자	協	十	8	화합할, 맞을. 協力
	脅	肉	10(12)	옆구리, 옆, 으를. 脅迫
	峽	山	10	골짜기. 峽谷(협곡)
	狹	犬	10	좁을. 狹小(협소)
	俠	人	9	호협할, 가벼울. 俠客
	浹	水	10(11)	두루 미칠.
	挾	手	10(11)	낄, 가질, 끼워 넣을.
	夾	大	7	낄, 부축할, 칼집.
	陜	阜	10(15)	땅이름, 좁을, 산골짜기.
	鋏	金	15	집게, 가위, 칼.
	莢	艸	11(13)	풀 열매, 콩깍지.
	頰	頁	16	뺨, 얼굴의 양옆.
형 土	兄	儿	5	맏이, 형, 같은또래의 높임말.
	刑	刀	6	형벌 刑罰.
	亨	亠	7	형통(亨通)할, 제사, 올릴.
	形	彡	7	모양, 형세(形勢), 몸.
	螢	虫	16	반디, 개똥벌레.

음 오 행	한 자	부	획 수	뜻
형	衡	彳	16	저울대, 달. 衡平(형평)
	烔	火	9	빛날, 밝을.
	馨	香	20	향기.
	珩	玉	10(11)	노리개, 패 옥.
	邢	邑	7(11)	姓, 땅 이름, 나라이름.
土	瀅	水	18(19)	맑을, 시내, 개천.
	荊	艸	10(12)	모형나무, 가시나무.
	鎣	金	18	줄, 꾸밀.
	泂	水	8(9)	멀, 넓고 깊은, 차가운.
	瑩	玉	15	밝을, 옥의 빛.
	滎	水	14	실 개천, 못.
15자	瀯	水	21	못 이름.
	熒	火	14	밝을, 빛날.
	逈	辵	9(13)	밝을, 빛날.
혜	惠	心	12	은혜(恩惠), 베풀.
	慧	心	15	총명할, 뛰어날. (恩惠)
	蕙	艸	16(18)	혜초, 향기 풀.
	醯	酉	19	초, 식초(食醋).
土	彗	彐	11	비, 쓸 비. 彗星(혜성)
	鞋	革	15	신, 짚신.
	兮	八	4	어조사.
9자	暳	日	15	별이 반짝일. 혜성
	蹊	足	17	지름길, 건널.
호	户	户	4	지게, 문. 户籍
	乎	丿	5	인가, 보다, 구나, 에.
	呼	口	8	부를, 숨을 내쉴. 呼吸(호흡)
	好	女	6	좋을, 옳을, 마땅할. 好色
土	虎	虍	8	범, 용맹스러운. 白虎
	號	虍	13	부르짖을, 큰소리로 한탄할.
	湖	水	12(13)	호수 (湖水).

음 오 행	한 자	부	획 수	뜻
호 土	**互**	二	4	서로, 함께, 갈마들. **相互**
	胡	肉	9(11)	턱밑 살, 드리워 질.
	浩	水	10(11)	클, 넓을.
	毫	毛	11	가는 털, 붓.
	豪	豕	14	호걸(**豪傑**), 귀인.
	護	言	21	보호(**保護**)할, 감쌀, 통솔할.
	鎬	金	18	호경, 높을, 냄비.
	号	口	5	號의 俗字.
	濠	水	17(18)	해자, 강 이름.
	昊	日	8	하늘, 큰 모양.
	弧	弓	8	활(나무로 만든).
	皓	白	12	흴, 깨끗할, 하늘.
	扈	户	11	뒤따르(시중 들기 위하여).
	澔	水	15	浩와 同一.
	壕	土	17	해자, 도랑.
	壺	士	12	병, 호, 단지, 박.
	糊	米	15	풀(붙이는), 끈끈한.
	祜	示	10	복, 신이 주는 복.
	顥	頁	21	클, 빛나는 모양.
	灝	水	24(25)	넓을, 콩 삶은 물.
	狐	犬	8	여우. 九尾狐(구미호)
	瑚	玉	13(14)	산호, 호련.
	濩	水	17(18)	(낙숫물 떨어질 확). 퍼질.
	頀	音	23	구할, 지킬.
	滸	水	14(15)	물가, 淮水지역.
	淏	水	11(12)	맑을.
	縞	糸	16	명주, 흰빛.
	葫	艸	13(15)	마늘, 호로병 박.
	瓠	瓜	11	표주박, 병.
	蝴	虫	15	나비. 胡蝶(호접)

음 오행	한 자	부	획 수	뜻
호 土 44자	岵	山	8	산.
	晧	日	11	밝을, 빛날.
	琥	玉	12(13)	호박, 서옥(瑞玉).
	蒿	艸	14(16)	쑥, 향기 날.
	枑	木	8	가로막이.
	啙	口	10	말이 많을.
	垀	土	8	낮은 담, 번거러울.
혹 土	惑	心	12	미혹할, 의심할. 疑惑(의혹)
	或	戈	8	혹, 언제나, 늘. 或是(혹시)
	酷	酉	14	독할(술이), 잔인할. 酷毒(혹독)
혼 土 6자	婚	女	11	혼인(婚姻)할, 아내의 친정.
	混	水	11(12)	섞을, 흐릴, 혼탁(混濁)할.
	魂	鬼	14	넋, 마음, 생각. 魂魄(혼백)
	渾	水	12(13)	흐릴, 물소리 어지러울.
	昏	日	8	어두울, 해질 무렵. 황혼(黃昏)
	琿	玉	13(14)	아름다운 옥.
홀 土	忽	心	8	소홀(疎忽)히 할, 갑자기.
	惚	心	11(12)	황홀(恍惚)할, 흐릿할.
	笏	竹	10	홀, 피리가락 맞출.
홍 土 11자	紅	糸	9	붉을, 연지. 軟紅(연홍)
	洪	水	9(10)	큰물, 姓. 洪水
	弘	弓	5	넓을, 널리. 弘益
	鴻	鳥	17(18)	큰 기러기, 클, 성할.
	泓	水	8(9)	깊을, 웅덩이, 소.
	虹	虫	9	무지개.
	汞	水	7	수은.
	哄	口	9	떠들썩할, 노랫소리.
	訌	言	10	무너질, 집안 싸움.
	烘	火	10	횃불, 불을 쬐다.
	妅	女	6	여자이름.

음 오 행	한 자	부	획 수	뜻
화 土 14자	火	火	4	불, 태울, 오행의 하나.
	禍	示	14	재화(災禍), 재앙, 근심.
	和	口	8	화할, 응할. 和合
	貨	貝	11	재화(財貨), 물품.
	話	言	13	말할, 이야기할. 對話
	華	艸	12(14)	꽃, 색채 , 빛. 華麗(화려)
	花	艸	8(10)	꽃, 특히 모란과 해당화. 花草
	畵	田	13	그림, 채색. 畵家(화가)
	禾	禾	5	벼, 곡물.
	靴	革	13	신, 가죽신. 製靴(제화)
	化	匕	4	될, 고쳐질. 化學
	嬅	女	15	여자이름. 貞嬅(정화)
	樺	木	16	자작나무.
	譁	言	16	시끄러울, 바뀔.
확 土	確	石	15	굳을, 확실(確實)할.
	穫	禾	19	벼 벨, 거둘, 수확(收穫)할.
	擴	手	18(19)	넓힐. 擴張(확장)
	廓	广	14	(원음: 곽). 둘레, 외 성.
	碻	石	15	굳셀, 채찍.
환 土	歡	欠	22	기뻐할, 즐거움. 歡迎(환영)
	患	心	11	우환(憂患), 근심, 병, 걱정.
	丸	丶	3	알, 약, 환약(丸藥).
	環	玉	17(18)	환 옥, 고리, 돌. 指環(지환: 반지)
	換	手	12(13)	바꿀, 교채할. 換錢(환전)
	還	辵	17(20)	돌아올, 복귀할. 歸還(귀환)
	煥	火	13	불꽃, 밝을.
	桓	木	10	푯말, 이정표.
	幻	幺	4	변할, 미혹할. 幻影(환영)
	喚	口	12	부를, 외칠. 喚起(환기)
	宦	宀	9	벼슬, 관직. 宦官(환관)

음 오 행	한 자	부	획 수	뜻
환	渙	水	12	흩어질, 괘 이름, 어질.
	紈	糸	9	흰 비단, 맺을.
	驩	馬	28	기뻐할, 말 이름.
	鰥	魚	21	환어, 홀아비, 앓을.
17자	奐	大	9	빛날.
	晥	日	11	환할, 밝은 모양.
활	活	水	9(10)	살, 소생할, 生存
	滑	水	13(14)	미끄러울, 부드러울. 潤滑(윤활)
	闊	門	17	트일, 통할. 소통할.
土	豁	谷	17	뚫린 골, 열린.
	猾	犬	13	교활(狡猾), 어지러울.
황	黃	黃	12	누를, 어린아이. 黃土
	皇	白	9	임금, 천자. 皇帝
	況	水	8(9)	하물며, 더구나. 狀況
	荒	艸	10(12)	거칠. 荒廢(황폐)
	惶	心	12(13)	두려워할, 황공해할. 惶悚(황송)
	凰	几	11	봉황(鳳凰)새.
	晃	日	10	밝을, 빛날.
	滉	水	13(14)	물이 깊고 넓을.
	煌	火	13	빛날, 사물의 모양.
	慌	心	13(14)	어름풋할, 황홀할, 절박할.
	篁	竹	15	대숲, 피리.
	遑	辵	13(16)	허둥거릴, 서두를.
	恍	心	9(10)	황홀(恍惚)할, 형체가 없는.
土	隍	阜	12(17)	해자, 산골짜기, 빌(없는).
	蝗	虫	15	누리, 황충.
	徨	彳	12	노닐, 어정거릴.
	幌	巾	13	휘장, 포장, 덮개.
	愰	心	13(14)	밝을, 영리할.
	晄	日	10	晃과 同一.

음 오 행	한 자	부	획 수	뜻
	榥	木	14	책상, 창.
황	湟	水	12(13)	해자, 성지, 우묵할, 빠질.
	潢	水	15(16)	웅덩이, 나룻터.
24자	璜	玉	16(17)	서 옥, 패 옥.
	簧	竹	18	혀.
	回	囗	6	돌, 돌릴. **回傳**(회전)
	會	曰	13	모일. **會議**
	灰	火	6	재, 태울. **洋灰**(양회)
회	**悔**	心	10(11)	뉘우칠, 유감스러울. **後悔**
	懷	心	19(20)	품을, 가슴, 정.
	廻	廴	9	돌릴.
	繪	糸	19	그림. **繪畵**(회화)
	淮	水	11(12)	강 이름.
	檜	木	17	노송나무, 관 위의 장식, 나라이름.
土	賄	貝	13	뇌물, 예물, 선물.
	晦	日	11	그믐, 음력의 달의 끝날.
	徊	彳	9	노닐, 어정거릴.
	蛔	虫	12	거위 회충(**蛔蟲**).
	膾	肉	17(19)	회, 잘게 설인 날고기.
	恢	心	9(10)	넓을, 갖출.
	澮	水	16(17)	봇 도랑, 강 이름.
	獪	犬	16	교활할, 어지러울.
20자	誨	言	14	가르칠, 인도할.
	匯	匚	13	물 돌, 어음 환.
	茴	艸	10(11)	회향 풀, 약초이름.
획	**劃**	刀	14	그을, 나눌. **計劃**
土	**獲**	犬	17	얻을, 잡을(짐승을). **捕獲**(포획)
횡	**橫**	木	16	가로, 동서, 좌우로. **橫斷**(횡단)
	宖	宀	8	(클 홍). 집이 울릴, 클.
土	鐄	金	20	종(소리), 낫.

음 오행	한자	부	획수	뜻
효 土 13자	**孝**	子	7	효도(孝道).
	效	攴	10	본받을, 받을. 效果
	曉	日	16	새벽, 동틀 무렵, 밝을, 깨달을.
	酵	酉	14	술밑, 술지게미, 주모.
	爻	爻	4	효(육효:六爻), 주역의 괘, 엇갈릴.
	嗃	口	17	울릴, 외칠. 豹嗃(표효)
	梟	木	11	올빼미, 영웅.
	哮	口	10	으르렁거릴, 큰소리 낼.
	肴	肉	8(10)	안주(술), 저린 채소.
	斅	攴	20	가르칠, 교육할.
	涍	水	10(11)	姓, 강 이름.
	淆	水	11(12)	뒤섞일, 흐릴.
	驍	馬	22	날랠, 용감할.
후 土 13자	**後**	彳	9	뒤, 늦을. 後半
	厚	厂	9	두터울. 厚意(후의)
	侯	人	9	과녁, 제후(諸侯).
	候	人	10	기후(氣候), 물을.
	喉	口	12	목구멍, 요소. 咽喉(인후)
	后	口	6	왕후(王后), 임금.
	朽	木	6	썩을, 부패할. 老朽(노후)
	嗅	口	13	냄새, 맡을.
	吼	口	7	울, 아우성 칠.
	逅	辵	10(13)	만날, 터놓을. 邂逅(해후)
	帿	巾	12	과녁.
	煦	火	13	따뜻하게 할.
	珝	玉	10(11)	옥 이름.
훈 土	**訓**	言	10	가르칠, 인도할. 訓狀(훈장)
	勳	力	16	공. 勳章(훈장)
	薰	艸	18(20)	향 풀, 향기.
	熏	火	14	연기 낄, 그을릴.

음 오 행	한 자	부	획 수	뜻
훈 10자	壎	土	17	질 나팔.
	焄	火	11	연기에 그을릴, 향기.
	燻	火	18	(熏의 俗字). 연기 낄, 질식할.
	塤	土	13	壎과 同一.
	暈	日	13	무리(해, 달 주위의 둥근테).
	勛	力	12	勳의 古字.
홍 土	薨	艸	17(19)	죽을, 무너질.
훤 土	萱	艸	13(15)	원추리, 망우초(물망초).
	喧	口	12	의젓할.
	暄	日	13	따뜻할, 온난할.
	煊	火	13	따뜻할, 온난할.
훼 土	毁	殳	13	헐, 상처 입을. 毁損(훼손)
	卉	十	5	풀, 초목. 花卉(화훼)
	喙	口	12	부리, 주둥이, 숨, 호흡.
휘 土 8자	揮	手	12(13)	휘두를, 지휘(指揮)할.
	輝	車	15	빛날, 광채가 날.
	徽	彳	17	아름다울, 표기, 기러기 발.
	彙	彐	13	무리, 고슴도치.
	暉	日	13	빛, 광채.
	麾	麻	15	대장기, 지휘할, 손짓할.
	煇	火	13	빛날, 얼굴이 번드르 할.
	諱	言	16	꺼릴, 싫어할, 기피할.
휴 土	休	人	6	쉴, 그칠, 그만둘. 休暇(휴가)
	携	手	13(14)	끌, 손에 들. 携帶(휴대)
	烋	火	10	(거들거릴 효). 경사로울, 뽐낼.
	畦	田	11	밭두둑, 밭이랑.
	虧	虍	17	이지러질, 줄.
휼 土	恤	心	9(10)	구휼(救恤)할, 근심할, 동정할.
	譎	言	19	속일, 바꿀, 변할.
	鷸	鳥	23	도요새, 물총새.

음 오행	한자	부	획수	뜻
흉 土	凶	凵	4	흉할, 재앙. 凶年
	胸	肉	10(12)	가슴, 마음, 앞. 胸部(흉부)
	兇	儿	6	흉악할, 나쁜 사람.
	匈	勹	6	오랑캐, 흉흉(凶匈) 할, 떠들썩할.
	洶	水	9(10)	물결이 세찰.
흑 土	黑	黑	12	검은색, 오색의 하나. 黑白
흔 土	欣	欠	8	기뻐할, 즐거움. 欣快(흔쾌)
	痕	疒	11	흉터, 흔적(痕迹), 자취.
	昕	日	8	아침, 해 돋을 무렵.
	炘	火	8	화근거릴, 불사를.
흘 土	屹	山	6	산 우뚝 솟을.
	紇	糸	9	질이 낮은 명주실, 묶을.
	吃	口	6	말 더듬, 웃는 소리.
	訖	言	10	이를, 마칠, ~까지.
흠 土	欽	欠	12	공경할, 구부러질.
	欠	欠	4	하품, 모자랄.
	歆	欠	13	받을, 대접할.
흡 土	吸	口	7	숨 들이쉴, 마실. 呼吸(호흡)
	洽	水	9(10)	윤택하게 할, 넉넉하게 할.
	恰	心	9(10)	마치, 꼭, 흡사.
	翕	羽	12	합할, 화합할.
흥 土	興	臼	16	일어날, 일으킬. 興奮(흥분)
희 土	希	巾	7	바랄, 성길. 希望
	喜	口	12	기쁠, 즐거울. 喜怒(희로)
	稀	禾	12	드물, 적을, 성길. 稀少
	戲	戈	16	戱의 俗字. 희롱(戲弄)할.
	噫	口	16	탄식할, 아!, 트림, 하품.
	熙	火	13	빛날, 말릴.
	嬉	女	15	즐길, 놀.
	姬	女	9	姓, 계집, 근원, 기원.

음 오 행	한 자	부	획 수	뜻
희 土 20자	禧	示	17	복, 경사스러울.
	犧	牛	20	희생(犧牲), 사랑스러워 기를.
	熹	火	16	성할, 아름다울, 희미할.
	羲	羊	16	숨, 복희(伏羲)복.
	僖	人	14	기쁠.
	憙	心	16	기쁠, 좋을, 즐거울.
	曦	日	20	햇빛, 일광.
	凞	冫	15	빛날.
	憘	心	15(16)	憙의 古字.
	囍	口	22	쌍희.
	晞	日	11	마를, 말릴.
	熺	火	16	憙와 同字.
힐 土	詰	言	13	물을, 꾸짖을, 힐문할. 詰責(힐책)

◆ **교육한자 : 1,800자** (+ 62자 : 동의어 등)

◆ 인명용 한자 추가 : 1,239자 (+ 23자 : 동의어 등)

◆ 인명용 한자 재 추가 : 1,755자

◈ **계 : 4,879자** (동의어 등 포함)

◇ 1. 위 한자는 이 표에 지정된 발음으로만 사용할 수 있다.

그러나 첫소리(初聲)가 " ㄴ" 또는 " ㄹ "인 한자는 각각 소리나는 바에 따라 "ㅇ" 또는 "ㄴ"으로 사용할 수 있다.

2. 동자(同字), 속자(俗字), 약자(略字)는 ( )내에 기재된 것에 한하여 사용할 수 있다.

글을 마치면서

믿음이 있을 때
사랑이 있을 때
그렇게 되고 싶은 대상이 있을 때
弱한 인간도 강하여 지는 것이 아닐까......

이 글을 시작할 때 필자는 솔직히 그 끝을 점칠 수가 없었다. 易이 그 범위가 방대한데다가 아직까지 그 이론적 체계도 명확히 정립되어 있지 않아서 종합적인 입문서를 집필한다는 것이 쉽지가 않았고 또한 그에 따르는 문헌도 충족되어있지 못하였기 때문이다. 따라서 종합적 기본서로는 거의 불모지에 가까운 것이 易學界의 현주소 이였기에 과감히 선봉에 나선 것이며 이는 우둔한자가 두려움이 없는 것과 다름이 아니었다. 사실 본서는 약 10여 년 전에 원고가 완성되어 2차 교정까지 마친 상태였으나 개인적 사정으로 탈고가 미루어져 왔다가 이번에 대폭적인 수정을 하여 출고하였다.

그리고 이 자리를 빌려 꼭 감사할 두 사람이 있으니 한 사람은 경기대 사회교육원에서 命理學을 강의하는 李善鍾님으로 그분의 해박한 滴天髓 해설 강의는 깊은 감명을 주었으며 다른 한 사람은 애스크퓨처닷컴의 李修 대표다. 그는 物象論을 통하여 易의 새로운 패러다임을 제시한 것으로 경의를 표한다.

이제 이렇게나마 그 초석을 마련하였으니 조금은 짐을 던 것 같은 심정이다. 하지만 아쉬운 것은「마스터 易」이 역의 종합 입문서임을 지향하다보니 어떤 부분은 그 설명이 충분치 못하였음을 인정하지 않을 수 없다.

특히 제 2편에서의 疾病論, 擇日論은 그 대표적인 예이다. 이는 그 부분만큼은 槪論的 입장을 벗어나지 못하였다. 그러나 앞부분을 충분히 숙지한다면 이해 못할 사항은 없다고 생각하며 오히려 이러함이 응용과 추론의 기량을 배양 할 수 있는 계기가 될 수 있다고 생각한다.

또한 四星(四柱)·涓吉(結婚, 擇日)·物目(婚書紙) 등의 醮禮에 관한 사항도 그 작성 방법을 간략하게 기술하고 그 표본 을 예시 하여 누구라도 쉽게 작성할 수 있도록 수록하였다.

다음 기회에 미숙한 부분을 보완할 것과 바르고 쉬운 작명법도 조만간 별도로 출간 할 예정으로 독자 여러분의 애정 어린 비판 을 바라마지 않는다.

지은이 棄當(기당) 金勳權

철학관 천기당 (대구광역시 중구 서문로2가 36-1)

E-mail : khk1468@naver.com

HP. 010-9597-9664

T. (053) 254-4284

※ 참고 문헌

適天髓 闡微 (임철초)
適天髓 徵義 (서낙오)
四柱精設 (백영관)
適天髓 闡微 用神分析 (이선종)
適天髓 闡微 해설강의 상, 하 (이선종)
四柱命理學 大事典 (신육천)
四柱 感情 實踐法 (신육천)
四柱 命理學 入門 (신육천)
四柱感情 極秘典 (신육천)
適天髓 써머리 (이수)
八字術 必殺技 (이수)
쉽게 푸는 唐四柱 (이수)
命 1, 2권 (김상연)
九宮 秘訣 (김성욱)
四柱 推命說 (백운기)
姓名學 全書 (박진영)
좋은 이름 이렇게 짓는다. (김상연)
누가 이름을 함부로 짓는가? (이우람)
작명보감 (정보국)
符籍 天, 人, 地 (유용주) 등 다수
귀신 잡이 (김준걸)
營養學 (고무석)
東醫寶鑑 (허준 저 삼성 문화사)
한방 건강 백과 전8권 (유한 문화사)
체질을 알면 건강이 보인다. 1, 2권 (이명복)
현대인의 한방 클리닉 (한방 클리닉 연구소) 등

지은이

棄當(기당) 金勳權

철학관 천기당 (대구광역시 중구 서문로2가 36-1)

E-mail : khk1468@naver.com

HP. 010-9597-9664

T. (053) 254-4284

마스터 易

초판 1쇄 2013년 7월 5일

지은이 棄當(기당) 金勳權

펴낸이 장석홍

펴낸곳 도서출판 장서원

주소 서울 용산구 남영동 7-1 (201호)

전화 703-5362 팩스 797-5362

등록 제 03-01213호

E-mail shjang1011@hanmail.net

정가 35,000원